本书系 2021 年度河北省社会科学基金项目"农户家庭决策视角下实现我国城镇化与农业现代化协调发展研究"(项目批准号 HB21LJ008)的研究成果。

九州文库

农户家庭决策视域下
农业现代化和城镇化协同发展研究

吕新发　李紫烨　王腊梅　著

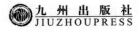

九州出版社
JIUZHOUPRESS

图书在版编目（CIP）数据

农户家庭决策视域下农业现代化和城镇化协同发展研
究 / 吕新发，李紫烨，王腊梅著 . –– 北京：九州出版
社，2022.1

ISBN 978 – 7 – 5225 – 0560 – 2

Ⅰ. ①农… Ⅱ. ①吕… ②李… ③王… Ⅲ. ①农业现
代化—研究—中国 Ⅳ. ① F320.1

中国版本图书馆 CIP 数据核字 (2021) 第 200818 号

农户家庭决策视域下农业现代化和城镇化协同发展研究

作　　者　吕新发　李紫烨　王腊梅　著

责任编辑　王丽丽

出版发行　九州出版社

地　　址　北京市西城区阜外大街甲 35 号（100037）

发行电话　（010）68992190/3/5/6

网　　址　www.jiuzhoupress.com

印　　刷　唐山才智印刷有限公司

开　　本　710 毫米 ×1000 毫米　16 开

印　　张　20

字　　数　348 千字

版　　次　2022 年 1 月第 1 版

印　　次　2022 年 1 月第 1 次印刷

书　　号　ISBN 978 – 7 – 5225 – 0560 – 2

定　　价　99.00 元

序

　　民以食为天，国以农为本。中国自古就是一个讲求晴耕雨读、男耕女织的充满浪漫诗意的农业大国。与此同时，农民也深刻体会到面朝黄土背朝天的农业劳作的艰辛。如何在提高产出基础上让农业劳动变得轻松，成为农业发展进步的不竭动力。中华人民共和国成立以来，为了实现产出最大化和劳动轻便化，国家先后对农业进行了私有化、集体化和家庭承包制探索。尤其是1978年改革开放以来实行的家庭联产承包责任制，极大地激发了农户劳动积极性，很快实现了手工劳动条件下的产出最大化，由此全面解决了长期困扰中国的温饱问题，但农业劳动的艰苦性和比较利益的低下性仍然没有明显缓解，"大国小农、人多地少、户多地散"的农业基本国情仍然没有实质性改变。与工业化高度发展和城镇化快速提升相比，"一定要看到，农业还是'四化同步'的短腿，农村还是全面建成小康社会的短板"。如何在家庭经营基础上实现农业现代化，成为建成全面小康社会后我国开启建设社会主义现代化国家新征程中亟待突破的一个重大理论和实践问题。

　　农业改革的实践表明，要实现农业现代化，仅仅在"三农"领域里打转转是不行的。实现农业现代化，既要靠"三农"的改革、创新和转型，也要靠工业化和城镇化的拉动。工业化和城镇化发展是农业现代化的前提条件与外部环境。当前我国农业现代化的最主要障碍是户多地少，农户过密。在全国土地总量既定且不断减少条件下，要解决这一问题只有一个办法，那就是减少农户数量，而要减少农户数量就需要工业化和城镇化为传统小农户创造非农化生产方式和城镇化生活方式，从而使农业生产方式和农村生活方式由"不可选择"和"不可替代"变为"可选择"和"可替代"。也就是说，需要有一部分农户跳出"三农"领域，进入城镇非农产业。因此，农业现代化与工业化、城镇化密不可分，实现农业现代化需要同步推进工业化和城镇化发展。

　　但这并不意味着工业化和城镇化发展了，农业现代化就能随之自动实现。

在市场经济体制和城乡二元融解时期，农业现代化能否得到发展，归根结底取决于农户的家庭决策。农户是农业经济的主体和基本单位，也是农村社会生活的基本组织。在工业化和城镇化快速发展的经济社会背景下，面对"进城还是留村、务农还是打工"的重大抉择，只能由农户根据自家户情自主做出决策。当一部分农户选择非农化和城镇化决策的时候，同质均构的传统小农就开始了分工、分化、分流。随着农户的分化，一部分农户就会实现城镇化，从而使得农户总量减少。随着农户总量减少，可流转和可交易的农业生产资料供给增加，农业规模化成为可能。所以，农户家庭决策一方面关系着城镇化发展，一方面关系着农业现代化发展，可以说是牵一发而动全身。而事实上，在市场经济体制下，农户的家庭决策虽然是自主的，但并不是自由的。农户家庭决策受多方面因素的制约。因此，研究和阐明农户家庭决策类型及其与农业现代化和城镇化的关系，特别是弄清影响农户家庭决策的因素，进而通过调节农户家庭决策的影响因素来间接优化农户家庭决策，使之做出有利于农业现代化和城镇化协调发展的决策，应该是城镇化和农业现代化研究中的一个行之有效、见微知著的理性思路。

"粟者，王者大用，政之本务"。推动农业现代化发展是政府的重要职责。政府要在推进工业化和城镇化发展、调整优化城乡工农关系的基础上，不断改革创新有关"三农"和城镇化的政策制度，促进农户分化、分工、分流；大力优化改善农户基本户情与人力资本，提高农户实现非农化和城镇化的能力。同时，政府还要尊重农户家庭决策的自主权利，充分发挥市场在农户家庭资源配置中的决定作用。通过政府的宏观调控、市场的有效引导和农户的自主决策，共同推进城镇化和农业现代化协调发展，完成现代化的最后一块拼图。

目 录
CONTENTS

第一章

我国农户城市梦与国家农业现代化目标为什么难以实现

工业化、城镇化和农业现代化是经济社会发展的必然趋势和客观规律。但它不同于自然规律，不是自然而然实现的，它是合规律性与合目的性的统一，需要各级政府、市场体制和经济主体的共同努力。一方面，各级政府要制定促进、支持工业化、城镇化和农业现代化的制度和政策；另一方面，作为联结工业化、城镇化和农业现代化节点的农户，要做出有利于工业化、城镇化和农业现代化协调发展的家庭生产生活决策。

工业化、城镇化和农业现代化是国家和农户的共同目标。就这三化而言，无论哪一化，都涉及在农村从事农业的农户，农户是关联工业化、城镇化和农业现代化的枢纽，是将这三化串联起来的共同因子。一方面，工业化、城镇化对农村农业农民有重要影响和显著作用；另一方面，农户对工业化、城镇化的影响和作用也会做出反应、调整，并根据经济社会发展的新情况新形势，对家庭经济社会行为做出新的决策部署和资源配置优化。

因此，实现工业化、城镇化和农业现代化实际上是市场、政府和农户三方的资源博弈和利益分成。政府在制定促进工业化、城镇化和农业现代化的制度和政策的同时，还要利用制度、政策、市场和法律等手段，引导农户做出有利于工业化、城镇化和农业现代化的决策及行为。为此，必须研究农户在工业化、城镇化大趋势作用下，在政府制度环境和政策体系的激励和约束中，在区域经济发展中，如何根据自身家庭实际状况进行经济社会选择、决策和行为，并分析这些决策和行为对城镇化和农业现代化的各种影响，由此调整和改革政府的相关制度安排和政策措施。

第一节　农户城市化梦和国家城市化目标及实现程度

一、城市化

（一）城市化的定义

城市是人类经济社会活动的产物，是人类最伟大的成就。城市化是人类经济活动和社会生活走向现代化的过程与成果，表现为农业人口向城市集中、非农产业向城市集聚、非农用地向城市集中、城市生产生活方式扩散的动态过程和静态成果，是人类经济社会发展过程中的一种时空聚集现象，是在过程中实现经济、人口和文化空间聚合的状态。城市是人类物质成果、精神成果和美好生活的集中承载地，相比于农村，城市"让生活更美好"的成本要低很多。

城市化是"城市"和"化"两个词的合成。城市是指与农村、乡村相对而言的具有聚集性、规模性、先进性、便利性、经济性的人类赖以生产、生活、生存的一定地域与形态，表现为高大漂亮的房屋、干净整洁的街区、繁荣发达的商业、多元多样的文化和便利的公共服务，是区域经济政治文化社会中心。农村村落一般是人们在生活中不自觉地自然聚集而形成的，但城市一般是经过专门的规划设计，布局与功能分区较为科学合理、更适宜人类生产生活的大型聚落。古代城镇大多数为单功能中心，如交通中心、商贸中心、军事中心、政治中心等，很少有城市集多功能、多中心于一身，且古代城镇是以手工业和小农业为经济基础，而现代城市则是以发达的机器生产和现代服务业为基础。现代城市发展虽然也以政治需要、经济需要、交通需要、商贸需要为动力，但更多的是以机器大工业和现代服务业为发展动力。

"化"具有变化、转化和化成两重意义。变化、转化是指事物由一种状态转向另外一种状态的过程、趋势。化成则是这种转化、变化的成果产物和外在表现。由唯物辩证法可知，转化都是对立事物之间的相互转化，显然城镇化是指农村向城镇转化、变化并变成城镇的意思，具体表现为新城镇的产生和旧城镇的发展。前者为城镇数量的增长，后者为城镇规模的增长。

（二）城市化与城镇化关系

城市化概念与城市化理论属于西方近现代文明成果，于20世纪70年代末期开始出现在我国，其基本含义是指在工业化的推动下，乡村人口向城市的转移过程及其客观结果，如城市数量增加和规模扩大、乡村人口减少和城市人口增加、第一产业比重下降和非农产业比重上升、城市生活方式成为社会文明主导等。

城镇化概念是西方城市化概念及其理论与中国基本国情、具体实践相结合的理论产物，是我国对城市化概念及其理论的创新成果，是城市化概念的具体化，也是最适合我国国情的城市化概念。这一概念在我国最早出现于20世纪90年代初。1991年，辜胜阻在《非农化与城镇化研究》中使用并拓展了"城镇化"的概念，在后来的研究中，他力推中国的城镇化概念，并获得一批颇有见解、影响较广的研究成果。城镇化概念在此时的产生并不是偶然的，而是我国城乡二元的基本国情、农村人口对城镇化的需求、改革开放的具体实践和西方城市化理论的引入相结合的必然产物。2000年10月在党的十五届五中全会通过的《关于国民经济和社会发展第十个五年规划的建议》中对城镇化做了专门论述，这是城镇化概念首次出现在中国最高官方文件中，这标志着推进城镇化成为党和国家的重要工作目标。

城镇化的基本含义与城市化大体相当，是指农村人口向城镇的迁移过程及其与之相伴生的一系列客观结果。所不同的是，城镇化的目标方向更为宽泛，不仅包含现代化的城市，也包含介于城市与乡村之间的镇，是城市化和市镇化的统一。镇是我国城乡区域分布及行政区划设置的一个特殊层级单位，比乡村发达、但比城市落后，是由村庄向城市发展的中间形态，也可以说是城市的雏形。我国由于乡村人口的众多和城市数量的相对偏少，将大规模乡村人口全部转移至少数城市是不现实的，因此，将部分乡村人口转移到数量较多的镇，由此实现非农化和城镇化，是我国城镇化的必由之路和理性选择。城镇化是最适合我国基本国情的城市化。基于二者的含义相当，除有特殊说明，本书对城市化和城镇化不做刻意区分。

（三）城镇化的外在表现与分类

城镇化是一个复杂漫长的经济社会要素及其配置方式纵向发展过程，也是经济社会要素及其配置方式的横向转移与空间集聚。从不同的视角观察会得出不同的结果及其分类。

1. 从城乡视角看

城镇化是城乡空间分布及其人口分布上的变迁。从城乡空间视角看，它表现为农村村落减少、农村规模缩小，城镇数量增加、城镇规模扩大。从城乡人口视角看，它表现为农民和农户数量减少、市民和市民家庭数量增加。据此城镇化可分为空间城镇化和人口城镇化。

2. 从农民农户城镇化距离视角看

城镇化是农民农户为追求美好生活而或近或远迁移城镇和建设城镇的过程，是农村人口转化为城镇人口的过程。从其迁移距离看，有的农民农户选择迁移家乡附近城镇或就地建设新城镇，有的因在外地打工就业而选择在就业地城镇定居。据此城镇化可分为就地（近）城镇化和异地城镇化。

3. 从城镇视角看

城镇化是城镇数量的增加、规模扩张与质量提升的过程。从城镇的数量质量视角看，可分为数量型城镇化和质量型城镇化；从城镇的新旧视角看，可分为新城增生化和旧城扩大化。

4. 从城镇要素看

城镇化是城镇人口、产业、房产、文化、生活方式、基础设施、公共服务等要素集聚扩张的过程与产物。因而，从城镇要素视角看，城镇化可分为人口城镇化（农村人口向城镇迁移集中过程）、产业城镇化（经济要素和非农产业向城镇集聚的过程，形成集聚经济和规模经济效益）、房产城镇化、文化城镇化、生活方式城镇化（城市生活方式不断发展强化过程）、基础设施城镇化、公共服务城镇化等单要素城镇化和综合城镇化（即人口、产业、房产、文化、基础设施、公共服务向城市集聚和城市生活方式不断发展普及的过程）。

5. 从城镇化主体视角看

农民和农户是城镇化的主体。城镇化表现为农民和农户非农化和市民化过程。在这一过程中，有农民以个体为单位实现城镇化的，也有农民以家庭为单位实现整户城镇化的。据此城镇化可以分为农民个体城镇化和农户整体城镇化。

6. 从城镇化的物质形态视角看

城镇化是土地、人口、产业等物理要素和文化、思想、思维方式等精神要素不断集聚和优化的过程。从其要素形态视角看，城镇化可分为物理城镇化和精神城镇化。前者是指物质存在形态上的城镇化，即城市人口、非农产业、城市地域空间的扩大化；后者指人们精神意识、思想文化、生活方式的城镇化，即城市精神文化的扩张化。

7. 从城镇化内涵视角看

城镇化是农民农户生产方式从农业转向非农产业的过程，也是农民农户生活方式从农村生活转向城市生活的过程，是这两者的统一。从这一角度分析，城镇化可分就业非农化和生活市民化。

8. 从城镇化速度与规模视角看

城镇化不是一个单纯的事物，它既与城镇建设相关，也与乡村振兴密不可分；它既与国家宏观经济社会发展相关，也与农民需求和农民财力相关。因此，城镇化速度和规模要与国家宏观经济发展、社会稳定、粮食安全、农民需求等方面相协调适应。依据城镇化与经济社会发展的关系，城镇化可分为过度城镇化和适度城镇化。过度城镇化是指城镇化速度与规模超过经济社会发展的阶段性，或与农户户情不匹配、不适应；反之，则为适度城镇化。

9. 从城镇化需求视角看

城镇化是国家经济社会发展的需求，也是农民农户追求美好生活的需求。但是这种需求的满足不是免费的，而是付费的。从城镇化的供求视角看，城镇化是一种特殊商品。对这种特殊商品的供给既取决于国家和农户有效需求的多少，也取决于国家和农户的共同合作与成本分摊。据此可以将城镇化划分为国家城镇化和农户城镇化。国家城镇化是城镇化的宏观表现，农户城镇化是城镇化的微观表现。

10. 从城镇化的路径看

城镇化存在三条路径。一是城镇人口的自然增长，导致城镇规模扩大；二是城乡行政区划的重构，即将原有乡村地区通过行政区划调整人为地划为城区或升格为城镇，前者如"村改居""县改区"等，后者如成立新城镇、"县改市"等；三是乡村人口迁移城镇。在这三条路径当中，"迁移在城镇化进程中发挥了极其重要的作用，是结构性变化的重要体现和原动力。"[①]事实上，行

---

① 蔡昉，都阳，杨开忠.新中国城镇化发展70年[M].北京：人民出版社，2019：126.

政区划的重构，特别是成立新城镇和"县改市"也是因为产业聚集引发的乡村人口的迁移而致。因而，本书对城镇化概念的使用主要是基于乡村人口向城镇迁移的意义，也包括因迁移而致的新城产生。

（四）城镇化的本质

"世界各国的经验表明，城镇化是经济社会发展的结果，也是现代化的必由之路"[①]。城镇化既是发展的手段也是发展的结果。城镇化是人类经济社会的发展与进步，是人类对美好生活的需求，是农民在实现职业转换、生活地域转换时呈现的空间迁移聚集过程。

城镇化的本质首先在于人的城镇化。人的城镇化是生产方式非农化和生活方式市民化的统一。"村村办厂、户户冒烟"式的农村经济非农化并不等于城镇化，因为它只能实现农民在职业、就业方面的非农化，并不能实现农户在居住地和生活方式上的非农化。城镇化是生产方式和生活方式两种转移的统一。只有实现了职业由农转非、居住由乡入城的双转移，才算是真正的城镇化。也就是说，城镇化 = 就业非农化 + 生活非农化 = 生产方式非农化 + 生活方式非农化。人的城镇化的意义在于，"它是一个不断提高劳动生产率的'库兹涅茨'过程"（青木昌彦，2012）。

其次，人的城镇化的本质在于家庭城镇化。目前在中国城镇人口的年度增量构成中，约16% 为自然增长，5% 为农转非人口，26% 系农民工增长的贡献，53% 则来自所谓的就地转移[b]。农民工转移对城镇化的促进作用已经开始下降。所以，人的城镇化应从个体农民工城镇化转向农民工举家城镇化，即农户城镇化。家庭城镇化是城镇化完成的标志。因为个体的人是以家庭为单位进行社会生活的。家在哪里，人就是哪里的人。家在城市，就是市民；家在农村就是农民。只有家庭实现城镇化了，人才能把根扎在城镇，人才算真正实现了城镇化。如果只是个体实现城镇化了，但原生家庭还在农村，则人迟早会回归农村的。且家庭的城镇化，还意味着子孙后代的城镇化，是一个家庭根本上和永久的城镇化。家庭城镇化并非是指通过行政区划调整而实现的就地转移，而是举家从乡村向城镇的迁移。

由此可知，城镇化的本质在于人的城镇化，但最为根本的是家庭城镇化，即农户城镇化。由2000年人口普查数据和2005年1% 人口抽样调查数据计算

---

①　蔡昉，都阳，杨开忠．新中国城镇化发展70年 [M]．北京：人民出版社，2019：208.

②　蔡昉，都阳，杨开忠．新中国城镇化发展70年 [M]．北京：人民出版社，2019：219.

可知，我国"城市人口的增量中，71.8% 是持农业户籍的人口"。[①]

二、我国农户的城市化梦

迄今为止，中国仍然是一个农业社会和农村社会，虽然工业化进度已达中后期，常住人口城镇化率也在2018年底达到60% 左右，但众多在一、二、三产业间兼业的劳动者和在城乡之间兼居的居住者，仍然以农村为家和主要生活栖居地，2017年年底农村仍然有两亿多户家庭，占中国家庭总户数的2/3。但实际上，全球范围内以工业化为显著特征和发展动力的现代城市的出现已经有200多年的历史了，城市人口占总人口多数的城市化社会的出现也已经有150多年历史了。当今世界主要发达国家均是城市化国家，且城市化率都在70% 以上。城市化已经成为世界经济发展的明显趋势和国际社会发展的进步标志。

就中国而言，1840年鸦片战争之后，随着广州、上海、天津、泉州等通商口岸的开埠、洋务运动的兴起和资本主义工商业的发展，以上海、广州、天津、北京、武汉为代表的一批现代城市也已经产生了，且展现出人口、产业等资源的聚集效应和规模效应，成为经济社会发展的龙头和航标，与传统农村经济和农业社会形成鲜明反差。

1949年中华人民共和国成立之后，城市及其经济更加欣欣向荣。但随着50年代末期城乡二元体制的逐渐形成，城乡工农差别日益明显，城乡分隔越来越严重。城市以二、三产业为主，环境干净舒适，市民有工作、有工资，房子、粮食、副食国家供给，教育医疗国家保障。但农村和农民则是另一番景象：农民集体从事农业劳动、平均分配农产品，不仅工作辛苦、收入微薄，甚至连温饱都达不到；乡村环境破败脏乱，且住房、子女教育、看病医疗都要农户自己负担，生活毫无保障。对于城乡工农之间的这种二元分化现象，大多数农户是看在眼里，痛在心上，但基于对国家和党的感情、对社会主义制度的信任，农民们没有抱怨国家不公，而是归咎于命不好，没有出生在城市。

在城乡工农差别不断扩大的历史进程中，经过不断的代际累积，几乎所有农户都产生了一个城市梦：像城里人那样生活、跳出农门、吃商品粮、实现农转非。然而城乡之间不可逾越的重重壁垒几乎粉碎了所有农民的梦想，

[①] 钱文荣. 人口迁移影响下的中国农民家庭 [M]. 北京：中国社会科学出版社，2016：序.

他们只能老老实实地待在农村从事艰苦而收入微薄的农业。但仍然有一些不死心的聪明人，从密不透风的壁垒中发现了一些缝隙：参军、提干、考学、招工。这是当时农村人实现"农转非"的仅有途径。尽管有些聪明人，因为年龄所限自己不能实现农转非，但他们甘愿吃尽千辛万苦也要把自己的后代"供出农门"。但事实上，也只有少数极为优秀、极为幸运的人才能通过这几条路径实现城市梦，因为在计划经济体制下这几条途径的名额极为有限。而凡是能将子女供出农门、吃上商品粮的农民，都被其他农户认为是有本事之人、有门路之人、有关系之人，甚至被认为是走后门、搞特权和腐败。但从内心里他们都羡慕不已，只恨自己没本事、没关系、没特权。

我国农民和农户的城市梦，是在城乡二元体制确立后，在城乡工农差别日趋明显、城乡发展差距日益拉大、劳动收入差距不断扩大、城乡隔绝日益严重的社会背景下产生的。尽管在城乡二元体制确立之前，农民和农户也渴望城镇化，但因为那时城乡之间的流动在政策和制度上是合法的、可行的，且城乡差距也不是很大，因而梦想并不是很强烈。城乡二元体制是农民和农户城市梦的放大器和造梦机。对农民和农户而言，城市就是一座围城，置身于其外，总想进入围城之内，特别是在知道围城内的生活更加美好之时，梦想就无比强烈。显然，城市梦既是农户和农民对城市的向往，也是对农业生产和农村生活的不满。一旦有条件有机会，农民和农户就会为之而奋斗。所以，城市梦是推动国家经济社会发展的重要动力，也是农民和农户改变命运的内在力量。

三、国家城市化目标

1949年3月，在党的七届二中全会上毛泽东指出，"党的工作重心必须放在城市，必须用极大的努力学会管理城市和建设城市"。[①] 中华人民共和国成立之后，国家逐渐实现了工作重心由农村向城市的转移，城市建设成为党和国家的重要工作内容。但相对于国家在1953年正式提出工业化目标而言，城市化概念还没有提出，城市化目标也没有形成，仅有的城市建设也处于从属地位。1954年8月11日《人民日报》社论指出："社会主义城市的建设和发展，必须要从属于社会主义工业的建设和发展，社会主义城市的发展速度必然要由社会主义工业发展的速度决定。"事实上，改革开放前的30年，我国实际上

---

① 毛泽东选集（第四卷）[M]. 北京：人民出版社，1991：1427.

把城市建设等同于城市化，并基于国内外各种因素的影响，走了一条"先生产、后生活，先工业发展、后城市建设，先工业化、后城镇化"的发展路径。城市化发展因工业化建设的起伏而波动。在1958—1960年工业化建设高潮和超理性的"大跃进"时期，"劳动力和人口发生了较大规模的跨地区迁移，其中也有大量人口从农村迁移到工矿区和城市"。[①] 但到了60年代初期和在整个60年代，因自然灾害和"左"的错误思想的影响，国家又实施了由城到乡的"回返"和"上山下乡"运动，不仅让因工业化和城市建设而迁居城市的部分新市民返回农村，还让大批城市知识青年"上山下乡"，城镇化不进反退。与此同时，伴随着城乡二元化户籍制度、粮食统购统销制度和人民公社制度的建立，人口和劳动力在城乡间的迁移被严格限制。"在整个计划经济时期，工业化都没有带来相应的城镇化。"[②] 从1949年到1978年的30年间，我国城镇化率由10.6%提升到17.9%，年均只提高0.24个百分点。

进入改革开放历史新时期，随着家庭联产承包责任制的实行，农村过剩劳动力问题逐渐显现。农村这些过剩劳动力为了寻找就业机会，纷纷以各种形式和名目绕过城乡二元社会壁垒转向城镇和非农产业，乡镇企业和民工潮随之产生，有些农民开始长期工作和生活在城镇，城镇化成为经济社会发展不可阻挡的趋势，城乡二元结构开始逐渐解构。城镇化的实践发展引起理论界的高度关注。20世纪90年代初就有学者提出和使用城镇化概念。1991年，辜胜阻在《非农化与城镇化研究》一书中使用并拓展了"城镇化"的概念，在后来的研究中，他力推中国的城镇化概念，并获得一批颇有见解、影响较广的研究成果。2000年10月在党的十五届五中全会通过的《关于国民经济和社会发展第十个五年规划的建议》中对"城镇化"做了专门论述，这是"城镇化"概念首次出现在中国最高官方文件中，这标志着推进"城镇化"成为党和国家的重要工作目标。此后，"城镇化"一词开始经常出现在党和国家的重要文件中。我国的城镇化对应的是西方的城市化，意在推进农村人口特别是农业过剩劳动力向城镇转移。但在经济建设以城市为中心和城市建设以经济建设为中心的"两个中心"指导下，"我国城市规划立场自觉不自觉地偏离'中立'，而重经济建设轻社会建设、重生产轻生活生态、重城市轻乡村，资源配置滋生出严重的经济偏向和城市偏向，土地、基础设施和公共服务配置偏向经济部门和城市部门"[③]。这导致我国经济与社会关系、城乡关系、工农关

---

① 蔡昉，都阳，杨开忠．新中国城镇化发展70年 [M]．北京：人民出版社，2019：20.

② 蔡昉，都阳，杨开忠．新中国城镇化发展70年 [M]．北京：人民出版社，2019：26.

③ 蔡昉，都阳，杨开忠．新中国城镇化发展70年 [M]．北京：人民出版社，2019：184.

系、人与自然关系和生产、生活、生态空间结构的严重失衡。

随着城镇化的发展，城市交通拥堵、环境污染、公共服务不足等城市病开始产生。2012年中央经济工作会议在"城镇化"一词基础上首次提出"新型城镇化"概念，强调要把生态文明理念和原则全面融入城镇化全过程，走集约、智能、绿色、低碳新型城镇化道路，以城乡统筹、城乡一体、产业互动、节约集约、生态宜居、和谐发展为基本特征，构建科学合理的城市格局，大中小城市和小城镇、城市群科学布局，与区域经济社会发展和产业布局紧密衔接，与资源环境承载能力相适应，有序推进农业转移人口市民化。2014年政府工作报告进一步提出以人为核心的新型城镇化，出台《国家新型城镇化规划（2014—2020年》，将新型城镇化提升到国家战略目标层面。

四、我国城镇化历史进程与实现程度

我国的城镇化起步晚，迄今时间也不长，但总体上比较曲折。从大的时间阶段划分，它包括改革开放前的30年和改革开放后的40年两个阶段。前者是计划经济体制下的政府主导的城镇化，后者是经济体制改革下市场主导的城镇化。也有学者从城镇化的动力维度出发，将这两个阶段称为工业塑城和资本塑城两个阶段（胡博成，2019）。具体来说，我国城镇化进程可以划分为1949—1957年城镇化起步发展、1958—1965年城镇化曲折发展、1966—1978年城镇化停滞不前、1979—1984年城镇化恢复发展、1985—1991年城镇化稳步发展、1992年至今城镇化快速发展6个阶段（中国新型城镇化报告，2012）。当然，也有学者从城镇化的速率维度出发，将新中国城镇化划分为三个阶段，即中华人民共和国成立至1960年的城镇化平稳推进阶段，城镇人口占总人口的比重由1949年的10.6%上升至1960年的19.8%；1960—1978年的城镇化停滞倒退阶段，1978年城镇化水平比1960年下降了1.8个百分点；改革开放以来的城镇化加速发展阶段，城镇化率年均提高1个百分点以上[①]。

尽管阶段划分仁者见仁，智者见智，但经过70多年的曲折发展，我国城镇化建设取得突出成就是毋庸置疑的。一是城镇化布局得到优化。中华人民共和国成立初期，我国城市主要分布和集中在东部沿海和中部内陆地区，广大的西部地区城市数量少、规模小，全国城镇空间分布极为不平衡。但经过中华人民共和国成立初期的156个重点建设项目、60年代的"三线建设"和

---

① 蔡昉，都阳，杨开忠.新中国城镇化发展70年[M].北京：人民出版社，2019.14.

改革开放时期的西部大开发战略，我国中西部成长出一批新兴工业城市，使得国家城镇布局得到很大优化。二是城镇化水平显著提升。1949年我国城镇化率仅为10.6%，城镇人口不到5000万。到2018年城镇化率显著提升到59.6%，城镇人口达到8.4亿人。特别是改革开放时期，在农村改革和工业化的强有力推动之下，我国城镇化率以每年1个百分点以上的速度增长，年均城镇新增人口达1600多万。三是城镇空间规模增长巨大。城市建成区面积扩张明显。1981—2017年期间，城市建成区面积由0.74万平方公里扩大到5.62万平方公里，扩大了6.6倍。新城镇不断产生，城市总量快速增长，大城市数量不断提高。1978年我国只有193个城市，2017年城市总量增长到661个，是1978年的3.5倍。500~1000万人口的大城市在1990年只有2座，到了2018年则增加到13座。1990年之前没有一座人口超过1000万的城市，2018年则达到6座。此外，在交通信息网络、高速铁路和城际轨道建设的推动下，以长三角城市群、京津冀城市群和粤港澳大湾区城市群为代表的城市群正在形成和发展。

总体而言，我国城镇化发展迅速，且没有出现严重的社会问题，这极大地促进了我国经济社会的发展进步。但与此同时，城镇化也存在总体水平偏低、发展不平衡、一定程度的城市病等问题。但最严重的是城镇化没有带动农业现代化，城镇化对农业现代化的带动作用出现"失灵"和"梗阻"问题，这导致农村转移人口市民化缓慢，特别是农户整体市民化缓慢。城镇化的目的不仅仅在于自身的发展进步，还在于分化和减少农户，为农业现代化创造条件。衡量城镇化发展是否成功的标准不仅在于城镇化率有多高，还在于是否带动了农业现代化发展。中华人民共和国成立初期，我国有4亿农村人口、不到1亿农户，户均农地20亩左右。改革开放初期，我国农村人口增加到8亿，农户数量上升为2.3亿户，户均耕地面积下降到不足10亩。到了2017年，我国农村户籍人口下降到7亿多，农户数量下降到2.28亿户，户均耕面积仍然保持10亩左右。尽管规模农户增加，但农业人口和农户的总量与改革开放初期相比并没有显著下降。这说明城镇化虽取得显著发展，但对吸纳农业人口和减少农户的贡献作用不大。以此衡量，我国城镇化并不算成功。更重要的是，失去城镇化的推动、拉动和带动，我国农业现代化将找不到其他的动力。因为，实现农业现代化的希望不在于农业，而在于城镇化。"城镇化进程及其相伴的劳动力转移，需要与发展农业规模经营相适应，而中国农户平均土地经营规模只有0.6~0.7公顷，仅相当于世界银行定义的'小土地经营者'标准（2公顷）的1/3，不利于机械化和现代科技要素的投入，成为农业生产方式现代化的掣肘因素。因此，创造必要的条件推动土地适度规模经营，补齐'四化同步'中农业这个短板，城镇化才能够健康推进，并真正落实以人为核心"。[①]

第二节　为什么大多数农户的城市梦难以实现

一、改革开放前国情不允许、条件不具备

改革开放前，虽然农户心中有着强烈的城市梦，但因城乡二元体制的约束，只能将城市梦暂时搁置在内心深处。当然，国家之所以要建立城乡二元的体制，并非本意要隔绝城乡之间的流动，而是基于当时贫弱的国情而不得不采取的办法。对于农户和农民的城市梦，国家是清楚的，也想在实现由农业国向工业国转变的过程中，推进城镇化发展。所以，在1949年至20世纪60年代初的国民经济恢复、三大改造和随后开始的大规模社会主义建设时期，大批农民和农户实现了由农业向工业和服务业、由农村向城市的双转移。1949年全国的城镇人口仅为5765万人，人口城镇化率为10.6%。但到1960年我国的城镇人口迅速增长到12900万人，人口城镇化率达到19.75%，比1949年翻了一番。但过度的城镇化，不仅造成农业劳动力短缺，农业生产萎缩，而且造成城市粮食需求增长、粮食供给不足的问题，同时城市就业也出现困难，城市发展受到影响。基于此，国家在号召一部分新进城市的原农村人口返乡的同时，逐步建立了以《中华人民共和国户籍登记条例》为核心的涵盖就业、住房、教育、医疗、粮食供给、社会保障等制度的城乡二元体制，将城乡人口分隔而治。其目的就在于巩固农业的基础地位，保证农业生产的劳动力供给和粮食生产稳定，为工业化目标和社会稳定提供基础性保障。

所以，改革开放之前，并非国家不清楚农民和农户的城市梦，只是因为当时农业劳动生产率低下，全国粮食需求大，粮食供给和温饱问题压倒了其他一切问题。为了解决温饱问题，国家不得不建立城乡二元体制，将农户和农民束缚在农业生产领域和农村地域。由此可知，改革开放前农户城市梦难

---

① 蔡昉，都阳，杨开忠．新中国城镇化发展70年[M]．北京：人民出版社，2019：212.

以实现，主要是受制于当时的"粮荒、吃不饱"问题，是客观国情不允许、城镇化条件不具备所致。

二、改革开放后国家允许，但大部分农户不具可行性

改革开放初期，因为城乡二元体制还没有开始解构，农民还不能到城里工作和生活，再加上长期受到温饱问题的困扰，所以他们把全部的时间和精力投入到家庭联产承包责任制的贯彻落实上，农业生产取得极大成功，温饱问题很快得到解决。伴随着温饱的实现，深藏在农民内心中的城市梦重新复苏。

部分农村剩余劳动力开始利用农闲时间，到城里干些零杂活儿或者做点小买卖，如倒卖服装和针头线脑，去机关厂矿里干些杂役，当然这些人最初也不敢想象他们能留在城里，他们只想多给家里挣点钱、贴补家用。但随着改革开放政策的实施，特别是工业化进程的加快和沿海开放城市的经济发展，越来越多农民走出乡村来到城里打工经商、从事二、三产业，并在很多农村蔚然成风。正是在农民外出务工经商大潮的冲击下，城乡二元体制开始慢慢解冻。当然，城乡二元体制的松动，既是在农民城市梦冲击下的结果和产物，也是国家主动适应城乡经济社会发展变化的积极作为。

随着城乡二元体制的解构和工业化的快速发展，农民终于有了可以实现梦寐以求的城市梦的机会了。部分农户也真的抓住了这难得的历史机遇，通过在城里打工经商，收入和积蓄有了很大提高，在住房商品化初期（1998年的住房制度货币化改革）甚至在之前就通过各种明里暗里的交易，购得了城市住房，一举实现了城市梦。但大多数在城里打工经商的农户，并没有抓住城市住房商品化初期的有利形势实现城市梦。一是他们做的都是小本买卖或低端工作，收入不高且不稳定，手里没有太多积蓄，即便住房商品化初期房产价格相对较低，但对于这些农民工而言仍然是天文数字，买不起。而当他们手里有了一些积蓄时，住房价格早就上涨了。他们的收入和积蓄始终赶不上商品房价格的上涨。就这样一错再错、一等再等，始终难以圆梦。二是农民工的工作不固定、收入不稳定，无法支付全家人在城里的生活消费，这使得他们只能望城兴叹。也就是说，个体农民工的转移很难带动全家转移和整户转移。而如果没有整户转移，农民工在城里就没有家，其结果就是一个城市过客，早晚要回归农村老家。这实际上是一种"城镇化失败"。三是虽然城乡自由流动实现了，但潜在的城乡二元体制仍然存在，这就是城乡基本公共服务不均等。农民工在城里没有社会保障，教育、医疗都要支付高价，城

市生活成本高，家庭收入和积蓄难以防范和应对城镇化风险。总之，改革开放后，虽然城乡壁垒部分被拆除了，好像农民实现城市梦的机会来了，但他们突然又发现，有形的壁垒消失了，但诸多无形的壁垒又来了，城市梦还是遥遥无期。"国务院发展中心调查，农民工普遍向往城市，有回乡意愿的仅占7%，但现实是在城里买房的仅占0.7%"①，绝大多数农民工无法实现城市梦。

那么，在城乡二元体制开始解体，且工业化和城镇化正快速发展的今天，为什么农户的城市梦还是难以实现呢？事实上，城市梦不仅是农户个体的梦，也是国家的梦。在城镇化这一问题上，农户与国家的最终目标和根本利益是一致的。虽然最终目标一致，但对如何实现这一梦想，农户和国家所考虑的重点则不同。国家因为财力所限，无力承担城镇化的成本，因而想先实现工业化然后再实现城镇化。而事实上，工业化与城镇化是一体的。因为工业化的载体是城市，人为将工业化与城镇化割裂，目的就在于减少城镇化成本，将更多从农业中筹集的资金用于工业化建设。而对农户而言，他们并不考虑工业化与城镇化的关系，只想能比乡村生活好些，能成为吃商品粮的人，由国家供给粮食、分配工作、保障教育医疗养老等社会事务，他们不考虑城镇化成本。所以，只要是国家能承担城镇化成本，为农户供给粮食、分配工作、保障社会生活，则农户会一拥而入城。这就是计划经济体制时期，国家建立城乡二元体制限制农民进城的重要原因。

早在中华人民共和国成立初期，我国就科学分析了当时中国社会的主要矛盾，并据此确定了社会主义建设的目标。1956年党的八大明确指出，我国的主要矛盾是人民对于工业国的要求同落后的农业国现实之间的矛盾和人民群众对经济文化发展要求同经济文化不能满足人民的要求之间的矛盾。正是基于对这一主要矛盾的认识，党和国家确立了把我国从落后的农业国建成先进的工业国的目标。实际上，这一目标内在地包含着把我国由农业社会变为工业社会、由农村社会变成城市社会的目标。因为城市是工业的载体和基地。没有城市，工业就不能实现聚集效应和规模效应，工业就不能得到健康发展。但事实上，因为国防工业的需要和保证粮食生产的需要，国家当时并没有认识到工业化和城镇化的密切关系，而是单纯地以为只要搞好工业化就算实现了现代化。因此，社会主义建设极为重视工业化发展，尤其是重工业发展，忽视轻工业和城市发展。而这样一条失衡的工业化发展路径一直持续到改革开放后，以至于到现在，我国工业化进程已经进入中后期，而城镇化率远远

---

①　刘奇. 中国农业现代化进程中的十大困境 [J]. 行政管理改革，2015（03）：23–31.

落后工业化水平。根据世界银行数据，2010年我国制造业增加值超过美国成为第一制造业大国，标志着自19世纪中叶以来，经过一个半世纪后我国重新取得世界第一制造业大国的地位。但我国的城镇化率即便按城镇常住人口统计，2018年也才达到59.6%，远远落后世界主要发达国家高达80%以上的水平，甚至远远落后OECD国家1978年的平均70%的城镇化水平。正是因为我国没有注意到城乡工农关系的相互作用、相互影响，或者虽然意识到了但限于条件制约而不得不选择了一条工业化和重工业化优先发展的道路，以至于造成了城镇化远远滞后于工业化的失衡状况。

而在城镇化本身的发展过程中，我国一开始也没有注意到人的城镇化，而是过多关注空间城镇化了。改革开放以来，我国城市空间增长了6倍以上，但与此同时，城市人口增长并不多，特别是户籍城镇化率在2018年仅达到43.4%。当然，忽视人口城镇化的城镇化道路，与以重工业优先发展的工业化道路有着不可分割的联系，也正是这样两个非均衡的发展路径，导致我国农户看着城镇化的机遇，却始终抓不到手里。

当然，除了我国工业化和城镇化的路径因素之外，我国农户城市梦难以实现还存在国家政策制度设计因素、农户家庭状况因素、区域经济发展因素，以及农户根据上述因素对家庭劳动力和居住地所做出的市场化配置。显而易见，工业化、城镇化和区域经济发展在给农户进城提供机遇的同时，也带来了各种风险。当这些机遇、风险与市场经济相结合的时候，对农户而言就是一个极大挑战。因为，作为一个农业经营主体和社会生活主体，农户必须为了家庭整体利益最大化而独立做出判断和决策。而在计划经济体制时期，农户则不需要这样做。也就是说，改革开放前，城镇化成本实际上是由国家承担的，如国家给安排工作、保证粮食供给，提高公共服务。而在改革开放后，城镇化的成本实际上主要是由农民个体和农户来支付的，表现为自主择业、自主购房和租房、自主缴付社会保障费用等，城镇化风险如失业、生活困难、意外事件也是由农户自己承担。在市场经济体制环境中，在农户自主决定、自担成败之下，在机遇与风险并存的情况下，农户会依据国家相关政策制度和家庭状况，对进城和留村做出综合分析判断。如果机遇大于风险、进城利大于弊，他们就会选择进城；相反，他们就会决定留村。

总之，随着城镇化由计划体制向市场体制的转变，农户对城镇化的态度也发生了改变，由计划体制时期的无限向往变成了市场体制下的矛盾与慎重：既爱又恨，既想又怕。爱的是城镇的现代文明、现代生活方式、干净整洁的环境、优质的公共服务和较高的收入，想的是有朝一日能农转非、由村入城，享受城市生活；但恨的是入城门槛高、房子贵、生活成本高，怕的是就业不稳定、生活不下去。农户思来想去，保守的心理占了上风：先由个别劳动力进城务工，但全家留守农村，由老人妇女经营农业，这样进可攻退可守，既能实现家庭收益最大化，又将生产生活风险降到最低。由此必然导致兼业化和兼居化普遍。事实上，在现有政策和制度之下，大多数农户感觉进城的风险大于机遇，所以他们不得不放弃城市梦想而选择留在乡村。从一定程度上看，我国城镇化水平是农民自主选择——家庭决策的结果。因而，推进以人为核心的新型城镇化还要充分尊重和保障农户自主选择的权利，并尽可能实现"农民自主选择与社会秩序的统一"①。本书将试从工业化、城镇化的微观主体——农户的经济行为选择和家庭决策的视角揭示城镇化的复杂过程，阐明农户的行为选择与家庭决策同工业化、城镇化的关系，提出优化农户家庭决策、推进城镇化和农业现代化的建议。

第三节　我国城镇化为什么如此缓慢艰难

城镇化发展，除了城市本身的发展之外，主要依靠农村城镇化。特别是在农业国家和农业社会，因为城市本身的数量、人口、规模就小，如果完全依靠城市的自我发展，而没有农村的城镇化，可能城镇化率不升反降。在我国，因为农户的城市梦难以实现，即农户转移难，农户转移率低，所以国家城镇化发展必然缓慢。国家城镇化发展与农户城市梦息息相关，农户城市梦是国家城镇化的微观基础。国家城镇化之所以发展缓慢、滞后于工业化水平，从微观层面看主要是因为农户城市梦难以实现。除此之外，还有国家宏观政策本身的一些因素。

首先，在于国家工业化道路选择：优先重工业发展、城乡二元工业化和空间城镇化。基于中华人民共和国成立初期的特殊国情，国家选择了优先发展重工业的工业化道路。而为了保证工业化发展的稳定，国家又实行了城乡二元的社会政策，抑制农民向城镇转移。重工业优先发展战略使得城镇轻工业和服务业发展落后，工业化吸纳农民和农户转移的能力不足。改革开放后，在开放搞活的方针政策指导下，农村非农经济发展迅速，"村村办厂、户户冒

① 解安，朱慧勇．中国城镇化：农民自主选择与社会秩序的统一[J]．马克思主义与现实，2015（01）：187–192.

烟"，我国实际上又走上了城乡二元工业化道路，即城镇工业化和农村工业化并存发展。而农村工业化使得工厂企业布局分散，无法实现资源、产业、人口的聚集，导致"镇镇像村、村村像镇"现象，严重削弱了城镇工业化发展。在过去的30多年，我国工业化的很大一部分发生在农村，我国农村工业产值约占全国工业总产值的50%，而这50%的农村工业由于布局分散，既难以催生新城镇的产生，也难以扩大原有城镇的规模。虽然近些年这种分散式工业化有所改观，约有30%的乡镇企业、私营企业集中到小城镇发展，但仍有70%分布在村落当中，农村分散工业化的整体局面没有根本变化。农村分散化工业道路极大削弱了工业化对城镇化的推动力，从而使得城镇化落后于工业化水平。"乡村工业化的道路只是从经济结构上纠正了重工业化优先发展战略所形成的不合理的部门关系，但没有从社会结构上纠正二元结构所产生的扭曲"[1]。总体来看，由于我国工业化道路选择，我国工业化在推动城镇化发展当中，存在二次"减力"：第一次是偏重重工业发展策略，削弱了轻工业和第三产业对城镇化发展的推动力；第二次是二元化工业道路，特别是农村分散化工业道路，削弱了集中工业化对城镇发展的聚集效应和规模效应。

其次，在于国家关于城镇化的具体政策较为模糊或矛盾。一方面想促进城镇化，引导农民转移到城镇，因而制定了许多支持性政策；另一方面又担心过度城镇化导致城市病、贫民窟和社会不稳定，因而又对城镇化落户做出诸多限制，如年龄、学历、职业、住房、子女教育、社保缴纳等，这等同于打开了门但只留了一道缝。如此的城镇化其实就是选择性、竞争性城镇化，将许多农民工的妻子、老人、孩子屏蔽在城镇门外，因而只能导致农民工、民工潮、留守问题，却无法形成城镇化潮。这说明国家城镇化政策存在两难选择：完全放开，无法安置；不完全放开、有选择性吸收，则会虹吸农村的优质资源，使农业农村更加落后。若是实行分类施策、因城制宜的政策，鼓励就地城镇化，这又会加剧农业兼业化和农民兼居化。政府之所以在城镇化政策上出现两难甚至三难，既是现实的困境，也是因为历史上吃过"过度过快城镇化"的亏，害怕再犯同样的错误。这个教训就是1950年中期开始的大规模城镇化，农村人口大量移居城镇，导致农业生产下降、城镇人口粮食供给不足，进而影响到工业化和城镇的稳定，因而不得已又实行了"逆城镇化"。

最后，在于忽视人的城镇化的空间城镇化道路，削弱了人口转移和人口集聚对城镇化的推动力。20世纪90年代中期，我国城镇化进入快速发展阶段，

---

① 蔡昉，都阳，杨开忠.新中国城镇化发展70年[M].北京：人民出版社，2019：39.

但基于由易到难的发展规律，我国城镇化不自觉地走上了注重空间发展和规模扩张的路径。虽然空间城镇化或物质城镇化是城镇化的前提和基础，但不是城镇化的本质。城镇化的本质还是农民和农户的城镇化。相对而言，空间城镇化较为容易和简单，而人的城镇化较为复杂和困难。由于人的城镇化落后，我国城镇化建设总体质量不高。

总之，国家城镇化发展缓慢，主要归因于四方面的因素。一是国家工业化道路的被动选择：重工业化、二元化工业道路导致城镇化发展缓慢，落后于工业化。二是国家城镇化道路的被动选择：选择性、竞争性城镇化和外延空间型城镇化，导致城镇化发展缓慢。三是政府对于推进城镇化态度犹豫、政策模糊：既要城镇化又怕城镇化；既想城镇化发展又担心农业不稳定；既想让农户进城又害怕一下子都进来。正是这样的瞻前顾后导致国家政策制定和制度安排难以形成合力，并在实践中扭曲为选择性、屏蔽性城镇化。四是农户在进城与留村上的矛盾困境：既想进城又害怕待不住，既想得到城镇化红利又想得到农地升值和农村建设的红利，两头都想占便宜。这使得农户进退失据，从而落入两头兼顾、哪头都做不好的境地。

第四节　农业现代化目标及实现程度

一、农业现代化

（一）农业现代化定义

农业现代化是国家现代化在农业发展上的重要表现和重要内容，是工业化、信息化与农业生产相结合的技术经济活动，也是现代工业社会中农业的发展方向和趋势。"化"表示变化、转化，是一物转向另一物或一种形式转向另一种形式的渐进过程、发展趋势，以及这一过程和趋势的产物、结果，是事物发展的连续性和间断性的统一。农业现代化是对传统小农经济的替代和革命，是传统农业走向现代农业的渐进过程。

我国对农业现代化的认识是随着时代发展而不断丰富和完善的。在中华人民共和国成立后的很长的一段时间内，我国将农业现代化定义为机械化、化学化、水利化和电气化这"老四化"，后来又将之概括为机械化、科学化和社会化这三化。到了改革开放初期，学界又将经营管理、生态化等理念纳入农业现代化的定义当中（杨纪珂，1980），并进而将农业现代化扩大到农村现代化的范畴（李昌，1982）。在日益深化的认知基础上，梅方权（1999）将农业现代化归纳为农民生活消费现代化、农业经济结构现代化、农业基础设施现代化、农业科学技术现代化、农业经营管理现代化和农业资源环境现代化六个方面。2007年中央一号文件从要素构成和产业目标相结合的角度对农业现代化内涵做出界定："用现代物质条件装备农业，用现代科学技术改造农业，用现代产业体系提升农业，用现代经营形式推进农业，用现代发展理念引领农业，用培养新型农民发展农业，提高农业水利化、机械化和信息化水平，提高土地产出率、资源利用率和劳动生产率，提高农业素质、效率和竞争力"。

农业现代化与现代农业密不可分，但二者并不完全等同（刘奇，2015）。农业现代化是建设现代农业的历史过程、基本路径、国家政策和市场选择的总和，是一个复杂的系统工程。现代农业是农业现代化的目标追求之一，也是农业现代化的一种客观结果和产业发展表现形式。农业现代化的内涵远比现代农业丰富，它不仅仅单纯追求经济效益最大化，同时要求社会效益和生态效益最大化，是与农村现代化和农民现代化一体的，也是与工业化和城镇化相协调的。而现代农业只是农业现代化的产业形态，侧重于农业的产业化和利润最大化。

（二）农业现代化的表现形式

农业现代化的最重要成果形式就是现代农业。速水佑次郎和拉坦（2000）从经济学的角度观察，认为现代农业是在传统农业基础上利用现代生产要素而发展起来的新型农业，其核心是"加速农业产出和生产率的增长率，以便与现代经济中的其他部门的增长相一致"。

现代农业的表现形式多种多样。从农业业态来看，包括绿色农业、智慧农业、有机农业、生态农业、设施农业、品牌农业、特色农业、规模农业、功能农业等；从农业经营形式来看，包括家庭农场、种粮大户、农业专业户、农业生产合作社、农业企业等。但不管现代农业有什么样的形式，较大的农地规模是其共性和基础。如果没有适度规模，农地狭小零碎，农业生产利润率不可能有较大提高。

（三）农业现代化的本质

农业现代化是一个系统工程，涉及众多要素、部门和领域。从不同的视角观察，会看到其不同的本质内涵。

从农业现代化的内涵来看，农业现代化表现为高效、优质、节约和友好，满足国家和人民粮食安全、收入增加、食品安全和环境友好的目标诉求。高效是指农业生产劳动生产率、土地产出率、利润率都比较高，能够大体上获得与从事二、三产业相当的收益。优质是指农产品品质优良、食用安全、富有营养、绿色生态。节约是指劳动力、资源投入较少，能耗较低，能以较低投入取得较高产出。友好是指农业生产不仅不污染环境，甚至能够改善改良环境，与良好的生态环境共生共存。

从农业现代化的实现路径看，农业现代化表现为规模化和集约化两种模式。其中，规模化又表现为土地经营规模化和农业服务规模化两种形式。所谓土地经营规模化是指单个农业主体所经营的土地在数量上要达到较大面积、在地理分布上要实现集中连片。土地经营规模化重在提高农业劳动生产率和利润率。所谓农业服务规模化，又可以称为"服务带动型规模经营"，是指通过加强社会化服务促进农业适度规模经营（钟真等，2020）。"服务带动型适度规模经营可以成为土地流转型规模经营之外推进农业现代化的'第二条道路'"。[①] 所谓集约化，是指在单位面积土地上投入更多劳动力、资本等生产要素，通过精耕细作实现农业生产经营的现代化。但不管是农业服务规模化还是农业集约化，事实上都要以一定的土地规模化为基础，因为没有土地的规模化，服务的规模效益和资本的规模效益都会递减。

从农业现代化的产业形态看，农业现代化本质上是机器大工业基础上的现代科技与农业生产的结合，是第一产业与第二产业、第三产业的融合，是第二产业、第三产业向第一产业的延伸和第一产业对第二、三产业的应用。农业现代化处于农业、工业和服务业三大产业的结合部，是三大产业的融合发展。从产业融合角度看，当前我国农业对于工业化成果的应用不足，与服务业的融合度不够。之所以会造成这样的局面，主要在于农业的小农经济属性，这成为农业现代化的桎梏。加强一二三产业的融合，加快农业现代化发展，必须破除农业的小农经济属性，有效推进农业规模化、市场化和产业化。

从农业现代化的来源看，农业现代化是工业物质和农业科技以商品能量形

---

① 钟真，胡珺祎，曹世祥. 土地流转与社会化服务："路线竞争"还是"相当益彰"？——基于山东临沂12个村的案例分析 [J]. 中国农村经济，2020（10）：52-70.

式向农业输入的过程，实质上是对农业的追加投资。所以，农业现代化也需要资本积累。农业现代化需要的资本积累很难通过农业获取，因为农业现代化向农业输入过程中存在经济障碍。所谓经济障碍就是工农产品价格呈现剪刀差，存在不等价交换，农户对农业现代化的投资很难通过生产农产品换回，这使得农户比较贫穷，无法支付农业现代化的成本，买不起农机、农建、农技、农才和农业加工厂，从而导致农业现代化的停滞。解决这一问题，需要找到农业现代化的投资者。而在寻找投资者之前还需要解决的一个前提性问题是，农业值不值得投资？即要先提高农业的投资价值，让农业具有同二、三产业一样的利润率。但在户均不到十亩地，且分布零碎的小农经济下，农业不具有投资价值。而要让农业具有投资价值，必须先实现农业经营的规模化。

从农业生产力与生产关系的结合来看，农业现代化是生产力和生产关系的共同变革，因而农业现代化的本质是农业生产力现代化与农业生产关系现代化的融合。其中，农业生产力的现代化表现为机械化、电气化、自动化、智能化、科技化，农业生产关系的现代化表现为规模化、市场化、产业化、生态化。在生产力与生产关系的辩证关系中，生产力是第一要素，决定生产关系的变革与发展。但生产关系对生产力具有反作用，不适应生产力发展的生产关系会阻碍生产力进步。从当前我国农业生产力与生产关系看，由于工业化的快速发展，特别是制造业和科学技术的进步，我国已经能够为农业生产制造足够的现代农业机械、智能设施、电气设备，农业生产力现代化的条件基本具备。但我国农业生产关系还停留在小农经济层面，特别是农地的零碎化、小规模化，已经严重阻碍了农业生产关系的现代化。农业生产关系的落后成为阻碍农业现代化的短板和瓶颈。

从农业再生产角度看，农业是经济再生产和自然再生产的统一。因而，农业现代化的本质就是经济现代化再生产和自然现代化再生产的统一。所谓经济现代化再生产，意指现代农业的再生产，规模化、市场化的再生产，而不是小农经济和小生产的循环。自然现代化再生产就是绿色农业、生态农业的再生产，是科技生产力和自然生产力协同推动的再生产。从我国农业生产的实际看，现代农业的再生产不足，小农经济的再循环特征还较为明显。发展现代农业就要破除小农经济的顽固性和循环性。

（四）农业现代化的物质技术基础

农业机械是发展现代农业的重要物质基础，农业机械化是农业现代化的重要标志。农业机械化是农业技术进步的核心内容，是农业现代化不可逾越的物质技术基础。马克思曾指出，农业本身的进步总是表现在不变资本对可变资本部分的相对增加上。农业中的不变资本就是工业物质技术装备。农业现代化是工业化和农业生产结合的产物。工业化是农业现代化的基础和推动力，电气化、自动化都是在机械化的基础上实现的。

实现农业机械化，首先要为农业机械的应用提供场地和条件。只有具备了适宜的场地和条件，农业机械才具备投资价值和应用价值，才能得到推广和普及。在农业机械所需要的条件当中，首要的是集中连片的农地。尽管从地理上看，农地都是相连成片的，但由于其承包经营权归属于不同的农户，农地的产权是分割零碎的，这导致其生产经营的分割和农机作业的不便。分散、零碎和小规模的农地经营严重制约着农业的机械化。

（五）农业现代化的生产经营前提

从供求关系看，农业现代化供给由工业水平决定，农业现代化需求由农业生产决定。只有在供求均衡的情况下，农业现代化才能得到很好的发展。从供给侧来看，我国工业化、信息化水平在改革开放时期取得了显著成就，完全可以提供农业现代化所需要的物质技术装备，包括农业机械、自动化设备、先进农业技术和农业生产资料等。但在需求侧，由于小规模家庭经营占据着农业生产经营的主导地位，农业现代化需求不足。小农经济极大地抑制了对农业现代化的需求，并进而压抑了农业现代化供给。它使得农业工业化弱化退化、农业专业教育弱化退化、农业科技创新弱化退化，农机、农技、农业人才供给不足。

因此，推进农业现代化进程、发展现代农业，首先必须解决小农户数量众多、农户过密化和农业经营规模狭小的问题。为此，必须以农户为核心调整和优化国家城镇化和农业现代化的政策制度，有效分化和大量减少农户，让一部分农户进城非农化，让一部分农户扩大农业经营规模，追加农业投资发展现代农业。

（六）农业现代化的经济环境是高度发达市场经济

发展农业现代化，必须让农业能够挣钱，且要获得同二、三产业大致相当的利润率。在农业比较收益低的情况下，提高农业收入必须扩大经营面积、追加农业机械投入、降低人力资本投入。而这样的规模农业需要大市场。如果占人口大多数的农民无须购买粮食，农业的商品生产必然受限，农业的市场化难以形成。农业市场经济不发达是我国农业现代化不可能迅速发展的严重制约因素。

在存量人口既定情况下，发展农业市场经济，必须让一部分农民和农户转变为城市人口，一方面可以为农地规模化腾出空间，另一方面又可以增加农产品市场需求。所以，减少农民和农户是实现农业现代化的当务之急。要减少农民和农户必须利用好工业化、城镇化所提供的千载难逢的历史机遇。利用这一机遇，既要鼓励个体农业劳动者转移，更要鼓励和支持农户举家迁移。因为只有后者才是彻底转移，真正的转移。个体农民工只是转移的假象，因为他的根在农村、家在农村、心在农村。

（七）工业化和城镇化是农业现代化的动力

农业现代化的出路，既在于农业本身的革命，也在于外部工业化和城镇化的推动。没有工业化和城镇化提供的推动力与外部条件，仅靠农业自身的发展，很难实现现代化，特别是对于农业人口过多、农户过密的发展中国家而言，更是如此。工业化和城镇化发展，一方面吸纳农业过剩人口，为农民和农户转移提供就业机遇和生活空间，为剩余农户扩大经营规模创造资源条件；另一方面为农业现代化提供需要的机械设备和农业科技。正是因为有了工业化和城镇化发展，农业才可能克服自身存在的内卷化问题，从而打破小农经济的自我循环。

但当前我国农业现代化的主要问题，在于工业化、城镇化发展与农业现代化存在脱节和梗阻现象，农业现代化有可能错过工业化和城镇化发展历史机遇。造成这种现象的根本原因，在于工业化和城镇化发展过程中主要考虑自身的发展与利益，而没有统筹兼顾农业现代化，或者说没有想为农业现代化服务，而只考虑工业化和城镇化自身发展。

（八）农业现代化的道路

一个国家或地区的农业现代化究竟走什么样的路径，既受国情、区情和社会基本制度的影响，也受农业自身发展规律的制约。在第二次世界大战结束后的冷战时期，受社会主义和资本主义两种社会制度、意识形态对立竞争的影响，社会主义国家和资本主义国家呈现了两种不同的农业现代化路径。以美欧为代表的资本主义国家的农业现代化是市场化道路；以苏联、中国为代表的社会主义国家的农业现代化是集体化道路。

实践证明，无论是资本主义国家的市场化农业现代化道路，还是社会主义国家的集体化农业现代化道路，都不是完美无缺的，也不是绝对的。资本主义国家农业现代化是资本主义生产方式在农业中的实现。资本主义农业现代化给农村带来太多痛苦和灾难。为给工业化筹集资金、原材料和劳动力，同时也为农业规模化经营创造条件，英国资本家发动"羊吃人"的圈地运动，美国资本主义发动了血腥的"西进运动"，强制把农户从土地上赶走。伴随着工业化和城镇化发展，农村大量土地、劳动力、资金等资源被吸纳和占用，农业和农村进一步衰落。社会主义国家的农业现代化是社会主义生产方式在农业中的实现。与资本主义国家不同，社会主义国家的农业现代化走的是集体化加机械化相结合的道路。社会主义国家虽然没有像资本主义国家那样通过圈地运动剥夺农民，但它是以工农产品价格剪刀差的方式，将农业利润转移到工业化建设中，从而也导致农业衰落和农民贫穷。

总体来说，无论是资本主义国家市场化的农业现代化道路，还是社会主义国家集体化的农业现代化道路，都存在对小农户的较为激进的做法以及对农业的轻视。资本主义国家是以英国的圈地运动为典型，社会主义国家是以苏联的集体化和中国的农业合作化为代表。尽管两种道路都有不足之处，但资本主义国家的市场化道路在经过改革和完善之后基本取得成功，资本主义国家大多借此实现了农业现代化。而社会主义国家的集体化农业现代化道路则因市场化改革而终结。

中华人民共和国成立初期，在社会主义思想和苏联模式影响下，我国将农业现代化等同于集体化加机械化，并通过对小农的社会主义改造走上了合作化道路。但限于当时国力不足、工业化和城镇化水平不高、计划经济体制、特殊国际环境等因素，农业只实现了集体化但没有实现机械化，并逐渐显现出因分配上的平均主义而导致的效率不足的问题，农业合作化道路没能引领我国农业走向现代化。所以，以国家力量完全取代市场机制，一手包办农业现代化，强制推进农业生产关系的改进，并不能推进农业现代化，反而会给农业造成损失。改革开放之后，随着农村家庭联产承包制的实行和农村经济的市场化，我国农业现代化逐渐走上市场化道路。

在市场经济体制环境中，农业利润率对农业现代化影响很大，而提高利润率最有效的办法就是扩大种植规模。扩大农业经营规模，提高农业劳动生产率，使农户获得社会平均利润率，农业现代化才能实现。这一路径称为规模化，旨在提高劳动生产率。除此之外，还有集约化道路，即在单位面积土地上尽可能多地投入人力、物力和农业科技，努力提高土地产出率。走规模化之路，需要户少地多，若此必须先分化农户：使大部分农户退出农业和农村，转而从事二、三产业；使种粮农户扩大经营规模，将小农经济升级为家庭农场；使那些既不能入城又不能扩大农业规模的农户转为农业雇佣工人，即将农户一分为三：非农户、家庭农场户、农业雇佣户。走集约化之路，需要改造传统小农，使之成为懂技术、会管理的现代新型农户。列宁认为，改造小农，改造他们的整个心理和习惯，是需要经过几代的事情。只有有了物质基础，有了技术，在农业中大规模地使用拖拉机和机器，大规模地实行电气化，才能解决这个关于小农的问题，使他们的全部心理健全起来。只有这样才能根本地和非常迅速地改造小农。概而言之，在市场经济体制环境下，农业现代化的道路是分化传统农户、减少小农户和增加大农户和新型农户。

二、国家农业现代化目标

从农业本身来看，农业现代化是农业发展的客观规律，是传统农业走向现代农业的必然过程。但这一规律和过程不是自然而然的，需要国家和社会有意识地推动。因而，农业现代化不仅是产业升级和农业发展问题，还是国家发展目标问题。从国家层面来看，农业现代化是国家发展的战略目标，构成国家全面现代化的重要组成部分。从国家全局和社会整体考虑，农业现代化有利于国家全局发展和社会整体利益，是国家全面现代化的重要方面，能够为工业化和城镇化提供重要物质基础和粮食安全。

作为以实现民族独立、人民解放和国家富强为己任的中国共产党，早在抗日战争胜利前夕的第七次全国代表大会上就提出了实现农业近代化的目标："中国工人阶级的任务，不但是为着建立新民主主义国家而奋斗，而且是为着中国的工业化和农业近代化而斗争。"[1]这一鲜明论断成为中华人民共和国成立之后党和国家提出四个现代化目标的发轫，其中的农业近代化提法成为农业现代化目标的雏形。1953年，毛泽东在《关于过渡时期总路线的学习和宣传提纲》中指出："实现国家的社会主义工业化，就可以促进农业和交通运输业的现代化，就可以建立和巩固现代化的国防。"由此将农业近代化中的"近代化"一词转换为"现代化"。1954年周恩来总理在一届人大一次会议上进一步提出建设"现代化的农业"目标。之后经过不断完善，农业现代化概念逐渐形成，并被党和国家纳入四个现代化建设的总体布局当中，成为党和国家在农业建设方面一以贯之的最鲜明最集中的目标表达，并一直延续至今。改革开放之后，国家不断充实和完善农业现代化的理论内涵，积极扩大和深化农

---

[1] 毛泽东选集（第3卷）[M].北京：人民出版社，1991：1080-1081.

业现代化的实践探索。1990年3月，邓小平将"家庭联产承包为主的责任制"和"发展适度规模经营"作为农业改革与发展的"两个飞跃"，从而将规模经营纳入农业现代化范畴。2007年党的十七大指出在推进社会主义新农村建设中，要把发展现代农业、繁荣农村经济作为首要任务，走具有中国特色的农业现代化道路。十八大以来，党进一步明确要求农业发展要主动适应经济发展新常态，积极转变农业发展方式，加快农业供给侧结构性改革，坚持走中国特色新型农业现代化道路。

三、农户农业现代化梦

中华人民共和国的成立，使我国近亿农户实现了"耕者有其田"的梦想。但落后的农业生产力使得私有化的小农经济不仅不能实现农户富裕的梦想，还使农户陷入繁重的农业劳动中。对个体农业进行社会主义改造后的集体化，虽然一程度上减轻了农业劳动的艰苦性，但仍然没有使农业发展、农民富裕和农村繁荣。改革开放后实行的家庭联产承包责任制，虽然使农户达到了温饱，但仍然没有解决致富问题和繁重劳动解放问题。

作为农业劳动力和生产经营主体，农户最懂得农业生产经营的劳动付出和艰苦程度。在手工劳动加畜力的传统农业模式下，农业生产不仅占用大量劳动力，而且农业劳动极为辛苦，特别是在耕地、播种、收获和灌溉的环节，真是"汗滴禾下土，粒粒皆辛苦"。有鉴于此，农户大多都想跳出农门、进入城镇和从事非农工作。而在城市梦难以实现的情况下，所有农户都梦想在轻松劳动中实现农业利润最大化，这实际上是农户农业现代化梦想的雏形和源头。

进入改革开放历史新时期，随着以工业化为基础的农业机械化、电气化、自动化和智能化发展，现代农业以崭新面貌出现在世人面前。习惯了肩扛背驮、胼手胝足的农户，面对现代农业的先进性大开眼界，迫切希望引进现代农业的技术、工艺和机械，实现农业生产的自动化、机械化、智能化，以减轻劳动强度和提高劳动生产率。每个农户都希望把以手工与畜力结合为劳动方式的传统小农转化为以机械化、自动化为劳动方式的规模化、产业化和市场化的现代农业，以最低的劳动投入、最省力的劳动方式、最科学的生产工艺、最先进的现代设备实现农业劳动的最轻松化和农业利润的最大化，这就是农户的农业现代化梦。简单地说，就是把传统小农经济发展为现代家庭农场。特别是对于种粮大户和种田能手而言，他们最希望实现农业规模化、产业化和现代化，通过农业生产经营获取等同于二、三产业的利润率，依靠农业生产经营实现发家致富。即便是小农户和兼业户，也深受"靠手工劳动吃饭"之苦，也想实现农业现代化，以实现农业劳动的轻松化、便利化和利润最大化。2000年，时任湖北省监利县棋盘乡党委书记的李昌平向总理上书，用13个字概括出我国"三农"问题："农民真苦，农村真穷，农业真危险。"这"三个真"真实地揭示了中国"三农"的真相，在社会上引起巨大反响。李昌平的上书不仅反映了我国农业农村农民的现状，也从侧面反映了农民对农业现代化的追求和向往，代表了广大农民的心声。

农业集体化时期，农户丧失了农业决策者身份和生产经营的主体地位，变成单纯的农业劳动者和被管理者，农户对农业现代化的梦想受到压抑。改革开放之后，家庭联产承包制的实施使农户重新获得农业生产经营的自主权，农户对农业现代化的渴望得到释放。如何应用工业化和科技发展成果以最低的劳动成本获得最大的劳动利润，成为农户普遍的追求。但在"大国小农"基本国情和户多地少的资源配置下，大多农户的农业现代化梦想无法实现，因而对农业现代化的热情趋于下降。

实际上，农业现代化目标更多的是国家发展目标。对于农户而言，农户并不十分关心农业现代化是否能实现和是否要实现。因为农业现代化首先意味着农户要分化：一部分退出农业转入非农产业，一部分留下来专门从事农业。虽然从长远来看，农业现代化对所有农户都是有益的，是一种帕累托改进。但短期看，农业现代化过程并不能给农户带来立竿见影的效益，特别是对于非农农户和兼业户而言，这需要他们退出农地，有可能减少其利益。因此，农业现代化更多的是有利于种粮大户和农业专业户。基于此，不是所有农户对于农业现代化目标都有迫切的需求。在这里，农户的个体需求与国家需求之间存在落差和结构性矛盾。国家迫切想实现农业现代化，但大多数农户并不急；国家追求农业的整体发展进步，而农户只追求家庭利益的最大化。所以，国家在制定农业发展政策时就不能只考虑国家整体利益和长远利益，还必须顾及农户的个体需求和短期利益。

四、我国农业现代化进程与实现程度

（一）我国农业现代化的进程

自中华人民共和国成立初期确立农业现代化目标伊始，我国就开始了农业现代化建设进程，到现在已近70年时间。在这70年当中，我国农业现代化进程大体上可以划分为三大阶段。

第一阶段：对个体农业进行社会主义改造时期（1953—1958年）。

从解放战争后期到1953年，党和中华人民共和国发动了土地改革运动，废除封建剥削的土地所有制，将地主阶级的土地平均分配给无地或少地的农户，建立了耕者有其田的农业经济。土地改革一定程度上解放了农业生产力，但分散落后的小农经济并没有使大多数农户走上富裕之路，也无法满足国家经济建设对农业的需要。1953年党和国家提出农业现代化目标，随之在向社会主义转变的三大改造中，对个体农业进行了社会主义改造，并以苏联集体农庄制度为榜样，于1958年建立政社合一的人民公社制度，对农业实行三级所有、队为基础、统一经营、统一核算、平均分配的集体化运作。基于当时党和国家对农业现代化内涵的理论认知，这一时期的农业现代化重在实现集体化和机械化，此外还包括农业化学化、水利化、电气化。总体来看，这一阶段的农业现代化建设，除了集体化得以实现之外，农业机械化、水利化、化学化虽有一定程度发展，但基本上没有实现。

第二阶段：农业集体化时期（1958—1978年）。

这一时期农业集体化得到定型与普及，且公有化程度越来越高。在制度变革的初期效率增长释放完后，农业集体化道路的弊端越来越明显。这主要是因为在计划经济体制、农业集体制度、城乡二元体制的重重约束下，农户不仅完全失去农业生产经营的主动权和决策权，而且被牢牢束缚在农业生产领域和农村地域当中。个体生产积极性、主动性的丧失以及分配上的平均主义，使得农业集体生产制度效率低下，农业经济陷入长期停滞不前状态。随着国家人口的增加和粮食需求的增长，温饱问题越来越严重。总体来看，这一时期的农业现代化建设，虽然在农业机械化和农田水利建设上取得了一定成就，但总体上是不成功的，农业集体化道路没能引领我国农业实现现代化。但这一时期的实践引发人们对农业现代化的重新思考。

第三阶段：十一届三中全会后社会主义现代化建设新时期。

1978年党的十一届三中全会的召开，使得党和国家工作中心重新转移到经济建设上来。面对长期农村集体经济制度所导致的农业萎靡、农村落后、农民贫困局面，以及部分农村包产到户、包干到户的做法，1983年1月，中共中央印发《当前农村经济政策的若干问题》的通知，全面肯定了家庭联产承包责任制。我国农业由此走上了在家庭联产承包制基础上探索实现现代化的新路径。为此，国家不断深化农产品流通体制、农业产业化发展、农村土地产权制度、农业税费制度、农业支持政策、城乡工农关系等领域的改革，持续推动农产品流通的市场化、农业经营的产业化、农地产权制度的清晰化、农业税费的减免化，不断强化农业支持政策，不断调整优化城乡工农关系。在党和国家的高度重视和持续的政策、制度改革推动下，我国农业发展取得了很大进步，大型农业机械基本普及，农业规模化、产业化、市场化程度有了显著提升。

上述三阶段的划分，是从中华人民共和国农业政策和制度视角观察的，更多的是对新中国农业发展进程的描述。臧云鹏根据生产效益、生态效益和社会效益在农业实践中所占的比重，将我国农业现代化历程划分为如下三个阶段：以发展生产力为核心的农业现代化阶段（1949—1984年），效率优先、兼顾环保的生态农业示范阶段（1985—2011年），高效、优质、节约、友好的现代化农业阶段（2012年至今）[①]。这一划分则更好地从农业现代化内涵视角描述了我国农业现代化发展的进程。

（二）我国农业现代化的实现程度

我国是一个农业大国，客观评价和准确衡量我国农业现代化实现程度，是对不断变化的农业国情的认知，有助于全面把握我国农业现代化的发展水平、现实状况，有助于科学制定推动农业发展的战略决策。

衡量我国农业现代化的实现程度是一个极其复杂的问题。一则是因为农业现代化本身就是一个系统工程，内涵极其丰富，衡量标准多元多样；二则是因为我国地域辽阔，人口数量、资源禀赋和经济发展各不相同，各地农业发展程度差异极大。有鉴于此，学术界对我国农业现代化的实现程度采用了诸如多指标综合测度法、重点参数比较法、打分与排序法等多种衡量方式。总体来看，不同的方式方法各有利弊优缺。因此，任何单一方法都不能准确表达我国农业现代化的实现程度。准确衡量我国农业现代化的实现程度，必须多角度综合评价。

首先，要从规模化角度衡量。规模化是农业现代化的必由之路。即便是走集约化的道路也要以适度规模为前提。农业经营的规模化面积及其占比，是衡量我国农业现代化实现程度的重要指标。"农业部调查表明，从我国资源禀赋和当前城乡居民收入差距看，一年两熟地区户均耕种50至60亩、一年一熟地区户均耕种100至120亩，就有规模效益。"[②]据此可以假设我国农业户均

---

①　臧云鹏. 农业现代化的发展历程与未来方向 [J]. 国家治理，2019（34）：31—40.

②　中共中央党史和文献研究院. 习近平关于"三农"工作论述摘编 [M]. 北京：中央文献出版社，2019. 142.

适度经营规模为50—100亩。从《中国农村经营管理统计年报（2015）》来看，2015年我国农户经营耕地的规模情况是：经营耕地50~100亩、100~200亩、200亩以上农户数分别为242.3、79.8、34.5万户，分别占总户数的1.0%、0.3%、0.1%，合计为1.4%，其余的98.6%的农户为经营耕地50亩以下的中小农户。由此可知，我国农业经营的规模化程度还很低，这严重阻碍着农业的机械化和智能化，极大抑制着农业资金投入。

其次，要从新型农业经营主体角度衡量。诸如种粮大户、种粮能手、家庭农场、农业企业、农业合作社等新型农业经营主体，是农业现代化的主要从业者和经营者。实现农业现代化，必须要有足够的新型农业经营主体数量，新型农业经营主体占农业主体总数的比重是衡量农业现代化实现程度的重要指标。第三次全国农业普查显示，2016年，全国共有204万个农业经营单位。2016年年末，在工商部门注册的农民合作社总数179万个，其中，农业普查登记的以农业生产经营或服务为主的农民合作社91万个；20743万农业经营户，其中，398万规模农业经营户。从全国农业普查数据看，以农业生产经营合作社和规模农业经营户为代表的新型农业经营主体总共489万个（户），仅占全部20743万农业经营户的2.3%。"中央农办副主任、农业农村部副部长韩俊说，'大国小农'是我国的基本国情。全国小农户数量占农业经营主体的98%以上，小农户从业人员占农业从业人员的90%，小农户经营耕地面积占总耕地面积的70%"。① 全国98%以上农业经营主体仍是小农户。由此可见，我国新型农业经营主体少得可怜，绝大多数都是传统农户。

再次，要从农业利润率与非农产业利润率相比较的角度衡量。农业现代化的一个重要指标是农业利润率与非农产业利润率大致相当，即从事农业生产经营与从事非农产业一样挣钱。因而，农业利润率与非农产业利润率之比是衡量农业现代化实现程度的重要指标。这里可以劳均农业增加值来代表农业利润率。从发达国家的情况看，发达国家农业劳均增加值大致等于非农产业劳均增加值。由此，可以将我国劳均农业增加值与发达国家劳均增加值进行比较。2015年我国劳均农业增加值27767元。韩国1995年农业工人人均增加值已达59563元，日本1980年农业工人人均增加值约合人民币94026元；美国1980年约合人民币10万元。由此可见，我国农业利润率还远远低于发达国家农业利润率。

最后，还要分地区衡量国家整体农业现代化实现程度。我国各地区经济

---

① 乔金亮.全国98%以上农业经营主体仍是小农户 [N].经济日报,2019–03–02.

发展不平衡，农业发展水平各异。只有先衡量出各地区、各省的农业现代化实现程度，才能在这个基础上测算出全国农业现代化实现程度。"客观评价我国各地区农业现代化的发展程度，有助于把握我国农业现代化区域发展水平、短板和关键问题。"[1]潘驰宇等（2018）在全面分析衡量农业现代化发展程度的各种方法及指标体系基础上，设计了一个包含23个具体指标的三级指标体系，先赋予全面实现和基本实现农业现代化时的数值，再根据每个省份和全国每个指标的具体值计算出每个指标的具体得分，最后通过加权求和形成了每个省份和全国农业现代化的总得分。研究发现，2015年"全国的农业现代化水平最终得分为66.34"[2]，距离基本实现农业现代化（75分）尚有不小距离，距离全面实现农业现代化（100分）则距离更远，这说明从全国视角看农业现代化的发展仍然任重而道远。

总之，无论从哪个视角观察、以哪种方法衡量，我国农业现代化的实现程度都比较低。简单地说，就是农业现代化还远未实现。

第五节　我国农业现代化为什么难以实现

我国农业现代化发展缓慢，长时间难以实现，有着宏微观、主客观等诸多复杂的原因。下面从三个视角分别阐述。

一、宏观原因

（一）长期牺牲农业发展的非均衡发展道路

中华人民共和国成立后我国走了一条长期牺牲农业利益的发展道路。农业是国民经济的基础。但农业的基础性地位，常常使得农业得不到应有的重视，特别是在这种基础性地位比较牢靠的时候。有时候为了保证农业的这种基础性地位，国家不敢轻易对农业进行大刀阔斧的改革，甚至不得不牺牲农

---

[1]　潘驰宇，等.中国分地区农业现代化发展程度评价——基于各省份农业统计数据[J].农业技术经济，2018（03）:79-89.

[2]　潘驰宇，等.中国分地区农业现代化发展程度评价——基于各省份农业统计数据[J].农业技术经济，2018（03）:79-89.

业的进步与发展。

中华人民共和国成立之后，为了保证工业化和城市发展，我国确立了工业化优先发展和城市优先保障的道路，建立了城乡二元的体制，将农民和农户牢牢束缚在农业领域和农村社区。通过二元化公共服务体制将农民和农户排除在国家公共服务体系之外，同时通过农业税和工农产品价格剪刀差的不平等交换，将农业利润转化为工业化资金，集中财力、物力发展工业，尤其是重工业，这导致农业历史欠账太多。仅"通过'剪刀差'这一方法国家总共在1952—1977年为工业积累了共3066亿元资金。但是在同一阶段国家的支农资金累计却仅有1400多亿元。"[①]改革开放后，虽然城乡二元体制开始解体，但这样一条以牺牲农民农业农村利益的发展道路一直持续到21世纪初，长达50多年。这造成了农民贫穷、农村破败、农业落后。当然，这样一条牺牲农业发展的道路，也是国家基于城乡工农各项事业发展的轻重缓急而不得已的安排，目的是保证国家的整体利益和长远发展。

（二）改革开放后的城乡二元化工业道路未能促进城镇化和农业现代化发展

党的十一届三中全会后，随着家庭联产承包责任制的实施，农村劳动力剩余突显出来。为解决农业劳动力潜在失业问题，国家提出开放搞活方针，鼓励农村和农民发展多种经营。在此方针指引下，乡镇企业异军突起，农村工业遍地开花。乡镇企业和农村工业发展的确缓解了农村剩余劳动力就业压力，增加了农民收入，繁荣了农村经济。但农村工业化也造成资源浪费、重复建设、工业布局分散、环境污染严重等问题，特别是难以形成产业集聚和人口集聚，导致工业发展缺失规模效应和集聚效应，无法促进城镇化发展。同时，农村工业化也使得农民可以就近从事非农工作，导致兼业便利化、普遍化，虽然对人地矛盾有所缓解，但未能有效释放户地矛盾，从而不利于农户分化和农业经营规模化。

（三）城乡二元体制解体后，城市对农户吸引力下降

在城乡二元体制下，城市市民享有国家粮食供给、就业分配、社会保障等权益，市民工作体面，收入较高且稳定，城市生活美好。与之相比，农民的工作不仅辛苦劳累，而且收入低，生活贫穷，社会保障不健全，农村环境

---

① 韩长赋. 新中国农业发展70年·政策成就卷 [M]. 北京：中国农业出版社，2019：156.

脏乱。城乡犹如两个不同的世界。城乡差异和差距对农民和农户产生了强烈的吸引力。但随着城乡二元体制、计划经济体制的解体和市场经济体制的建立，城市市民享有的特殊福利、待遇要么消失，要么弱化，城乡差异和城乡差距缩小，城市及其市民户口对农民和农户吸引力下降，农地和农村户口开始升值。这使得农民和农户即使已经非农化和城镇化，也不愿放弃农村土地，这增加农业规模化、产业化的难度。

（四）农民社会保障水平低，土地长期具有"社保替代品"属性

中华人民共和国成立后，我国农村社会保障制度先后经历农民家庭保障为主（1949—1955年）、集体保障为主（1956—1977年）和社会保障为主（1978年以后）的阶段，但无论哪一个阶段，农民的社会保障水平都极为低下，对于社会风险的防范和抵御都属于杯水车薪，无法真正起到"保障"的作用。因而，家庭保障，特别是家庭土地保障就成为农民最基本、最可靠的保障手段。而此时的土地，其社会保障的功能大大超过生产要素的功能。如果农户没有除土地保障之外的保障水平相当的其他保障手段，农户是无法放弃土地的。在城乡基本公共服务非均等的情况下，即使农户实现了城居非农，但也很难平等享受城镇公共服务和社会保障，因而不可能退出承包地。在农地被家庭承包且不退出的情况下，农地的细碎化、农业经营的小规模化和农户过密化就无法改变，以农地规模化为基础的农业现代化也就无从发展。

（五）工业化、城镇化与农业现代化发展不协调

工业化与城镇化、农业现代化是息息相关、不可分离的。从世界工业化、城镇化和农业现代化的经验和理论上讲，三者应该是同步发展、协调推进的。但从我国的现实看，农业现代化远远落后于城镇化，城镇化远远落后于工业化，相互间存在三个不协调。

一是工业化与城镇化不协调，表现为工业化快于、早于和高于城镇化。如前所述，这一现象缘于特殊国情所导致的工业化发展道路及其路径依赖。正是由于二者之间的不协调，导致城镇化发展失去了工业化的强大推动力，发展极其缓慢。城镇化源自产业聚集、人口聚集及其引致的公共服务聚集和基础设施聚集，其中产业聚集是基础和前提。因为产业聚集不仅可以提高城镇的经济总量和财政收入，而且创造就业机会，为人口聚集、服务聚集提供

条件。中华人民共和国成立以来我国以重工业优先发展的战略，以及改革开放初期城乡二元工业化道路不仅导致工业化发展布局分散，且导致工业发展不平衡，重工业太重、轻工业太轻，这造成城镇吸纳劳动力的能力和人口聚集效应不足，进而服务业发展不足。反过来这又导致城镇化发展动力不足。也就是说，工业化与城镇化的不协调导致城镇化发展掉入如下恶性循环陷阱：工业分散和轻工业不足—人口聚集效应不足—服务业发展不足—城镇发展不足—人口聚集不足。

二是城镇化与农业现代化不协调，表现为城镇化快于、早于和高于农业现代化，"出现了农业劳动力比重的减少和城镇人口比重的增加不同步，农户成员的产业转移和农户家庭的地域转移不同步的现象"[①]。这一"双不同步"现象，不管是前者高于后者还是相反，都表明了农业现代化与城镇化的不平衡、不协调。

就城镇化与农业现代化而言，在理论上这二者联系更为紧密。从一定程度上讲，二者就是同一过程：对城镇化的需求就是对农业现代化的供给，反之，对农业现代化的需求就是对城镇化的供给。城镇化是农业现代化的前提与动力，因为只有城镇化不断发展，才能创造更多非农就业机会，农民和农户才能从农业退出转移至非农产业和城镇。也只有部分农户退出，农业规模化才有客观空间，纯农户才能扩大农地规模，实现专业化、市场化生产经营。同时，也只有城镇化不断发展，农业现代化所需要的庞大市场需求才能形成。"今天，越来越多的学者发现，解决'"三农"'问题的出路在城市，而不是农村。"[②]当然，农业现代化也会推进城镇化发展，一则农业现代化会提高劳动生产率，更好地满足城镇对粮食和农产品的需求；二则农业现代化可以促使更多农业劳动力转移到城镇非农产业中去，从而为城镇化发展提供劳动力；三则农业现代化会提高对农业机械、农业科技的需求，从而推动城镇中与农业相关产业的发展。也就是说，从理论上看农业现代化与城镇化是经济社会发展进程中相互作用、相互依存、相互推动的两个系统。"一方面，农业现代化提高了土地产出率和劳动生产率，为城镇化的健康发展创造了人口条件，也为提高城镇化质量水平奠定了坚实基础；另一方面，城镇化吸收转移农村剩余劳动力，为农业适度规模经营、实

① 秦宏.沿海地区农户分化之演变及其与非农化、城镇化协调发展研究[D].咸阳：西北农林科技大学，2016.

② 余英.中国城镇化70年：进程与展望[J].徐州工程学院学报（社会科学版），2019，34（06）：1—10.

现农业机械化提供了条件，也为农业现代化开辟了广阔空间。"①

就目前我国城镇化与农业现代化发展而言，自21世纪以来，我国城镇化发展速度明显提升，但农业现代化却没有起色，远远落后于城镇化发展水平，导致农业现代化成为我国全面建设现代化国家新征程上的最大短板、瓶颈和弱项。当然，造成这一现象的主要原因在于长期的城乡二元化社会体制及其路径依赖，改革开放后城镇化发展中采取的选择性、优胜劣汰性和个体性城镇化政策，以及各种有形无形的城镇化壁垒。具体表现为：城镇化中只选择青壮年农民工转移，屏蔽中老年农民、妇女、儿童；城乡二元化公共服务制度增加农户迁移成本和城镇化风险；对城市入户的各种限制和壁垒；以城带乡、以工促农政策没有得到很好落实。城镇化与农业现代化脱节，导致城镇化对农业现代化的拉动不足、带动不足。"一是不能及时吸纳农村剩余劳动力，使大量的农业过剩劳动力滞留在土地上，制约了农业劳动生产率的提高和农业生产手段的改善；二是不能为农村提供充足的、价廉物美的工业品。"②三是导致农户不能整体转移，农业兼业化、农村兼居化普遍，农户无法退出"三农"。此外，个体性的城镇化并不能促进农地流转，无法加快农业规模化发展。因为农地是以家庭为单位划分配置且以家庭为单位进行生产经营的，因此，家庭成员中个别劳动力的城镇化并不能使其名下的农地流转，因为其名下的农地是与其他家庭成员的农地联结在一起的，不能单独流转。总之，城镇化没能为农业现代化创造空间——农户数量没有减少、土地占有状况没有改善。

三是工业化与农业现代化不协调，表现为工业化快于、早于和高于农业现代化。造成这一现象的主要原因，一是国家工业化优先发展的战略。为保证国家工业化的快速发展，国家通过农业集体化、缴公粮和工农产品价格剪刀差的方式将农业利润转化为工业发展资金，这导致农业发展投入不足。二是农业的小规模经营和劳动力过密化，影响了农业机械、自动化设备、农业科技的投入，阻断了工业化成果向农业的渗透和应用。三是农户的贫困、农业的低收入影响了农户购置农业机械和农业设施等工业化成果的积极性。四是作为工业化和农业现代化中间环节和联结纽带的城镇化，没能发挥好中转站的作用，一则没有充分利用工业化发展契机，壮大城镇规模，为农民和农户转移创造更多就业机会，无法将更多农业过剩资源——劳动力和农户吸纳

---

① 江泽林.农业机械化经济运行分析 [M].北京：中国社会科学出版社，2015：序.
② 江泽林.农业机械化经济运行分析 [M].北京：中国社会科学出版社，2015：11.

到城镇，未能为农业现代化创造空间和条件；二则选择性城镇化政策导致农业兼业化和农民兼居化普遍，未能为农户整体迁移和退出"三农"创造条件。总之，工业化未能很好地拉动农业现代化发展，反过来，农业现代化的停滞不前也阻碍了工业化发展。"不容否定农村过剩劳动力大量存在而城市吸纳劳动力能力弱，是农业机械化发展的严重障碍。"[①]

二、微观因素

农民和农户把传统小农经济转化为现代农业的梦想，是我国农业的发展方向和客观趋势，体现和代表着农业经济的进步。但这样一个美好的梦想，在农业经济实践中实现起来却极为困难。从家庭承包制改革到现在已有40多年的时间，但从总体上来看，我国农业还是小农经济遍天下，农户众多、经营规模狭小、兼业化严重，自给性显著，产业化、市场化不足。

首先，长期的城乡二元体制及其路径依赖，改革开放之后各种有形的无形的选择性城镇化政策和进城壁垒，使得农民和农户的城市梦难以实现。因为农民和农户的城市梦难以实现，所以，我国农业和农村集聚了太多的农民和农户，人多地少、户多地少的农业资源配置始终得不到根本性优化，只能维持传统小农经济模式。而小农经济在增收方面的局限性，使得农户不得不走上兼业化道路。兼业的普及化、凝固化进一步压缩了农业资源配置优化调整的空间。在工业化、城镇化对农业农村拉动作用逐渐式微，且传统小农经济摇身一变而为兼业经济的情况下，农业现代化更是举步维艰。一是农业规模化更难，二是阻碍了农业基础设施建设和农业科技应用。

我国是一个农业大国，处于农业社会发展阶段，农民众多、农户众多，人多地少、户多地少。因而，要实现由传统小农向现代农业的转变，就要减少农民和农户。而要减少农民和农户，就要给部分农民和农户以出路——转移到二、三产业和城镇的出路。如果这个出路畅通，有三分之一至二分之一的农民和农户能够顺利转移至城镇二、三产业，则农业规模化、现代化就有空间和条件。否则，8亿农民、2亿农户全部挤在20亿亩的耕地上，在人地均分配置和户营模式下，农业资源的优化配置根本就没有空间，农业现代化是不可能实现的。但是，农民和农户的出路并不宽敞和畅通。以工业化和城镇化为代表的经济社会发展，虽然为农民和农户向二、三产业和城镇转移打开

---

① 江泽林.农业机械化经济运行分析 [M].北京：中国社会科学出版社，2015：12.

了一条缝，但这个缝极其狭窄，走起来也极为困难。这表现为以重工业优先发展和二元化为特征的工业化道路，对城镇化和农民、农户转移的拉动作用减弱；而选择性、产业型的城镇化道路，对农民和农户的拉动作用进一步减弱；城乡二元体制及其路径依赖进一步削弱了工业化、城镇化对农民和农户转移的拉动作用；同时政府在城乡工农关系上的政策制定及制度安排，一方面顾虑重重，一方面想两全其美，意图统筹兼顾但实际上却模棱两可、犹豫不决，这导致农户进退两难，因而兼业兼居普遍化凝固化，这使得农业资源配置的优化调整近乎停滞，农业内卷化严重。

其次，农地流转成本高、难度大。家庭承包责任制极大激发了农民的生产积极性，解放了农业生产力，促进了农业生产发展。但其小规模、分散化经营的特点使之增收增产的潜力极小，很快就出现了瓶颈制约。在这种情况下，国家不断改革农地产权制度，先是推行农地所有权和承包经营权的两权分离，后又进行所有权、承包权和经营权的三权分置改革，目的就是在维持农地集体所有、农业家庭经营的基础上，推进农地流转，通过农地流转实现农业规模化和现代化。但研究发现，我国农地流转存在着有效需求和有效供给均不足的"双重有限约束"，这使得农地流转效率不高。由于农地供求主体少，农地分散零碎，农地流转成本极高，难度较大。这使得通过农地流转实现规模化的设想在实践中的效果并不明显。农业规模化是农业现代化的前提与基础，如果规模化难以实现，则农业现代化就无从谈起。

三、客观因素

我国农业资源配置极其不平衡，户多地少、人多地少，资源矛盾突出。倪国华、蔡昉利用国家统计局农村住户调查数据，从土地禀赋的最大化利用视角，定量分析了"农户究竟需要多大的农地经营规模"问题，研究结果是家庭最优土地规模经营面积为131~135亩，这比当前我国农户户均不足10亩的规模大13倍。此外，大多数农户以土地经营为唯一生存方式，没有其他生存替代品，优化配置空间和余地极其狭窄，小农经济与农业规模化、农业现代化的矛盾不易缓解。

（一）小农经济与农业现代化的多重矛盾

（1）在农民数量上的矛盾。小农经济因为主要靠手工劳动和畜力，所以需要较多的农业劳动力。但农业现代化以机械化、自动化、电气化、智能化为主要物质技术基础，劳动生产率很高，它不需要太多劳动者。因而，如果要从小农经济发展为现代农业，必须减少农业劳动者数量，即减少农民。这需要为农业剩余劳动力找到出口、出路和活路。2016年全国共有31422万农业生产经营人员。3亿多人从事农业生产经营，若按全国20亿亩耕地算，亩均0.15个劳动力，百亩15个劳动力。美国农业就业人口2014年为213万人，占全部就业人口的1.4 %[①]，约有190万个农场，土地面积为29.7亿亩（扣除休耕面积），平均每个农场土地面积为1563亩，平均每个农场只有1.08人进行生产和经营，每个农业从业人口平均耕地面积达1445亩。以色列2012年全国有270个基布兹组织，成员总体有12万人，平均每个基布兹有450名成员，拥有7500亩土地，人均16.7亩（以农业从业人口计约60亩）。所以，无论是与搞规模化现代农业的美国比较，还是与搞集约化现代农业的以色列比较，我国单位土地上的农业劳动力还是太多，潜在失业极其严重。只有将农业中的"潜在失业"挤出，农业现代化才有希望。

（2）在农户数量上的矛盾。小农经济因为经营规模较小，所以一定面积的土地上集聚的农业经营主体就要多。而现代农业因其机械化和自动化的技术装备，劳动生产率极高，经营规模很大，因而同等面积的土地，其所需要的经营主体要比小农经济所需要的少得多。目前，我国大约有2亿多农户，大多数户均经营面积不足10亩，人均不足1亩。同样，无论是与美国等规模化农业相比，还是与以色列等集约化农业相比，我国农业经济主体数量都太大。因为以农业为生的经营主体太多，农业规模化没有资源调剂空间。所以，要实现农业现代化，必须减少农户数量。

（3）在农业劳动者素质上的矛盾。传统小农经济的延续主要靠祖传父教、口口相传和传帮带，不需要专门的职业教育与培训。因而，传统小农经济，只要是具备一定体力的正常人，基本上都能从事。但现代农业，不仅需要基本的科学文化知识，而且需要专门的农业知识和农业技能，如农作物种植技能、农机操作维修技能、自动化设备操作技能、良种培育技能、市场经营管理能力等。所以，实现现代化，必须把小农从业者转变为现代农业所需要的新型经营主体和新型职业农民。这就需要减少传统农民，培育新型农业经营主体和新型职业农民。

（4）在农业物质技术装备上的矛盾。传统小农经济主要依靠家庭劳动力和畜力，因而其生产效率主要看家庭劳动力的多少，特别是男性劳动力的多

---

① 　Bureau of Labor Statistics of United States, Employment by major industry sector, December 2015

少，家庭牛马的多少。但现代农业则不同，它不依靠手工劳动和畜力辅助，主要依靠农业机械、电气设备、自动化装置和农业科技，因而其物质技术装备的基础是工业化、电气化、自动化。所以，实现农业现代化需要减少农业劳动力，增加农业机械和电气设备、自动化装置。

（5）在生产目的上的矛盾。小农经济主要以自给自足为生产目的，不以商品生产为主；而现代农业更主要的是面向市场，以满足市场需求为主，以追求利润最大化为目标。所以，实现农业现代化，必须增加农产品的商品化和市场化，这就需要扩大生产规模。而要扩大规模就要减少个体小农经济数量。

（6）在农地数量上的矛盾。据分析，在现时具有的水利、电力、机械、化肥、农业科技、交通运输等条件下，一个农业劳动力耕种15亩耕地，可以做到精耕细作，并且在一年中大约有3个月基本上是闲暇时间。这就是说，只要每个劳动力拥有15亩耕地就算充分就业。但事实上，我国绝大多数农村地区人均耕地也就是1亩左右、户均不足10亩。所以，我国户均农地规模尚不足以够一个农业劳动力的精耕细作，人地关系、户地关系极为紧张。伴随农业机械化、自动化和智能化发展，人均可耕地经营规模还会逐渐扩大。如果现有人地关系、户地关系不变，将严重阻碍农业现代化进程。

从以上6个方面的矛盾不难发现，解决小农经济与农业现代化规模化的矛盾，必须先减少农民数量和农户数量，不能让如此多的农民和农户都挤在狭小的土地上搞农业生产。而要减少农民数量和农户数量，就要促进农业劳动力和农业经营主体转移。而要转移，就得先分化：谁走谁留？现实的情况是，能转入城镇的农民和农户太少，绝大多数农民和农户还得留下来。但若是留下来的农民和农户都搞了兼业经营，还是不能解决农业现代化的发展问题。为什么能迁居城镇的农民和农户数量太少，而留下来的还要搞兼业？这里面有农户自身的原因，也有国家政策和制度的原因。所以，必须调整国家政策和制度安排，促进农民和农户彻底分化。但分化农民和农户无法在农业内部实现，这要靠工业化和城镇化发展，由此势必涉及工农城乡的统筹兼顾。而这的确是一个极其复杂的系统工程和顶层制度变革。

（二）我国以家庭经营为主的小农经济具有超稳定性、适应性和包容性

（1）小农经济是农业社会的自给自足型经济，与农业社会的分散性、村居性、地缘性、慢节奏性极为适应，具有浓厚保守性、封闭性，对城镇化、

市场化和利润最大化不敏感。面对非农化、城镇化和市场化机遇，小农户常常安于现状，不思进取，非农化、城镇化的美好前景难以抵过小农户对潜在风险的担忧。而长期的自给自足也使得农户商品意识淡薄，重农轻商观念浓重。此外，与农业规模经营相比，尽管小农经济的劳动生产率相对较低，但其土地生产率普遍相对较高，"自耕农的单位产量要高于经营农20%—30%"（贺雪峰，2015）。也就是说，与规模经营相比，小农经济也有相对优势，并不完全处于劣势。小农经济的固有缺陷和相对优势，加之长期的城乡隔离和明显的城乡差距，使得小农经济呈现超稳定性和顽固性，改造传统小农经济具有很大难度。

（2）小农经济能够化解、消融和融合工业化和城镇化的影响。面对工业化和城镇化发展带来的经济环境变迁，小农户在固守小农经济的前提下，通过家庭内部分工或充分利用农闲时间和剩余劳动力在非农产业和城镇打工经商，同时挣取农业收入和非农产业收入，进而实现家庭收益最大化。也就是说，在工业化和城镇化快速发展的时代背景下，小农经济通过兼业兼居获得了新的形态——"以代际分工为基础的半工半耕"（贺雪峰，2015）。而这一形态既利用了工业化和城镇化发展的机遇，实现了家庭收入最大化，又避免了城镇化的风险，实现家庭风险最小化，正如贺雪峰所言，"小农经济结构使得亿万农民在宏观经济发展良好的时期能够获取务工收入以满足基本生活需求，在经济危机时期能够安全退守回到农村，有条不紊地开展家庭生活。"[①] 此外，随着家庭中部分劳动力的外出务工经商，农户内部留守农业的劳动力的经营规模是扩大的，其边际收益是增长的。这显现了小农经济的广泛适应性和超强的韧性。因而，兼业式小农经济呈现长期化和凝固化倾向。

（3）小农经济很难走出"内卷化"怪圈。"内卷化"一词源于美国人类学家吉尔茨（Clifford Geertz）《农业内卷化——印度尼西亚的生态变化过程》（*Agricultural Involution：The Processes of Ecological Change in Indonesia*）一书。根据吉尔茨的定义，"内卷化"是指一种社会或文化模式在某一发展阶段达到一种确定的形式后，便停滞不前或无法转化为另一种高级模式的现象。美国著名历史社会学家黄宗智借用"内卷化"理论研究了中国的经济发展与社会变迁。在《华北的小农经济与社会变迁》一书中，他认为明清以来，在不断增长的人口压力下，中国的小农经济逐渐变成一种"糊口经济"，农业采用大量投入劳动力的方式以促进农业总产量的增长，但农业增量却被新增人

---

① 贺雪峰，印子．"小农经济"与农业现代化的路径选择 [J]. 政治经济学评论，2015，6（02）：45–65.

口"糊口"，因而呈现"有增长却没有发展"的现象。而小农之所以愿意在有限土地上投入巨大劳动力，是"因为这样的劳动力对他（小农）来说，只需要很低的'机会成本'（因缺乏其他的就业可能），而这种劳力的酬劳，对一个在生存边缘挣扎的小农消费者来说，具有极高的'边际效用'"。黄宗智的研究表明，中国农村在存在大量的剩余劳动力且缺乏其他就业门路的情况下，农业只能采用过密化的生产模式。由此，他把通过在有限的土地上投入大量的劳动力来获得总产量增长的方式，即边际效益递减的方式，称为有增长没发展的"内卷化"。简单地说，所谓农业内卷化，就是指小农经济就是一种自我循环的简单再生产，无法突破自身的束缚上升到更高级形式和阶段。

中华人民共和国成立以来，特别是改革开放以来，虽然我国工业化和城镇化发展较为快速，但由于长期城乡二元体制及其路径依赖、选择性城镇化政策、农业劳动力素质低下、各种有形无形的城镇化壁垒等因素的影响，农业劳动力和农户向城镇和非农产业转移的渠道还是不畅通。尽管有部分农业劳动力和农户实现了城镇化，但迁移出去的空间很快被农村新增人口和新增农户填补。与改革开放初期相比，我国农业劳动力和农户数量并没有显著下降，但同期农地总量却因城镇化和工业化而下降。在这种情况下，我国以家庭经营为主要形式的农业经济仍然没有走出内卷化怪圈，虽有增长但没有发展。

（4）农业弱质性和基础性的双性并存，使得国家不得不采取农业保护支持政策。农业的生产周期长、季节性大、比较利益低、抗风险能力弱、对自然依赖严重，属于弱质产业。与此同时，民以食为天，无农不稳，农业在国民经济中的基础性地位显著，正如马克思所言，"超过劳动者个人需要的农业劳动生产率，是一切社会的基础"。因而国家必须对农业采取支持和保护政策，以保障粮食安全和农业稳定。本来在工业化和市场化的双重冲击下，小农经济很难抗衡，大多数会倒闭破产。但国家为了实现农民增收、农业稳定、农村发展，对小农经济实施了诸多制度性、政策性保护，从而使之在工业化、城镇化和市场化冲击下屹立不倒。如"国家对资本下乡的限制、对城市居民进入农村社会的法律限定都凸显出了城乡二元结构的保护性"[①]。不仅如此，在这多重保护之下，小农经济与时俱进，还采取了兼业的形态，从而使之更具适应性和生命力。兼业型小农经济，不仅适应性强，抗风险能力强，且具有凝固化倾向，导致农户分化停滞。小规模兼业经营是小农经济在工业化和城

---

① 贺雪峰，印子."小农经济"与农业现代化的路径选择 [J]. 政治经济学评论，2015，6（02）：45-65.

镇化背景下的新形式，也是其超强适应性的表现。小规模兼业经营是农户在既有政策制度环境和现有财力下的合理决策和最优选择，它可以减少和降低农户生产生活的风险，进可攻退可守，给农户以稳定预期，从而导致二兼滞留现象。所谓二兼滞留就是指农户兼业经营凝固化，农户分化停留在第二阶段停滞不前，表现为大量农户都维持小规模的兼业经营，既占用着土地，同时还从事非农产业，土地难以流转和集中，农业现代化无法实现；同时农户也不能彻底分化和转移，城镇化发展缓慢。

四、主观因素

（一）对农业的保护支持演变为对小农经济无差别保护支持

农业是农业生产力和农业生产关系相结合的产物，农业生产力是农业发展进步的根本动力，农业生产关系是农业生产资料所有制结构与农业资源的配置方式，对农业生产力具有反作用。但归根结底农业生产力是农业发展第一动力，生产力总要冲破落后生产关系的束缚，使新生产关系适应自身的需要。但为什么以机械化为代表的农业先进生产力，总是难以突破传统小农经济这个落后生产关系的束缚呢？如前所述，小农经济有其适应性、韧性，但仅凭这点它就能抵御工业化的冲击吗？显然，不是，还有别的原因。这个原因就是国家基于保护农民利益、国家粮食安全和社会稳定、城市健康发展而制定的"三农"方针政策和制度安排，简单地说，就是对农业农民的保护和支持政策。正是因为这个原因，城镇化和工业化无法彻底冲毁小农经济的壁垒。

我国对农业进行保护和支持本身没有错，但由于这种保护的均等性、无差别性和普惠性，事实上形成对小农经济的全方位保护。一是通过农地三权分置改革、农地确权颁证和农地承包期延期，对分散零碎的农地布局给予法律保护和产权制度保护，使农户承包权无限接近于私有产权。二是通过三项补贴对小农经济给予经济支持。三是通过扶贫开发和精准扶贫政策对弱势贫困小农给予特殊经济和政策支持。

正是因为这样的多重制度保护和政策支持，以家庭经营的小农经济呈现超稳定性、顽强性，即使部分小农经济市场竞争力弱，也没有因竞争而导致的经营破产，始终在市场竞争中处于半死不活的状态。但这些小农经济也无法在市场竞争中强大起来，就像是温室里的花朵，经不起残酷的市场竞争的考验，高度依赖政府对农业农户的制度保护和财政保护。事实上，国家没有搞清楚对农业的保护与对小农经济的保护、对家庭经营的保护与对小农经济的保护之间的区别，将这四者等同混淆了。

（二）过于重视个体劳动力转移而忽视农户整体转移

我国农业现代化发展的最主要障碍在于农户过密化，而非农业劳动力过密化。因为农业是以户为经营单位，而非以个体劳动力为经营单位。因此，个体劳动力转移和非农化、城镇化，并不能为农业规模化增加可在市场上流通的农地。调查发现，个体劳动力外迁虽然增大了农户转出农地的可能性，但劳动力外迁户实际的农地转出规模很小。"举家外出务工的农户才是农地流转市场的主要供给者"（钱文荣，2015）。可见，只有农户的整体转移才可能为其他农户扩大经营规模增加可交易的农地资源，从而优化农业规模化配置的资源空间。农户转移越多，农地交易越活跃，农业规模化发展的资源环境和市场环境越优化。且只有实现农户的整体转移和城镇化，才能真正实现农民城镇化和减少农民数量。

我国在推动工业化、城镇化和农业现代化发展中，过于重视推进个体农业劳动力的转移，而忽视、无视农户的整体转移。这样的政策不仅造成了庞大的农民工队伍和民工潮，导致农民工市民化黏性等问题，而且不能真正减少农民和农户数量，无法为农业现代化发展提供可交易、可流通的市场资源，农业规模化无从谈起。如前所述，由于受到城乡二元体制和城乡公共服务非均等化的限制，个体农民工转移很难带动家庭转移，而家庭不能转移，农业经济主体就不会减少，农业资源配置优化调整的空间不足。此外，大量实证研究表明，个体劳动力外出务工总体上并没有显著增加农户对农业的投资，外出务工收入大部分被农户用于盖房、结婚、改善生活条件等非农消费了（钱文荣，2015）。

（三）政府和农户主观上的两全目标、两难困境和两可政策

政府既追求城镇化又追求农业现代化；在追求城镇化时，既想让农民和农户实现城镇化又担心过度化和城市病；在追求农业现代化时，既想让农民转移又担心影响农业稳定和粮食安全；既想让农地流转又担心损害农民权益和利益；既想让农户退出"三农"又对农业进行保护支持；政府既想用市场化手段调节农户决策又怀疑农户理性。农户既想城镇化又害怕城镇化，既想城镇化又不想放弃农村资源和利益；既想获得城镇化好处又不想承担城镇化

风险和成本；既想获得非农化好处又想获得农业利益。这些诸多的两全目标导致政府制定政策和农户决策的两难。

这样的两全目标与两难实践，导致的结果就是政府城乡工农发展政策上的矛盾与模棱两可、选择性城镇化政策、普惠性农业支持政策和农户的兼业兼居决策。

（四）理论认知和政策举措上的偏差

叶超、高洋（2019）对我国70年乡村发展与城镇化政策演变的研究成果显示，改革开放以来，我国在推进城乡协调发展过程中，无论是从关注主题、政策导向、一号文件，还是从政策热词、五年规划看，几乎没有涉及"农户问题"，至多是把"农民问题"当成"农户问题"或把农民等同于农户。而事实上和逻辑上，农民问题不等于农户问题，农业劳动力迁移问题也不等于农户举家迁移问题；不是解决了农民问题就等于解决了农户问题，也不是解决了农业劳动力迁移问题就等于解决了农户迁移问题，更不是解决了农业劳动力迁移问题就等于解决了农业现代化问题。由于这种理论认知和政策举措上的偏差，农业劳动力迁移了，但城镇化却出现了户籍人口和常住人口的两张皮和农民工市民化难题，农村出现老人、妇女和儿童的留守问题，以及农户两栖化和兼业化问题、农业规模化难以发展等问题，这导致城镇化和农业现代化发展不协调，特别是农业现代化的短板问题。

第六节　推进我国农业现代化发展的研究思路

尽管当前我国实现农业现代化所需要的条件越来越完善，但农业现代化仍然进展缓慢。实事求是地说，农业现代化已经成为我国实现全面现代化的最大短板和明显弱项，严重制约和拖累现代化建设的全局。如何推进实现农业现代化成为我国国民经济和社会发展的重大现实问题和理论问题。

一、我国农业现代化的主要障碍是户地矛盾

我国农业生产经营中的主要矛盾，从表面看似乎是人地矛盾，但本质上

是户地矛盾。因为农地并不是以个体劳动者为生产经营单位，而是以户或家庭为生产经营单位。即便农业剩余劳动力转移再多，如果农户不转移进城或退出农业领域，农业生产经营规模也难以扩大。"引进现代化的生产要素固然是实现农业生产方式现代化的关键，但是需要一个临界最小经营规模，才可能使生产要素的配置有效率。"[①] 改革开放以来，在工业化和城镇化发展的推动下，我国农村劳动力发生了转移，农户也出现了分化。在劳动力转移方面，虽然工业化和城镇化发展吸纳了大量农业剩余劳动力，为农业剩余劳动力找到了出口，增加了农户家庭收入。但并未导致农民数量和农户数量的显著减少，也就是说，只促进了个体劳动力产业转移，但并没有带动农户整体转移。改革开放初期，我国有2亿多农户，到2016年我国农户仍然保持2.3亿户（蔡昉，2019），基本没有减少。因为农户总量没有减少，因而没有改变人地矛盾和户地矛盾，没有为农业现代化创造宽松的户地资源配置环境，农业规模化和现代化还是举步维艰。事实上，改革开放以来，我国农业经营规模没有发生实质性扩大。"从实行家庭联产承包责任制后的调查数据，到1997年和2006年两次农业普查数据，及至最新的估计，每个农户平均耕地面积大体保持0.67公顷未变。这个规模仅相当于世界银行定义的小土地所有者（2公顷）的1/3。在这样狭小的土地规模上持续追加节约劳动的物质投入，不可避免地导致资本报酬递减。"[②] 与中国相比，"日本的农户数从1960年的6057万户下降到2017年的2160万户"，57年间下降2/3万户。这使得日本农户户均经营耕地面积从1960年的0.88公顷扩大到2.2公顷，增长2.6倍[③]。在农户分化方面，虽然工业化和城镇化带动了农户分化，使极少数农户转变为城市户，但又使得大多数农户兼业兼居普遍化和凝固化，导致农户分化不彻底。总之，当前我国城镇化和农业现代化发展面临的所有矛盾都集中在农户问题上：农户转移难、进不了城、退不了地，因而既不能实现城镇化，也不能实现农业现代化。广而言之，我国的"三农"问题，甚至可以归结为一个问题，即农户问题或农户过密化问题。因为农户不仅是农业经济的主体，还是农村生活的主体和农民的归属主体。农业强不强，取决于农户的农业生产经营状况；农村美不美，取决于农户的生活状况；农民富不富，取决于农户的收入状况。解决了农户问题，就能解决农业、农村和农民问题。

---

① 蔡昉，都阳，杨开忠.新中国城镇化发展70年 [M].北京：人民出版社，2019：150.

② 蔡昉，都阳，杨开忠.新中国城镇化发展70年 [M].北京：人民出版社，2019：150.

③ 罗必良.小农经营、功能转换与策略选择——兼论小农户与现代农业融合发展的"第三条道路" [J].农业经济问题，2020（01）：29–47.

二、必须以农户为中心研究城镇化和农业现代化问题

前文详细阐释了我国城镇化与农业现代化的目标确立与发展历程，较为系统地回答了我国城镇化与农业现代化难以实现的原因。这里既有城镇化的问题也有农业现代化的问题，既有历史的原因也有现实的原因，既有政府的问题也有市场的问题，既有政策的问题也有制度的问题，既有劳动力的问题也有农户的问题。但最为根本的是没有重视农户问题。无论是城镇化还是农业现代化，都没有以农户整体为核心设计相关制度安排和政策措施。事实上，无论是城镇化还是农业现代化，都是以农户为主体单位的。农民个体的决策与行为是农户整体决策和行为的组成部分，农户个体成员的资源份额从属于农户家庭整体的资源总量。研究城镇化和农业现代化若以农户为微观基础，应该比以个体行为为研究对象更加合理。

农户是农业经济的主体，农户的经济社会行为选择和家庭决策不仅关乎农业现代化，而且对城镇化有重要影响。研究推进农业现代化的理论方略与实践路径，必须以农户的经济社会行为决策和家庭决策为研究重点和研究对象。要分类研究部分农户在城镇化背景下为什么选择留在农村和农业生产领域，为什么不进城定居、为什么不进城从事二、三产业？要研究是什么阻止了农户的城镇化和非农化？要研究为什么部分农户敢于退村进城转为城市市民和退农进非农从事二、三产业？通过对农户家庭决策的研究，揭示影响农户家庭决策的主要因素。虽然农户可以自主决定其经济社会行为选择，但事实上农户的决策和选择并不是自由的。不管其是否意识到，农户通常是在城镇化提供的机遇、带来的风险，政府城乡政策、区域经济社会发展水平和自身及家庭状况等诸多激励与约束下进行决策的。

从实践上看，在过去几十年出现的人口迁移是以农村劳动力流动主导的。但进入21世纪，城镇化的来源构成发生了一些变化，尤其是劳动力市场的发展跨越刘易斯转折点后，农村劳动力转移速度开始放缓，迁移对城镇化的贡献也开始逐渐下降，行政区划重构对城镇化的贡献越来越明显（蔡昉等，2019）。也就是说，个体劳动力迁移对城镇化的贡献已过峰值，今后的城镇化必须以农户举家迁移为主导。事实上，城乡行政区划重构就是农户的举家就地转移。此外，从城镇化的国际比较上看，今后我国城镇化也必须以农户举家迁移为重点。当前从人均收入看，我国居于中等偏上国家行列，而世界中等偏上收入国家的平均城镇化水平在68.2%，我国仍然有8个百分点的差距。若在不久的将来我国跨入高收入国家行列，而这一收入组的平均城镇化水平

超过80%。如果2035年我国的人均收入水平能达到发达国家的水平，这就意味着在未来15年时间里，我国城镇化仍然有20个百分点左右的提升空间。若以届时我国人口将达到15~16亿人口规模算，那就意味着至少还有3~3.2亿农村人口需要转移到城镇。显然，这3~3.2亿人口不可能都是农村劳动力，否则，我国农业发展就将面临劳动力短缺甚至"全无"的局面。因此，无论是从理论研究上看还是从政策实践上看，若要推动城镇化和农业现代化协调发展，都必须以农户及其家庭决策为核心。

三、减少农户是推进农业现代化的关键

实现农业现代化需要在现代农业生产力基础上通过市场对农业资源进行科学合理配置，特别是农业经营主体与农地之间要保持适度关系和合理比例。从世界农业发展特别是发达国家农业现代化进程看，这一关系和比例不宜过小和过于紧张，即农业经营的一定规模化有利于农业现代化发展。我国的耕地数量是既有和既定的，且耕地的经营方式——农村集体所有制下按家庭人口平均分配、由家庭联产承包经营也是既定的，因此，农地与农业经营主体的关系是否科学合理，关键在于农户的数量。农户数量多，则户均农地规模小，农地关系不合理，不利于农业现代化的发展；反之，农户数量少，则户均规模大，农地关系较合理，有利于农业现代化发展。但我国在解决了温饱问题、着力推进农业现代化的初期，无论是在理论上还是在实践中，政界和学界都没有发现或没有重视农户过密化问题，而是单纯地认为是农业剩余劳动力阻碍了农业现代化发展，因而一味地从政策上强调和推进农业剩余劳动力转移。改革开放以来，我国农业现代化之所以发展缓慢，就是因为农业劳动力转移显著而农户整体转移缓慢，这导致我国农业发展出现三个不同步，即劳动力数量减少与农业劳动力素质提高不同步、农业劳动力向非农产业转移与农业规模提升不同步、农业劳动力向非农产业转移与资本技术对农业劳动力的替代不同步[①]。这三个不同步严重制约着我国农业现代化发展。现在应该是调整政策方向——即由注重"剩余劳动力"转移向注重"剩余农户"转移的时候了。据研究，20世纪80年代中期，中国农村有30%~40%的劳动力是剩余的，绝对人数高达1亿人到1.5亿人（Taylor，1993）。经过20多年的持续转移，到21世纪初我国农业剩余劳动力转移达到刘易斯转折点。也就是说，

---

① 钱文荣. 人口迁移影响下的中国农民家庭 [M]. 北京：中国社会科学出版社，2016：433.

农村剩余劳动力转移接近完毕。在这种情况下，如何进一步促进城镇化和农业现代化发展呢？只能是从政策上鼓励、支持和促进农户举家迁移，由此实现一举两得——既推进新型城镇化又缓解农户过密化进而为农业现代化创造条件。总之，当前推进农业现代化面临的最主要的障碍并不是农民太多或农业劳动力太多（很多农村地区还出现了"谁来种地"的问题），而是农户数量太大、经营主体太多、农户转移难，从而导致农业户均规模小，阻碍了农业现代化的发展。因此，减少农户是我国推进农业现代化的关键之举。

四、减少农户必须依靠工业化和城镇化发展

减少农户对实现农业现代化至关重要，但减少农户不能依靠"圈地运动"式的暴力手段，也不能依靠政府行政命令强制剥夺农户土地。"没有谁比农民更了解自己，没有谁比农民更清楚自己该走什么路，也没有谁比农民更对自己负责"[①]。减少农户必须尊重农户家庭生产方式和生活方式的主体决策权和市场选择权，必须通过市场手段由农户自主、自愿、自由退出农地来实现。因此，要减少农户，首先要为农户培育和提供出口和出路，且这一出口和出路要比原有的农业生产方式和农村生活方式更好更优。只有这样，农户才会主动做出退出农业产业领域和农村生活区域的决策。而这样的出口和出路只能蕴藏在工业化和城镇化发展所提供的非农化机遇当中。

因此，研究农户经济社会行为选择和家庭决策，首先要研究工业化、城镇化对农户的影响，工业化和城镇化为农户提供的机遇、带来的风险；政府的城镇化政策对农户的影响，农户进城与留村的利弊得失；农户家庭决策对工业化和城镇化发展的反应；农户的家庭决策和经济行为对城镇化的影响。其次在明确上述问题基础之上，还要研究如何通过城镇化的政策调整和制度创新来影响农户经济社会行为决策，以此推进城镇化和农业现代化的发展。

五、必须统筹研究城镇化与农业现代化

城镇化与农业现代化相互关联、相互作用、相互影响。对农业现代化的需求就是对城镇化的供给。反之，对城镇化的需求就是对农业现代化的供给。如果说农业现代化是一次蝴蝶效应的话，那么，城镇化则是引发这场蝴蝶效应的翅膀的最初振动。蝴蝶效应究竟如何，关键是看蝴蝶翅膀的振动引发多少农户

---

① 刘奇 . 中国农业现代化进程中的十大困境 [J]. 行政管理改革，2015（03）：23–31.

的振动，这两种振动是否同频共振。而无论是城镇化对农户的振翅还是农户对城镇化的反振，都不是自由的，都是在政府的城乡政策和制度这一大前提和市场经济大环境中发生发展的。所以，这场农业现代化的蝴蝶效应还受到政府和市场的制约。同时，由于不同区域的城镇化发展水平不同，不同地区的农户经济状况不同，因而，即便是在同样的政府城乡政策制度大前提和市场经济大环境下，城镇化所引发的不同地区、不同农户的效应也不尽相同。

六、解决"三农"问题必须以农户问题为核心

农业现代化问题属于农业农村农民问题。解决"三农"问题，必须以农民问题为核心。而解决农民问题，又必须以农户问题为核心。农户不仅是农业生产经营和农业资源流转的主体，还是农村的生活居住单元，也是农民生产生活的最基本的组织单位，可谓是"三农"的细胞，是将"三农"串联起来的主线和纽带。所以，农户好则"三农"好，农户实现现代化了，则"三农"就会实现现代化。

农业劳动力是以户为单位从事农业生产和社会生活的。城镇化、市场化和政府对农业的影响，归根结底是对农户的影响。农户是其共同作用的对象。而农户也是在三者的共同作用下，依据家庭状况而进行经济社会行为决策的。所以，研究我国城镇化对农业现代化带动不足、农业现代化发展缓慢以及如何加快我国农业现代化等问题，以农户为研究起点和研究对象是一个很好的切入点。"农户是中国现代经济社会生活中的重要经济主体。这近2.5亿农户是8亿农民的生产生活、社会交往和政治关系的基本组织单位，要想实现中国农村的现代化，实现城乡协调发展，实现城镇化的顺利推进，必须抓住认识中国农民和农村的这把钥匙——以广大的农户为出发点，分析他们的动机和行为，探寻其中的规律性。"[①]

七、实现农业现代化重在通过减少农户来减少农民

我国农业现代化发展的障碍，一是农民过密化、数量庞大，二是农户过密化、数量众多。因此，推动农业现代化发展，既要减少农民也要减少农户。但事实上，要减少农民，归根结底是要减少农户，且只有减少农户才对农业现代

---

① 秦宏.沿海地区农户分化之演变及其与非农化、城镇化协调发展研究[D].咸阳：西北农林科技大学，2006.

化具有重要意义。"从本质上看，家庭而非个体构成了我国经济和社会组织的元单位"①。单纯的农民数量减少并不能为农业现代化发展提供可以实现规模化的主体空间和市场资源。改革开放以来，我国农村剩余劳动力转移规模庞大，形成了可观的农民工队伍，但单纯的农业劳动力转移并没有显著促进农业现代化发展，也没有显著减少农民数量。因为农民工并没有实现真正的城镇化和身份转化。他们的家在农村，他们只是在城市和非农产业工作的农民。

减少农户是减少农民的最有效和最长久的方式。只有减少农户才能真正减少农民，也只有减少农户才能对农业现代化具有实质意义。因为农户的减少不仅意味着减少当代农民，而且意味着减少未来的农民，且只有减少农户才能减少农业经济主体，从而为农业规模化和现代化腾出空间。所谓减少农户，一是通过减少传统小农户来实现农户总量减少，二是增加新型农户，调整和优化农户结构。而要减少农户，就要调整城镇化策略——由鼓励和支持个体农民工转移转向鼓励和支持农户整体转移。城镇化和农业现代化难以实现的症结，归根结底在于：农户进不了城，也退不了地。因此，必须以农户家庭行为决策为研究对象，由此揭开问题症结，对症下药、靶向治疗。要从城镇化和农业现代化层面对我国农户分化、兼业化、兼居化及其形成发展的机理进行系统研究，找出农户经济行为与城镇化、农业现代化协调发展的理想路径。要将农户经济行为及其后果这一微观现象与宏观经济社会发展——城镇化和农业现代化以及国家"三农"经济政策和制度安排结合起来研究。

总之，在有着特殊国情、特殊经济发展背景和市场经济体制尚未完全建立起来的我国，农业现代化不仅仅是农业本身的问题，也不仅仅是农村的问题，实际上涉及整个国家社会经济的方方面面。实现农业现代化和城镇化目标，乃至解决"三农"问题，必须从农户视角出发，且不应当仅仅局限于农业内部，"而应当将其与非农经济和城镇的发展结合起来，从统筹城乡、协调工农发展格局中加快'三农'问题的解决。"② 目前已有学者基于新经济迁移理论和家庭决策理论解释中国农村劳动力迁移问题（赵耀辉，1999；孟欣，2013），但鲜有学者从农户家庭决策理论视域解释我国城镇化和农业现代化发展问题。而事实上，家户家庭决策不仅关系农村劳动力迁移，同时还决定家庭生产生活方式，关乎国家城镇化和农业现代化发展。

---

① 韩鹏云.农业现代化治理的实践逻辑及其反思[J].宁夏社会科学，2020（04）：67–76.
② 秦宏.沿海地区农户分化之演变及其与非农化、城镇化协调发展研究[D].咸阳：西北农林科技大学，2006.

八、本章结论

在市场经济体制时期，农户的家庭决策——在城乡工农之间的决策，不仅关乎农户本身的生产方式和生活方式，而且关乎城镇化和农业现代化发展。农户在城乡工农之间的不同决策和行为，首先决定了农户分化程度和农户数量，而农户分化程度和农户数量又决定了城镇化和农业现代化的发展速度和实现程度。

在市场经济体制和家庭承包制下，农户在城乡工农之间的家庭决策虽然是自主的，但并非是自由的。农户的家庭决策既受国家和区域经济发展水平制约，也受国家城乡工农关系、政策和制度的影响，而农业经营现状、前景和农户本身的户情也是影响农户家庭决策的重要变量。因此，推进城镇化和农业现代化发展，在微观上必须以农户为研究对象，深入分析农户家庭决策的类型，农户家庭决策和行为对城镇化和农业现代化的作用，农户家庭决策的影响因素，以及每个决策和行为背后的具体原因。在此基础上，政府和市场可以运用相关政策、制度、机制等工具和手段调节农户家庭决策的影响因素，并通过传导机制进而优化农户家庭决策和家庭行为，引导农户彻底分化、减少农户数量，从而推进城镇化和农业现代化协调发展。这一路径选择及其相关政策制定，既可以避免实现农业现代化和新型城镇化中政府过度干预的激进主义，也可以克服政府消极无为的自然主义，还能发挥农户主观能动性和市场在农户资源配置中的决定作用，由此将有为政府与有效市场有机融合，有效推进我国新型城镇化和农业现代化的协调发展进程。

第二章

市场经济体制下农户家庭决策及其后果

第一节　城乡二元融解时期农户家庭决策

一、农户家庭决策及其重要性

（一）农户在我国农业现代化和城镇化中的重要地位与作用

1. 何为农户

农户一般是指居住在农村、从事农业的农民家庭。所以，要准确定义农户，首先要定义农民。

（1）农民定义

农民既可指从事农业的人，也可指居住在农村的人，还可指拥有农村户籍的人。因此，对农民的定义，有单一职业标准、单一住居标准和单一户籍标准，有职业和户籍双重标准，还有职业、住居和户籍三重标准。

从单一职业标准看，农民是指从事农业生产经营活动的人，即务农的人。在这一定义当中，农业生产和农业经营是统一的，是不能分割的。事实上，很多农民既从事农业生产活动，也从事农产品销售活动，实际上是一产与三产的融合。但不从事农业生产活动而单纯从事农业经营活动的人，不是农民而是农业商人。按照这一标准，我国2019年有6.09亿农民，这实际上是指户籍农业劳动力。其中，农业从业人员3.07亿（农业实际需要1.8亿，剩余1.2亿），本地非农就业0.85亿，外地务工人员1.45亿。当代发达国家对农民的定义，就是从职业角度作的界定，意指经营农场、农业的人。

从单一住居标准看，农民是指居住和生活在农村的人，这里面绝大多数是农民，也有少数住在农村的城市人。按农村常住人口（每年在农村居住6个月以上）统计，2009年我国有7.13亿农民。

从单一户籍标准看，农民是指具有农村户口、身份登记为农民的人。这里绝大多数为住在农村、在农村生活的人，但也有住在城镇、户口为农村户口的人。因而，按照这一标准统计的农民，包括农村常住人口与外流人口。按这一标准定义的农民，2009年我国有8.62亿，其中常住人口为7.13亿，外流人口为1.49亿。

上述几个标准，相互之间既有区别，也有重叠。从我国的实际来看，传统农民概念是指从事农林牧渔生产活动，居住生活在农村，具有农业户口的人。但随着社会经济发展和城乡流动加快，农民概念也发生了变化。现代的农民不一定必须从事农业生产、也不一定居住在农村。也就是说，在过去，农民的职业、住居和户籍是三位一体的，但现在这种统一已经解体了，唯一能界定其农民身份的是农业户籍。所以，现代农民概念仅指具有农业户籍的人。从国际传统看，对农民的定义更多采用单一职业标准，即以农业生产经营活动为职业的人。本书对农民概念的使用，是在户籍标准上使用。

（2）农户定义

农户是农业户口、农村户籍的简称。因此，界定农户概念，首先要界定户口和户籍。通俗地说，"户"就是门。更加准确地说，单扇为"户"，两扇为"门"。因为一户、一门对应一个人家，所以"户"或者"门户"后来引申为人家，这才有一家一户、门当户对、门户相当等词语。"口"，就是嘴，因为一人一张嘴，所以引申指人。"籍"是指书籍、册子或簿，是用于记录、记载、登记某些信息的纸质或布质载体。它与户连在一起使用，是指"登记居民住户的册籍"（《辞海》，1988年版），通俗的叫法就是"户口登记簿"，或者"户口本"。

当"户"与"口"两个字连用时，就形成户口概念，意指户数和人口。户口，是中国独有的一种人口管理方法。一个中国人出生后被要求选择其父母中的一方的户籍作为自己的户籍。因就学、就业等原因也可以迁移户口，但是有时地方政府会限制迁移的名额，以及征收高额城市增容费，因超生等原因也存在大量没有户口的人口。

当户与籍连用时，就形成户籍概念，即民政公安部门以户为单位，登记本地居民的册子。派出所的户籍民警，负责登记造册、记录各家成员姓名、性别、年龄、职业、住址、成员关系等各类资料。在日常生活中，"户口"除了指户数和人口之外，常以之代替"户籍"。"户口"和户籍对人及其所属家庭至关重要，因为它与人的社会保障、社会福利和政府公共服务相关，户口或户籍不同，可能人的命运就不一样。

根据户口和户籍定义，可知农户是指户籍登记在农村、主要由农村户口人员构成、主要从事农业生产经营的家庭。这是农户的原始定义，但随着改革开放后我国城乡二元体制的解体和城乡融合发展，农户含义也在不断变化，千户一面的同构均质结构趋于解体，主要表现在两点。一是农户也可以生活居住在城镇；二是农户也可以从事非农产业。基于此，本书将农户定义为"以血缘和婚姻关系为基础、户籍登记在农村、主要由农村户口人员构成的家庭"。这一定义较为宽泛，既包括户籍在农村、生活在农村、主要从事农业的传统农户，也包括户籍在农村、生活在城镇、主要从事非农产业的"非农化"农户。减少农户主要是指减少传统农户，以及加快"非农化"农户的完全城镇化。

2. 农户在农业现代化中的性质、地位与作用

第一，农户是农业生产的微观组织，是农业经济的微观主体，也是农业现代化的主体。农业现代化必须以农户为基本组织单位和生产经营主体。在我国，农户是农地承包权的权能主体，是农业家庭联产承包制的责任主体，是农业生产经营的决策者和实施者。农业发展历史和现实都表明，农户是最适合的农业生产经营主体和资源配置主体，具有成员利益一致、协调便利、易于分工、节省成本、灵活机动等优势。在现代农业中，家庭农场是最重要的组织形式，家庭经营不可取代。当然，现代农业需要的是现代农民和现代农户，这需要传统小农户向现代农户转移发展。但无论是在传统农业中还是在现代农业中，农户的地位都不可取代。农户是农民的基本组织单元、社会单元和经济单元，是农村社会经济运行的基本单位。农户集生产生活于一体，在农村既从事农业生产又进行社会生活，生产与生活紧密相连融合为一体。

第二，农户数量与质量决定农业现代化的难易快慢。对于任何国家和地区而言，在较长时期内其可耕地数量是一定的。因此，农户的多少决定农业资源配置的优劣。若是在既定的可耕地上存在太多农户，则必然导致户多地少的矛盾，从而不利于农业的规模化、机械化和产业化。即便可以通过内部结构的优化调整——即在可耕地总量不变的前提下，通过户均耕地占有的变化而实现部分农户规模的扩大，但优化调整的空间还是极其狭窄，农业规模化、产业化的进度取决于部分农户向非农产业和城镇转移的力度和速度。相反，若是既定的可耕地上存在较少农户，则会形成户少地多的优势，从而有利于农业规模化、机械化和产业化。

农户质量，即农户成员的平均受教育程度、科学文化水平、农业科技素质、劳动和经营管理能力对农业现代化也有着重要影响。现代农业需要新型农民和新型经营主体，如果农户整体素质不高，还是依靠传统技术和家庭传承来生产经营的农业社会的小农户，则农业现代化无从实现。实现农业现代化，必须培养新型农民和新型农业经营主体，要实现传统农户向现代农户和家庭农场的升级。

第三，农户家庭决策和家庭行为对农业现代化具有重要影响。作为理性经济人，农户会根据国家和区域经济社会发展状况以及具体家庭情况，对家庭的生产方式和生活方式做出最优决策，以实现家庭收益最大化和家庭效用最大化。而不同的家庭决策和行为，就决定了农户的发展方向和农户之间的分化。在人多地少和户多地少的情况下，如果大部分农户决定弃农从商或打工，则有利于农业的规模化和现代化；相反，如果大部分农户还是决策从事农业，则农业资源的紧张状况和矛盾还是得不到缓解，农业规模化和现代化难以实现。同样，如果在工业化和城镇化推动下，非农就业和进城生活的机会出现时，大多数农户不为所动，还是待在农业领域和农村社区，或是在城乡工农之间兼居兼业，则户多地少的农业资源配置还是得不到优化，农业现代化还是难以实现。相反，如果大部分农户决定抓住非农就业和进城生活的机遇，大举向非农产业和城镇进军，则农业户多地少的矛盾就能得到较快缓解，农业现代化空间就会变得宽松。

农户家庭决策决定农业劳动力个体行为选择。农户是所有家庭成员的利益共同体。任何家庭成员都要服从家庭整体利益安排和决策。农业劳动力个体的决策和行为是家庭决策和行为的组成部分。即使是户主的个人行为和决策也要服从家庭整体利益。农户是个体农业劳动者的根和魂。在工业化和城市化过程中，农民个体在城乡工农之间的选择和决策，是由家庭分工所决定的。此外，只有农户整体的转移，不管是向非农产业的转移还是向城镇的转移，才能完成农业个体劳动者的转移。2013年我国农民工增至2.69亿，逾1.6亿外出务工[①]。但在1.6亿外出务工的农民工中，仅大约"有3400万人举家外迁，就业地点和就业结构发生了巨大变化。"[②] 若按户均4口人算，大约有850万农户转为非农户，举家外迁农民工和农户只占外出务工农民工和家庭的2%。由于举家外迁农民工占比极低，这使得我国绝大多数农民工很难实现彻底转移。事实上，我国1亿多在城镇打工的农民工，之所以难以实现市民化，就是因为他们的家在农村，没有实现全家迁移。实现农民工的市民化和非农

---

① www.chinanews.com ，2014年05月12日。

② 韩长赋. 新中国农业发展70年·政策成就卷 [M]. 北京：中国农业出版社，2019：97.

化，不能仅仅实现个体的市民化和非农化。

第四，农户是国家"三农"政策和制度的作用对象。国家的"三农"政策是指导、调节、控制农业发展、农村繁荣和农民增收的工具。但这些政策设计和制度安排要想发挥作用、达到预定目的，必须着眼于农户，即要以农户为政策设计和制度安排的对象。否则，这些政策和措施有可能落空。事实上，我国大多数农业政策和制度安排是以农户为对象，如在农业基本经营制度设计、农地三权分置改革等方面，但在推进农业现代化和农地流转方面，更多的是以加快农业剩余劳动力转移为政策手段，而没有以整户转移为政策目标，这导致农业剩余劳动力转移很大，但农户转移很少，从而导致农民工市民化困难、农地流转和农业规模化困难的两难境地。因为只有个体剩余劳动力转移而没有农户转移的"半转移"，并不能促进城镇化和农业现代化，而只能导致兼业化和兼居化。

第五，减少农户是我国实现农业现代化的关键。当前中国"三农"的主要问题并不是农民数量庞大的问题，而是农户过密化问题。农民数量庞大的问题，可以通过劳动力转移解决。但农户密集问题并不能很快或很容易通过农户转移来解决。相对而言，农户转移要比农业劳动力转移困难得多，农户过密问题也比农民过多问题严重得多。农业劳动力过多问题，只是导致农业劳动生产率低。而农户过密不仅使得农业经营主体过多、农地规模小、农业生产不挣钱，且使得农村人口太多，因为农户才是农村生产生活的单元。所以，农户过密问题是"三农"问题迟迟难以解决的重要原因。破解"三农"问题，既要重视农业剩余劳动力转移问题，更要重视农户转移问题。只有解决了农户过密问题，才能真正解决农民数量过多、农业经营规模小、农业现代化难以实现的问题，且会更好地促进城市化发展。农户问题是"三农"问题纠结在一起的网结与症结，是解决"三农"问题的关键和钥匙。

众所周知，我国"三农"问题的核心是农民问题。将这一命题与上述分析结合起来，可以得出如下合理结论：农民问题的核心是农户问题。"农户家庭不仅是农村的基本生活和消费单位，还是农业的基本生产和经营单位。"（秦宏，2006页）个体农民行为实际是农户行为的重要组成部分，是以实现农户利益最大化目标来决定其行为的，其个体行为必须服从和服务于家庭整体利益。因此，解决农民问题，必须以农户为单位，从农户整体利益角度着手。同样，解决农业问题和农村问题，也必须以农户为单位、从农户整体利益视角发力。因为，农业生产经营的主体不是个体农民，而是农户；农村居住生活的主体也不是个体农民，而是农户。只有解决了农户问题，农民问题才能得到根本解决。如果政策设计和制度安排只是针对个体农民，那么既不能解决农户问题，往往也解决不了农民问题。

中国"三农"问题，迟迟得不到解决，其中一个重要的因素在于国家在解决"三农"问题时，没有从农户的视角做更多考虑，比如在农村人口转移问题上，只强调个体农业劳动力向非农产业转移，而没有注重农户整体向非农产业转移；在农民工市民化问题上，只注重农民工个体市民化，而没有注重全家市民化。而事实上，个体农民，特别是家庭主要劳动力、户主，他是与家庭共进退的。只有家庭转移完成才能实现个体农民的彻底转移。否则，个体农民终归是一个城市过客，早晚还是要回归农村。

3. 农户在城镇化中的重要性质、地位与作用

首先，农户是城镇化的主体。城镇化首先是指人的城镇化，更准确地说是农民的城镇化。而人的城镇化，既有个体单位，也有集体单位。就农民的城镇化而言，如果一个已经在农村成家立业的农业劳动者转移进城，而他的家人却不能转移进城，则这个农民工的根就始终在农村，即使在城镇工作多年，最终还是要落叶归根。所以，对于成家农民工而言，个人的市民化没有意义，只有实现全家进城才有意义，也才能真正完成他个人的市民化过程，实现真正的彻底的市民化。当然，对于没有成家的农村青年人而言，如果他在城里结婚成家了，并有了稳定的工作，也算实现城镇化了。但如果他没有在城里实现成家立业，则个人的市民化没有意义，最终也会返回农村。所以，农户是城镇化的主体。城镇化必须以农户为单位，鼓励农户全家迁移。人是以家为单位生活和生存的，家是人的归属和归宿。家在哪里，人就是哪里的人。家在城市，人就是市民，家在农村，人就是农民。城市化必须重视家庭的城市化。农民个体的城市化不是真正的城市化，只有家庭的城市化才是真正的城市化。且个体城市化无法减少农户数量，也无法改善农地占有状况，不利于农业现代化。因此，单纯地鼓励农民工个体市民化，既不会取得实效，也没有意义。

其次，农户分化是城市化前提。城市化并不是要将全部农村和农民变成城市和市民，而是将农村剩余的农民和农户转移到城市非农产业。因为城市非农产业劳动生产率高，将农村剩余农民和农户转移至城镇非农产业会增加社会总收益。另外，过多农民和农户挤在农村，会导致农业生产规模狭小，难以实现现代化。而哪些是农村和农业的"剩余"劳动力和"剩余"农户呢？这里的"剩余"并没有贬义，相反，它是指在从事农业劳动之外仍然还有"余力"的农民

和农户，是农村中具有较高素质的劳动力和较高生产效率的农户。因为具有较高素质和较高效率，这些剩余劳动力和剩余农户会率先发现和把握非农就业机会，并率先实现非农化和城市化。由此引发农户分化。农户分化是城市化的前提和起点，城市化是农户分化的结果。没有农户的分化就不会有城市化，加快城市化进度首先要加快农户分化，并使之彻底化。

再次，农户决策决定城市化的难易快慢。在工业化和城市化背景下，农户在城乡工农之间究竟如何决策，不仅关系农户的分化，也关系城市化的快慢难易。如果大部分农户决定留在农村继续从事农业，则城镇化不会得到较快发展；如果大部分农户决定进城从事非农产业，则城镇化就会发展顺利；如果大部分农户既想获取工业化和城市化红利，又不想放弃农业生产和农地资源，这会导致兼业化和兼居化，而兼业化和兼居化会明显降低城市化的速度和质量，从而导致户籍城市化率和常住人口城市化率的两张皮，且易于导致民工潮和农业的副业化。因此，引导农户的家庭决策是调控城市化的重要手段。

最后，农户是城市化的成本分摊主体。在市场经济体制和城乡融合发展政策下，农户在城乡工农之间的就业和居住完全是由农户自主决定的。而无论何种决策和决定，其成本和风险也是由农户自己承担的。如果农户决定进城从事非农产业和到城里居住生活，那么其城市化的成本及风险，都是由农户自己承担。如果想进城的农户有较殷实的家庭财富和稳定收入，成本分担和风险应对能力都较强，则城市化会取得较快发展；相反，如果想进城的农户，家庭储蓄不足、收入不高且不稳定，则城市化难以成行。

（二）农户决策及其重要性

1. 何为农户决策

加里·斯坦利·贝克尔认为，农户家庭是理性的，他们总是追求家庭成员总体效用最大化和家庭福利最大化。为此，家庭总是根据外部环境和内部户情变化对其有限的资源——劳动力、人力资本和少量生产资料、物质资源进行市场化配置。农户家庭决策由此产生。

农户家庭决策是指市场经济体制下的农户（户主）在工业化、城镇化快速发展的经济社会背景下，面对各种非农就业和城镇生活机会、增加家庭收入渠道以及农业增收缓慢的情况，在国家促进城乡工农发展的制度安排和政策体系的激励约束下，为实现家庭收益（家庭效用、家庭福利）最大化，从家庭实际状况出发而做出的家庭成员社会分工、职业选择和居住方式的市场化配置、策略选择和主观安排。简单地说，就是户主在城乡工农之间对家庭劳动力分工、就业和居住方式的配置与选择。根据家庭经济学的传统定义，农户既是生产单位又是消费单位，农户家庭活动既包括市场活动也包括非市场活动。而其市场活动就是生产消费活动，非市场活动实际上是消费和家庭生活活动。基于农户生产生活的不可分割性，本书对农户家庭决策的界定涵盖家庭生产方式决策和家庭生活方式决策两个方面。一般而言，农户家庭决策具有如下特点。

（1）农户决策是农户经济理性的体现，是农户为实现家庭收益最大化而对家庭劳动力、农地、资金等资源的最优配置，是对家庭生活方式的最优选择，是农业收入和非农收入的最优安排。农户家庭是由具有不同偏好和相对比较优势的个体组成，这些家庭要素、资源与外部环境的不同组合会产生不同的经济效益。作为市场经济主体和农业经济主体，在面对外部经济环境和政策制度变化时，农户特别是户主，为了实现家庭收益最大化，会对家庭内部的劳动分工、人地资源配置、劳动力与非农就业机会配置、城乡居住环境选择等做出最佳选择和决策。简单来说，就是对家庭劳动力、农地、宅基地、资金等资源的最优配置与最佳组合。具体来说，主要有以下几种选择和决策：第一，是进城还是留村、是家庭成员全进全留还是分进分留？若是分进分留，谁进谁留？第二，是继续从事农业还是转移从事非农产业、是全家一起从事某产业还是分工从事不同产业？若是分工从事不同产业，谁从事农业谁从事非农产业？第三，是退出农地还是继续持有农地、如何退出。第四，若是继续从事农业，是继续原有小农经营还是发展规模农业，抑或是兼业？第五，若是进城生活，宅基地如何处理？是出租、转让还是城乡两栖兼居？归根结底，农户决策是对家庭生产方式和生活方式的重新组合与优化。

（2）农户决策是对工业化和城镇化的反应和适应，也必然对工业化和城镇化发展产生反作用。工业化和城镇化是人类经济社会发展的必然趋势和客观规律，标志着社会生产力的显著进步和经济基础的巨大变化，对农业经济和农村社会发展具有重大影响。随着工业化的出现与发展，人类均质同构的产业结构——单一农业结构解体了，出现了一、二、三产业并立的多元时代。随着现代城镇的出现与发展，人类均质同构的社会结构——单一农村社会解体了，出现了城乡并立的二元时代。产业结构的多元时代和社会结构的城乡二元时代，给传统小农经济带来很多机遇与挑战。一是非农就业机会和城镇化机会出现；二是传统小农遇到越来越大竞争，破产风险增加；三是非农就业不稳定，城镇化成本较高。面对这些机遇与风险，作为理性经济人，为实现家庭收益最大化，农户特别是户主会依据国家相关政策制度，从自身家庭实际出发，对家庭劳动力、农地、资金以及生产生活方式做出最合理配置、最佳组合和最优决策。而无论是纯农、兼业、兼居、非农城、留村等选择和决策，都是农户在工业化和城镇化时代对家庭生产方式和生活方式的调整与优化，是对工业化和城镇化时代的适应与反应。而农户的决策势必会对工业化和城镇化产生巨大反作用。

（3）农户决策是自主的。在市场经济体制和城乡二元融解时期，农户是具有自主择业、自主择居、自主配置家庭资源的市场主体和农业经济主体，因而在工业化和城镇化时代，农户在城乡工农之间的就业选择、生活安排是由其户主依据家庭利益最大化原则自主决定和自我决策的。在这个过程中，只要农户的选择和决策不违背法律、政策和制度，任何个人、组织都没有权利阻挠和干涉。也就是说，无论是纯农、非农、兼业还是留村、进城、兼居，都由农户自主决定。正是因为农户有这样的自主权，因而可以调动农户的积极性和创造性，充分发挥农户的聪明才智。

（4）农户决策是非自由的。在市场经济体制下，虽然农户在城乡工农之间的就业选择和居住安排是自主的，但它并不能随心所欲地选择和决策，其行为是"绝对自主、有限自由"。首先，它必须为自己的选择和决策负责，自负成败、自担风险和自付成本；其次，它的任何选择和决策都是在既定的经济社会环境、政府政策制度、区域经济发展水平、自身家庭状况等因素约束下进行的；第三，它的任何选择和决策都必须围绕实现家庭收益最大化这个准绳。这是其选择依据和决策标准。在这个准绳激励和约束下，农户还要对"进、退、留"和"农、兼、非"的成本收益进行大体比较和粗略估算，然后才会做出最终的选择和决策。

（5）农户决策是农户意志的体现。作为市场主体和社会主体，农户从事什么产业、在哪里生活完全由农户自主决策，这是其意志自由的体现。农户决策既是农户意志的体现，也是贯彻落实其意志的工具。农户对家庭资源了如指掌，如对劳动力的优劣、资金的多少、农地的产出等都极为清楚，因此，如何配置家庭资源和资产、以实现家庭收益最大化，农户特别是户主最有发言权。农户决策过程就是农户以家庭利益最大化为目标、配置组合家庭资源的过程，是其意志自由和经济理性的体现。

2. 农户决策的重要性

农户决策的重要性，是农户重要性的体现和延伸。农户是城镇化的潜在对象，是农业经济的微观基础，是农业生产经营的主体单位，是非农产业劳动力的重要来源，也是农村社区的主要居民。因此，农户在城乡工农之间的生产、就业和居住、生活决策，关联城镇化、农业现代化和农村建设，具有一石三鸟、牵一动全的作用和影响。具体来说，表现在如下方面。

第一，农户决策对城镇化的影响：进程、规模、质量。我国现有7亿多农民，归属2.3亿农户。如此庞大的数量，其一举一动影响巨大。在面对工业化和城镇化发展出现的多元选择时，农户决策对城镇化的进程、规模和质量会产生重大影响。如果大部分农户选择进城，则会有力促进城镇化发展，同时也会对城镇造成很大压力；如果大部分农户选择留在农村和农业领域，则城镇化发展就会极其缓慢；如果大部分农户选择在三产之间兼业和在城乡之间兼居，则城镇化会有一定发展，但质量、纯度会受影响。

第二，农户决策对农业现代化的影响：农户数量、规模化空间与难易快慢程度。作为农业经济主体，农户在城乡工农之间的决策和选择对农业的影响更为直接。当前我国农业现代化的主要制约在于农户过密。农户过密导致户均占地极为狭小，规模瓶颈制约严重。因为农业规模上不去，农业难以获得平均利润，种地务农不挣钱，导致农业劳动力、资金、人才的不断流失。而农户决策对农户数量、农业规模化、现代化具有直接影响。如果2.3亿农户中有大部分农户选择进城退地，则农户数量会显著减少，农业规模化就有了周转空间、调剂余地。一旦农业规模化上去了，农业现代化才能突破"规模瓶颈"制约，农业现代化才具有可能性。

第三，农户决策对非农产业发展的重要影响与作用。农户的决策与非农产业发展也息息相关。面对非农产业机遇和增收诱惑，如果部分农户决定进军非农产业，则可以为非农产业发展提供劳动力和资金，从而推动非农产业发展。相反，如果农户对非农产业无动于衷，则非农产业发展无法得到充足的劳动力供给和资金支持，就难以发展起来，特别是对于农村非农产业而言。

第四，农户决策对农户分化的影响。农户分化是农户不同决策的结果。因此，分化的深度、广度与农户决策密不可分。当大部分农户既想进军非农产业又不想失去农业这个最可靠和最后的保障时，兼业就会普遍化凝固化，这会使农户分化不彻底，导致资源浪费和效率损失。而当一部分农户决定退村进城、实现城镇化，而另一部分农户决定扩大农业经营规模时，这会使农户分化彻底，导致资源的专用性提高和效率提升。

二、城乡二元融解时期农户家庭决策

城乡二元融解时期，是指1978年我国改革开放以后，随着经济社会改革的深入和市场经济体制的建立，原在20世纪50年代末期建立的以户籍制度为核心的城乡二元经济社会结构逐步解体，城乡向一体化和融合化方向发展的时期。这一时期是农户逐渐获得农业经济主体地位、非农产业从业权、城乡自由迁移权和城乡居住自由权的时期，也是我国工业化快速发展和城镇化起步加速时期。之所以称之为"城乡二元融解时期"而没有称之为"城乡二元融解时期"，意在突出农户决策是在城乡工农之间"有限自主"决定生产方式和生活方式，城乡二元体制还没有被"完全破除"。当然，这已经是社会发展的很大进步了。农户之所以能获得这种有限自主权，一方面是因为城乡体制改革，这是生产关系的改革，另一方面是因为工业化和城镇化的发展，即生产力的发展，为农户提供了可以自主选择和决定的客观基础。

（一）农户决策类型

在当前中国工业化和城镇化快速发展的经济社会背景下，在城乡二元体制残余和农户有限自主决策下，我国传统农户在城乡工农之间的家庭资源市场化配置会有几种决策模式呢？

（1）从生产方式上看，农户的选择和决策无非是这三种：纯农、兼业、非农。

所谓纯农决策，意指农户决定家庭继续从事农业生产经营，既不从事非农产业，也不进城生活，一心一意专门从事农业。农户之所以做出这种决策，可能基于如下原因：没有非农就业机遇；缺少非农就业技能和素质；家庭劳动力不足；习惯于传统农业，安于现状；家庭为种粮能手或种粮大户。

所谓兼业决策，意指农户决定家庭一边从事农业生产经营，一边从非农产业，同时获取农业生产和非农就业的收益。农户之所以做出这种决策，可能基于如下原因：非农就业机遇较多；家庭具有非农就业能力和素质；家庭劳动力较多；年轻人不愿从事农业；农业增收困难等。

所谓非农决策，意指农户决定家庭经济由农业转移到非农产业上，将原有农地流转、退还集体或撂荒。农户之所以做出这种决策，可能基于如下原因：非农就业机遇多；非农工作收入较高或非农产业已经做大做强；家庭财富积累较殷实，农地保障已不重要；家中劳动力无人愿意从事农业。

（2）从生活方式上看，农户的选择和决策无非是这三种：留村、兼居、进城。

所谓留村决策，意指面对城镇化和工业化趋势，农户不为所动，决定继续留在农村，而不进城生活。农户之所以会做出如下决策，可能基于如下原因：习惯于农村生活，不喜欢城市生活；习惯于农业生产，难以从事非农产业；家庭收入微薄，难以承受城市生活成本；愿意在农村从事农业生产。

所谓兼居决策，意指面对城镇化和工业化趋势，农户决定顺应这种趋势，让年轻人去城里生活，老年人留在农村，或者全家有时住在农村，有时住在城里。农户之所以做出这种决策，可能基于如下原因：家庭财富积累较殷实，能够支付城市住宅费用；年轻人结婚成家，需要城市住宅；年轻人在城里从事非农产业；想让儿孙接受城市优质教育；想同时占有城镇化和农业发展红利，分享城市和乡村生活便利。

（3）从生产生活一体化看，农户的选择和决策无非是这九种：留村务农、留村兼业、留村非农、兼居纯农、兼居兼业、兼居非农、进城非农、进城纯农、进城兼业。

因为农户既是生产单位，也是生活单位，且生产与生活往往紧密结合在一起，农户在做出决策时往往是将生产与生活通盘考虑。所以，从生产生活一体化视角看农户决策更加接近于现实。

①从留村就业看，主要有留村务农、留村兼业、留村非农三种决策。

所谓留村务农，意指农户在工业化和城镇化趋势下，决定继续留在农村从事农业，一边在农村生活，一边从事农业生产经营。农户做出这种决策，可能基于如下原因：农户喜欢农村生活，习惯于农业生产；农户不喜欢城市生活，或者没有非农就业能力和机遇；农户劳动力不足，仅能从事农业生产；农户比较贫穷，无法支付城市生活成本；农户比较保守，不喜欢冒险和挑战。

所谓留村兼业，意指在工业化和城镇化趋势下，农户决定继续留在农村从事农业生产经营，与此同时顺应经济社会发展趋势，让富余家庭劳动力或年轻劳动力进入非农领域，从事非农产业工作，同时占有农业收益和非农产业发展收益，实现家庭利益最大化。农户之所以做出这种决策，可能基于如下原因：城市生活成本较高，家庭难以承受；区域非农经济较发达，可以就近从事非农工作；家庭劳动力充足，可以通过分工实现兼业；留村兼业能实现家庭利益最大化。

所谓留村非农，意指在工业化和城镇化趋势下，农户决定继续留在农村，不进城安家，但与此同时要顺应经济社会发展趋势，抓住非农产业发展和非农就业机遇，全家转向非农产业。农户之所以做出这种决策，可能基于如下原因：进城安家成本太高，家庭难以承受；非农产业收入较高；本地非农经济较为发达，就近可从事非农工作；非农产业重心主要在农村，留村可以方便工作；农地流转比较活跃，农地出租、转包较为容易。

②从进城就业看，主要有进城非农、进城纯农、进城兼业三种决策。

所谓进城非农，意指在工业化和城镇化趋势下，农户决定完全顺应这一趋势，全家迁居城镇从事非农产业或工作。农户之所以做出这种决策，可能基于如下原因：家庭财富积累较殷实，能承受城镇化成本；家庭成员具有较高素质和能力，有稳定的非农工作和较高收入，更加注重生活品质；农业收入和农地保障已经不重要，进城非农能够实现家庭利益最大化。

所谓进城纯农，意指在工业化和城镇化趋势下，农户决定顺应城镇化趋势，全家迁居城镇生活，但仍然从事农业生产经营。进城纯农这个决策不是一般农户能做出的，因为一方面进城成本很高，另一方面农业收入比较低，这"一高一低"不是一般农户所能承受的。因此，能够做出这种决策的农户，只有一类即种养大户、农业专业户、规模化家庭农场。这类农户因为农业规模较大，可以实现规模效益和发展现代农业，其利润率和收入都比较高，而现代化的交通条件也可以使之在城里生活、在乡下工作，所以这类农户能做出进城纯农决策。

所谓进城兼业，意指在工业化和城镇化趋势下，农户决定顺应经济社会发展趋势，全家迁居城镇生活，主要从事非农产业或工作，但同时不放弃或退出农业，而是利用闲暇时间经营乡村农业或直接出租、转包农地收取租金、流转费。农户之所以做出这种决策，可能基于如下原因：家庭财富积累较殷实，能承受城镇化成本；家庭成员具有较高素质和能力，有稳定的非农工作和较高收入；对农村和农业较为留恋，还想保留农业增加家庭收入；具有投机主义倾向，想获取农地升值价值；想把农地作为家庭的最后保障。

③从城乡兼居就业看，主要有三种决策，即兼居纯农、兼居兼业、兼居非农。

兼居纯农决策，意指农户决定在城乡之间两栖居住，但家庭仍从事农业生产经营。这一决策是在城镇化快速发展背景下，农户为了实现城市梦、享受城市美好生活和城市发展红利而做出的在城镇购房生活但同时也不放弃农村生活和农业生产的决策。一般而言，能够做出如此决策的农户已非传统小农户，因为仅靠小农经济收入不足以支撑农户购买城镇住房和城镇生活成本。因而，能够做出该决策的农户，一般是规模农户、种养专业户、家庭农场、新型农业经营主体。这些农户之所以能做出如此决策，可能基于如下原因：

从农业中获得较高收入，有较强经济实力，财务和时间相对自由；想享受城镇高品质生活；想在城镇买房投资；想让儿女接受城市高水平教育；想给儿女结婚准备婚房。

兼居非农决策，意指农户决定在城乡之间交错居住生活或家人分别在城乡之间居住生活，同时家庭产业从农业转向非农产业。这一决策是在工业化和城镇化快速发展背景下，一部分率先实现非农化的农户，在积累了较多财富之后在城镇购房生活，但同时不放弃农村宅基地和住房，在城乡之间两栖生活的结果。农户之所以做出这种决策，可能基于如下原因：非农产业发展顺利或非农工作稳定，家庭收入较高，家庭财富较殷实，能够支付城镇住房价格和城镇生活成本；向往城镇高品质生活；想给儿女更好的教育和成长环境；想获取城镇化发展和城镇住房升值红利；农地流转便利或农业收入无足轻重。

所谓兼居兼业，意指农户依据工业化和城镇化发展态势，决定在城乡之间兼居、在工农之间兼业，同时获取城乡生活之便利和工农产业之收益，以实现家庭收益最大化。而能够做出这种决策的农户，也不是一般的农户，首先，这类农户要有比较殷实的财富积累，能支付城镇化成本；其次，这类农户要有足够的劳动力，能够同时兼营农业和非农产业；第三，这类农户要有较高的素质和能力。

（二）农户的具体决策比较及决策分析

如前所述，农户的决策是自主的，但并非是自由的。上述七种决策，是不同农户在城乡二元融解时期，在面对工业化和城镇化发展机遇和风险时，从户情出发所能做出的所有决策和选择集合。至于影响农户决策的因素及农户不同决策的具体原因分析，本书将在第三章和第四章重点分析。这里只对上述决策做简单比较分析，以分辨出哪些是常见决策。

1. 不同农户对应不同决策

留村务农，对于大多数农户而言，并非是一种理性选择。因为面对非农就业和增收途径，大多数农户不会无动于衷。只有没有足够劳动力和非农就业能力的农户，才会选择留村务农。而这样的农户在农村中是占极少数的。

留村兼业，对于大多数农户而言，这才是真正的理性选择。一则可省去城镇化成本和避开城镇化风险，二则可以节省生活开支，三则可同时获取农业和非农产业的双收益，四则可为家庭剩余劳动力找到出口。对于大多数不能实现城镇化的农户而言，留村兼业是对家庭最有利和最保险的一种决策，也是大多数农户的理性选择。在农村中，有一定劳动能力、基本达到温饱的农户占据绝大多数，而极为贫穷、没有劳动能力的农户和极为富有、有较强素质能力的农户都极其稀少，农户结构犹如纺锤形或橄榄形，中间大两头小。所以，留村兼业是农户最普遍和最常见的决策。

留村非农，对于大多数农户而言，也并非是理性选择。因为既然要留在村里，为什么不就近兼营农业而非要完全转向非农产业呢？而既然要完全转向非农产业又为什么不迁居城市呢？显而易见，做出这种决策的农户，非农职业较稳定且收入较高，已经不太在乎农业收入了。而迁居城镇对于这些农户的非农工作又不方便，且还增加生活成本。随着农村非农产业的发展，做出留村非农决策的农户在农村中越来越多。

进城非农。对于农村当中一部分较为富裕、有较强非农产业就业和创业能力的农户而言，进城非农是最为理性的决策，也是实现家庭收益最大化的决策。这些农户有一定积蓄，较为富有，且非农产业就业和创业能力较强，再在乡村生活也不合情理。对于这部分农户而言，如何提高家庭生活质量和后代的教育水平是当务之急。所以，退村进城、退农进工、实现城镇化是首要选择，也符合家庭利益最大化的目标追求。

进城纯农。一般而言，进城纯农并非普通农户的选择。一方面，在城里生活、在乡下从事农业生产经营，不太方便，通勤成本和经营管理成本较高；另一方面，这一选择将农户的生产和生活割裂开来，农户不太习惯。但是，这一选择对于一些种粮大户和家庭农场主而言，并非不可行。因为这些农户的农业生产活动已经达到一定规模化和现代化程度，依靠农业生产的收入也不菲。在这种情况下，进城生活和在乡下从事农业生产就完全成为一种可能。而城乡交通基础设施和通信技术的发展、汽车的普及更加增强了这一选择的可行性。事实上，进城纯农是现代化社会中农户的一种常见生产生活方式。

进城兼业。一般而言，进城兼业并不是一般农户的选项，因为进城之后再从事农业生产经营，并不方便和有利。但是，对于一些已经进城从事非农产业的农户而言，为了增加家庭总收入，将农村的农地流转出去收取流转费用，其实是一种较好的选择。事实上，大多数由农村进入城镇的新住户，因为要购买住房，且工作不太稳定、难以享受城市社会保障，其城镇化的"初期"都极为困难，而为了缓解城市生活压力，大多数城市新住户都选择将农地流转以增加家庭收入。所以，进城兼业是进城户在进城"初始阶段"较为普遍的决策。

兼居纯农。对于大多数传统小农户而言，兼居纯农是可望而不可即的。因为仅靠小农经济的微薄收入是无法支付高昂的城镇住房价格和城镇生活成本的。但对于部分农业种养专业户、种粮大户、家庭农场户和新型农业经营主体而言，它们的农业家庭经营已经实现了规模化和产业化，农业收入较高，家庭经济实力较强，有能力购买城镇住房和支付城镇生活成本。在城乡道路交通便利、私家车普及和通信技术越来越发达的情况下，这类农户选择兼居纯农决策就是比较理性的。一方面较高的农业收入可以支撑家庭享受城镇美好生活和城镇发展红利，另一方面便利的道路交通和通信技术可以使家庭继续经营规模农业。

兼居兼业。首先，对于大多数农户而言，兼居兼业也并非一种理性选择。因为在城乡工农之间兼居兼业，会导致生产生活成本的增加。但是，对于一些较富有的农户、且城乡工农两头都想获取红利的农户而言，兼居兼业就不失为一种理性选择。其次，兼居兼业可以让农户进退自由，增强抵御市场风险和自然风险的能力。最后，兼居兼业可以满足家庭内部不同年龄人口的不同需求。在一个农户内部，一般年轻人愿意从事非农产业，也愿意在城里生活，而年长者则习惯于农村生活和农业生产。通过兼居兼业，让年轻人到城里生活和工作，年长者在乡下生活和从事农业生产，既可以满足各自需求，又可以提高劳动生产率和家庭收入。据调查，兼居兼业已经成为有两代成年人的较富裕农户的首要选择和重要决策。

兼居非农。这一决策已经无限接近"完全城镇化"决策——进城非农决策了。当然，能够做出这一决策的农户也不是传统的小农户了，而是已经非农化和富裕化的农户了。兼居非农决策，一则需要稳定的非农产业发展和非农就业，二则需要较高的家庭收入和较殷实的家庭经济实力，三则还需要农户对城镇生活有向往和需求。只有具备这样的前提条件，农户才可能做出兼居非农决策。兼居非农可以让农户同时享受乡村生活的悠闲和城镇生活的便利，满足家庭不同个体的主观需求。做出这一决策的农户，之所以不愿意完全放弃农村宅基地、房产和农村生活，可能出于对故乡和老家的留恋或乡愁，也可能是源自家庭生活的代际选择分化，即老年人习惯在农村老宅生活，而青壮年愿意迁居城镇生活。

2. 不同决策决定了农户的不同发展方向

农户决策，一般是从家庭实际出发，充分利用自身家庭比较优势来配置家庭生产方式和生活方式。而农户的决策，反过来又决定了农户的发展方向，并通过市场经济的马太效应进一步强化了农户的比较优势，从而导致同质均构的农户结构趋于解体和分化。而农户的不同发展方向和在既定方向上的分化，使得不同农户的差异性和类别性越来越显著，进而获得了与其本质属性相一致的具体身份和类别归属。具体分析如下。

就留村务农而言，这一决策会让缺失劳动能力的农户进一步贫穷，但会让专门从事农业的种粮大户和家庭农场进一步巩固其在农业生产经营中的能力和实力。也就是说，对于留村务农农户而言，留村务农决策会让这些农户两极分化。其中的种粮大户和家庭农场会成为现代农业的新型农业经营主体。

就留村兼业而言，这一决策通常会增加家庭收入，并使家庭风险最小化。如果这种可能成为现实，留村兼业户有可能发展为留村非农户、进城非农户和留村规模农户。但长期的留村兼业，也会使之小富即安，从而失去进城发展的机遇。

就留村非农而言，这一决策会进一步增加留村非农户的家庭收入和财富，因为非农产业相对收益较高。当然，也可能会因为非农工作不稳定或非农产业经营失败，而使之退归留村务农户行列。如果前一种可能成为现实，则有可能使留村非农户前进到进城非农户行列，以进一步提高生活品质。

就进城非农而言，这存在两种可能性。一是进城之后，非农工作和产业发展顺利，从而在城里站稳脚跟，完成家庭的城镇化；二是进城之后，非农产业和工作发展不顺利，遇到挫折和损失，无法支付城市化费用，不得已退出城市、返回农村，城市化失败。从实际调查来看，尽管进城非农户在进城初期会遇到较大难处，但基本上都能克服，并在城里生存下去。

就进城纯农而言，这不是一般农户的决策和选择，主要适用于种粮大户、家庭农场等农业规模化农户。这一决策会帮助这些农户实现城镇化。尽管其城镇化在生产方式和生活方式上是分离的，但城镇化更多的是指生活方式的城镇化，而不唯职业为唯一标准。现代城市理应有已经实现了规模化和现代化的农场主的一席之地。在欧美发达国家，很多农场主也住在城里，是城市市民。

就进城兼业而言，这是一个较为稳妥的城市化决策，因为农业可以增加进城农户收入，帮助其更好地实现城镇化。而一旦农户在城里站稳了脚跟，城市生活稳定了，不需要农地保障了，其就会考虑退出农业和农村。

就兼居纯农而言，这不是一般农户的选项，而是那些实现农业规模化和产业化的种粮大户、种养专业户、家庭农场主和新型农业经营主体的理性选择。这一决策既可以让其享受高品质城镇生活和城镇发展红利，又可以使之继续从事现代农业。这种决策所内含的生产生活方式理应成为现代农民和新型农户的家庭理想。未来会有更多的新型农业经营主体选择这一决策。

就兼居兼业而言，这是一个在城乡之间和工农之间摇摆不定的决策，一方面担心城镇化风险而继续经营农业，另一方面又不想失去城镇化和农业发展红利，因而采取"两头都占"的策略。这样一种策略具有满足不同家人的需求、发挥各自优势、风险小、家庭收益大的功能，但也会造成资源浪费。总体来看，兼居兼业是城镇化的过渡形式，也是尚未完全实现城镇化前的权宜之策，其未来趋势是走向进城非农。

就兼居非农而言，这是一个无限接近"完全城镇化"决策——进城非农决策的选项。做出这一决策的农户其实已经实现非农化和富裕化了，基本上也不需要农业收入和土地保障了。随着城镇生活的稳定、家庭年长者的逝去和乡愁的淡化，这类农户必将转出农村宅基地、房产并放弃农村生活，逐渐演化为进城非农，从而实现完全城镇化和彻底城镇化。

总而言之，农户决策会进一步强化农户个性和相对优势，进一步打破所有农户同质均构结构，使农户不断走向分化。

第二节　城乡二元融解时期农户家庭决策后果

一、农户决策直接后果之一：农户分化

改革开放之前及其初期，中国农村农户除了家庭人口的多少、性别构成之外，无论是从业结构、生产方式、生活方式、居住条件、贫富状况、教育程度基本上是均质同构的，处于一种普遍贫穷状况之中。但随着改革开放的不断深化、商品经济的兴起和经济社会发展，特别是随着工业化的快速发展、城市化的起步和城乡二元体制的逐渐解构，农户获得在城乡之间自由流动、自由居住和在工农之间自主择业、自主就业的决策权，中国农村农户的从业结构、生产方式日益多元多样化，居住条件和贫富状况逐渐拉开差距。农户长期存在的均质同构格局被打破，农户分化现象日益明显。农户分化既是农户决策的起点，也是农户自主决策得以贯彻落实的直接后果。

（一）农户分化

1. 农户分化定义

（1）狭义与广义视角

农户分化有狭义与广义之分。

狭义农户分化是指农户在农业内部的分化，即农户在农业生产方式和农业内部农林牧渔产业间及每种产业内部的分化，表现为农村中出现许多专门从事某种产业的专业户，如种植业专业户、养殖业专业户。种植业专业户又可细分为樱桃专业户、葡萄专业户等，养殖业专业户又可细分为养牛专业户、养羊专业户等。大农业内部的分化可称为一级分化，农林牧渔产业内部的分化可称为二级分化。

广义农户分化是指农户在城乡工农之间的分化，即农户在城乡工农间生产方式和生活方式的分化。从农户在城乡工农间的从业状况和生产方式看，它表现为农户的从业结构和生产方式由单一的农业向二、三产业延伸，由同质均构的纯农户中分化出非农户和兼业户；从城乡工农间的居住状况和生活方式看，农户分化表现为农户在城镇与乡村之间居住和生活的分化，由同质均构的农村户分化出城镇户和兼居户。

如有的农户从农村移居城镇居住生活，有的在城镇和乡村间往返居住生活，或一个家庭一分为二，老年人居住在乡村，年轻人居住在城市。

本书主要研究农户家庭决策、行为选择与城镇化和农业现代化的关系，所以，本书的农户分化主要是指广义分化，即农户在城乡工农间的生产方式和生活方式的分化。具体来说，就是经济社会发展变化和农户不同家庭决策所导致的农户生产生活方式、就业结构、收入结构和居住地域之间的差异化，即农户同质均构特征的解构及其"克隆式"沿袭的断绝，包括非农户、入城户、兼业户、兼居户的出现，甚至纯农户也发生变异，即出现小农户和大农户、传统农户和现代农户之分。

（2）动力视角

从农户分化的动力角度看，农户分化表现为两种：内生型分化和外生型分化。

所谓内生型，是指由当地农村非农经济发展所推动的农户分化。改革开放以来，许多农村地区依托原有集体经济发展乡镇企业、私营企业，农村工业和服务业得到蓬勃发展，区域内非农就业机会越来越多，这推动了部分农户生产方式从单一农业向非农产业延伸，有的甚至完全转向了非农产业。随着农户生产方式的变化，农户的生活方式也开始出现变化，部分富裕非农户开始从农村向城镇迁居，农户分化由此开始。内生型农户分化与区域非农经济发展，特别是农村工业化密不可分，常常与农村非农化同步进行，二者互为动力、相互促进。由于农村工业化多为分散式布局，难以形成人口、企业、资源的集聚，并不能有效推动城镇化发展，因而导致这种分化并不彻底，表现为农户兼业化普遍。所以，内生型农户分化，必须与集中式工业化和就地城镇化结合起来。只有这样，才能解决农户"离土不离乡、进厂不进城"（即只能工业化、无法城镇化的单一非农化）问题，消除无法实现生活方式和居住方式转换的弊端，从而将农户分化与工业化、城镇化、农业现代化结合起来，实现四者的同步发展和协调推进。

外生型农户分化，是指因区域外工商企业入驻和城市扩张导致农村工业化和第三产业兴起而引发的农户分化。外生型农户分化主要分为域外企业引发的农户分化和城市扩张引发的农户分化，更多地表现为外力强制性分化。外生型农户分化是外部力量的突然介入导致的比较剧烈的分化和转化，有时会强力推动区域经济发展和农户转化，但也会随着外部力量的退出而发生动荡，表现往往不稳定，缺少可持续性。

（3）分化的主动与被动视角

从农户分化的主动性与被动性看，农户分化又分为诱致性农户分化和强制性农户分化。所谓诱致性农户分化，是指农户在外部环境因工业化和城镇化发展而出现新的就业机会和增收空间诱致下，主动由农业生产经营向二、三产业发展、由农村向城镇迁居时出现的生产生活方式的分化。即农户"以粮为纲、以村为居"的同质均构结构的解体，是因为农户追逐外部环境中新的利益而引致。

强制性农户分化，是指农户因外部企业入驻或城市扩张、征地拆迁、新农村建设而引发的农户分化和转化，又可称为资本驱动型分化。强制性农户分化往往较为整齐划一，大多是在政府引导和企业帮扶下由农户转为城市户，由从事农业转为非农产业，由农村变为城镇。强制性农户分化大多是因为城市发展、工业建设、房地产开发、企业投资引发，有时会违背部分农户意愿，其分化和转化较为剧烈和显著，不能大面积、大范围展开和推广。

（4）农业发展规律视角

农户分化是工业化、城市化发展和农业市场经济发展的必然产物和客观规律，是传统农业向现代农业转化、传统农业社会向现代工业社会转化的组成部分和表现形式之一。反过来说，农户分化也是对经济发展进步和社会转型升级的反映。在工业化和城市化发展进程中，必然有一部分农户转型为非农户、城镇户，有一部分农户转型为兼业户，有一部分纯农户的农业经营规模由小变大、实力由弱变强。农户分化是社会发展进步的表现，也是农业经济向专业化、产业化、规模化发展的初始形态。当然，如果这种分化比较彻底且快速，就说明工业化、城市化与农业现代化发展比较协调，相反，若是兼居兼业比较普遍，且具有凝固化和黏性倾向，就说明工业化、城市化与农业现代化发展不协调，中间存在障碍和梗阻，这就需要政府加以干预。

当然，作为一种社会规律，农户分化离不开农户和政府的目的性、自觉性和实践性。"农户的分化是农户成员在对自身和农户家庭条件进行客观评价的基础上，依据对行为所带来的收益和风险进行权衡和判断后做出的理性选择。"（秦宏，2006）这种理性选择实际是农户在认知经济发展和社会进步客观规律的基础上加以利用的产物。

2. 农户分化外部表现

农户分化是量变引起的质变，是农户决策得以贯彻执行、优势和强项不断得到强化的结果。从持续性上看，它是一个聚类化过程，从间断性上看，它是一个多元化结构。这里主要是从间断性分析农户分化。分析农户分化，从不同角度出发会得出不同结论。

（1）就业领域和产业分化视角

从就业领域和产业分化视角看，农户分化表现为原先同质均构的农户裂变为纯农户、非农户、兼业户。在城乡二元融解时期，原先如同一个模子刻出来的农户，一分为三，而这种分化极为明显。据调查，"2004年山东省农户类型中，纯农户的比例为19.76%，一兼户的比例为44%，二兼户的比例为31.04%，纯非农户的比例为4.83%，农户兼业率为75.4%。"[①]

所谓纯农户，就是单纯从事农业生产经营的农户。从务农规模看，这类农户又分为两类，一类是传统的小农户，规模小、市场占有率低，主要依靠家庭劳动力手工劳动和传统经验从事生产；一类是种粮大户和家庭农场，规模大、市场占有率较高，主要依靠农业机械、家庭劳动力、现代农业技术从事生产。纯农户一般是城乡二元融解时期，做出留村务农决策的农户，是留村务农决策产生效应的结果。

所谓兼业户，就是在不放弃原有农业生产的基础上，同时兼做非农工作

---

① 秦宏. 沿海地区农户分化之演变及其与非农化、城镇化协调发展研究 [D]. 咸阳：西北农林科技大学，2006.

和兼营非农产业，以便同时获取农业收益和非农收益，由此实现家庭收益最大化。这类农户一般是城乡二元融解时期做出留村兼业和进城兼业决策的农户。因而，这类农户也分为两类，一类是留村兼业户和进城兼业户。留村兼业户是指其生活重心在乡村的兼业户，进城兼业户是指其生活重心在城市的兼业户。当然，从兼业的比重来看，这类农户又可细分为一兼户、二兼户和1.5兼户。所谓一兼户，是指以农业为主体和重点、以非农产业为副业和辅助的兼业户，其工作重心是农业；二兼户是以农业为副业和辅助、以非农产业为重点和主体的兼业户，其工作重心在非农产业上；1.5兼户是农业与非农就业并重、难分主次的兼业户。在1.5兼户看来，尽管农业不如非农就业收入高，但农业为家庭提供的社会保障则是非农产业无法相比的，因而在这类农户心目中，农业与非农产业是并重的。尽管在现有农户分类文献中，还没有"1.5兼户"这一概念，但在中国农村兼业户中，有很大部分是将农业与非农产业等同相待、一视同仁的。兼业户是在城乡工农之间犹豫不定的农户，既想获取城市化红利，又害怕城市化成本和风险，既想获取非农就业收益，又害怕非农就业的不稳定性。因而脚踏两只船，以实现风险最小化和收益最大化。

所谓非农户，就是由农业转型进入城乡二、三产业的农户，不再从事农业生产，转而专门从事非农产业的农户。这类农户一般是城乡二元融解时期做出进城非农和留村非农决策的农户。从非农就业地域看，这类农户又细分为两类，一类是进城非农户，一类是留村非农户。这类农户一般具有较高素质和能力，能敏锐发现和把握非农就业创业机会，具有较强的城镇化潜力和意愿。

（2）居住区域视角

从农户居住区域看，城乡二元融解时期，农户分化表现为原先全部、统一居住在农村的农户一分为三：农村户、城市户和兼居户。

所谓农村户，就是城乡二元融解时期做出留村务农和留村非农决策的农户，他们以农村为生产生活基地，没有退村进城。农村户或者是没有城镇化的意愿，主动选择在农村生活；或者是有城镇化意愿而没有城镇化财力而不得不选择在农村生活。

所谓城市户，就是城乡二元融解时期做出进城纯农和进城非农决策的农户，他们从农村迁居城镇，以城镇为生产生活的基地。城市户一般是原来农村中比较富裕的农户，为了追求更高品质的生活，主动由农村迁居城镇；或者是在进城务工经商致富后退村入城的非农农户。城市户是农户分化中较为领先的农户，代表着农户分化的一种方向。

所谓兼居户，就是城乡二元融解时期做出城乡兼居决策的农户。这类农户一方面对城镇生活有需求，另一方面不想完全退出农村，因此在城乡之间兼居或分居，以满足不同的需求。兼居户一般是农村中比较富裕的农户，或是地处城郊的农户，或是家中具有成年子女的农户，为满足年轻一代城镇化需求而在城乡之间两栖。兼居户实际上是农村户向城市户过渡的类型，因为家庭财力不足以支撑完全城镇化，所以才在城乡之间两栖或分居。

（3）综合视角

基于上述不同视角的分类，农户分化在总体上表现为如下两个户型图谱。首先，从先生产后生活来看，农户分化在总体上表现为三大类九小类。第一大类：纯农户，又分为纯农留村户（种粮大户和小农户）、纯农兼居户和纯农进城户；第二大类：兼业户，又分为兼业留村户、兼业进城户、兼居兼业户（或一兼户、二兼户和1.5兼户）；第三大类：纯非农户，又分为非农留村户、非农进城户、非农兼居户。这一农户户型图谱，本书称之为第一农户户型图谱（如图2-1）。

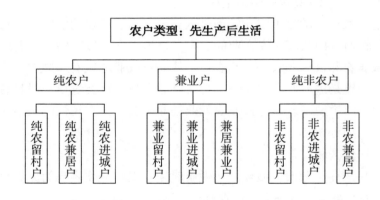

图 2-1 第一农户户型图谱

其次，从先生活后生产来看，农户分化在总体上也是表现为三大类九小类。第一大类：农村户，又分为农村纯农户、农村兼业户和农村非农户；第二大类：兼居户，又分为兼居纯农户、兼居非农户和兼居兼业户；第三大类：进城户，又分为进城纯农户、进城兼业户和进城非农户。这一农户户型图谱，本书称之为第二农户户型图谱（如图2-2）。

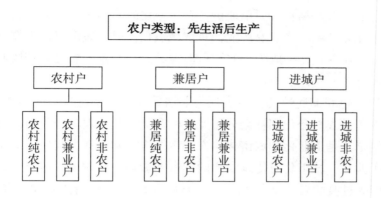

图2-2 第二农户户型图谱

事实上，这两大农户户型图谱有很多是重叠或同一的，如纯农留村户就等于农村纯农户，纯农进城户就等于进城纯农户，兼居兼业户就等于兼居兼业户。根据农户家庭决策始于农村生活方式的初始状态和已知条件，本书主要按第二户型图谱划分农户类型。

3. 农户分化属性

农户分化的好坏快慢与城镇化和农业现代化息息相关。因此，必须在农户分化的户型图谱基础上，进一步研究农户分化的属性。从属性研究农户分化，就是看农户分化彻底与否、稳定与否。

（1）彻底性与非彻底性

①彻底性：即农户分化比较干脆利落——大部分非农化和城市化，小部分纯农化和规模化，没有或较少兼居兼业等混业混居现象。简单地讲，农户分化的彻底性，就是指农户一分为二——一部分进城从事非农产业，促进工业化和城镇化发展；一部分留村从事农业，发展现代农业。从历史上看，凡是农户分化比较彻底的地区和国家，都是工业化、城市化发展较快，且不存在城乡二元体制、国家对农户流动设限、城乡公共服务非均等化的国家和地区。当然，农户分化的彻底性，可能会给城市健康发展带来一定人口压力和就业压力，导致城市交通拥堵、环境恶化、贫民窟、治安差等城市病。但它有利于较快推进城市化和农业现代化。

②非彻底性：即农户分化不清晰、边界模糊，兼居兼业现象普遍，农民市民化和农业规模化呈现黏性，农业小规模经营固化，农户普遍规避风险，投机主义严重，在城乡之间和工农之间两头下注，试图同时占有城市化红利

与农地升值、农业利益。简单地讲，农户分化的非彻底性，就是农户一分为三——小部分进城从事非农产业，实现城镇化，成为城市户；小部分留村务农，推进农业现代化，成为纯农户；但大部分在城乡工农之间兼居兼业，成为兼居兼业户。

农户分化非彻底性的突出表现是兼居兼业行为普遍且呈现凝固化现象。兼居兼业既是农户分化和社会分工发展的产物，又是农户分化和社会分工不彻底的结果，是工业化和城市化给农户生产方式和生活方式烙下的印迹，既体现了工业化、城市化对传统农户的冲击和影响，又体现了传统农业向现代农业转变的过渡性以及小农经济的适应性、顽固性，既有进步性又有落后性，反映了农户分化的初级性和不彻底性。

我国农户分化"具有明显的不彻底性。这些兼业农户家庭的成员，包括一些纯非农户成员，大多数仍与土地和农业保留着千丝万缕的联系，这些农户绝大多数都保留着土地的承包权，甚至或多或少地占用着农地资源。这些从土地上走出来的农户成员，希望有一份非农业的工作以增加收入，但因为各种原因，又不愿放弃原来承包的土地"（秦宏，2006）。要依靠农村内在力量的作用来改变这种状况，将是一个非常缓慢的演化过程。因此，改变农户分化的非彻底性，必须得有外在力量的干预和介入，如村集体——农地所有权主体、乡镇政府行政力量或企业等市场力量。

（2）稳定性与非稳定性

①稳定性。农户分化更多的是指传统农户向非农户、城市户和兼业户的转化和进化，如果这种转化、进化和分化趋势在一定时期内没有停滞、倒退或逆转，即表明农户分化具有稳定性。农户分化的稳定性取决于农户决策的执行力和坚定性。而农户决策的执行力和坚定性，又取决于这种决策实践效果及经济形势的好坏利弊。

②非稳定性。即农户分化受到经济发展景气程度和外出务工环境的影响，其转化、进化和分化趋势在一定时期出现停滞、倒退和逆转。例如，在宏观经济发展缓慢和衰退时期，非农就业机会减少，非农户可能会退回农业领域重新成为纯农户。也正因为分化的不稳定性，农户不敢完全退出"三农"领域，始终把农业作为进可攻、退可守的最后保障。这也使得农业现代化举步维艰、城镇化质量大打折扣。

从我国农户分化的客观实践看，我国农户分化呈现总体上、长期中的稳定性和局部中、短期内的波动性和非稳定性同时并存。加快农户分化，就要想方设法保持农户分化的稳定性，消除其非稳定性。一是要保持宏观经济的稳定和健康发展，消除经济发展的波动性和周期性。二是要为农户退村进城、退地非农提供社会保障和财政补贴，将农业补贴从种粮、农资综合补贴等生产环节、持有环节转向农地流转和规模化、退村进城、退地非农等流转环节、规模化环节上来。

（二）农户分化阶段性

农户分化是量变与质变相统一的过程，它会随着国家工业化和城镇化发展水平而不断深化和广化。从农户分化的连续性和间断性上看，我国农户分化具有较为明显的阶段性。

第一，农户分化的初期阶段（1978—1991）。这一阶段是我国从计划经济体制向有计划的商品经济发展的时期，也是工业化快速发展和城镇化起步的阶段，还是城乡二元体制开始松动解体的时期。在这样一个三期叠加的阶段，我国均质同构的农户出现分化。一开始是从大一统的粮食生产向农业内部的农林牧渔等专业化分工方向发展，农村中出现很多专业户和万元户。十二届三中全会后，随着乡镇企业的崛起和城市商品经济的发展，非农就业机会开始出现。特别是东南沿海地区，乡镇企业发达，工业化进度加快。这时，农户分化开始从农业内部的专业化分化转向非农化，并从生产方式分化逐渐向生活方式分化扩展，农村中不仅出现了兼业户和专门从事非农产业的非农户，而且出现由农村迁居城镇的城镇户。但总体而言，这一阶段的农村，纯农户还占据绝大比重，兼业户有一定比重，非农户和城镇户还极为少见。

第二，农户分化的发展阶段（1992—2020）。

1992年初邓小平发表南方谈话，明确指出计划与市场都是经济调节手段，计划多一点还是市场多一点，不是社会主义与资本主义的本质区别，社会主义也可以发展市场经济。这一论断破除了长期以来人们将社会主义等同于计划经济、资本主义等同于市场经济的绝对二元论观念，极大地解放了人们的思想。随着同年党的十四大将社会主义市场经济体制确立为社会主义经济体制改革目标，市场经济开始得到快速发展。市场经济发展为工业化和城镇化注入强大动力，我国工业化和城镇化速度明显加快。2003年，中国加入世界贸易组织，经济发展的外部环境得到显著改善，出口对经济发展的拉动作用明显加强。在上述思想理念、体制改革、外部环境优化的助力下，中国经济发展呈现快速发展势头，并经受住了1997年亚洲金融危机和2008年美国次贷危机的考验，经济发展的韧性得到强化。

在这一经济社会发展大背景下，我国农户分化明显加快，分化表征更加清晰。这表现在兼业户、非农户、兼居户、入城户的数量明显增加，在总农户中的比重明显提高；纯农户的绝对数量和相对比重呈现双下降，规模农户比重相对上升。上述现象表明，在1993—2020年，我国农户分化得到快速发展，农户分化得到深化和广化。农户分化对城镇化和农业现代化的促进作用日益显现。但与此同时，兼业户比重在总农户中开始占据主体，兼业行为呈现普遍化和凝固化态势，这又说明在这一时期，农户分化还是很不彻底，大量农户还没有脱离土地，处于"城难进、地难退"的两难困境。

第三，农户分化的完成阶段（2021—2050）。

2021至2050年，是我国全面实现现代化的阶段，这其中就包括农业现代化。而要实现农业现代，就必须加快加大农户分化的速度和力度，让更多农户离村进城、退地非农，为纯农户提供实现农业现代化的空间和条件。预期接下来的30年，必将是我国促进农户分化的加速期和加力期，也应是我国农户分化的完成期。

第一，推进纯农户的分化。要制定激励政策和扶持措施，促进纯农户分化的深化，使之一分为三：新型农业经营主体、雇佣农业工人户、小农户。要帮助纯农户中的种粮大户和种粮能手，使之成长为新型农业经营主体。还要支持一部分不具有自主经营管理能力的小农户转型为新型雇农，成为职业农业工人和新型农民，为新型农业经营主体提供劳动力。

第二，推进兼居兼业户的分化。兼居兼业是农户分化不彻底的集中表现。要制定激励政策和扶持措施，促进兼居兼业户的进化升级，使之发展为新型农业经营主体和非农户、城镇户。

第三，推进非农户的城镇化。要出台农地退出补偿机制和城镇新住户扶持政策，激励和帮助农村非农户和入城非农户退出农村和农业领域，彻底完成城镇化过程。

总之，将来农户分化完成时，农村中只应有四类农户：农业新型经营主体、农业雇佣工人户、小农户、农村非农户。且总的农户数量与农业规模化和现代化的需求是相适应的。如果将适度规模界定在户均50亩，大约4000万户；如果将适度规模界定在户均100亩，估计应该在2000万户。我国的基本国情是"大国小农"，第三次农业普查数据显示，我国小农户数量占农业经营主体98%以上，小农户从业人员占农业从业人员90%，小农户经营耕地面积占总耕地面积的70%。我国现有农户2.3亿户，户均经营规模7.8亩，经营耕地10亩以下的农户有2.1亿户，这是小规模甚至超小规模的经营格局。因此，加快农户分化，改变超小规模的农业经营方式是个长期的历史过程，必须有足够的历史耐心。

（三）农户分化的逻辑性

改革开放后，我国农户分化具有一定的逻辑必然性。第一，农业家庭联产承包责任制是农户分化的第一推动力。正是这一制度的实施为农户分化提供了前提条件：使农户获得农业主体地位与生产经营自主权，解放了家庭劳动力，使之"剩余"部分显性化。第二，城乡二元体制解冻和经济体制市场化改革为农户分化演变提供了体制条件和制度保障：利益导向使得农户为追求家庭收益最大化而在产业间和城乡间自由流动。第三，非农经济的迅猛发展是农户分化的根本动力。工业化发展为农户提供了非农就业机会。第四，城镇化是农户分化的助推器，为农户分化提供了城市居住生活机会。

二、农户决策直接后果之二：农村兼居兼业现象普遍

农户分化是农户不同决策的效果显现，也是农户决策前的潜在分化的外在显现、强化和扩大，是农户决策的直接后果。但当农户分化停滞于某个阶段，或从原先的同质均构上升到另一种同质均构且分化乏力、呈现稳态时，这实际上是农户分化之后的又一直接结果，即在农户经历初期的分化之后，逐渐从"分散小农"的同质均构演变为"兼居兼业普遍化"的同质均构，虽同为同质均构，但内涵和形式却大不相同。

（一）农户分化前后的两种同质均构

我国农户分化始于改革开放初期，加速于20世纪90年代。在农户分化之前，即家庭联产承包责任制实行初期，我国农户的同质均构极为明显——所有农户千篇一律从事农业生产，且以粮食作物种植为主，生产规模、生产方式如出一辙。这种同质均构被称为"分散小农"。

农户分化开始之后，在工业化、城镇化和市场经济发展的推进之下，"分散小农"的同质均构逐渐解体，全国农户分化为前述的三大类九小类农户。但在这三大类九小类农户中，无论是从第一农户户型图谱看，还是从第二农户户型图谱看，兼业户和兼居户都占一大类四小类。更显著的是，兼业户和兼居户在农村总户数中所占比重在20世纪90年代末就已达到45%左右，到了2019年更是达到70%以上。可见兼居兼业已经成为农户的普遍现象。不仅如此，兼居兼业还呈现凝固化趋势。这主要是因为城市化成本的不断上涨，导

致农户城镇化越来越难。在进城无望的情况下，农户只能选择继续兼居兼业，农户分化基本停滞在兼居兼业这一形态，掉入了"兼居兼业陷阱"。兼居兼业的普遍化和凝固化表明，我国农户已经从改革开放初期的"分散小农"这一同质均构转化为"兼居兼业"这一同质均构，兼居兼业成为农户决策继导致农户分化后产生的又一直接后果。

（二）农户兼业现象

1. 农户兼业定义

所谓兼业，"简单地说就是指劳动者主体在一定的生产周期内把劳动时间投入到不同的经济部门中去，相应的收入也来自不同的部门。"① 或者说，农户家庭通过劳动力分工，一部分劳动力从事农业生产，另一部分劳动力从事非农产业，从而实现家庭收入的多元化和最大化的现象。

兼业是农户劳动力由农业领域向非农领域转移、同时并不放弃农业的生产经营，它是农业生产不能容纳全部劳动力、劳动出现剩余的产物，也是非农部门就业机会对农业劳动力产生吸引力的结果，是这两种作用力共同作用的产物。"在城镇化发展中期阶段，是农户普遍兼业的阶段，在这一时期，农户通过选择兼营非农产业来应对经济和社会形态的转型。"② 兼居兼业是农户自主选择的结果，是在既定一系列激励约束机制下通过市场机制对家庭农业劳动力就业结构、劳动时间和居住地点的优化配置，目的是实现家庭收益最大化和家庭生活最优化。

农户兼业现象具有一定的逻辑必然性。其逻辑大前提是：农户想增加家庭收入，但农业增收难，而非农就业收入相对较高，兼业可以实现增收目标。其逻辑小前提是：因农地规模小和农业生产具有季节性，农户劳动产生绝对剩余和季节性剩余，而随着工业化和城市化发展，非农就业机会出现，这使得兼业具备可能性和可行性。当这两大逻辑前提都出现之时，农户兼业就成为必然产物和合乎逻辑的结论。农户兼业化的本质是重新配置农业劳动力，是一种劳动力资源的存量优化，有利于提高全社会生产力，但不利于农业生产力的增量发展，特别是农业规模化、机械化、市场化发展。

---

① 秦宏. 沿海地区农户分化之演变及其与非农化、城镇化协调发展研究 [D]. 咸阳：西北农林科技大学，2006.
② 秦宏. 沿海地区农户分化之演变及其与非农化、城镇化协调发展研究 [D]. 咸阳：西北农林科技大学，2006.

农户兼业现象在世界各国农业中都比较普遍。但中国的农户兼业不同于欧美国家的农户兼业。虽同为农户经营或私人家庭经营，但欧美国家的农户兼业是在规模化和现代化基础上的兼业，其农业不仅已经实现适度规模化，且高度发达，资本密集，已经成为高度市场化和产业化的农业企业。而我国农户兼业是小农基础上的没有规模化、市场化、产业化的兼业，农业不是面向市场，而是自给自足，农户只是小农。所以，对待兼居兼业，我国不能漠不关心、任其发展。

有理论认为，兼业并不影响农业规模化。因为规模化有外延规模化和内涵规模化之分。土地规模化属于外延规模化，即使土地不规模化，也不影响农业内涵规模化，即集约化、多元化。但内涵规模化始终以一定的外延规模化为基础。如果规模过小且零碎化，再集约化农业效益也难有显著提高。农业规模化应是一定外延规模化基础上的集约化。没有外延规模化，集约化意义不大。

2. 我国农户的兼业率

1999年，我国东部、中部、西部地区的纯农户比率分别为38.35%、48.88%、53.44%，兼业率却差别不大，分别为46.86%、46.02%和43.03%（秦宏，2015）。这说明兼业在农村中已经极为普遍。不仅如此，近几年我国东、中、西农村地区的农户兼业率一直在45%的水平上徘徊，呈现兼业凝固化趋势。

3. 兼业户的类型

（1）国际惯例划分

兼业是世界农业生产经营领域内的普遍现象。按照国际惯例，一般分为一兼户和二兼户。一兼户是以农业为主、非农就业为辅的兼业户。二兼户是以农业为辅、非农就业为主的兼业户。

但从我国农村现实看，除了这两种类型的兼业户，其实还有一种，即"农非并重"型兼业户，也就是农业和非农就业及收入对这个农户而言，都极为重要，二者缺一不可型。虽然农业收入可能在兼业家庭总收入中占比较小，但农业不仅是收入的来源，还是家庭的最后保障，也是非农就业的基础。这里将之命名为1.5兼业户。据实地调查，中国农村的大多数兼业户实际属于"农非并重"型兼业户，虽然农户不指望农业提供多大收入，但都认识到农业和土地的重要性、基础性、不可或缺性。在这类农户心目中，非农就业可要可不要，但农业和土地绝对不能放弃，因为这是家庭最可靠的保障。只要有土地，就能活着，就饿不着。

（2）农户城镇化视角划分

对于兼业户的划分，国际惯例是依据农业与非农产业在农户兼业中的比重来划分，这实际上是从农户工业化的视角所进行的划分。若是从农户城镇化的视角看，兼业户又分为兼业留村户、兼业进城户、兼业兼居户。农户兼业一般发生在农村，所以兼业户大部分属于兼业留村户。但随着农户城镇化发展，兼业户中又出现了许多兼业进城户和兼业兼居户。

所谓兼业进城户，就是指家庭已经进入城镇生活，但仍然没有退出农业生产领域，还收获着农业产出的进城农户。无论是在兼业户调查还是在进城户调查中，兼业进城户所占比重很大。他们实现兼业的方式通常是将村中农地流转，每年收取农地流转费用，或者将承包地交由亲戚朋友耕种或代管，基本上不收取费用。他们之所以不愿意放弃农地或完全退出农村，一是害怕非农收入不稳定，对城里的生活没有信心，因此留一退路或后手；二是对农村还有感情；三是存在投机性，期待农地价值升值。

所谓兼业兼居户，就是指在城乡之间两栖居住，同时在农业和非农产业之间两业兼顾的农户。近年来，随着城镇化的快速发展，农村年轻人越来越向往城市生活，许多有成年子女的农户，都在城里特别是县城买了楼房，城乡两栖已经司空见惯。一般是子女在城里从事非农工作，父母在乡下从事农业生产活动。除了这样通过代际分工实现兼业兼居的农户外，还有一些投资型的兼业兼居户和生活改善型的兼业兼居户。这些农户或者是因为看到城市房产升值的机会，或者是想改善生活质量而投资购置了城市房产，并因此在城市生活。

农户兼业有着深刻的社会经济根源，有其存在的合理性和必然性。国家工业化城镇化水平和政策、农户家庭结构、国家农业经济政策制度、区域经济发展水平、农业增收潜力和可能性、农户利益最大化追求等多重因素，共同造就兼业现象。对待兼业，政府面临政策选择和决策的困境：不让兼业，农民无法增收；让农民兼业，农业现代化难以实现。不让兼业，政府无法实现农户的非农化和城镇化；让兼业，政府无法实现农业专业化和规模化。

（三）兼业的阶段性

兼业是农户分化的过渡形式，是从传统农业向非农产业发展的中间形态。在农户分化初期，很多农户并不能一下子从农业过渡到非农产业。因为这是农户生产方式的巨大飞跃，充满风险和挑战。农户为了稳妥起见，一般会选择先兼业，然后在时机、条件成熟之时再决定放弃农业，全心投入非农产业当中。兼业是一个有着阶段性的过程。对于大多数兼业农户而言，其最终还是会选择纯非农产业。

第一阶段：兼业初期，以1兼户为主。兼业初期一般发生在工业化初期——非农就业机会开始出现时。这时部分较为敏锐且具有创新精神的农户，会率先发现非农就业机会并积极去尝试，兼业由此开始。但此时这些农户并不知道这些非农就业机会将给他带来多大收益，也不清楚他能在这些非农领域工作多久。所以，这些兼业农户都是以第一产业为重，而以非农工作为辅。这时的兼业属于尝试性、试探性的。

第二阶段：兼业中期，以1.5兼业户和2兼户为主。兼业中期一般发生在非农就业机会增多、非农就业收入较为稳定的时期。经过兼业初期的尝试和试探，兼业农户发现非农就业收入远高于农业收入，且非农就业并不像原先想象的那样不稳定。这个时候，非农产业与农业之间的天秤就开始向非农产业倾斜，至少是二者等同。当非农产业的地位、重要性在农户家庭中开始等同于甚至超过农业时，兼业就进入中期阶段，兼业类型转化为1.5兼户和2兼户，农业的增收致富功能下降，社会保障功能上升。

第三阶段：兼业末期——分业化、专业化期。随着工业化和城镇化水平的进一步提升，非农就业机会越来越多，非农就业越来越稳定，非农就业收入越来越高。当兼业户家庭财富积累越来越殷实，已经不需要把农业作为社会保障手段了，这时兼业农户会放弃农业，专心从事非农产业，兼业就重新回归分业，并上升到更高层次的专业化水平。此时兼业达到分业化、专业化阶段。当兼业重新回归分业和专业化时，兼业的历史使命也就完成了，与此同时农户的非农化也就完成了。

当然，以上只是兼业的一般历史轨迹，中间不乏一些特殊情况。这里不再一一列举。

（四）兼业的发生机理

在市场经济体制环境和工业化、城镇化发展的背景下，农户兼业的发生有其内在机理和逻辑必然性。首先，农户的经济理性——利益最大化追求，构成农户兼业的动力机制。正是因为这一经济理性，使得农户会抓住一切机会增进家庭财富，由此构成兼业的强大动力。其次，工业化和城市化发展为农户兼业提供了重要机遇，这使得农户兼业具备了可能性。正是工业化和城镇化发展，不仅创造了非农就业机会，而且对吸纳农村劳动力就业提出需求，这成为农户兼业的前提条件，并构成农户兼业的触发机制。

再次，农业增收停滞化、家庭承包制改革红利溢出效应释放殆尽构成农户兼业的倒逼机制，逼使农户部分劳动力背井离乡去务工经商。农户有增收致富需求，但农业已经没有增收的可能性，这种情况势必逼迫农户寻找非农就业门路。最后，家庭劳动力剩余化、农业劳动轻便化、城乡交通基础设施发展为农户兼业提供了可行性，由此构成农户兼业的可行机制。家庭联产承包制下的小农经济，解放了农业劳动力、生产力，但也使隐藏在农业集体制下的劳动力剩余问题暴露出来。同时，农业社会化服务体系的发展使得耕、种、收等劳动强度大的环节可以交由社会化服务组织，农业劳动不再像过去那样艰苦费力，日益轻便化，这使得一些老人妇女完全可以替代青壮男劳力。再者，随着农村道路交通、汽车、通信技术的发展进步，通勤方式越来越先进，通勤范围越来越广泛，这使得兼业便利化。农业经济及其外部环境的发展和变化使得农户兼业具备了可行性。总之，上述机制、可能性和可行性共同缔造了农户兼业化和农业副业化的内在机理。

（五）农户兼居现象

1. 农户兼居定义

农户兼居是我国农村城市化快速发展过程中的一个现象，一般发生在兼业之后。因为农户的非农化通常是城镇化的第一步。城镇化是大多数农户的梦想，也是农户生活方式的巨大飞跃和进步。但城镇化需要成本，充满风险和不确定性。那么，在这种情况下，农户为了规避风险，往往采取城乡两栖兼居的方式。近些年来，随着农户收入增加、房产投资意识增强和年轻人恋爱婚姻观念的变化，在城里购房投资或结婚成家成为农村人的追求，农户在乡村与县城之间两栖兼居现象更为常见。所谓兼居，就是农户在城镇化过程中，为了减少城镇化成本和风险、满足家庭成员不同需求，一方面在城里购房生活，另一方面也不放弃农村宅基地、农地和乡村生活，通过时间配置或家庭分居实现城乡两栖生活的现象，又被称为城乡"两栖占地"。

兼居是近些年在城市住房市场化和农村城镇化双重动力推动下的产物和社会现象，本身就是城镇化的一种外在表现形式，当然也是城镇化还没有完成的一种过渡形式。如果是短期现象，这属于正常。但如果兼居化普遍化长期化，则必然造成土地、房屋等资源的沉淀和浪费。

2. 兼居户类型

农户兼居出于多种原因，依据农户兼居原因可将农户兼居划分四种类型。

首先是随着工业化和城镇化的发展，家里有人进城打工经商，在有了一定积蓄之后，为了非农工作方便，农户便出资在城里购置房产生活。基于此类原因的兼居户，可称为兼业型兼居户。

其次是农户为了家里年轻人的婚姻和后代的教育而出资购置城市房产，并由此实现城乡两栖。此类兼居户可称为新生代婚嫁型兼居户。

再次，有些农村富裕户，为了改善生活质量和享受城市美好生活而购买城市房产，并在部分时间段去城里生活，此类兼居户可称为改善型兼居户。

最后，还一部分农户，看到城市房产存在升值空间，于是投资购买城市住房并间断在城市生活，此类兼居可称为投资型兼居户。

尽管从兼居原因上可以对兼居户进行上述划分，但事实上，很多兼居户之所以选择兼居，并非出于一种原因，往往是多种原因混合在一起，而这类兼居户，可称为混合型兼居户。

3. 农户兼居率

农户在城乡之间兼居，是随着工业化和城镇化的发展而出现的社会现象。这在沿海经济发达地区、农村工业化水平较高的地区和城郊接合部，是较为普遍的现象。

近年来，在农村城镇化快速发展背景下，很多农户基于打工经商、投资、改善生活、子女婚姻等原因都在附近城市购房，兼居现象更为常见。吕军书等（2020）的百村调查显示，"城镇（县城／地级市以上）购买有住房者占调查农户的35%，且还有13%的农户计划购买"[①]。35%的兼居率再加上13%的潜在兼居农户，几乎占到所调查农户总数的一半，足见兼居率之高及其发展趋势之强。两位学者的另一项发现是，农村"两栖占地"者多为经济实力较强的农户。由此可知，随着农村经济发展和农户收入水平提高，未来的兼居率还会继续提高。兼居既是城镇化发展进步的成果，也是城镇化发展不彻底的外在表现，它对城镇化和农业现代化协调发展的不利影响更甚于兼业，它不仅仅导致土地资源浪费和房屋空置，妨碍农地流转和集中，抑制农业适度规模发展，而且削弱城镇化质量，形成半城镇化和准城镇化，阻碍城镇化的彻底完成。

4. 农户兼居发生机理

在市场经济体制环境和工业化、城镇化发展背景下，农户兼居的发生有

[①] 吕军书，张硕．农户城乡"两栖占地"形成因素、退地制度障碍与政策建议——基于"百村调查"样本分析[J].经济体制改革，2020（02）：66-73.

一定内在机理和逻辑必然性。首先，城镇生活优于农村生活，大多数农户主观上都有城市梦，都想过上或让后代过上城市生活，即客观上城镇优于农村，主观上农户有城市居住生活需求或投资需求。这构成农户兼居的逻辑大前提。其次，随着经济社会发展及经济社会体制改革，特别随着工业化、城镇化发展和城乡壁垒消除，农户不仅收入增加、有了一定积蓄，且获得城乡自由流动和自主择居的权利，加之城市住房商品化和市场化改革，使农户客观上具备了兼居的可能性和可行性。当这样两种逻辑前提同时具备的时候，兼居就成为逻辑上的必然。除此之外，农村土地保障功能的牵制、农村土地收益功能的吸引、乡情乡愁的牵绊、城乡文化差异的阻滞都构成农户兼居的社会动因（吕军书，2020）。

5. 兼居的阶段性

兼居是农户实现城镇化的过渡性形式，是农户在不能一步到位实现城镇化情况下的折中选择，但其终极目标应是脱村入城、实现居住和生活的城镇化。因此，兼居并不会长久存在，必将以分居结束。依据农户生活重心选择，可以将兼居划分为三个阶段。

第一阶段：以农村为重心、城市为调剂空间的阶段。农户兼居始于由农村向城镇延伸。在初期阶段，农村生活发挥着保障和托底的作用，兼居户仍然会以农村为生活重心。这一方面是因为在兼居初期，农户对城市生活不熟悉、主要社会关系都在农村，另一方面是因为城市生活不稳定，兼居户对城市生活缺少信心。因此，在这一阶段，农村的"根据地"作用不可或缺。

第二阶段：以城市为重心、乡村为调剂空间的阶段。随着兼居户对城市生活的熟悉和适应，农户会将生活重心由农村转移至城市。一方面，因为城市的非农就业机会多，非农收入具有比较优势；另一方面，城市公共服务、生活环境都比乡村要好。城市的相对优势对兼居户，特别是农村年轻世代具有重要吸引力，这会让其逐渐以城市为生活重心。

第三阶段：退出农村、完成城镇化阶段。随着兼居户对城市生活的适应，特别是兼居户收入的增加、财富的积累，农户对城市生活越来越有信心。当这种信心足以让兼居户不再以农村资源特别是土地为最后保障时，即农户已经有了土地保障的替代品时，农户就会退村入城，实现彻底的城镇化。毕竟城镇化代表着社会进步和家庭进化的方向和趋势。

以上三个阶段，是兼居的一般路径。但不是说这中间没有特殊情况，比如说有些兼居户未能适应城市生活，或者没有找到非农就业机会，或者在城市长期失业，这些情况有可能使兼居户又从城市退回农村，从而再次成为农村户。

（六）农户兼居兼业普遍化凝固化现象

1. 兼居兼业普遍化现象

兼居兼业普遍化是农村工业化和城镇化过程中的突出现象，特别是在工业化中后期和城镇化快速发展时期，兼居兼业成为很多农户的选择。兼业是农户非农化的过渡形式，兼居是农户城镇化的过渡形式。由于农户的生产与生活是混合在一起的，且生产方式决定生活方式，所以通常情况下，兼业会引致兼居，兼业的普遍化会导致兼居的普遍化。所谓普遍化，就是指兼居兼业农户在农村总户数中占到较大比例，且呈现稳定增长态势。当然，目前仍然是兼业户大于兼居户，但既兼业又兼居农户仍然占到总农户数的20%多。更重要的是，兼居兼业是当前很多农户在面临"城镇化高成本难题"时的无奈之举。

兼居兼业普遍化，一方面反映了农村非农化和城镇化的进步，是传统农业社会向现代工业社会、传统农村社会向现代城市社会发展的表现；但另一方面也反映了农户分化的非彻底性，这反过来又阻碍了农村城镇化和农业现代化的发展。试想，如果大多数农户在农村城镇化过程中选择兼居兼业，既不完全脱村退地，又不完全进城非农，既占有城市资源又占有农村资源，不仅农村城镇化和农业现代化难以实现，还会造成资源浪费和资源利用效率下降。因此，推进农村城镇化和农业现代化进程，必须跨越"兼居兼业普遍化"陷阱。

2. 兼居兼业凝固化现象

兼居兼业凝固化是指兼居兼业现象呈现稳定不变、停滞不前状态，始终无法结束第二阶段、进入兼居兼业的第三阶段。本来兼居兼业是农户实现非农化和城镇化的过渡形式，其最终目标是要实现职业的专业化和居住的城镇化。但当兼居兼业形成之后，农户却困在这一状态难以突破，犹如落入"兼居兼业"陷阱一样。当然，兼居兼业之所以能成为陷阱，主要原因在于兼居兼业农户收入增长缓慢，城镇化成本不断高企，农户难以承受，从而使得兼居兼业进退两难，只好维持现状。

兼居兼业凝固化，一方面反映了农户分化的停滞和农户城镇化黏性，另一方面反映了农村城镇化的艰难。兼居兼业凝固化，并非农户的主观愿望，其实农户也想实现生产的专业化和生活的城镇化，并不想这样两头都沾，但在农业规模化和生活城镇化这两个难题下，大多数农户会妥协，以求稳为上策。兼居兼业的凝固化，严重阻碍着农村城镇化和农业现代化发展。推进农村城镇化和农业现代化发展，必须跨越"兼居兼业凝固化陷阱"。

兼居兼业一定程度上是农户在社会大背景和具体家情相结合基础上对工业化、城镇化和农业现代化的被动适应，是特殊国情和特殊户情合力作用下对工业化、城镇化和农业现代化的扭曲，是农户在彻底分化不可行前提下的折中路径选择。在既不能入城定居从事非农产业，又不能扩大农业规模从事适度规模经营，现有农业规模增收已到瓶颈的三重困境下，农户只能选择兼居兼业，以获取工业化和城镇化的红利，同时实现家庭收益最大化目标。在现有人均一亩三分、户均不足十亩的规模下，因边际效益递减规律的作用，农户即使再集约、再精耕细作也难以发家致富，这实际上也是一种"规模诅咒"，即没有规模的集约化难以获取更大利润。

三、农户决策的间接后果——农业规模化与细碎化并存

在工业化和城市化快速发展的经济社会背景下，传统农户有9种决策可以选择。从这9种决策对农业的影响看，一部分决策会促进农业生产经营的规模化，包括村居纯农决策（规模经营户）、村居非农决策、兼居纯农决策、兼居非农决策、城居纯农、城居非农决策。做出这些决策的农户很可能出让、出租或流转农地，从而导致农业经营规模扩大。"截至2017年6月底，全国共有7434.3万户承包农户流转耕地，耕地流转面积达3313.3万公顷，流转比例达36.5%"[①]。土地流转是实现以土地集中为主的规模经营形式的重要基础，它为解决我国农地细碎化严重的问题起了积极作用，对提高农业的规模经济效益产生了重要效果。例如，"十二五末期，我国经营耕地10~30亩的农户数为2760.6万户，占总体的10.3%，较上年增长2.1%。而且，未经营耕地的农户数较上年增长了5.1%个百分点，经营50~100、100~200、200亩以上的农户数均较上年保持正增长，增长幅度分别达到2.9、6.6、11.0"[②]，这在一定程度上说明农村土地规模经营的趋势不断增强。"据初步统计，全国经营面积在50亩以上的规模农户超过350万户，这些农民经营耕地的面积超过3.5亿亩，占全国

---

① 韩长赋.新中国农业发展70年·政策成就卷[M].北京：中国农业出版社，2019：132.

② 韩长赋.新中国农业发展70年·政策成就卷[M].北京：中国农业出版社，2019：132.

耕地面积（以2015年底全国总耕地面积20.25亿亩对比指标）的近17.3%"[①]。当然，还有一部分决策会保持原有农业生产经营的小规模、分散化，包括村居纯农决策（小农户）、村居兼业决策、兼居兼业决策、城居兼业决策。因而，伴随着农户决策的实施，农业生产经营会出现两个方向，一是规模化发展方向，一是细碎化发展方向。

为什么会出现细碎化发展方向呢？因为选择维持小农经济的农户，或兼营小农经济的农户，虽然在短期内可能保持规模不变，但是当该农户（家里有2个以上男孩）面临分家析产时，必然使原有的小规模农业更加小规模化。由于我国小农户和小农兼业户很多，不少家庭都有2个男孩，分家析产是早晚的事，有极大可能导致农业规模再次变小。改革开放初期，我国农户大约是2.3亿户，到2016年，我国农户数量为2.28亿户，近40年间农户总量基本持平。当然这一方面是因为我国人口总量的增长，但最主要的原因在于原有农户的分家析产导致新农户不断产生，不仅填补了城市化农户数量，而且还略有增加。新农户的产生必然使原有农户的农业生产规模被微分。根据国土资源部的资料，2001年到2008年，全国耕地面积从19.14亿亩减少到18.26亿亩，8年之内将近减少1亿亩，后来随着国家土地占补政策发展的相对成熟，耕地面积数量上升，2012年增加到20.27亿亩。以20.27亿亩平均到2.28亿户家庭手里，户均不过9亩。《中国农村经营管理统计年报2015年》显示，"十二五"末期，我国经营耕地10亩以下的农户数为22931.7万户，占总体的85.7%。可见，农户决策之后，农业规模化和细碎化两个方向是同时并存、共同发展的。"当前中国农地通过各种形式的流转实现适度规模化经营渐成新的趋势，但家庭分散承包经营仍然占据主导地位"[②]。

①　罗玉辉．"三权分置"下中国农村土地流转的现状、问题与对策研究 [J]. 兰州学刊，2019（02）：166–180.

②　许天成，瞿商．中国农地地权变迁的历史考察与当前"新集中"趋势的分析 [J]. 中国经济史研究，2018（05）：137–147.

第三章

城乡二元融解时期农户家庭决策的影响
因素及作用机理

从微观来看，农户分化是由农户基于户情差异所做出的不同家庭决策导致的。无论是务农还是兼业，无论是村居还是城居，都是农户为实现家庭收益最大化的自主选择、决策的行为，但这一过程不是自由选择的结果，是在一系列既定既有既存的约束激励机制、政策制度环境下通过综合比较分析而做出的选择和决策，是农户或主动或被动适应经济社会发展变化或工业化城市化发展的职业决策和行为选择。要调节引导农户分化，使之向着有利于农村城镇化和农业现代化方向发展，就要研究农户家庭决策的影响因素及决策机制。即什么影响和制约着农户家庭决策、为什么处于相同经济社会发展背景和同样政策制度环境中的农户会做出不同决策？

第一节　城乡二元融解时期农户家庭决策影响
因素的一般分析

农业经济是国民经济和市场经济的一个组成部分，因而农户家庭决策绝不是孤立发生的，而是整个国民经济和市场经济决策体系的一部分。因此，"农户结构的变化和农户的分化演变并不单单是农业和农户本身的问题，它要受到农村经济结构、国民经济发展以及城镇化发展的影响，还要受到社会制度和政策供给等多方面的影响"（秦宏，2006）。调查显示，不管农户做出何种选择和决策行为，都离不开如下几类影响因素。

一、国家工业化、城市化发展对农户家庭决策的影响与作用

国家经济社会发展状况是影响农户决策的重要因素。作为农业经济和农村社会的微观主体，农户的生产方式和生活方式深受国家整体经济社会发展水平的影响，特别是受国家工业化和城镇化发展水平和道路的制约。

（一）国家工业化和城市化发展因素

国家工业化和城市化发展因素，是指国家工业化和城市化发展的水平、道路、措施和特点及其二者之间关系。国家工业化和城市化的发展，意味着大一统的传统农业社会和农村社会开始解体，新的产业形态和生活方式正在出现，农户所处的整个国家层面的经济社会环境、条件发生了变化。国家经济社会环境的显著变化，既给农户带来了发展机遇与空间，也带来了风险和挑战。作为一个理性经济人，农户对经济环境的变化和社会生产力的提高不可能熟视无睹，对这种变化和发展所带来的机遇更不可能无动于衷。当农户为了实现家庭收益最大化和家庭福利最大化，试图把握工业化和城镇化发展所带来的机遇时，它必然从家庭实际出发调整和改变家庭劳动力分工、从业结构和生活方式，即对家庭在城乡之间的生活方式和工农之间的生产方式做出新的安排、选择与决策。当不同的农户根据各自"户情"做出具有家庭特色的理性决策时，农户分化就开始了。

（二）国家工业化和城市化发展因素对农户家庭决策的一般影响

国家工业化和城市化发展触发农户优化家庭劳动力资源配置、增加收入渠道、调整生活地点和生活方式的决策机制，其对农户家庭决策的意义，表现在提供发展机遇和空间、带来风险与挑战两个方面。

1. 提供发展机遇与空间

（1）提供非农就业和增加收入机遇。在传统农业社会，主要的产业形态就是农业和手工业。由于生产力水平极为低下，无论是从事农业还是手工业，劳动生产率都很低，收入微薄、生活贫困。农户即使想增加收入，也没有门路。而工业化和城市化的发展，不仅带来了机器大工业，而且带来第三产业，从而给农户带来了非农就业门路和增加家庭收入的机遇。这为农户调整优化

就业结构和产业结构带来新的选项，从而为农户非农化提供了可能。

（2）提供城市化机遇。自从城市产生之后，人类就进入了城乡对立和城强乡弱的时代。城乡差别在工业化之后进一步扩大，这使得生活在乡村的农户都梦想着有朝一日能实现城市化，过上城里人的生活。但在城市化起步之前，城市数量少、规模小，难以容纳过多人口。工业化的兴起推动了城市化的发展，而城市化的发展则为农户提供了城市化机遇。城市化机遇的到来，为农户调整优化家庭栖息地和生活方式带来新的选项，从而为农户城市化提供了可能。

（3）提供改善生活和家庭命运的机遇。在传统农业社会和农村社会，农户在安排家庭的就业和生活时，可选择的范围太狭窄。在就业方面除了农业就是手工业，在安家地点上虽然可以选择城市，但这种可行性太小。因为城市数量少、规模小，政府也限制农户自由地流向城市。因此，即使乡村破败、生活贫困，农户也很难改变生活和命运。但工业化和城市化时代的到来，不仅显著扩大了农户家庭决策的选项集合，而且极大地提高了各个选项的可行性，农户迎来改善生活甚至是家庭命运的极好机会。

（4）提供潜在的农业现代化机遇。在传统小农时代，一家一户守着几亩薄田，所谓"十亩地一头牛，老婆孩子热炕头"。小农户犹如过江之鲫，全部挤在有限耕地资源上，人多地少、户多地少的矛盾突出。在这种情况下，农业现代化势必卡在"规模化瓶颈"而停滞不前。但工业化和城市化的到来，为农村剩余劳动力和剩余农户提供了出口，从而释放了人多地少、户多地少的紧张关系，为农业现代化跨越"规模化瓶颈"提供了空间和条件，从而使农业现代化成为可能。

2. 带来挑战和风险

（1）造成家庭分离。因为非农就业机会多在城市，甚至远离家乡，因而农户要实现非农就业，就要背井离乡，这一方面导致农民工生活孤独、情感交流缺失；另一方面产生老人、妇女和儿童的留守问题。这两方面的问题都会给家庭、婚姻带来消极影响，甚至危及婚姻和家庭安全稳定。

（2）导致农业农村衰落。在工业化和城市化的虹吸效应下，农村的人才、劳动力、资金、消费需求不断流向城市，这使得农村不断空心化、农业不断副业化。农村和农业发展受得很大削弱，人才和资金匮乏。

（3）形成城市化压力。城市化代表着社会发展趋势。很多农户为实现城市化，不得不贷款购房，每年还款压力巨大，再加上城市生活成本的上涨，这使得农户的经济压力巨大、心理负担沉重，生活质量和幸福指数下降。

（4）导致兼居兼业普遍化。在工业化和城镇化机遇诱致下，许多有条件的农户都选择在城乡工农之间兼业兼居。兼业兼居的确能够增加农户收益。但它使得农户分化停滞不前，资源专用性和家庭分工分业不明确，不仅造成资源浪费，而且导致城镇化质量下降，农业现代化无法跨越"规模化障碍"。

（5）造成城乡工农关系失衡。国家在制定工业化和城市化战略，选择工业化和城市化道路、方式、举措时，并非是完全自由的，往往存在人口数量、粮食供给、国际环境、国家财力等诸多具体国情方面的制约。在这种情况下，工业化和城市化可能导致城乡工农关系失衡，如工业化高于城市化、农业发展落后于工业发展、农村落后于城市等。

总之，工业化和城市化发展扩大了农户家庭决策选项集合，给农户优化生产生活方式、增加收入、消除贫穷、实现梦想、改变命运带来机遇，但同时也给农户的每一项决策都带来风险，进而给城市化和农业现代化带来风险。至于究竟是什么样的机遇和风险、是机遇大于风险还是风险大于机遇、机遇能否变成现实、风险是否会发生，都取决于具体的工业化和城市化战略、道路、方式和举措。

（三）城市化影响农业农户的理论分析

那么，城市化如何影响农业和农户呢？它主要是从两个方面对农业和农户施加影响，一是为农户提供收入较高的非农就业机会和更好的居住生活条件，满足农民对更高收入和更好生活的追求；二是城市化背后的工业化具有强大的比较优势，以其物美价廉的商品打败农村小商品经济、自然经济和传统手工业，使大批小农破产，解构其原有生产生活方式；三是城市化背后的资本兼并、购买农民土地，使农民成为除了自身劳动力之外一无所有的劳动者，不得不到城里靠出卖劳动力为生。

也就是说，在城市化浪潮中，如果没有额外的特殊保护政策和制度安排，传统小农在与城市工商业竞争中，必然以落败而告终。随着农户的破产，农户只能举家迁移城里出卖劳动力或继续留在农村作雇农——农业工人。

最可能的结果是，大部分农户迁移城里实现城市化，小部分农户继续留在农村做地主或农业资本家的雇工——长工。前者其实就是农户的城市化和非农化，后者则是农业现代化的雏形——专业化的农业资本家和农业工人——农业的规模化、分工化和专业化。也就是说，城市化对农业农户的影响与冲击，就在于使农户分化———部分进城、一部分留村。前者可以促进城市化，并为农业现代化腾出规模化空间（只有减少农户才能使按户占有的农地规模化）；后者则成为专业化农业工人，为农业现代化准备和提供人力资本。

当然，上述分析只是纯粹理论分析，是城市化最理想的状况。但事实上，城市化对农业农户的影响并不会完全按照理论推演。因为城市化不仅意味着机会机遇，同时还隐含着风险和陷阱。对于一个理性的农户，一个长期生活在农村从事农业生产的家庭而言，城市和非农就业是一个完全陌生的世界，在面对"是进是留"的选择和决定时，农户会极其慎重。慎重的结果就是，农户不会举家进城，往往是先派出部分家庭成员去城里试探，如果有了十足的把握，农户才会举家进城；如果把握不足，则会形成家庭在城乡之间和务农和非农之间的兼业兼居情况。如果现实就是这样一种状况，则是城市化最不理想的状况，因为既不能实现农户的分化，也不能促进城市化和农业现代化，反而会强化和固化小农经济。

同时，城市化、农户分化不仅关乎人口在城乡之间的分布，而且关乎国家农业生产，属于国家城乡工农关系范畴。城乡工农关系是国民经济和社会发展的重大关系，不仅涉及国家粮食安全、农业基础地位、城乡协调发展，而且涉及城市发展和社会稳定，牵一发而动全身。因此，任何国家政府都不会任由城乡工农关系自由放任发展，必定会依据国民经济和社会发展目标对城乡工农关系进行宏观调控，表现为制定一定的有关城乡工农关系的方针政策和设计特定的制度安排。这些方针政策和制度安排，一方面会改变城市化对农业农户的影响与冲击，另一方面也会改变农户在"去和留"之间的选择与决策。

（四）城市化影响农业农户的实践研究

如前所述，城市化既能对农户的生产生活产生直接影响，也会通过国家有关城乡工农关系的方针政策和制度安排对农户生产生活产生间接影响。而农户在面临城市化提出的去留问题时，也是在国家城乡工农关系的方针政策和制度安排基础上进行选择和决策的。

有鉴于此，研究城市化对农业农户的影响，首先要弄清国家有关城市化的政策，以及与之相关的城乡工农政策和制度安排。严格意义上的城市化，是市场经济环境下在工业化推动下发生的农村农业人口向城市和非农产业转移的过程与趋势。以此判断，改革开放后我国真正意义上的城市化启动于1984年，加速于20世纪90年代初。1984年国家出台《关于一九八四年农村工作的通知》，允许农民可以通过自筹资金、自带口粮方式进城务工经商和落户，这正式标志着自20世纪50年代末期开始的城乡隔绝的松动和新的城镇化的重启。但城乡二元的路径依赖和计划体制仍然阻碍着城镇化发展。随着1992年党的十四大确立社会主义市场经济体制改革目标，城乡人口在居住和就业方面的壁垒逐渐解体，大批农村剩余劳动力来到城市打工经商，部分成功人士得以在城市安居，并将全家带到城市生活，由此城市化趋势开始显现。针对城市化趋势，国家从城乡工农关系的大局出发，提出了许多方针政策，并做了相应的制度安排。尽管近40年来，国家城市化及城乡工农关系的方针政策和制度安排发生了许多变化，但基本目标、基本策略和基本制度没有发生根本性变化。概括来讲，其主要内容包括以下几个方面。一是发展目标。40年来，尽管我国经济社会环境发生了很多变革，但国家始终将城市化和农业现代化作为国民经济发展的重要目标，并以之为核心提出许多方针政策、做出许多制度安排。二是基本前提。城市化和农业现代化关乎国民经济和社会发展的全局，稍有不慎，有可能影响全局发展。因此，促进城市化和农业现代化不能操之过急，更不能搞大跃进。但也不能无所作为，任其自由发展。所有的政策措施和制度安排，一方面要能够促进城市化和农业现代化，另一方面又不能产生城市病和危及农业基础地位。一句话，推进城市化和农业现代化必须循序渐进、宁慢不乱，这是城市化政策和统筹城乡工农关系的基本逻辑前提。因为这样的逻辑前提，我国每年关于"三农"和城乡工农关系的政策方针都是大同小异，如果不是长期关注和十分熟悉这一领域的专家学者很难发现其中的变化。这些微小变化，对于每天忙于田间地头且文化素质不高的农民而言，基本上是视而不见的。三是具体政策。在农业农村农民方面，政府鼓励、支持农业剩余劳动力转移，鼓励和支持发展农业适度规模经营和推进农业科技应用，鼓励和支持加快农地流转，鼓励和支持培育新型农业经营主体、新型农民和农业社会化服务体系，鼓励和支持发展农业合作社和股份合作制，国家保护基本农田和农业生产，国家重视农村建设。相应的制度安排有：集体统一经营和农户分散经营相结合的双层经营体制，家庭联产承包责任制、农地三权分置、保护农民土地承包权，农业补贴制度、农地用途管制等。在城市化方面：政府鼓励和支持农民城市化，保护农民工权益，限制入户超大城市，依据城市户口供给城市教育、医疗和社会保障等基本公共服务，以优惠政策吸引高素质劳动者，城市住房市场化等。

当然，除了上述条目和内容，国家有关城市化和工农城乡关系的方针政策和制度安排还有很多，这里只能粗枝大叶地简单列举。但仅是从上述条目和内容看，国家城市化、农业现代化的方针政策和制度安排就存在许多相互矛盾和抵触的地方。例如，国家和城市鼓励农村剩余劳动力向城镇转移，但它只要农村青壮劳动力而不要劳动力的家属，也不提供住房、教育、医疗和社会保障等公共服务。换句话讲，城市在城市化中居于主导地位，它要对城市化的人力和资源进行筛选，符合其需要的它才要，才能进，不符合的就屏蔽掉。这其实是城市化对农村和农民的变相掠夺，由此势必导致只有城市化而无农业现代化的城市化。再如，国家一方面鼓励剩余农业劳动力转移，鼓励农地流转和规模化，但另一方面又不断强化农户农地承包权和依附于承包权上的各种补贴和福利，由此势必造成农户的兼业化和兼居化，因为这是在现有城乡工农关系政策下农户实现家庭收益最大化的最优选择，进而导致"只有农业剩余劳动力转移而无农地流转和规模化的单纯农业劳动力转移"。实际上这是该项政策的失败，因为促进农业剩余劳动力转移，不仅仅是为了增加农民收入，更重要的是为农地流转和规模化腾出空间。又如，国家一方面重视农业剩余劳动力转移，但另一方面却将劳动力家属屏蔽于城市之外，这一方面导致老人、妇女、儿童的留守问题，另一方面使农民工无法把心和根放在城里，只能城乡两栖，以至于年老告老还乡。这既有违城市化发展目标，又导致农业现代化举步维艰。因为农业现代化的出路在于农户的分化：一部分农户进城，从而为农业规模化提供空间；一部分农户留守，从而为农业现代化提供专业化劳动者。

总体而言，当前我国城镇化和城乡工农关系的方针政策和制度安排，虽然使城镇化得到较为健康快速发展（没有出现严重"贫民窟、贫富分化"问题），也保持了农业发展和农村稳定，但它弱化了城镇化对农业现代化的拉力，抑制了城镇化对农业现代化的推力；它固化和强化了农户的土地权利和农业利益，使城市在城镇化中占尽优势和主导地位，一味对农村农业农民进行虹吸，导致农村凋敝、农业落后、农户贫穷，农业现代化停滞不前。我国当前的城市化只需要农民的劳动力，只需要农村的消费能力，没有劳动力的不要，年老失去劳动力的退回农村，不给农民城市社会福利和社会保障。

当然，城市化和国家城乡工农关系的方针政策及制度安排，之所以出现众多相互矛盾和抵触的地方，也是在多重约束之下不得已而为之的折中方案。一方面，国家要推进城市化和农业现代化，另一方面又顾忌农村社会稳定和粮食安全；既顾忌大规模农民进城后的城市病，又顾忌农民的基本生活保障。在这多重制约和多重顾虑之下，其政策就难免出现相互矛盾的地方，其制度设计难免就出现与目标相左的地方：既要城镇化又害怕大量农民进城；既要土地流转和规模化，又担心失地农民的生计；既想让部分农民农户与土地分离，又对农民土地进行确权保护、对农业进行补贴免税。在这些相互矛盾的政策措施、制度安排的作用下，城镇化对农村农户的影响所导致的结果就成为：农村极少数精英阶层进城了，剩下老弱病残、少数老实本分纯农户和大量兼业兼居农户；种田务农农户还是太多，规模化还是没有空间；城镇化虽有进展，但农业农村越来越凋敝，农业现代化更是遥遥无期。

二、区域经济发展因素对农户家庭决策的影响与作用

（一）区域经济发展因素

区域经济发展因素，是指农户所在或邻近区域的经济发展水平、产业结构和繁荣程度，通常是农户所在的省域、市域和县域经济发展水平、质量、结构、规模和活跃度、景气数等因素的总和。中国地域辽阔，各地自然资源和地理条件差异很大，区域经济社会发展不平衡。从全国来看，我国区域经济发展呈现东部沿海地区经济发达、中部地区经济发展中等和西部内陆地区经济发展落后的梯度差。而从每个区域内部甚至省域内部看，又存在更小区域间经济发展的梯度差。不同的区域经济发展程度，会给农户决策带来不同的影响。例如，如果农户所在区域非农经济如乡镇企业、私营经济发达，且交通便利，这就使得兼业极为容易，就近兼业势必普及化。相反，若区域非农经济不发达，可能会逼使部分农业劳动力外出务工，兼业也会普遍化。此外，区域内外出务工传统、进城潮、非农潮、产业传统、工商文化、城市化水平等因素对农户家庭决策也具有重要影响。

（二）区域经济发展因素对农户决策的一般影响

一般而言，区域经济发展对农户决策的影响，跟工业化和城市化对农户决策的影响是一样的，无非是提供发展机遇、空间和条件，同时带来风险、挑战和不确定性。这里的差异是，区域经济发展并不是铁板一块，而是划分为不同区域的。不同的区域经济发展水平会给农户决策带来不同的影响，表现为发达地区给农户决策带来的机遇较多、空间较大、条件较优，而中等地区和落后地区则相反，给农户决策带来的机遇较少、空间较小、条件较差。根据机遇与风险对等原则，发达地区给农户决策带来的风险、挑战和不确定性也就大于中等地区和落后地区给当地农户带来的风险、挑战和不确定性。依据发达地区、中等地区和落后地区的划分，将区域经济发展因素对农户家庭决策的影响阐述如下。

1. 经济发达地区对农户决策的一般影响

经济发达地区一般是指非农产业较为发达、城市化水平较高、GDP 总量和人均收入较高的地区。从全国来看，一般是指东部沿海地区。当然，各个区域内部乃至省域和市域内部还有一些区域面积更小的发达地区。不管是全国范围的发达地区还是区域内部的发达地区，对农户决策的影响主要体现在以下两个方面。

第一，提供更多的发展机遇、更大的发展空间和更优的外部条件。主要包括非农就业和创业、城市化移居、兼业兼居、增加收入的机遇、空间和条件。当然，这些机遇会更多受惠于当地农户，但也会吸引偏远落后地区的农户，使之跨区域来务工经商。所以，当区域经济较为发达时，区域内的农户决策会有更多选择，其外在表现就是纯农户会减少，非农户、入城户和兼业兼居户会增加。

第二，带来更多风险、挑战和不确定性。机遇与风险是对等的。机遇越多，风险也就越大。发达地区在给当地农户带来发展机遇的同时，也会给他们带来风险、挑战和不确定性。主要包括非农就业失业、非农产业破产、城市化借贷、农业副业化、村庄衰败等风险和压力增加。而为了应对这些风险和压力，发达地区会优化城市化布局、健全社会保障制度、推进乡村振兴，会加快农地流转和农业现代化建设，从而促进城市化、农业现代化和新农村建设。

2. 经济中等地区和落后地区对农户决策的一般影响

经济中等和落后地区，一般是指经济发展在全国处于中下游的地区，非农经济、城市化水平、GDP 总量和人均收入都居于全国中下等水平。就我国而言，通常就是指中西部内陆地区。当然，东部沿海发达地区内部也存在一些相对落后的地区。就经济中等地区和落后地区对农户决策的影响而言，主要体现在以下两个方面。

第一，提供较少的发展机遇、较小的发展空间和较差的外部条件。主要包括非农就业和创业、城市化移居、兼业兼居、增加收入的机遇较少、空间较小和条件较差。这使得区域内部农户在做家庭决策时，可选择的选项极为有限，因此，大多数农户会沿袭传统的生产生活方式，表现为纯农户和农村户较多，非农户和入城户较少。当然，人是会用脚投票的，因为区域内部机遇较少，往往使得这些落后地区的剩余劳动力远走他乡。因此，经济发展较为落后的区域，往往也是人口流出区域，成为经济发达区域外来劳动力的主要来源地，这会导致落后地区兼业户和留守现象的增加。当然，农户决策外出打工或迁居的前提是全国或区域内部经济发展出现不平衡。

第二，带来较少的风险、挑战和不确定性。经济相对落后地区给农户决策提供的机遇与选项较少，同时带来的风险、挑战和不确定性也较少，因而农户会沿袭传统的生产生活方式，地区经济活力不足。表现为纯农户和农村户会较多，非农户和入城户会较少。因为地区经济发展动力不足，传统生产生活方式难以改变，所以部分农户会决策迁居或外出打工经商，因此，经济相对落后地区会成为人口净流出区。因为能流出的人口多为有能力、素质较高的人，所以，落后地区会陷入越落后资源越流失、资源越流失越落后的恶性循环。

三、社会主义市场经济体制因素对农户决策的影响

（一）社会主义市场经济体制因素

所谓社会主义市场经济体制因素，是指在国家宏观调控下将市场调节当作资源配置的主要手段，充分发挥市场在资源配置中的决定性作用的经济运行体制。在市场经济体制之下，农户作为社会生活单元和农业生产主体，可以在城乡工农之间自主择业、自主择居，但要承担这种决策的风险与后果，即农户可以自主经营、自主择居，但要自负盈亏、自担风险。

（二）市场经济体制因素对农户决策的一般影响

市场经济体制因素破除了计划体制和城乡二元体制对农户生产生活自主选择权利的束缚，赋予农户生产生活权利主体地位，使之可以根据家庭利润最大化目标自主决定家庭产业发展及产业结构，可以根据家庭福利最大化目标自主决定家庭居住和生活方式。市场经济体制因素对农户决策的影响主要体现在三个方面。

第一，为农户决策提供自主权利，也为农户决策提供更多就业安居的选项。市场经济体制对农户决策的最大影响，就在于为农户决策提供了自主权，农户可以自主决定家庭的产业发展和居住方式，这是农户决策的前提。没有这个前提，就没有农户决策。与此同时，市场经济旨在于发挥各类市场主体的积极性和创造性，繁荣经济，发展二、三产业。市场经济的繁荣，特别是二、三产业的发展，会为农户决策提供更多发展机遇和可能

选项。

第二，为农户决策带来风险、挑战和不确定性。市场经济是由市场供求、价格和竞争来调节的经济，具有盲目性和事后性，存在市场失灵现象。因此，市场经济在赋予农户权利、机遇的同时，还会给农户决策造成各种风险，包括失业、破产、亏本、负债、经济生活压力等。不仅如此，市场经济还要求农户为决策负责，自负盈亏和自担风险。而在计划经济体制之下，因为农户没有自主经营的权利，生产什么、生产多少、怎么生产以及在哪里生活和居住，都是由国家统一安排，因而风险也是由国家承担的。因此，市场经济要求农户一方面要科学决策，另一方面要做好承担风险和成本的心理准备。比如，农户决策要实现城市化，那么就要做好承担城市化成本和风险的准备。农户决策要搞现代农业，那么就要做好承担市场风险和自然风险的准备。

第三，为农户决策提供市场信息和市场机遇、市场机制。农户决策是农户作为市场主体根据市场信息调整优化家庭资源配置的活动，因而是市场配置资源的表现形式，属于市场机制的一部分。农户要决策，就要搜集信息、寻找机遇。而工业化和城市化发展、区域经济发展等外在环境为农户决策提供的选项、机遇和条件都是通过市场信息表现出来，政府有关"三农"、城市化发展的政策制度设计也是要引导市场，并通过借助市场的调节作用来实现政策制度目标。市场是农户决策的制度基础和实现形式。市场的健全、发达、活跃程度，直接影响农户决策的成本。

四、我国城乡工农关系、政策制度因素对农户家庭决策的影响

（一）我国城乡工农关系和政策制度因素

城乡工农关系和政策制度因素，是指党和政府对城乡工农关系的理论认知和总体界定，以及在这一关系基础上的有关"三农"和城镇化问题的政策设计和制度安排。城乡关系和工农关系是经济社会发展中的两对矛盾和重大关系，不仅矛盾对立双方相互影响、相互作用，而且这两对矛盾之间也相互影响、相互作用，难以分割。对这两对矛盾的理论认知、政策界定及其协调把控，是推动经济社会发展的重大问题。同时对这两对矛盾和两大关系的总体界定，也会影响国家城乡工农的政策设计和制度安排，进而影响农户家庭决策。

（二）我国城乡工农关系和政策制度因素对农户决策的一般影响

城乡工农关系及相关政策制度因素，对农户决策的影响来自两个方面。一是直接影响，二是间接影响。

1. 直接影响

城乡工农关系及相关政策制度因素对农户决策的直接影响，主要表现为三个方面：一是影响农户决策的外部环境；二是影响农户把握机遇、抵御风险的能力；三是影响农户决策的信心。

就影响农户决策的外部环境而言，国家城乡工农关系的定位以及相关政策制度，会放大或缩小因客观因素（工业化和城市化发展、区域经济社会发展）而引致农户的发展机遇、发展空间、发展条件或风险、挑战、不确定性。如果国家确定了工业和城市优先发展、以农补工、以乡支城的城乡工农关系，并制定了相关的政策和制度，那么就会放大农户非农化和城市化的机遇，同时放大农户生产生活的不确定性。相反，如果国家确定了农村和农业优先发展、以工促农、以城带乡的城乡工农关系，那么就会放大农户留村务农、发展现代农业的机遇。同时，国家城乡工农关系的明确和相关政策制度的安排，还会影响农户对政府政策调控方向和决策的外部环境的判断，以便于分析其家庭决策是否与国家政策方向一致。

就影响农户把握机遇、抵御风险的能力而言，国家城乡工农关系及其相关政策制度，理应遵循经济社会发展规律，符合工业化、城市化和农业现代化发展方向。其总的目标应是促进农户分化，使一部分农户进城非农，一部分农户留村务农，发展现代农业。所以，国家城乡工农关系及相关政策制度，会增强农户把握生产方式和生活方式转变机遇的能力，提高农户抵御风险的能力。但对于不同的农户和不同的决策而言，统一的政策制度会产生不同的作用和影响。

就影响农户决策的信心而言，城乡工农关系及其相关政策制度，如果有利于农户决策，或者说农户决策与国家城乡工农关系及其相关政策制度是一致的，这会提高农户决策的信心和决心，促使其尽快做出决策。相反，如果农户决策与城乡工农关系及其相关政策制度相违背，则有可能会削弱农户决策的信心，甚至使之放弃相关决策。

由于国家城乡工农关系及其相关政策制度的复杂性、变化性，它对农户决策的影响很难一言以蔽之，需要具体分析。

2.间接影响

国家城乡工农关系及其相关政策设计和制度安排，是国家工业化和城市化发展以及农业现代化、农村建设的战略思想、发展规划、政策工具、战略举措，对工业化和城镇化发展、区域经济发展具有重要指导作用。因此，合理的城乡工农关系和正确的政策制度安排，会促进工业化和城市化以及区域经济社会发展，反之则会阻碍和抑制工业化、城市化和区域经济社会发展。而工业化、城市化和区域经济社会发展，会为农户决策带来机遇和风险。而这些机遇和风险又会进一步影响农户决策。

五、农户农业经营状况与前景因素对农户家庭决策的影响

（一）农户农业经营状况与前景因素

农户农业经营状况与前景，是指当前农户农业生产经营的利润率、增收能力与发展前景。这是农户决策的重要依据。因为农户的本职工作是从事农业生产经营，因而农户农业经营状况的好坏以及发展前景，是农户决定留与走、进与退、务农与非农、转产与增产或停产的重要因素。

（二）农户农业经营状况与前景对农户决策的一般影响

农户农业经营状况的好坏及其对前景的判断，是影响农户决策的重要因素，主要表现在影响农户对农业经营的信心，进而影响农户的产业取向、进城留乡选择、生产生活转型的必要性认知等。如果农户对当前农业经营状况与前景比较满意、充满信心，那么它就会决定继续留在农村从事农业生产，甚至决定转入农地，扩大生产规模。相反，如果农户对当前农业经营状况与前景不太满意，比较悲观，没有信心，则它很可能会由农业转向非农产业，远走他乡进城打工经商，或者兼业经营。

事实上，因为农业的比较利益低下，农业劳动较为辛苦，不符合人的趋利避苦的本性，所以大多数农户对农业经营状况和前景是比较悲观的。因此，如果有非农化、城市化等其他选项，农户一般会选择农转非。除非没有其他选项，或者即使有其他选项，但农户难以把握或没有信心，因而不得不留在农业领域。所以，农户农业经营状况和前景，对农户决策而言，通常是一种

倒逼因素，逼迫农户退出农业、退出农村，由农转非、由村入城。

从我国农业经营现状看，户均耕地面积狭小且零散，依靠现有人均和户均耕地，即使再精耕细作、投入再多人力物力，要想发家致富都是不现实的。例如，我国沿海地区，1990年农户户均耕地5.28亩，共计4.45块。其中，不足0.5亩的有1.97块，0.5~1亩的有1.04块，1~2亩的有0.79块，2~3亩的有0.35块，3~4亩的有0.15块，4~5亩有的0.06块，5亩以上的有0.09块。[①] 在如此狭小且零散的土地上，不仅生产经营成本高，而且难以机械化，也无机械化需要，劳动极为艰辛，只能维持温饱，难以发家致富。从我国农业经营前景看，通过土地流转来实现规模化和专业化经营的途径，成本极高、空间极小、操作难度大。"从沿海地区来看，在1993—1999年间农户之间土地流转行为并不普遍，不管是转出还是转入行为都以低于4.5%的比率进行。沿海地区农户间土地流转行为并不活跃，且并没有引起农户经营规模的显著变化，土地均分的格局没有被打破。"[②] 不仅如此，随着工业化和城镇化发展，我国户均耕地面积呈逐年减少的趋势，而农户数量却呈缓慢增长趋势。从1986年到1999年的14年间，沿海地区农业行政村村庄户数，从373.82万户增加到499.01万户[③]。由此可知，改变人多地少、户多地少的非均衡的农业资源配置，短期看来是不可能的。农业现实的增收无望、未来的增收也不乐观，这会倒逼农户从单一的农业生产经营走向分化，同质均构的农户结构趋向瓦解。

六、农户户情因素对农户家庭决策的影响

（一）农户户情因素

农户户情是指农户家庭的基本情况，包括人口数量、人口素质、劳动能力、产业传统、家庭比较优势、家庭社会关系、经济理性与非理性等因素。农户户情可以分客观户情与主观户情两类。客观户情是指农户的客观实际状况，包括人口数量、人口素质、劳动能力、产业传统、比较优势、经济实力、

---

① 秦宏.沿海地区农户分化之演变及其与非农化、城镇化协调发展研究 [D]. 咸阳：西北农林科技大学，2006.

② 秦宏.沿海地区农户分化之演变及其与非农化、城镇化协调发展研究 [D]. 咸阳：西北农林科技大学，2006.

③ 秦宏.沿海地区农户分化之演变及其与非农化、城镇化协调发展研究 [D]. 咸阳：西北农林科技大学，2006.

家庭社会关系等。主观户情是指农户的主观思想、家庭偏好、经济理性、非理性因素等。农户户情是农户决策的基本依据。农户决策是农户从户情出发，在国家和区域经济社会发展背景下，对农户的劳动力、资金、生产方式和生活方式的优化配置，是国家和区域经济社会发展与农户户情相结合的产物。因此，户情不同，即便国家和区域经济发展背景相同，农户决策也会不同。

（二）农户户情对农户家庭决策的一般影响

农户户情是农户家庭决策的客观基础和重要依据，是决定农户决策科学性与可行性的重要影响因素。只有从农户户情出发，农户决策才是科学的、可行的。农户户情对农户决策的影响，有时是客观户情和主观户情合在一起综合发挥作用，有时可能单一因素发挥主导作用。

客观户情是农户决策的最主要因素。农户人口数量、劳动力数量、劳动力的能力、家庭比较优势、经济实力是农户决策时的主要依据。如果农户劳动力较多，劳动能力较强，且有非农就业机会，则农户一般会选择非农化或兼业化；相反，如果农户劳动力较少，劳动能力不足，则农户一般会选择继续从事小农生产。如果农户经济实力强、非农就业能力强，则农户有很大可能会选择城镇化；反之，则会选择继续留守农村从事传统农业。农户决策是对家庭比较优势的充分利用和贴现。

主观户情对农户决策也有着重要影响。首先，农户的经济理性是农户决策的前提、动力和目标。实现家庭收益最大化和家庭效用最大化，是农户的经济理性，也是农户决策的动力与目标。农户经济理性既是农户决策的原动力，也是农户决策的目的。没有这一经济理性，农户就没有决策的必要，农户决策也不可能产生。其次，农户也并非都是理性的，有时非理性因素也对农户决策发挥重要作用，比如有些农户习惯于乡村生活、对土地和农业有感情、不适应城市生活，这些所谓非理性的"乡愁"和"不适感"有时也会成为某些农户决策的决定性因素。

七、市场失灵因素对农户家庭决策的影响

（一）市场失灵因素

所谓市场失灵，是指市场不能有效率地配置资源，导致市场上某些领域产品供给不足、效率损失或分配不公平。而引发市场失灵的因素主要在于垄

断性、外部性、公共物品和信息不完全等因素。在农业现代化和城市化问题上，也存在部分市场失灵。比如在城乡之间的自由流动中，城乡二元体制及其残余会导致市场失灵。从根本上看，这是因为城市资源的垄断性，城乡二元体制只是这种垄断性的实现形式。在农地流转中，农地流转的低效率也是市场失灵的表现，这是因为农地流转中的外部性问题而产生的。农地流转是实现农业适度规模化的最重要途径，因此农地流转存在正的外部性。但因为农地的细碎化和产权主体的多元化，农地流转成本极高，但这些成本只能由流转主体承担，这导致农地流转的不活跃和低效率。在城乡工农之间存在的这些市场失灵也会影响农户决策。

（二）市场失灵对农户决策的一般影响

市场失灵对农户决策的影响，表现在它可能会抑制农户的某些特定决策，也可能会促进农户的某些特定决策。例如，在农村城市化市场失灵中，各种户口壁垒、学历壁垒、子女受教育壁垒等会阻碍和迟滞农户实现城市化，不利于农户做出城市化决策，相反它会促进农户的留村决策。再如，农地流转中的市场失灵，它会导致农户对发展现代农业的失望，不利于农户做出发展现代农业的决策，相反会促使农户做出非农化和兼业化的决策。总体上，市场失灵不利于农户的彻底分化。

八、政府干预因素对农户家庭决策的影响

（一）政府干预因素

政府干预因素，是指政府通过计划、行政和法律手段直接或间接介入、干涉市场活动，以实现政府行政目标。在城乡工农关系领域，也存在政府干预。有些是宏观指导性的，如国家新型城镇化、农业现代化发展规划和发展战略等；有些则是直接硬性的，如强令农民城市化、强制合村并居、强制征地拆迁、强制土地合并等。政府对城乡工农关系的宏观指导是非常必要的，也是政府治理的外在体现和实现形式。但一些直接的、硬性的、指令性的、具体的行为则会违背农户意愿，扭曲市场对资源配置的决定性作用。

（二）政府干预因素对农户决策的一般影响

政府干预是对市场调节的补充和完善，是在市场失灵领域保证供需平

衡的基本手段。但政府干预不是对市场的替代，也不是对市场的强制扭曲。

一般而言，宏观的、指导性的政府干预，对农户决策会产生指导作用。而具体的、强制性的政府干预，对农户决策的影响取决于这种干预与农户的意愿、利益及决策的一致性。如果政府干预与农户意愿、利益和决策一致，则会促进农户决策，提高农户对政府的满意度；相反，则会阻碍农户决策，降低农户对政府的满意度。当然，如果政府干预力度很大，甚至直接替代了农户决策，则会引致农户不满和干群矛盾，特别是当这种干预违背农户意愿或损害农户利益之时。因此，政府干预必须要用在刀刃上。

政府干预的内涵、领域极其广泛，手段和措施也极为多样，力度也不同，因此，政府干预对农户决策的具体影响需要具体分析。不同的政府干预对农户决策会有不同影响；同样的政府干预，对于不同的农户及其决策也会产生不同的影响。

第二节　城乡二元融解时期农户家庭决策影响因素的具体分析

一、工业化和城市化影响农户家庭决策的具体分析

（一）我国工业化对农户家庭决策的影响

1. 我国的工业化发展

（1）工业化定义和我国近代工业化发展

所谓工业化，就是指一个国家或地区由农业为主转向以工业为主的过程，是工业取代农业成为国家或地区经济发展支柱和国民收入主要来源以及国民经济增长主要动力的过程。工业化是社会生产力发展进步的表现，是经济社会发展的客观规律与前进方向。无工不强，工业化是一个国家或地区走向强盛、实现现代化的重要标志。

从历史上来看，我国是一个传统农业大国。直到近代的鸦片战争，外国的坚船利炮才让一部分国人认识到工业的重要性。许多有识之士提出"实业

救国""工业强国"口号。以曾国藩、李鸿章等为代表的地主阶级知识分子发起的洋务运动，实际是中国近代史上第一次工业化运动。随之而来的近代民族资本主义工商业发展，是中国近代史上的第二次工业化运动。第一次世界大战结束后中国民族资本主义工商业的进一步发展，则是第三次工业化运动。虽然近代中国经历多次工业化演进，但中国并没有完成工业化革命，仍然是一个半封建半殖民地的落后的农业国。

（2）中华人民共和国的工业化进程

中华人民共和国的成立为我国工业化发展迎来新的机遇。在恢复和稳定国民经济之后，中国共产党明确指出中国社会的主要矛盾是人民对建立先进工业国的要求同落后的农业国的现实之间的矛盾，由此提出把我国由落后的农业国变成先进的工业国的发展目标。之后经过党和政府的不断完善，这一目标被纳入"四个现代化"的总体目标当中，意指中国不仅要实现工业化，而且要实现工业现代化。由此新中国开始了艰苦的工业化进程。

我国的工业化过程可以划分为两大阶段。第一阶段从1953年到1978年，是传统的社会主义工业化阶段，是在计划经济体制基础上，走优先发展重工业和国有经济的工业化道路，主要采纳社会主义改造、进口替代、外延增长、改善工业布局等战略。这一阶段的工业化虽然存在"重工业重、轻工业轻"的结构性缺陷、"高积累、低消费、低效率"的不平衡状态和"增长—失衡—调整"的不稳定状态，但初步建立起较为完整的工业体系，奠定了工业化基础。第二阶段从1979年至今，是中国特色社会主义工业化阶段，是在改革开放背景下和市场经济体制基础上，走轻重工业均衡发展和新型工业化道路，主要采取农轻重均衡发展、多种经济成分共同发展、利用国内外两种资源两个市场、区域梯度发展、工业化和信息化融合的战略。这一阶段的工业化成就显著，工业增长速度极快，工业在 GDP 中的比重显著上升，我国基本上已经从一个农业大国转变为工业大国，工业化进程已经进入中后期。目前，在全球化、信息化推动下，我国正从工业大国向工业强国迈进。

2. 城乡二元融解时期我国工业化发展对农户决策的具体影响

如前所述，工业化发展对农户决策的一般影响表现在提供机遇和带来风险两个方面。而具体国家的不同工业化发展对农户决策的影响，取决于这个国家工业化的独特道路、战略和成果，表现在提供机遇的多少和带来风险的大小。

就我国工业化发展而言，其鲜明特征表现在四个方面，一是重工业优先发展的策略；二是城乡二元化和内外二源化的路径；三是工业化领先于城市化的非均衡性；四是工业化发展不平衡，东部沿海高于中西内陆地区。尽管这一独特工业化路径都是由国防压力、人口众多等国情特质所决定，有其合理性和必然性，但这样的工业化在推动国家快速工业化的同时，还带来诸多负面产物。第一，轻重工业失衡，轻工业落后，无法吸纳更多劳动力，难以产生人口和资源的聚集效应；第二，乡村工业遍地开花，所谓"村村点火、户户冒烟"，难以产生规模效应，不利于城镇化；第三，工业化和城镇化发展失衡，城镇化滞后于工业化，工业发展缺少城市的有力支撑，发展后劲不足；第四，工业的自主创新能力弱，核心技术受制于人，对外依存度较高，潜在的技术风险和市场风险较大；第五，东部沿海地区的非农就业和城镇化机遇要远远大于中西部内陆地区，导致东部沿海农村地区兼业普遍化和中西部内陆地区农业剩余劳动力向东部沿海地区转移的民工潮。

我国工业化发展的鲜明特征和负面问题对农户家庭决策产生重大影响。首先，它使得工业化为农户决策提供的非农就业、城市迁居机遇相对较少，工业化不能带动更多劳动力转移，更难带动农户整体转移。所以，农户的入城非农决策就少，大多数农户会选择留村兼业和劳动力个体转移。其次，这样的工业化为农户带来的风险也较小，农户没有机会或有较少机会可以转变生产方式和生活方式，生产生活一如既往，四平八稳，农业农村陷入"内卷化"漩涡。再次，受国内外周期性经济波动、国际经济贸易摩擦和经济结构优化调整影响，我国工业化发展过程中存在不确定性和不稳定性，企业破产倒闭，工人下岗失业现象较多。这使得农户决策瞻前顾后，较为保守求稳，从而导致兼业化严重。最后，工业化发展不平衡带来机遇与风险在全国分布的不平衡，东部沿海地区农户机遇多、风险大，农户选择多，农户决策多元化，农户分化较明显；中西部内陆地区农户机遇少、风险小，农户选项少，农户决策雷同化，农户分化不明显。

（二）我国城市化对农户决策的具体影响

城市化是人类经济社会发展史上具有规律性的社会现象。城市化的到来和加速发展，引发经济社会全面而深刻的变化。习惯了农业生产和农村生活的广大农户不得不面对"是留是进、何去何从"的重大选择。那么，我国的城市化对农户决策会产生什么具体影响呢？本节将专注于这一问题的分析。

1. 何为城市化

城市化是人类经济社会发展过程中出现的农村人口大量向城市迁移和集

中并由此转变身份、居住地和就业领域的过程与趋势。虽然这一过程与趋势自城市产生并与农村分离以来一直存在，但在资本主义产业革命之前，即封建时代及更早之前的奴隶社会，这一过程和趋势是微乎其微的，因而不能称之为城市化。城市化是伴随着资本主义产业革命，特别是资本主义工业化而来。正是以机器大工业为标志的产业技术革命和工业化的实现，城市才由古代的纯粹消费型、生活型、政治型、军事型城市发展为商贸型、生产型城市，从而为农村人口提供大量就业机会和生活空间。而以产业化、工业化为标志的现代商品经济和市场经济，在激烈的市场竞争中打败了以自给自足为特征的自然经济和小商品经济，农村小农经济破产，农民在乡村无以为生。所以，工业化、产业化从破和立两个方面为城市化提供了推力和拉力，由此将过去并不明显的人口从农村向城市缓慢迁移的过程与趋势一下子变得显著起来。这就是城市化。所以，城市化是资本主义生产方式的产物，以工业化为基础与动力。当然，现代的城市化不仅是人口和生产的集中，也包括教育、医疗、文化、体育、娱乐、创新、交际、交通等资源和要素的集中与集聚。正是因为城市功能的多元化，城市的吸引力越来越大，城市化趋势更加明显。现在，发达资本主义国家基本完成了城市化，甚至出现了逆城市化现象。而广大发展中国家的城市化则参差不齐。

2. 我国的城市化发展

（1）我国城市化发展历程

我国城市化发展历程可以划分为两个时期。第一个时期，是从1949—1978年的计划经济时期。这一时期的城市化又分为两个阶段。一是从1949年到1958年10月的城乡自由流动时期，城市化快速发展阶段。这一时期我国处于新民主主义社会及其向社会主义社会过渡时期，国家实行较为自由的城乡人口流动、就业和居住政策，城镇化现象较为明显。"从1949年到1956年，6年间城镇人口增加2158万；1956年至1960年，城镇人口净增4790万，比前六年增长一倍多"[①]。二是从1958年10月到1978年的城乡二元时期，这是城市化停滞阶段。由于前期城市人口增长过快，农业生产和粮食供给受到影响，再加天灾人祸造成的三年经济困难，国家不得不动员大批刚刚进城当工人的农民回乡，同时为了避免农业和社会的动荡，1958年国家出台了《中华人民共和国户籍登记条例》，并辅之以粮食供给制度、住宅制度、副食品和燃料供给制度、教育制度、医疗制度、就业制度、养老制度、劳动保险制度、劳

---

① 古爱琴，杨海龙.我国城市化历程的回顾与展望[J].经济纵横，1995（03）：87-89.

动保护制度等，逐渐确立城乡二元社会体制，禁止城乡人口自由流动，城市化由此进入缓慢发展、近乎停滞阶段。这一时期的城市化，总的基本特征是：①在城乡二元体制下，城市化发展缓慢，远远滞后于工业化发展，这主要是受制于当时低下的农业劳动生产率，全国粮食供给不足。为了保证农业生产稳定和粮食供给，政府限制农民和农户向城市流动。②城市化与工业化脱节，甚至出现对立现象。遇到经济困难，就把城市人口下放到农村，认为是城市人口过多导致。为了国防的需要，在偏远地区建设大小"三线"，动员城市居民下乡。③政府是城市化动力机制的主体。在城乡二元体制下，政府通过考学、参军、提干、招工等途径，每年安排极少数农村人口实现城市化。城市化和市民身份成为社会福利待遇。④城市化对非农劳动力的吸纳能力很低。因为分散且偏向重工业发展，轻工业和第三产业不发达，城市化能够提供的非农就业机会有限。⑤城市化的区域发展受高度集中的计划体制的制约。城市的发展与布局，无论是新城市的产生还是旧城市的扩张，都受国家城市化发展和工业化发展计划制约，而不是靠市场引导和城市吸引力。⑥劳动力的职业转换优先于地域转换。大小城市之间，劳动力的收入和福利待遇差别无几。但同一城市因为职业、行业不同，社会地位存在差别，因此劳动力并不在意就业地域，而比较重视就业行业。⑦城市运行机制具有非商品经济的特征。

这种计划体制和城乡二元体制共同作用下的城市化的结果，是形成了城乡之间相互隔离和相互封闭的"二元社会"。所谓二元社会结构，就是指政府对城市市民和农村农民实行差别对待，城市市民的生活、工作和社会保障由国家实行"统包"，而农村农民的生活、工作和社会保障则由集体实行"自筹"。城乡二元体制构成了城乡之间的壁垒，阻止了农村人口向城市的自由流动，造成了城乡之间的巨大差异。

第二个时期，是从1979年至今的市场经济体制下的城市化时期。1978年党的十一届三中全会后，随着改革开放政策的实施，城乡之间的壁垒逐渐松动并被打破，在体制改革、工业化和市场经济发展推动下，我国城市化进入快车道。这一时期的城市化大致分为三个阶段。

（1）1978—1984年，以农村经济体制改革为主要动力推动城市化重新起步阶段。就人口来看，城市化率由1978年的17.92%提高到1984年的23.01%，年均提高0.85个百分点。城市化人群表现在知识青年和下放干部返城就业、农村大学生进入城市、第一批非农农民进入城市和小城镇，成为城镇暂住人口。

（2）1985—1991年，乡镇企业和城市改革双重推动城市化较快发展阶段。在开放搞活方针指引下，各地农村乡镇企业异军突起，极大促进了农村经济发展和新兴小城镇的产生。1984年国家发布《关于一九八四年农村工作的通知》，允许农民可以通过自筹资金、自带口粮进入城镇务工经商或落户。这一政策进一步激发了农户进城务工经商的动力，从而有力推进了城镇化发展。

（3）1992—2000年，以城市建设、小城镇发展和普遍建立经济开发区为主要动力，城市化进入全面推进阶段。进入20世纪90年代以后，中国城市化，已从沿海向内地全面展开。1995年年底与1990年相比，建制市已从467个增加到640个，建制镇则从12000个增加到16000多个；1992年到1998年，城市化率由27.63%提高到30.42%，年均提高0.42个百分点。

（4）十六大以来，在工业化、经济发展和房地产业发展的强力推动下，中国城镇化进入快速发展阶段。2002年至2011年，中国城镇化率以平均每年1.35个百分点的速度发展，城镇人口平均每年增长2096万人。2011年，城镇人口比重达到51.27%，比2002年上升了12.18个百分点，城镇人口为69079万人，比2002年增加了18867万人；乡村人口65656万人，减少了12585万人。2019年，中国城市化率已达60.60%，城镇常住人口84843万人，比上年末增加1706万人；乡村常住人口55162万人，减少1239万人。未来几年中国城镇化率将持续增长，预计到2035年，中国城镇化比例将达到70%以上。

3. 我国城市化发展的缺陷

从总体上看，我国城市化发展较为快速，促进了经济繁荣和社会发展。但受国际政治局势、外部环境和国内经济体制改革、经济发展环境的影响，我国城市化发展也存在许多缺陷。第一，我国城市化发展不稳定。从1949年到2019年，我国城市化存在"发展—停滞—再发展"的不稳定轨迹。即便改革开放后，城市化处于平稳加速时期，但也存在因经济局势动荡而引发的波动。如1998年住房货币化改革后的过快增长和之前的缓慢增长。城市化的不稳定，让人无所适从，对未来难以形成稳定预期，家庭决策与社会发展趋势可能产生矛盾。第二，严重滞后于工业化。由于中华人民共和国成立初期及以后很长时间，政府没有意识到城市化与工业化的密切关系，单纯地将工业化确定为国家发展目标，甚至为了工业化目标而牺牲城市化发展，导致我国城市化严重滞后于工业化发展，成为工业大国与农业大国并立的二元化国家。第三，城市发展中的政府计划色彩浓重。无论是在计划经济时期还是市场经济时期，我国城市发展中的计划、行政色彩都极为显著。城市产生、城市规模、城市发展速度、城市行政等级等都由国家计划管制，而非源自城市优势、特色和凝聚力、吸引力。第四，城市之间发展不平衡，"城市二元化"明显。在国家非均等化城市发展战略和市场自发调节的双重作用下，我国城市发展及其布局极为不平衡，大中小城市在经济规模、发展水平、公共服务、基础设施建设方面差别极大，过去长期存在的城乡二元结构渐趋转化为一二线城市与三四线城市的二元化。第五，城市内部发展不平衡：重化产业偏重、轻工业和服务业不足；国有企业偏重、私营经济不发达；现代部门偏重、传统部门缺失。第六，城市化质量不高。表现在人的职业非农化与生活城市化分离、个体城市化与家庭城市化分离、物的城市化和土地城市化与人的城市化的分离。2000—2009年，我国建成区面积增长69.8%，而城镇常住人口仅增长35.5%（李强，2018）。与此同时，城市环境、城市文明、市民素质都有待提高。第七，城市化成本高昂与风险巨大。由于城市房产的不断上涨，非农就业的不稳定，农户城市化的成本越来越高，风险越来越大。很多入城生活的农户不仅要花光多年积蓄，还要从银行按揭贷款，大多都成为房奴。甚至有些长期生活在城市的农户，因为失业、得病而不得不退回乡村。第八，城市化的选择性与不平等性：只要优秀的、能干的、有体力的，排斥老弱妇幼；城市基本公共服务体系排斥入城农户。我国城市化中一个重要特征是城市化的选择性，不是市场选择，而是人为选择或政府选择。无论是计划经济时期还是市场经济时期，无论是城乡二元时期还是城乡二元融解时期，这种人为选择性或政府选择性都很突出，即哪些人能进城、通过什么渠道进城、哪些人能在城市落户、哪些人能享受城市公共服务和社会保障，都由政府说了算，或者由政府制定的制度说了算。因为城乡的差别，凡是能进城的，要么是有关系的，要么是高素质的，要么是有财力的，而那些没有能力的、低素质的、贫穷的、没有社会关系的农户和农民只能留在乡村。这种人为的选择性，实际是一种社会不平等性，不仅进一步拉大城乡差距、造成家庭分离，而且易于滋生腐败和权力寻租。第九，我国当前的城市化率还偏低。虽然2019年我国城镇化率已经达到60%以上，但与发达国家和部分发展中国家相比，仍然偏低20%左右。第十，我国城市化发展对农业现代化的带动作用不显著，以城带乡、以工促农不足。国外发达国家的农业现代化进程与城市化进程大体上是对应的，城市化对农业现代化的带动作用较为明显，但我国的城市化率从1978年的17%发展到2019年60%，增长了40%多，但我国农业仍然是普遍化的小规模家庭农业。第十一，城市化缺少新住户帮扶和支持政策，政府对农民进城存在介心，害怕导致贫民窟等城市病，因而不敢制定城市新住户帮扶政策，这使得城镇新住户在城镇化初期生活极为困难。

（三）我国城市化对农户家庭决策的具体影响

城市化是人类社会经济发展史上的一次飞跃，对人类社会生产方式和生活方式产生了巨大影响和冲击。所有的产业和人口都要面对城市化的冲击，特别是生活在农村并从事农业的广大农户，必须要在这种冲击之下做出人生选择和职业选择：是进城生活还是留在农村？是继续务农还是由农转非、从事非农产业？

如前所述，城市化对农户决策的一般影响，就是提供新的机遇、空间和条件，同时带来风险、挑战和不确定性。但没有超国情、超历史的城市化，任何城市化都是和国情、时代相结合的，因而都是具有国情特色和时代特征的城市化。具体国家的城市化对本国农户决策的影响，表现在提供的机遇和带来的风险存在差异。我国的城市化是在人口众多、经济文化落后的农业大国基础上发生和发展的，是具有中国特色的城市化，有其独特的发展历程、发展特色和发展缺陷。因而其对我国农户决策的具体影响，主要取决于我国城市化的特殊性。具体来说，主要表现在两个方面。

一是我国城市化为农户决策提供的机遇少且不稳定。这主要源于以下因素。第一，受国际政治局势和国内经济发展影响，我国城市化发展不稳定，时有时无、时快时慢。第二，受工业化发展战略影响，我国城市多属于工业型城市，甚至是重工业型城市，轻工业和第三产业不发达，因而提供的非农就业机会少。第三，我国长期处于城乡二元分割状态，城市对于农户而言是一个完全陌生的世界，农户对于城市化具有一种本能的恐惧感和抵触感。第四，城乡二元融解时期，城乡二元体制还没有完全消除，其残余及路径依赖长期存在，仍然阻碍着农户城市化。第五，我国城市化的选择性和不公平性，使得大多数农户中的弱势群体——老人、妇女和孩子被屏蔽于城市之外，农户难以实现全家的城市化。第六，城市化中市场机制作用不足，使得城乡之间的自由流动受到行政力量的制约。第七，政府对入城农户的数量、生存能力缺少信心，害怕引发"城市病"和社会不稳定。

二是城市化带来的风险两极分化。根据机遇与风险对等原则，我国城市化给农户决策提供的机遇和选项少，大多数农户不得不选择继续留村务农或兼业，保持原有的生产方式和生活方式不变，因而风险较小。这是因机遇少而导致的风险小，事实上是城市化发展不足而引致的"不城市化"，因为不城市化，因而风险小。但是对于勇于迎接城市化挑战的农户而言，不仅成本高而且风险大。这是基于如下因素。第一，城乡基本公共服务的非均等化，使得进城农户享受不到等同于城市市民的公共服务和社会保障，即进城农户无法获得"市民待遇"。第二，进城农户素质较低，难以找到高薪且稳定的工作岗位，非农就业机会不稳定。第三，城市房价高企，租房不稳定，购房负债率较高。第四，入城农户孩子较多，抚养比较重。第五，城市对于新住户没有帮扶政策。第六，城市化过程中过多看重土地城市化和物的城市化，而对人的城市化和家庭城市化较为淡漠。

综合起来看，我国城市化对农户决策提供了机遇，这使得部分农户可以利用这些机遇改变生产方式和生活方式，实现非农化和城市化。但总体来看，我国城市化为农户决策提供的机遇较少，再加上城市化成本高、风险大，而"不城市化"的风险小，这使得很多农户选择在原有的生产方式和生活方式基础上兼业经营，从而导致兼业的普遍化和凝固化。

二、区域经济发展影响农户家庭决策的具体分析

（一）我国城乡二元融解时期的区域经济发展

城乡二元融解时期，我国各地经济社会得到快速发展，但基于历史和自然因素，我国区域经济社会发展极为不平衡。从东部、中部和西部区域划分看，明显呈现东部沿海地区经济社会发达、中部内陆地区经济社会发展中等、西部内陆地区经济社会发展落后的梯度差异。同时每个区域内部也存在省域、市域、县域经济社会发展落差。我国区域经济社会发展的不平衡及各自的发展水平、状况，对域内外农户决策都会产生一定影响。

（二）我国区域经济发展因素对农户决策的具体影响

区域经济社会发展，实际上等同于区域工业化和城市化发展的总和，因此其对域内外农户决策的重要影响，就如同工业化和城市化这两个因素之和对农户决策的影响一样，一是提供更多选项、机遇、空间和条件，二是带来风险、挑战和不确定性。因为我国区域经济发展不平衡，所以其提供的机遇与带来的风险在区域分布上也是不均衡的。具体来说，不同区域经济发展状况会对农户决策造成不同的影响，表现在提供机遇、选项的数量差异与带来风险的程度差别。从水平和等级看，区域经济发展一般可以分为发达、中等和落后三个层次。下面分别从这三个层次出发分析其对农户决策的不同影响。

1. 经济发达区域对农户决策的具体影响

（1）对域内农户决策的具体影响。表现在提供的发展机遇、决策选项较多，发展空间较大，发展条件较好，同时带来的风险与挑战也较多。这使得域内农户会更多地选择非农化、城市化和兼业兼居，纯农业户、纯村居户会减少，农村工业化和城市化会得到较快发展。但若城乡公共服务不均等、城市化成本较高，则可能使得兼业兼居普遍化和凝固化。也就是说，尽管城乡差别缩小，但城市化质量难以提高，农业现代化也可能遇到"兼业瓶颈""规模化阻梗"和"土地流转陷阱"。

（2）对域外农户决策的具体影响。经济发达区域对域外农户决策，特别是域外相对落后地区的农户决策具有重要影响。这一影响同样表现在提供机遇和带来风险两个方面。只不过相对于域内农户而言，其机遇性较小、抓住机遇的成本较高，同时风险性较大，各种挑战也较多。也就是说，经济发达地区对于域内农户决策而言，是机遇大于风险。但对于域外农户决策而言，是机遇小于风险。即域外农户的机遇小于域内农户，但风险却大于域内农户。所以，选择背井离乡到发达地区去打工经商的落后地区的农户，其生产生活是要远比当地农户艰难得多。

2. 经济中等区域对农户决策的具体影响

（1）对域内农户决策的影响。这同样表现在提供机遇和带来风险两个方面，因而也会使域内部分农户选择非农化和城市化，但相对来说，因为经济发展处于中等水平，所提供的非农就业创业和城市化机遇不是很多，所以，选择纯农业的农户和纯村居的农户会高于发达地区，选择非农化的农户和城市化的农户会低于发达地区。基于农户的上述选择，经济中等区域的城市化和农业现代化会有一定程度发展，但落后于经济发达地域。

（2）对域外农户决策的具体影响。经济中等地区对域外农户决策，特别是落后地区农户决策有一定影响。经济中等区域也为落后地区农户提供发展机遇和发展条件，从而为其决策提供新的选项。但相对于域内农户而言，其机遇性较小、抓住机遇的成本较高，同时风险性较大，各种挑战也较多。也就是说，经济中等地区对于域内农户决策而言，是机遇大于风险。但对于域外农户决策而言，是机遇小于风险。即域外农户的机遇小于域内农户，但风险却大于域内农户。同时，相对于发达区域对域外农户决策的影响，经济中等地区的影响要弱小很多。

3. 经济落后区域对农户决策的具体影响

（1）对域内农户决策的具体影响。经济落后地区虽然在横向比较中处于落后水平，但纵向相比也有一定程度发展。所以，落后地区也会为农户决策提供新的选项，同时带来一定风险。但总体而言，其提供的新机遇、新选项、新空间不会多，因而落后地区农户大多会选择继续原有的生产生活方式，纯农业户和纯村居户多，非农户和城市户很少，农业经济比重大、非农经济落后。因为落后区域受发达地区和中等地区影响较大，外出打工经商农民较多，所以分家分工、兼业兼居现象普遍。

（2）对域外农户决策的具体影响。相对而言，经济落后地区为域外农户决策提供的机遇较少，因而对域外农户决策影响不大。但因为经济落后、外出人口较多，农地转包需求多，土地流转价格较低，这也为域外种粮大户通过土地流转搞规模化现代农业提供了机遇。所以，落后地区的现代农业有一定程度的发展。

三、社会主义市场经济体制影响农户决策的具体分析

（一）我国社会主义市场经济体制

我国社会主义市场经济体制源于有计划的商品经济。改革开放以后，为了搞活经济、提高效率，我国在理论层面先后提出商品经济是社会主义经济不可逾越的阶段，社会主义计划经济是计划调节为主、市场调节为辅的运行体制等理念，并在计划经济体制内部不断深化产权制度、经营制度、流通制度、价格制度的改革，同时在计划经济体制之外不断增加非公有制经济比重。这些改革措施激发了市场活力，促进了经济发展。1984年党的十二届三中全会确定社会主义经济体制是有计划的商品经济，由此开启我国经济体制的转轨时期。1992年春天，邓小平发表南方谈话，明确指出社会主义也可以搞市场经济的思想，从而破除了我国长期存在的将社会主义与计划经济等同、资本主义与市场经济等同、社会主义与市场经济水火不容的僵化观念。同年10月党的十四大正式提出社会主义经济体制改革的目标是建立社会主义市场经济体制的理论，明确指出要发挥市场在资源配置中的基础性作用。随后社会主义市场经济体制的基本框架逐渐得到建立和完善，市场机制作用越来越显著。2003年党的十六届三中全会提出"更大程度地发挥市场在资源配置中的基础性作用"，2012年党的十八大报告提出"更大程度更广范围发挥市场在资

源配置中的基础性作用"，市场的主导地位越来越清晰。2013年党的十八届三中全会明确提出发挥市场在资源配置中的"决定性"作用。至此，我国社会主义市场经济完成了理论上的确立。

迟福林（2013）认为，社会主义市场经济至少包含了三方面内容。其一，无论是商品（服务）还是资源要素价格主要由市场决定，而非主要由政府管制；其二，消费市场需求决定投资、引导投资，防止因政府干预而导致投资消费关系扭曲，导致低效投资、无效投资和产能过剩；其三，所有企业的经营活动都需要由市场决定成败，在市场平等竞争中获得生产要素和实现优胜劣汰，政府不应当厚此薄彼，干预企业行为。"强调市场在资源配置中起决定性作用，就是要强调在经济生活领域实行市场主导下政府的有效作用，而不是政府主导下市场的有限作用。这样才能理顺政府市场关系，激发市场活力推动经济转型。"

（二）我国社会主义市场经济体制对农户决策的具体影响

社会主义市场经济体制是农户家庭决策的制度基础和制度环境，也是农户决策的逻辑前提。因为在社会主义计划经济体制之下，农户不是独立的市场主体，没有决策权。社会主义市场经济体制的建立，不仅赋予农户市场主体地位，而且赋予农户配置家庭资源的自主权。所谓市场配置资源，其实就是市场引导经济主体根据市场需求和市场价格合理配置自有资源，以实现利润最大化。市场经济体制对农户决策的具体影响主要表现在以下方面。

第一，赋予农户市场主体地位，农户可以自主经营、自负盈亏。农户要想独立决策，首先要成为独立于政府之外的市场主体，即一定的产权主体、资源资产主体、生产主体、经营管理主体。唯有如此，农户才能自主决策、自负其责。第二，赋予农户自主决策权。农户可自主配置家庭的劳动力、资金、资产等所有资源的使用、投入、组合。既可以务农也可以从事非农产业，还可以兼业；既可以留村也可以入城，还可以兼居，这些都受到市场允许和保护。第三，为农户提供新的利润空间和发展机遇。市场经济瞬息万变，价格波动频繁，新的利润空间、增收途径、就业机会层出不穷。由此可以引导农户优化资源配置、产业结构和居住地域。第四，市场为农户决策提供需求、价格、就业机会、产业利润等信息资源，可以让农户实现家庭资源的最优配置。第五，市场给农户带来风险和挑战。市场经济是竞争经济，优胜劣汰，因此市场经济存在不确定性和亏本破产风险。市场风险的存在，可能使农户决策时趋于保守，总想留后路。

四、我国城乡工农关系、政策制度影响农户决策的具体分析

（一）我国的城乡工农关系定位

城乡工农关系是国民经济发展的重大问题，关系国民经济和社会发展的全局，必须保持适宜比例和适度平衡。我国自古就是一个传统农业大国和农业社会，直到中华人民共和国建立初期这一社会性质和农业国特征也没有改变。"1952 年中国工业净产值占工农业净产值的比重仅为 25.3%，工业劳动者占社会劳动者的比重只有 6%。"[①] 中华人民共和国成立之后，经过短暂的国民经济恢复阶段，我国以工业化为重点目标开始了大规模的社会主义经济建设。城乡工农关系是一个四元关系。在这四元关系当中，工农关系是主要矛盾；在这一主要矛盾中，工业是矛盾的主要方面。我国始终以工业为重点，并以之为枢纽调节城乡工农关系。任路认为，我国城乡工农关系主要经历了四个阶段。[②]

一是工农城乡关系分割阶段（1949—1978 年）。借助制度化的工农城乡二元结构，在优先发展重工业的基础上，实行农业支持工业，农村支持城市的战略，导致工农城乡关系严重失衡。二是工农城乡关系缓和阶段（1978—2003 年）。通过放权式改革，城乡二元结构有所松动，城乡工农分割状态出现裂缝，工农城乡要素在严格限制下可以流动，工农城乡矛盾得到缓解。但工农城乡差别进一步拉大，"三农"问题突显。三是工农城乡关系转型阶段（2003—2012 年）。在这一阶段，国家针对"三农"问题提出多予少取放活方针，实现工业反哺农业、城市支持农村的政策，建立以工促农、以城带乡的长效机制，建立农业农村政策支持体系。2008 年，中央在《关于推进农村改革发展若干重大问题的决定》中指出："我国总体上已进入以工促农、以城带乡的发展阶段"。转型阶段的城乡工农关系，虽然从过去的工业和城市汲取农业和农村为主转变为城市和工业反哺农业和农村为主，但城乡要素交换的不平等仍然没有得到解决。四是工农城乡关系的融合阶段（2012 年至今）。这一时期国家提出乡村振兴战略和农业农村优先发展方针，努力建构以工促农、以城带乡、工农互惠、城乡一体的新型工农城乡关系，促进工农城乡融合发

---

① 韩俊.中国城乡关系演变 60 年：回顾与展望 [J].改革，2009（11）：5-14.

② 任路.新中国成立以来工农城乡关系的变迁 [J].西北农林科技大学学报（社会科学版），2019（6）：10-18.

展。当然，这四个阶段也是工农城乡关系由计划和行政主导逐渐过渡到市场主导的转型时期。

（二）我国城乡工农建设的相关政策制度

1. 城乡二元制度及其政策

中华人民共和国成立初期，我国一直实行城乡人口自由流动政策。1949年9月由中国人民政治协商会议第一届全体会议通过的《中国人民政治协商会议共同纲领》和1954年9月第一届全国人民代表大会第一次全体会议通过的《中华人民共和国宪法》，均把迁徙自由列为人民的基本权利之一。因而，1949—1959年我国城市化呈现较快增长态势，城镇人口年均增长7.9%。由于城市人口增加过快，导致城市就业压力上升、粮食供给紧张，同时农业因劳动力不足而出现粮食生产和供给下滑。为了保证工业化建设顺利开展，1953年，中央人民政府政务院出台《关于劝止农民盲目流入城市的指示》，制定"未经劳动部门许可或介绍者，不得擅自去农村招收工人"等7条措施阻止农民离村进城。同年10月中共中央政治局讨论通过《中共中央关于粮食的计划收购与计划供应的决议》，对粮食实行计划收购和计划供应制度，随着其他重要农产品的纳入，农产品统购统销制度形成。在多种举措之下，农村人口向城市流动得到一定控制。但随着1956年三大改造完成和大规模社会主义工业化建设的开始，城市人口骤然增加，仅1958年就急剧增加1650万人，占1949—1959年间城镇人口增加的25%，这使得城市就业、粮食供给和农村农业生产之间的矛盾更加突出，国家不得不实行更为严格的限制农村人口流动政策。1958年1月，全国人民代表大会常务委员会第91次会议通过了《中华人民共和国户口登记条例》，明确规定"公民由农村迁往城市，必须持有城市劳动部门的录用证明，学校的录取证明，或者城市户口登记机关的准予迁入的证明，向常住地户口登记机关申请办理迁出手续"。这标志着把居民按城乡居住地进行分隔管理的户籍制度正式形成。为了进一步加强对农村居民的管理和促进农业集体化，1958年8月，中共中央通过《关于在农村建立人民公社问题的决议》，明确建立人民公社是形势发展的必然趋势和加速社会主义建设的基本方针。在《决议》引导和舆论推动之下，人民公社制度在全国迅速建立起来，并与户籍制度结合在一起，强化了对农村劳动力和人口向城市转移的限制。接着，从1961年下半年起，国家又相继制定了一系列与户籍制度相配套的、在利益指向上向城市和工业领域倾斜的行政制度，包括粮食供给制度、副食品与燃料供给制度、住宅制度、就业制度、教育制度、医疗制度、养老保险制度、劳动保护制度、婚姻生育制度等，从而形成了一个以《户口登记条例》为核心、其他辅助性制度措施为补充的城乡分割的社会管理体制。1963年，公安部以"是否拥有计划供应的商品粮"为标准，进一步将吃国家供应粮的城镇居民划归"非农业户口"，其余则被划为"农业户口"，这标志着以户籍制度为核心的城乡二元社会管理体制的最终完成。这一体制将农民严格束缚在农业和农村，农民不仅失去了城乡自由迁移权利和城乡生活方式自由选择权利，也失去了自主配置农业生产资料的权利，沦落为计划体制和二元体制下没有意识的"物性"生产要素。

2.破解城乡二元结构的制度改革与政策措施

1978年党的十一届三中全会胜利召开，会议不仅重新确立解放思想、实事求是的思想路线，把全党工作重心转移到经济建设上来，而且拉开改革开放的历史序幕。随着家庭联产承包责任制的实行和之后众多领域的体制改革，城乡之间的一系列制度性壁垒相继松动或破除。农村劳动力得以退出低生产率的农业就业，突破城乡边界进行跨地区、跨产业和跨所有制的重新配置（蔡昉，2017）。在农村工业化和农村剩余劳动力外出务工经商的推动下，国家顺应经济社会发展需要，对以户籍制度为核心的城乡二元社会体制进行了全方位的制度改革，包括与户籍制度相关的农村劳动力的非农就业、粮食供给、城市居住、子女教育，农村基本经营制度，农村产权制度，农产品流通和价格制度、农业补贴制度、农村税费制度，农村教育、医疗等社会保障和公共服务制度。1983年10月，中共中央、国务院发出《关于实行政社分开建立乡政府的通知》，废除了在农村实行长达25年之久的人民公社政社合一的体制。2004年国务院发布《关于进一步深化粮食流通体制改革的意见》（国发〔2004〕17号），决定充分发挥市场机制在配置粮食资源中的基础性作用，实现粮食购销市场化和市场主体多元化，这标志着实行了半个世纪的粮食统购统销制度成为历史。2014年7月30日，国务院发布《关于进一步推进户籍制度改革的意见》，取消农业户口与非农业户口区分和由此衍生的蓝印户口等户口类型，将城乡人口统一登记为居民户口。《意见》同时要求全面放开建制镇和小城市落户限制，有序放开中等城市落户限制，合理确定大城市落户条件，严格控制特大城市人口规模。

随着被称为城乡二元体制"三驾马车"的城乡分类管理的户籍制度、粮食统购统销制度和人民公社制度的改革和废除，城乡二元体制逐渐解构，城乡关系从二元分割日益走向城乡统筹、城乡一体和城乡融合发展。农村改革从家庭联产承包责任制到新农村建设再到乡村振兴战略，"三农"问题的政策导向从"农业生产、机械化、经营体制、农产品流通、农业科技"不断向"农民减负、农业社会化服务体系、农业产业结构调整、农村扶贫、农业综合开发、农民增收、农村社会保障、农村建设、现代农业、农业补贴、城乡统筹、农地产权制度、农业现代化、农业供给侧结构性改革"等多方面延伸（叶超，2019），市场机制在"三农"资源配置中的决定性作用越来越显著，农民和农户在城乡工农之间自主配置家庭资源的决策权利和主体作用日益得到保障。作为农业生产最重要资源的土地，其产权制度从单一集体所有制经由"两权分离"演变为"三权分置"架构，从"禁止转让"经由农户自发流转演变为国家默许、鼓励支持和有序引导，《农村土地承包法》《农村土地承包经营权流转管理办法》《物权法》《关于完善农村土地所有权承包权经营权分置办法的意见》共同构成维护和促进农村土地流转、集中连片经营的制度体系。与此同时，城镇化改革从强调"小城镇建设"到支持"大中小城镇协调发展"再到注重"以人为核心的新型城镇化"，城镇化政策导向从限制、许可和鼓励农村人口进城务工经商居住，保障农民工权益，实现城乡基本公共服务均等化，促进农民工市民化向注重实现人口城镇化、促进农村转移人口"完全城镇化"转移。我国城乡关系的历史发展、现实定位，以及城镇化和"三农"的相关政策制度措施，关系农民农户的现实利益和未来发展，是农户对家庭资源在城乡工农之间进行市场化配置时的重要外部参考因素，对农户家庭决策具有重要推拉或阻滞作用。

（三）我国城乡工农关系及相关政策制度对农户决策的具体影响

城乡工农关系及其相关政策制度既包括国民经济和社会发展的顶层设计和制度安排，也包括工业化、城市化、乡村建设和农业现代化的一些具体的政策措施和制度安排。因而，其对农户决策的影响，不仅体现在宏观上的思想指导和调节引控上，而且体现在微观上的扶持、激励和制约方面。

1. 宏观方面影响。

在宏观方面，城乡工农关系及其相关政策制度不仅决定农户决策的外部大环境的好坏，而且为农户决策指明方向、提供选项、创造条件，从宏观上调节和引导农户决策。首先，城乡工农关系是国民经济和社会发展的重大比例关系，决定国民经济和社会发展的整体布局和总体规划，也决定农户决策的外部大环境的优劣好坏。如在计划经济体制和城乡二元分割结构下，农户不是一个独立的经济主体，没有自主择业择居的权利，根本就谈不上农户决策。而在改革开放和市场经济体制之下，农户成为独立的经济主体，具有在城乡工农之间自主决定生产方式和生活方式的权利，由此就可以自主配置家庭资源。其次，国家工业化、城市化、乡村建设和农业现代化的战略设计，为农户决策明确方向、提供指导，从而减少农户决策的风险、挑战和不确定性。国家城乡工农发展方略明确了总体目标、发展方向、战略重点及战略举措，清晰载明了国家支持什么、反对什么，从而为农户决策指明了方向，发挥了宏观指导作用，有利于农户做出科学决策，减少决策的盲目性、风险性和不确定性。最后，国家工业化、城市化、乡村建设和农业现代化的战略规划及其实践，则为农户决策提供了各种新机遇新空间新条件，同时决定了这些机遇空间条件在时空上的分配。如重工业优先发展的工业化道路选择，则相对减少了农户决策的非农就业机会；有限制的城市化道路选择，则相对减少了农户整体入城的机会；农地三权分置改革和农业补贴政策，则为农户提供了发展家庭农场和规模经营的机遇。

2. 微观方面影响

在微观方面，城乡工农关系及其相关政策制度对农户决策的影响，首先表现在会产生一定激励或制约、扶持或削弱的作用。从城乡工农关系视角看，如果是以农促工、以乡补城的关系，则会激励农户做出城市化或非农化决策；相反，若是以工促农、以城带乡的反哺政策，则会激励农户做出留村务农或兼业的决策，而不利于农户做出城市化或非农化决策。从城乡工农的相关政策制度看，如果国家对农户务农给予保护支持和财政补贴，则会激励农户做出留村务农、发展现代农业或兼业决策，并对这些决策发挥扶持作用；而不利于农户做出退地非农、退村进城决策。同样道理，若是国家对进城非农给予保护支持和财政补贴，则会激励农户做出退地非农、退村进城决策，而不利于农户做出留村务农、发展现代农业的决策，农业可能受到削弱。因而，如何在农业补贴和城镇化补贴之间做到分类化、精准化、靶向化和平衡化，是政府需要研究的重要课题。当前我国农业补贴种类多达50多项（黄汉权等，2016），"既包括对农作物和养殖业的生产补贴、农民收入支持补贴、农业保险补贴，也包括农业生产技术推广、资源和生态补贴以及农民生活补贴等政策，惠及几乎所有重要农产品和农业生产者"[①]，但城镇化补贴近乎空白，这使

---

① 韩长赋. 新中国农业发展70年·政策成就卷 [M]. 北京：中国农业出版社，2019：332.

得大多数农户不愿做出彻底城镇化决策，即便实现非农化了，也不愿意放弃农地。这一方面导致农业规模化举步维艰，另一方面导致"种地的不拿补贴，拿补贴的不种地"怪象。

其次，城乡工农关系及其相关政策制度还会影响农户决策时的预期成本与预期收益，进而影响农户把握机遇、迎接挑战的能力和信心。因为国家城乡工农关系及相关政策制度的倾向性，其扶持、支持、保护什么，不扶持、支持和保护什么都较为清晰，因而会影响农户决策的信心以及把握机遇的能力。如果农户决策与国家城乡工农关系及其大政方针是一致的，则会降低决策实施的预期成本、增加决策实施的预期收益，进而增强其决策信心，提高其落实决策的能力；相反，则会增加决策实施的预期成本、减少决策实施的预期收益，进而降低其决策信心，削弱其落实决策的能力。

当然，国家城乡工农关系定位及其相关政策制度对农户决策的影响，首先取决于农户对城乡工农关系定位及其政策制度的了解基础上。但事实中，大多数农户对这些顶层设计及大政方针并不了解，也不关心。他们大多数是随大流，受邻里乡亲影响，或受部分乡村精英、乡村干部的影响。总体而言，这些政策制度缺少靶向性和精准性，未能分类施策，没有考虑农村农户严重分化的事实，没有针对不同农户的不同需求，而是一刀切、平均用力。

五、农户农业经营现状与前景影响农户家庭决策的具体分析

（一）我国农户农业经营现状与前景

1. 现状

在家庭联产承包责任制下，我国农户一般为小农户，人均一亩三分地，户均不足10亩地。在传统农业耕作技术下，平均每亩收入每年大约为1000元，若是10亩地的话，一年总收入就在1万元左右。在既定规模约束下，受劳动力边际生产率递减规律影响，即便投入再多劳动力和生产资料，再多精耕细作，年收入也难有质的增长。在人力加半机械化的生产条件下，生产经营10亩地至少需要两个劳动力，平均每人年收入5000元左右，仅比2019年国家贫困线3747元多出1000多元，也就是刚刚达到温饱有余。也就是说，目前我国小农户的生产经营模式，仅能让农户解决温饱问题。

2. 前景

我国农户农业经营前景，首先取决于现有农户农业资源配置能否得到优化，特别是人多地少、户多地少关系能否得到缓解。从目前来看，这点很难做到。一则农地流转市场不发达、不规范，农地流转交易成本较高，一般农户难以承受，通过农地流转实现规模扩大化难以实现。二则农户城市化成本较高、风险较大，农户不愿意完全脱村入城、脱农入非，这导致兼业兼居普遍化凝固化。兼业兼居的普遍化使得过多农户仍然占用农地资源，农业规模化没有空间和条件。三则个体劳动力转移无法带动农户整体转移，而农户整体难以转移，无论是从现时看还是从长远看，都无法改善农村"户多地少"状况。其次，我国农户农业经营前景还取决于农业生产条件能否得到改善。目前我国农户农业生产条件基本上就是人力加半机械化，零碎的田间管理，如施肥、除草、灌溉等主要靠人力，耕地、播种、收割等繁重劳动主要靠机械。这样一种正从传统农业向现代农业转变的过渡性生产条件，从当前看难以改变。一则农业经营规模小，农户不愿意也没有必要进行大规模的机械化投资和机械化耕作；二则现有规模下农业增收比较难，农户不愿意过多投资；三则农业比较收益低，机会成本高；四则农业基础设施建设难。因为地块的零碎狭小，田间道路、农田水利等大型农业基础设施涉及户数较多，很难协调一致。因此，当前我国农户人力加半机械化的生产条件短期内难以改变。由于农业规模难以扩大、农业生产条件难以改善，所以当前我国农户农业经营前景比较暗淡，想完全依靠农业发家致富的梦想难以实现。

（二）我国农户农业经营现状与前景对农户决策的具体影响

前述分析表明，在较长的时间内，当前我国农业小规模的家庭经营模式难以改变，且只能让农户解决温饱问题，而不能使农户依靠农业发家致富。

这样的一种状况对农户决策会产生"倒逼"作用：即促使那些有能力、有条件的农户逃出农村和农业，选择非农化和城市化，另寻他途以求实现家庭收益最大化。同时，也会使一部分农户安于现状，继续维持小规模经营：因为现有农业经营能够解决温饱问题，吃穿不愁、生活无忧。当然，更大一种可能是，促使更多农户走上兼业化经营道路，以实现家庭收益最大化和家庭风险最小化的二者兼得。总之，我国农户农业经营现状与前景，会对农户决策产生倒逼作用，为农户非农化、城市化和兼业化提供动力，加快农户的分化。

六、农户户情影响农户家庭决策的具体分析

（一）我国农户的一般户情

我国有大约2亿农户。每个农户都是普遍性与特殊性的结合体。就其普遍性而言，我国农户一般以两代家庭和三代家庭为主；在人口数量与人口结构方面，两代农户一般包括3~4人，平均有2~3个劳动力，三代农户一般包括5~6人，平均有3~4个劳动力；在文化素质方面，平均人口受教育程度在初中水平；在劳动技能方面，没有经过专业化技能培训，一般是祖辈世代相传的农耕技术；家庭年轻劳动力不愿意从事农业，一般由中老年人从事农业；熟悉农业农村，对土地充满感情，认为土地是安身立命的根本；对城市有陌生感和新奇感；想改变家庭命运，实现家庭利益最大化；受亲朋好友和邻里影响较大。农户的普遍性和共性是农户决策趋同化的前提和基础，就其特殊性而言，每个农户的人口数量、质量、结构、能力、财力、资源、意愿和社会关系都是不同的。户情相同的农户极有可能会做出相同的决策，而户情不同的农户会做出不同的甚至相差很远的决策。农户的特殊性是农户决策分化的前提与基础。

（二）农户户情对农户决策的具体影响

农户决策是农户对家庭劳动力、产业、资金、土地、住所等资源的重新配置和优化调整，因而农户户情是农户决策的基础与根据。任何农户在对家庭生产生活方式做出决策时，都会从家庭的实际状况即户情出发，将家庭资源与外部经济社会发展环境结合起来，以实现家庭收益和家庭福利最大化。农户户情决定农户决策的可行性，决定农户决策的方向、类型和具体内容，是农户决策的内在因素。外部经济社会环境和国家政策制度只是为农户决策提供机遇、选项，以及调控农户把握机遇的能力、做出决策的信心，仅为农户决策提供客观可能性。至于农户会做何种决策，决策是否具有可行性，则取决于农户的具体户情。

农户的户情决定农户把握机遇、化解风险的能力、条件。不同的户情有不同的决策能力以及实现决策的能力和条件。不同的决策能力以及实现决策的能力和条件，会使农户面对同样的外部环境做出不同的决策。同样，相同或相近的决策能力以及实现决策的能力和条件，会使农户做出相同或相近的决策。所以，农户户情也是农户决策分化与同化的基础。

农户户情是普遍性与特殊性的统一。农户户情的普遍性即共性，共性户情倾向于让农户做出相同或相近的决策，从而使得农户决策出现同一化；农户户情的特殊性即个性，个性户情倾向于让农户做出不同的决策，从而使农户决策出现差异化和分化。在农户户情普遍性和特殊性共同作用下，农户决策会实现同一化和差异化的融合，从而使农户决策出现聚类化，即同化基础上的异化，或异化基础上的同化。当然，农户决策都是在共性与个性相统一的外部环境系统与农户户情系统共同作用下产生的。这样两个"共性与个性相统一"系统的共同作用是极其复杂的，因而没有两个农户的决策会是完全相同的。但因为外部环境的共性和农户户情的共性总是大于各自的个性，所以会使农户决策呈现聚类化，即分而成类、异而类同。

第三节　诸因素在农户决策中的性质地位及作用大小、着力点分析

经济环境、城乡工农关系定位及其相关政策制度、农业经营状况、政府行政干预以及农户户情等因素都对农户决策具有影响力。但它们在农户决策中的性质、地位与作用是不同的。

一、诸因素在农户决策中的性质与地位

就上述因素在农户决策中的性质与地位而言，农户户情是农户决策的内因，是农户决策的基础与根据，其他因素则是农户决策的外因，是前提条件和必要条件。

在外因当中，工业化和城市化发展、区域经济发展属于外部客观环境和外在客观基础，为农户决策提供非农化、城市化和兼业化机遇、选项，决定农户决策的选择集合的大小和选项的多少，因而决定农户决策的异同、分化程度、聚类程度；区域经济发展也是农户决策的外部客观环境，它也为农户决策提供机遇、带来风险，但它对域内外农户决策的影响是不平衡的，它为域内农户提供的机遇多、带来的风险小；而它为域外农户提供的机遇少、风险大。

城乡工农关系及其相关政策制度因素、市场经济环境属于外在制度环境，影响农户决策的方向、信心和策略选择，影响农户决策的预期成本和预期收益，以及落实决策的能力和效果。它对农户决策往往起到指导、加持、助力、激励作用或抑制、约束、削弱作用。

政府行政干预属于农户决策的外在强制性因素，会影响农户决策的自主性、自愿性和效果性，甚至以行政决策、行政命令取代农户决策。政府行政干预本应是在市场失灵、农户不能做出有利于社会整体和长远利益的决策情况下出面介入的，是对市场失灵的补救，但因"干预不当"常常会违背部分农户意愿，引发农户不满和抗议。如果政府行政干预适当适度，往往会对农户决策起到加速的作用，相反，如果超出农户承受程度、严重违背农户意愿、牺牲农户利益，则会适得其反。

农户户情是农户决策的基础。工业化和城市化发展、区域经济发展、市场经济因素是农户决策的外部客观环境，为农户决策提供选项、机遇，决定农户决策环境的优劣；农业经营状况只是对农户决策起到促进、助力或强化作用。城乡工农关系定位及其相关政策制度，一方面会影响农户决策的外部客观环境（优化或恶化）；另一方面构成农户决策的外部政策环境和制度环境，会激励强化或制约抑制农户决策。政府行政干预是农户决策的外部强制力，如果这种干预与农户意愿一致，会起到加速、强化作用；但如果这种干预与农户意愿不一致，就取决于二者的博弈。可见，上述因素要么构成或影响农户决策的外部环境，要么作用于农户决策的意愿，或强化或弱化，或激励或制约。但所有这些因素都是农户决策的外部因素，只能决定农户决策的条件好坏、预期成本和收益的高低。

而真正对农户决策起到决定作用的是农户户情。也就是说，外部条件和环境再好，如果农户户情不允许，它也做不出新的决策，只能延续原有的生活生产方式。外部环境与条件，只是农户决策的必要条件和前提条件，但不是充分条件。它只有与农户户情结合起来，才能共同决定农户的某一决策。农户户情是农户决策的根据和基础。即使前提条件和外在环境适宜，若户情基础不存在，农户决策就只具可能性但永远不具可行性；反之，若户情基础存在，条件和环境不存在，农户决策就是只具可行性，但不具可能性。这就像种子一样，当温度、气候条件不适宜时，它虽然发不了芽，但只要种子在，就仍然具有发芽生长的可行性。相反，若是种子不存在，尽管有适宜的温度和气候，但也没有发芽生长的可行性。

二、诸因素在农户决策中的作用力、影响力

从不同区域看，区域农户决策差别主要源自区域经济发展不平衡。如东部沿海地区的非农户、入城户比重大，中西部地区的非农户、入城户比重较小；兼业户三地大体相当，但东部沿海地区就地兼业户较多，而中西部异地兼业较多，这主要是因为工业化、城市化发展和农业收入低所导致。

从同一区域内部看，同一区域内部农户决策差别主要源自农户自身的户情差异。在同一区域内，农户所面临的经济社会发展水平、城市化和工业化发展水平大体相当，城乡工农关系及相关政策制度相同、农业经营状况相当，所面临的机遇、风险也大体相当，但为什么农户会做出不同的决策呢？显而易见，是因为农户的户情不同。户情是农户决策的基础和基本依据，户情不同决定了农户把握机遇、化解风险能力的不同，落实决策信心的不同。

从农户个体来看，不同农户之所以做出不同决策，源自区域经济发展（区域工业化、城市化水平）不同、户情不同。因为他们面临的全国工业化和城市化水平、城乡工农关系及其相关政策制度、农业经营状况、市场经济状况、政府行政干预情况是一样的，其作用是一样的。

从全国来看，农户之所以做出某一决策而不是其他决策，则是因为工业化和城市化特定水平、区域经济发展水平、市场经济因素、农业经营状况、城乡工农关系及其相关政策制度、政府行政干预等因素与具体农户户情相结合，共同发生作用之下的结果。农户改变某一决策，也是因为上述因素共同或其中某一因素发生了变化。

第四节　诸因素对农户决策的综合作用分析

如上分析，影响农户决策的因素有很多，且每个因素都具有独特的性质、地位、作用，但在农户决策中它们并不是孤立地发挥作用，而是基于不同角色定位结合在一起共同影响农户决策。虽然在具体的农户决策案例中它们的作用力并不是均衡的，但都不会缺省。

一、系统论视角：基于各因素性质地位，分工协同发挥系统性作用

影响农户决策的诸因素，实际上是一个看不见的要素系统。每个因素就是这个系统的一个要素，各要素在基于自身的属性、内涵、功能对农户决策发生影响的时候，实际上形成了分工协同的系统性影响。从不同的要素系统构成来看，既有主客观要素系统，又有内外因要素系统、社会要素与农户要素系统，还有理性要素与非理性要素系统，它们基于各自的要素角色和系统角色，共同对农户决策发挥系统性影响。下面以主客观要素系统为例，分析各个要素是如何结成系统对农户决策发生系统性影响的。

在前述影响农户决策的诸因素中，如果按主观和客观属性划分，有些是客观要素，有些是主观要素，主客观要素相互联系、相互作用，共同影响农户决策，二者缺一不可。

（一）外在客观要素

工业化和城市化发展、区域经济发展、市场经济发展、农业生产经营状况，共同构成农户决策的外在客观环境，是农户决策的经济基础、社会条件。它对农户决策的影响表现在三个方面。一是为农户决策提供新的非农化、城市化和兼业化选项、机遇和条件；二是对农户的决策具有激励、强化、促进或制约、约束、阻碍功能；三是可以影响农户决策的成本收益率和决策能力、信心以及执行决策的能力。上述要素的变化，意味着农户决策的外部环境发生了变化，机遇、条件不同了，农户决策也应适时调整了。但外部环境只是前提条件与社会基础，并不必然引发农户决策变化。

（二）外在主观要素

国家城乡工农关系定位及其相关政策制度安排、政府行政干预等因素是农户决策的外在主观要素，即国家和政府对工业化、城市化和农业现代化的主观倾向性及支持力度。这是国家从社会全局视角对城乡工农关系的顶层设计，构成农户决策的政策制度环境和外生动力。

新制度经济学认为，一种有效率的供给激励的制度安排是促进经济发展的决定性因素，有效率的制度安排可以促进经济增长，而无效率的制度安排则会抑制或阻碍经济发展。制度和政策性因素是影响工业化、城镇化和农业现代化的重要变量。不同的制度和政策会导致工业化、城镇化和农业现代化

的协调与否及快慢差异。而制度和政策性因素对工业化、城镇化和农业现代化的影响，其中一个重要途径就是通过影响农户决策来间接实施。

作为农户决策的外在制度环境，它对农户决策的影响表现在两个方面。首先，对农户决策具有直接影响力。它为农户决策明确方向、提供政策指导和财政支持，产生激励与约束、扶持与抑制作用，影响农户决策的预期成本和预期收益，影响农户对抓住机遇、规避风险的决策判断。其次，通过影响农户决策的外在客观环境，对农户决策发生间接影响力。一是它调节工业化城市化发展和区域经济发展，进而影响农户决策的选项、机遇与条件；二是它调节市场经济运行，引导市场在农户决策中发挥决定性作用。"浙江和江苏、山东的事例说明，在非农产业发达的情况下，如果在合理的制度政策引导下，土地可以从非农化了的农户向以农业为主的农户流动和集中，农业规模经营的实现是完全可能的"（秦宏，2006）。

（三）内在客观要素

农户的家庭劳动力数量、素质、创业能力，以及农户的资源禀赋、财产实力、家庭区位等因素，是农户决策的内在客观要素，是农户决策的最主要依据，决定农户发现机遇和把握机遇的能力，是农户做出决策以及实现决策的最根本基础。没有适宜的内在客观要素，即便外在客观环境和政策制度环境再好，农户也很难做出相应决策，更不可能实现决策。

（四）内在主观要素

农户的经济理性、社会理性、就业偏好、居住偏好、乡愁情结、土地依恋等因素是农户决策的内在主观要素，是农户决策的内在动力和重要依据。当然，对于个别特殊农户，内在主观要素也可能成为其决策的唯一根据，例如，某些特别不喜欢城市生活方式或不适应城市生活方式的农户，可能仅凭这一点就不会做出非农化和城市化决策，而成为其留村务农的唯一根据。

在农户决策的内在主观要素中，农户的经济理性，即对家庭利益最大化和家庭收入最大化的追求，是农户所有决策的逻辑前提和主要动力。正是因为有这种理性，当出现新的增收途径和机遇时，农户才会改变原有家庭资源配置，做出新的决策以实现新的利益。当然，经济理性只是农户决策的必要条件而非充分条件。农户经济理性还包括家庭风险最小化。规避风险、降低风险和预防风险也是农户决策的重要影响因素。收益最大化和风险最小化是一对矛盾，现实决策很难完美实现。因此，农户决策时要对收益和风险进行比较和评估，以实现比较收益最大化和比较风险最小化的统一。但有时候，风险最小化因素也会成为农户决策的唯一因素，例如，有些农户因为害怕城市化风险大而不愿选择城市化，宁愿留在农村从事非农产业。

农户的社会理性是指农户对安居乐业美好生活和家庭福利最大化的追求。社会理性也是农户决策的内在动力和重要依据。正是因为有这样的社会理性，所以当非农化和城市化机遇出现时，农户才会改变原有生产生活方式，做出非农化和城市化决策。当然，农户的社会理性也只是农户决策的前提条件和必要条件，而非充分条件。

就业偏好、居住偏好、乡愁情结、土地依恋等因素是农户决策的内在非理性因素，属于个别农户的个性因素，对农户决策不具有普遍影响力。但对于个别农户而言，往往对其决策发挥重要作用。

影响农户决策的主客观要素系统，如果从内外因要素构成、社会要素与主体要素构成去分析，则表现为内外因要素系统、社会要素与主体要素系统、宏观要素系统与微观要素系统。尽管要素系统从不同构成上看，会得出不同结论，但其对农户决策的影响是一样的。由此可见，影响农户决策的因素是一个多元系统结构。即主客观要素系统、内外因要素系统、社会要素与农户主体要素系统、宏观要素系统与微观要素系统。每个系统都是由两个方面构成，既对立又统一，在农户决策中缺一不可。其中，客观因素、农户主体因素、微观因素是农户决策的基础和动力，居于主要方面，发挥决定性作用；而主观因素、社会因素、宏观因素是农户决策的前提和条件，居于次要方面，发挥次要作用。但农户做出的任何一种决策，都不是单一要素或单一方面的作用，而是各种要素、所有方面结合起来发挥系统性影响的结果。

本书将在第四章主要从系统论视角，特别是内外因系统、宏观与微观系统，即外部环境与农户户情相结合视角，详尽分析农户家庭决策的形成。

二、合力视角：合力作用

一般而言，影响农户决策的因素有两个主要途径。一是通过作用于农户决策的外部环境来影响农户决策；二是通过作用于农户本身来对农户决策施加影响。其中，工业化和城市化发展、区域经济社会发展、农业生产经营状况和前景是直接作用于农户决策环境；政府城乡工农关系及其相关政策制度、市场经济体制、政府干预既作用于农户决策环境，又直接作用于农户本身。而无论是对农户决策环境的影响，还是对农户本身的影响，最后都会汇聚于农户决策时的四力：拉力、阻力、推动力、留滞力，农户决策是这四种力量经过博弈之后形成的合力作用结果。

（一）农户决策的拉力、阻力、推动力和滞留力

所谓拉力就是往前拉动、靠近目标的力量，或者是目标对主体的吸引力、拉动力。农户决策的拉力就是目标决策内在包含的梦想、机遇、发展空间和条件、更好的待遇等主客观因素对农户决策产生的拉动力，这种拉动力促使农户优化和调整家庭资源配置。目标决策的拉力是农户决策的重要动力，体现了目标决策和决策主体经济理性的一致性。例如农户的非农化和城市化决策，就内在包含着农民的城市梦、工业化城镇化提供的非农就业和城市生活机遇、非农就业的高收入、城市生活的舒适便利、让后代有更好生活环境和教育机会、城市资产的升值性等因素，正是这些因素拉动、促使农户做出相应决策。

所谓阻力，就是主体决策时以及之后实现决策目标过程中主体面临的各种成本、风险、挑战和不确定性。农户决策的阻力就是目标决策所内在包含的成本、风险等主客观因素对农户决策产生的抑制力、拦阻力。农户决策阻力体现了决策目标与农户经济理性的非一致性，它促使农户保持原有生产生活方式，不必调整农户资源配置。例如农户的非农化和城市化决策，就内在包含着非农化和城市化转化成本、失业风险、欠薪风险、陌生的工作生活环境、不稳定的就业、缺乏娴熟的技能、离家的孤独寂寞、高昂的房价、不适应性、背井离乡、暂时性生活困难、城里打拼的艰辛、市场经济的激烈竞争、经济危机与波动、各种意外事件等因素，这些因素阻碍着、抑制着农户做出农转非、乡转城的决策。

所谓推动力，就是农户原有生产生活方式所产生的对农户做出新决策的推动力量和创新力量，它促使农户优化家庭资源配置，改变原有的决策。它是原有决策内在包含的某些因素与决策主体经济理性产生矛盾之后孕育的变革力量，是将主体推向新决策的迫使性力量，是一种倒逼力量。例如农户的非农化和城市化决策，其中一个重要动力就源自农业农村内部的农业生产的低收入性、农业劳动的繁重性、农业经营的温饱性、农村生活环境的脏乱性、农村人口素质的低弱性、农村人际关系的复杂性、农村教育医疗的落后性等因素对农户由农转非、由乡转城产生的推动力。这种推动力要把农户从农业农村中推出，推向非农产业和城市。

所谓留滞力，就是农户原有生产生活方式内在包含的机遇实现、较低风

险、既得利益、发展潜力、适应性、情感依赖等因素对农户做出新决策、优化家庭资源配置所产生的抑制力。即原有生产生活方式的现实利益、吸引力、魅力对农户所产生的吸附力、黏力，是原有生产生活方式的保守力量，阻滞农户做出新的决策。例如农户的非农化和城市化决策，就面临原有生产生活方式的滞留力：农户长期生活在农村，生于斯长于斯，对家乡都有感情，且社会关系都在乡村；对乡下生活和农业生产非常熟悉，没有距离感和陌生感；总觉得在乡下心里踏实安稳；对土地有一种特殊感情，不忍心一下子全部放弃。这里面所包含的既得农业收益、农地资产、社会关系、适应性和乡愁对农户会产生滞留力，从而告之农户原有生产生活方式很好，不必改变既有决策。由此会对农户非农化和城市化产生一定迟滞力和阻力。

（二）农户决策的拉力、阻力、推动力和滞留力的博弈与合成

任何农户决策时，都会面临拉力、阻力、推动力和滞留力的四力博弈，其决策的具体内涵是这四力经过博弈后形成的合力所决定。其中目标决策的拉力、原有决策的推动力是农户决策的动力，二者之和构成农户决策的总动力。目标决策的阻力和原有决策的滞留力是农户决策的抑制力，二者之和构成农户决策的总阻力。

当农户原有决策所决定的生产生活方式已经不能适应外部环境发展变化，无法实现家庭收益和福利最大化时，农户家庭内部的决策机制就会启动。当农户需要做出新的决策时，影响农户决策的各种因素就会通过各种管道汇聚成拉力、阻力、推动力和滞留力四种力量。这四种力量会在农户决策机制运行过程中进行激励博弈。经过博弈会产生两种结果。

第一，总动力大于总阻力，这代表新的决策达成，农户会优化原有家庭资源配置；第二，总动力小于总阻力，这代表新决策不会达成，农户会保持原有家庭资源配置不变。假设 $D1$、$D2$、$Z1$、$Z2$ 分别代表农户决策的拉力、推动力、阻力、滞留力，H 代表合力，则当 $H = D1+D2-Z1-Z2>0$ 时，农户决策达成，农户会更新和优化原有生产生活方式；反之，当 $H = D1+D2-Z1-Z2<0$ 时，农户决策难以达成，农户会保持原有决策及生产生活方式不变。

农户决策的"推拉阻滞"四力博弈机理，是在研究农业劳动力转移的推拉机制理论基础上，根据农户决策实际而进行抽象分析的逻辑结论，是对推拉理论的丰富与发展。事实上，简单的推拉机制并不能完全解释在农户决策、农户分化基础上的农业劳动力转移。必须承认农户在对家庭资源配置做出新决策时，除了面临原有决策的推动力和目标决策的拉力之外，还面临目标决

策的阻力和原有决策的滞留力。如果仅有推动力和拉力，则所有农户都会做出新的决策，所有农业劳动力都会进行转移。但事实上，面对工业化、城市化发展和区域经济发展带来的新机遇新选项，还是有部分农户不愿改变、不敢改变、不能改变。只有当拉力＋推动力大于阻力＋滞留力时，农户才有可能做出新的决策，改变原有生产生活方式。这实际上是推拉机制与阻滞机制共同作用的结果。

三、前后两种决策的净收益比较视角

前述各种因素对农户决策的影响，除了可以表现为农户决策的动力与阻力之外，最终还会反映在给农户带来的净收益的增减方面。农户决策源于目标决策给农户带来的净收益与原有决策的净收益比较。如果目标决策的净收益大于原有决策的净收益，目标决策会增加农户总收益，则目标决策会成为现实；反之，如果目标决策的净收益小于原有决策的净收益，目标决策会减少农户总收益，则目标决策不会成为现实，农户生产生活方式保持不变。

影响农户决策的各个因素，实际上可以换算为给农户带来的利益、成本、风险，以及实现这些利益、化解风险的能力和信心等。农户通过算经济账，完全可以大体上估算出目标决策带来的净收益，在与原有决策净收益进行比较之后，就可以得出要不要重新决策的判断。例如，随着工业化和城市化发展，有些农户开始退出农业转而从事非农产业，其承包农地有转包的需求。对于一些种粮能手而言，这种变化就意味着出现了扩大农业生产规模，发展现代农业的机遇。那么，种粮能手是否会做出发展规模农业的决策？这就要看规模农业给种粮能手能带来多大净收益增值。假设流转50亩地一年能给种粮能手带来5万的增值，减去流转农地的交易成本、年租金和生产经营成本，若是还能有剩余，且剩余大于投资的机会成本，则种粮能手就会做出发展规模农业的决策。但若流转农地交易成本和年租金过高，导致增值所剩即净收益无几，甚至小于投资的机会成本，则种粮能手就会放弃扩大生产规模的决策。当然，国家的农业支持政策、农业经营状况——利润率、农地流转市场费用等因素都会通过增加或减少目标决策的收益和成本而影响决策本身。如国家农业补贴政策会直接增加目标决策的收益，而农地流转市场交易费用则直接增加目标决策的成本、减少目标决策的收益。

第五节　农户的家庭决策机制

农户家庭决策是农户为了实现家庭收入最大化和家庭福利最大化而根据经济社会发展变化对家庭资源配置（生产生活方式）进行优化和调整的策略决定。农户的家庭决策是通过家庭决策机制来实现的。农户的家庭决策机制意指农户是如何根据外部经济社会环境和政策制度环境变化而实现家庭资源配置优化决策的。农户家庭决策机制内在地包含在农户户情当中，是通过农户户情这一因素对农户决策施加影响。从不同的视角看，农户家庭决策机制通常可以划分为如下几类。

一、理性与否视角：理性决策机制与非理性决策机制

（一）理性决策机制

所谓理性决策机制，是指农户对外部客观环境和政策制度环境的发展变化及其带来的机遇、风险，对自身家庭资源禀赋、能力素质、就业专长，对目标决策的收益、成本等经济社会信息都比较了解，其决策是在理性自觉情况下由家庭自主决定的，既不是盲目自发的，也不是外部强制的。理性决策机制又包括户主决定型、民主协商型和外部带动型。

1. 户主决定型

所谓户主决定型，是指户主在家庭成员中具有威信、权威和主导地位，家庭成员自觉服从户主的安排，因而家庭资源配置及生产生活方式处置由户主一人决定。户主决定型具有较高的决策效率和较低的决策成本。我国大多数农户还是传统农户，一般由男户主决定家庭资源配置和生产生活方式安排。户主决定型决策内涵取决于户主的个人偏好和对外部环境及家庭资源禀赋的认知。对于户主决定型的决策，要想提高决策的科学性，就必须提高户主的科学文化素质和生产经营管理能力。

2. 民主协商型

所谓民主协商型，是指家庭决策由家庭成员，特别是夫妻双方和成年子女通过协商方式共同决定。这样的决策机制并非户主一人说了算，而是家庭成员具有平等的权利，户主要听取其他家庭成员的意见和建议，在此基础上

综合考虑谨慎做出决策。民主协商型决策的科学性较高，但相对效率较低、成本较高。民主协商型决策内涵取决于民主协商结果或多数人偏好。对于民主协商型决策，必须注重提高协商效率、减少协商成本。这需要提高所有家庭成员民主协商的意识和能力，构建高效的协商机制。

3. 外部带动型

所谓外部带动型，是指家庭决策是在亲戚朋友或其他家庭决策带动下自主做出的。尽管外部带动型属于外力诱发引致，但只要这个决策是在家庭清楚目标决策的机遇与风险、收益与成本基础上自主做出的，并非盲目自发的，也非外部强制的，这就属于理性决策。在现实当中，很多农户的决策都属于外部带动型。外部带动型决策内涵取决于局部或区域性的潮流做法，往往带有家族性或地域性。

（二）非理性决策

非理性决策机制，是指在对目标决策的机遇与风险、收益与成本等因素未知情况下，农户凭感觉或跟风盲目自发决策，或在外界强制下非主动自觉决策。由于我国农户大多是传统小农，科学文化素质和市场经营能力都比较低，还不是成熟理性的市场主体，因而多数农户的决策并非是在完全理性状态下做出的。非理性决策机制主要有以下三种类型。

1. 生活逼迫型

这是指决策不是经过农户理性思考主动做出的，而是在生活逼迫下被动做出的。至于决策是否合理、能否成功，主体根本没时间或不予考虑，只想听天由命，带有机会主义倾向。在现实经济社会生活中，有些农户的决策就是为生活所逼迫，并非是其主动所为。比如改革开放初期以分田单干为标志的家庭联产承包制，就是安徽部分农户因为"吃不饱"而冒天下之大不韪将集体农地分田包干；20世纪80年代中期农村很多个体户，也是因为没有正经职业，被迫做些针头线脑的小买卖小生意。

2. 代际冲突型

这是指农户中的年老一代与新生代之间，因为在思想理念、个人偏好和兴趣特长方面的不同导致在家庭资源配置和生产生活方式选择上产生分歧，因为分歧的不可调和性使得家庭决策分裂：年老一代和新生代各干各的。代际冲突型决策通常导致家庭的兼业经营和城乡两栖生活。就当下的农村而言，很多年轻人不愿意从事农业，他们宁愿在城里打工，除非在城里生活不下去了，才可能被迫回到农村。

3. 盲目冲动型

这是指不顾家庭实际情况，盲目随大流或一时冲动做出决策。任何决策必须从家庭实际出发，否则决策不可能成功。但农村中存在攀比风气，有些农户看到别人在城里买了房子，就不顾自家经济情况贷款在城里购房，从而给家庭带来沉重经济负担；有些农户看到别人养猪养牛挣了钱，就不管不顾、一时冲动也搞起养殖业来。这些都属于盲目冲动型决策。盲目冲动型决策通常脱离家庭实际状况，往往难以取得决策成功。

二、资源配置方式视角

农户决策是农户对家庭资源的优化配置。农户配置家庭资源主要应该通过市场机制配置，但市场配置有时候会失灵，有时候会与政府发展目标不一致。在这种情况下，通常政府会介入农户决策，以弥补市场失灵或帮扶农户决策。因而，从资源配置方式视角看，农户决策有两种机制。

（1）市场自主型。即农户根据市场机遇与风险、供给与需求、收益与成本来合理配置家庭资源和生产生活方式。作为市场经济主体，农户具有经济理性和社会理性，完全有能力在城乡工农之间合理安排家庭资源配置。只有让农户自主经营、自负盈亏、自我发展，才能调动2亿多农户的积极性、主动性和创造性，才能激发"三农"的活力。

（2）政府干预型。即政府介入或替代农户对农户家庭资源或生产生活方式进行优化配置。比如强制合村并居、强制农民上楼。当然，政府介入农户决策并不都是错误的，但一定要注意介入的尺度，不能完全代替农户决策，特别是不能违背民意。在市场经济体制下，政府必须尊重市场对资源配置的决定作用，尊重农户自主决策的权利。当然，市场不是万能的，政府的作用在于健全市场机制、弥补市场失灵、引导和帮扶农户决策。但政府不能代替市场，扭曲市场机制，也不能代替农户，强制为农户决策。

第六节　入城农户与规模农户成功的经验分析

　　入城农户与规模农户是推进城市化与农业现代化需要重点打造的两类农户，也是小农户分化和升级的两个路径，是小农户梦想的实现。推进城市化与农业现代化就是要把更多小农户分化和升级为城市户和规模农户。从农户家庭决策视角总结他们成功的经验，对于从小农户分化和升级层面推进城市化和农业现代化具有重要理论价值与实践意义。

　　具体来说，入城农户和规模农户之所以能取得成功，主要的经验在于：第一，能够认清和及时顺应经济社会发展趋势；第二，能够关注和理解国家政治经济社会方针政策和制度安排；第三，能够深入分析和正确认知经济社会发展机遇与风险；第四，能够全面认识农户户情与相对优势；第五，能够将外部环境与农户户情结合起来积极决策；第六，具有科学民主的家庭决策机制。

第四章

城乡二元融解时期农户家庭决策的具体成因

在同一经济社会环境和背景下，即在机遇与风险大体相当情况下，不同农户会做出不同决策。同样，同质化的农户，在面对不同经济社会发展环境和背景，即机遇与风险不同的情况下，也会做出不同决策。事实上，再相同的经济社会环境和背景、再同质均构化的农户，如果从局部和具体看，也存在差异。经济社会环境和农户户情的大同小异，进一步增加了农户决策的复杂性和多样性，同样也反映了隐藏在农户每一个决策背后的成因的复杂性和多样性。

本书第三章分析了农户决策的影响因素，阐明每个因素对农户决策的一般影响、具体影响，每个因素在农户决策中的性质、地位和作用，以及所有因素在农户决策中的协同作用。这是从影响因素视角对农户决策的分析。本章将在第三章基础上，从农户具体决策视角，研究农户所有策略集合中每一个可能决策的具体成因。

第一节　研究方法：农户决策由矛盾主要方面决定

如第三章所述，影响和决定农户决策的因素，主要有工业化和城市化发展、国家城乡工农关系及其相关政策制度和农户户情等七个因素。但这七个因素对农户决策的影响力和作用力是不均衡的，且每个因素不同的具体内涵会产生不同的影响，这使得大同小异的农户在大同小异的经济社会环境下对家庭资源配置进行决策时，会出现同化基础上的分化现象，即聚类化现象。

综合来看，在上述七个因素作用下，不同农户所能够做出的决策，不外乎第二章所论述的九种决策：留村务农、留村兼业、留村非农、兼居纯农、兼居兼业、兼居非农、进城非农、进城纯农、进城兼业。这九种决策就是上述七种因素在不同农户身上发生协同性、系统性影响的结果，也就是说，不管农户户情存在多大差别，也不管农户面对的经济社会环境有多大差异，农户对家庭资源配置或生产生活方式的安排无非就是上述九种。尽管马克思主义认为，生产方式决定生活方式，但对于农户决策而言，其有一个不可否认的事实，即其生活方式的决定先于其生产方式的决定。农户在对家庭资源进行配置，或对家庭生产生活方式进行安排时，其初始状态是生活在农村，这是在其决策之前就已经先天决定的了。农村是农户决策的起始点和立足点，其决策就是在农村生活这个基础上决定干什么、去哪里生活。它所考虑的首先是在农村干什么，然后才会考虑要不要、能不能去城里，去城里干什么。因此，本书对农户决策类型的划分，是采用先生活后生产、生活生产一体化方式。

就农户上述九种决策而言，每一种决策都是前述七种因素共同作用导致。但这七种因素的作用力会因时而异、因地而异，对不同农户的影响力也会不均衡。辩证唯物主义两点论和重点论原理指出，任何事物都是矛盾统一体，由主要矛盾和次要矛盾以及矛盾的主要方面和次要方面构成，但事物的性质是由主要矛盾的主要方面所决定。本章将根据这一方法论，分析每一项农户决策的具体成因，阐明其主要影响因素。

第二节　村居决策类型的具体成因

在农村居住和生活是农户决策的起点。从村居的视角看，农户决策主要有三类：村居纯农、村居非农和村居兼业。

一、村居纯农决策的具体成因

村居纯农是农户最古老、最传统的生产生活方式，是所有农户决策的起点。农户决策要么是对它的承继，要么是对它的改变。在后城乡二元时代，工业化城市化发展为农户改变传统的生产生活方式、重新配置家庭资源提供了很多非农化、城市化机遇，市场经济体制也赋予农户自主决策权。在这种时代背景和经济社会发展前提下，如果农户仍然选择留村务农，保持原有的农村生活方式和农业生产方式不变，可能的原因有以下几个方面：第一，工业化城市化以及区域经济不发达，农户没有非农就业创业机遇；或者工业化城市化以及区域经济虽有一定发展，但提供的新机遇不多或不可得。第二，国家对非农化和城市化没有补贴，而对农业有支持政策和补贴政策。第三，农户本身没有剩余农业劳动力，或缺少从事非农化产业的技能和城市化的资金，难以把握外部环境提供的新机遇。第四，农户熟悉农业生产和农村生活，不愿意改变现有生产生活方式。第五，农户是种粮能手或种粮大户，从农业中获得了规模效益。

从上述五种原因来看，第一条和第二条属于农户决策的外部环境，第三条、第四条和第五条属于农户户情。就其外部环境而言，在同一外部环境下，可能同时存在许多农户，但有些农户就会选择非农化和城市化。为什么会出现这种差异呢？显而易见，这源自第三条、第四条、第五条原因，即农户户情。也就是说，农户之所以选择或做出村居纯农这一决策，最根本的原因在于农户缺少剩余劳动力，或不具备非农技能、城市化资金，或是种粮大户，农业生产经营是其优势。据此分析，做出村居纯农决策的农户，主要有两种，一是老弱病残或人口较少农户（弱势农户）；二是种粮大户。其中，弱势农户是被动选择村居纯农，而种粮大户则是主动选择村居纯农。当然，可能还有一种农户也会选择村居纯农决策，即家庭劳动力虽充足、外部环境也有非农就业机遇，但缺少非农劳动技能而不得不继续维持村居纯农生产生活方式。

二、村居兼业决策的具体成因

村居兼业决策，意指农户留在农村居住生活，一边经营农业，一边从事非农产业经营或工作。做出村居兼业决策的前提，第一，区域经济较发达，农村中非农经济获得很大发展，非农就业创业机会较多。第二，国家农业农村政策制度允许农户兼业经营。第三，农户要有较多劳动力，农户人口中要有具备非农产业就业创业能力的劳动者，能够同时满足农业生产和非农产业经营的需求。第四，农业经营收入低，且难以扩大再生产。第五，家庭并不是很富有，且对非农产业信心不足。可见，村居兼业决策需要外部环境与农户户情的匹配，二者缺一不可。从外部环境看，区域经济要发达，农村非农经济有较大发展；农户兼营农业和非农产业得到国家政策许可。从农户户情看，农户要具有较多劳动力，且劳动力素质结构要多元化，不能同质化；农户不是很富有，尚不能完全非农化或城市化。只有这二者同时兼备，农户才能选择或做出村居兼业的决策。当然，从根本上看村居兼业决策还是由农户户情决定，因为在同一外部环境之中，并不是所有农户都选择村居兼业，只有户情与外部环境匹配的农户才会做出如此决策。

从村居兼业决策背后的成因看，能够做出这一决策的农户大体上是人口较多、劳动力充足，且劳动力素质较高、有创新创业精神的财富居于中等的农户。只有这样的农户才能发现外部环境提供的新机遇，并能够抓住新机遇，也只有这样的农户才需要兼业经营以增加家庭收入。村居兼业决策是农户分化过程中的一个过渡性策略，它反映了农户对完全非农化的不信任或无底气，而村居兼业经营不仅可以降低家庭风险和成本，而且能够实现家庭收益最大化，并使农户处于进退自如的有利位置。从当前我国农户类型来看，大多属于这样的中等农户，可以说是农户中的"中产阶级"，也因此，村居兼业决策在农户决策中所占比重较大。

三、村居非农决策的具体成因

村居非农决策，意指农户决定继续留在乡村居住生活，但家庭所从事的产业从农业转向非农产业。村居非农决策是一项比村居兼业更大胆的选项。一般而言，做出这样的决策需要如下条件：第一，区域经济较为发达，农村非农经济有了较大发展，非农就业创业机会较多。第二，农业收入较低，务农机会成本较高。第三，农户具有从事或经营非农产业的知识、能力。第四，农户所从事的非农产业收入较大，就业比较稳定。在这四项条件中，第一、第二属于农户决策的外部环境，第三、第四属于农户决策的户情。就外部环境而言，区域非农经济发达，为农户从事非农产业提供了良好产业环境和发展机遇，增强了农户从事非农产业的信心；农业收入低、务农成本较高，进一步降低了农业在农户产业结构中的地位，使农业在农户家庭收入中变得无足轻重。就农户户情而言，农户从事非农产业的能力、较高的非农产业收入、稳定的非农产业就业增加了农户收入、提高了农户社会保障能力。当"这样"的外部环境与"这样"的农户户情相结合，就会促使农户做出放弃农业、全身心从事非农产业的决定。客观来看，村居非农决策的外部环境还是较为普遍的，但其户情要求较为特殊。也正是这样特殊的户情决定了村居非农决策。

从村居非农决策背后的具体成因来看，能够做出这一决策的农户，应该是农村中家庭成员能力素质较高或家中有能人、非农产业从业时间较长且较为稳定、非农产业收入较高、家庭较为富有的农户，属于农村的非农大户，或能人户。这样的农户之所以还选择村居而没有入城，关键在于其非农产业位于农村，在乡村居住便于从事非农产业。

第三节　兼居决策类型的具体成因

伴随着工业化和城市化发展，在城乡之间两栖居住成为农户的一种新生活方式。从兼居视角看，农户决策主要有三类：兼居纯农、兼居兼业、兼居非农。

兼居又称城乡"两栖占地"，是指农户在乡下和城里都有房，一时在乡下居住，一时在城里居住；或者年轻人在城里居住，老年人在乡下居住。导致兼居的可能因素有：第一，农户一直有城市梦，这个梦对农户有很强吸引力；第二，农户收入提高，积蓄增加，想在城里购房投资；第三，想年老之后移居城里，享受更好的城市生活；第四，为年轻人结婚成家着想而在城里购房，想让年轻一代生活更美好；第五，想让后代接受城市优质教育资源和优美生活环境；第六，为了更方便地就近从事非农工作。在我国经济较发达的农村地区，特别是城郊地区农户城乡兼居已经成为较普遍的社会现象。

一、兼居纯农决策的具体成因

兼居纯农决策，意指农户决定在城乡之间两栖居住，但家庭仍从事农业生产经营。从影响农户决策的因素看，农户之所以做出兼居纯农决策，应该是基于以下原因。第一，区域城市化发展较快，在城里买房成为乡下的趋势和潮流。第二，农村道路硬化，城乡交通发达，私家汽车普及，从而使得城乡兼居便利化。第三，城市房价不断上涨，在城里买房变成投资。第四，农户拥有城市化梦想，年轻人结婚成家或后代教育对城市化有需求。第五，通过从事农业，特别是专业化的养殖业、规模化的种植业、特色化的现代农业，农户积累下财富。从这五个因素看，前三个属于农户决策的外部环境因素。正是因为外部环境变化，为农户兼居提供了条件与机遇。后两个属于农户户情，表明农户有城市化需求以及实现城乡兼居的实力。

从农村实际来看，诸如农村城市化发展、道路交通改善、私家汽车普及、县城房价上涨，已经成为大部分农村的普遍情况。但并非所有农户都选择城乡兼居纯农。大凡做出兼居纯农决策的农户，主要有两类，一类是农业大户，如种粮大户、规模养殖户、特色农产品种植户、农业经济作物种植户等农业专业户，他们一方面受益于农业，不想离开农业，另一方面从农业中积累了较多资金，想在城里买房，既可以算作投资，又可以让后代接受城市教育、过上城市生活。另一类是城郊农户。他们距离城市较近，因征地拆迁在城里分到房子和征地补偿款，就此实现城乡兼居。这部分农户因暂时找不到合适的非农就业机会，只好继续从事农业。

二、兼居兼业决策的具体成因

兼居兼业决策，意指农户决定在城乡之间兼居的同时，在城乡分别从事农业和非农产业，由此实现家庭收益最大化和家庭福利最大化。从农户决策的影响因素分析，农户之所以做出兼居兼业决策，可能基于以下原因。第一，工业化城市化发展和区域经济发展，使得城市化和非农化机遇大量出现。第二，在附近城里买房成为乡下农民的趋势和潮流。第三，农业收入低，乡下缺少非农就业机会。第四，农户有城市化和非农化需求，年轻人想在城里工作和生活。在城里买房可以方便家人从事非农工作，也可以让后代接受城市先进教育。第五，城市非农工作和乡下农业收入可以支撑农户实现城乡两栖。第六，农户的家庭收入和产业基础尚不足以支撑农户实现彻底的城市化，只好暂时以兼业兼居形式降低城市化风险和支付城市化成本。显而易见，就上述五个方面的因素看，前三个属于农户决策的外部环境，这样的外部环境一方面为兼业兼居决策提供了可能性，另一方面强化了农户的主体需求。后两个因素属于农户户情。这样的农户户情一方面表明农户有兼业兼居需求，另一方面表明农户具备实现兼业兼居的劳动力和财力。兼业兼居，既是农户在现有条件下的主动选择，也是被动无奈之举。

从农村实践看，工业化城市化发展、区域经济发展，以及农业比较收益低、城市房价上涨是普遍化情况，但并非所有农户都会选择兼居兼业决策。大凡选择兼居兼业决策的农户，多具有如下特质。一是农户劳动力较多，农业满足不了劳动需求。二是年轻劳动力不愿意从事农业。三是年轻人面临成家立业、结婚生子，对城市生活有向往和需求。四是依靠农业发家致富的希望较为渺茫，同时靠非农产业养家的风险又很大。五是有一定财富积累，能够支撑城市购房。综合这些特质来看，能够做出兼业兼居决策的农户，应该属于农村中的具有两代及两代以上人口的中等偏富的大户，通过家庭代际分工分居实现城乡兼居兼业。

三、兼居非农决策的具体成因

兼居非农决策，意指农户决定在城乡之间交错居住生活或家人分别在城乡之间居住生活，同时家庭产业从农业转向非农产业。从农户决策的影响因素来看，农户之所以做出兼居非农决策，主要基于以下原因。第一，工业化城市化发展和区域经济发展较快，非农化和城市化机遇较多；第二，城乡之间交通便利，私家汽车普及化；第三，城市化成为乡村发展趋势和潮流；第四，农户有城市化和非农就业需求；第五，农户从事非农产业时间较长，工作稳定、收入较高；第六，对农村生活还有留恋，不想完全脱离农村。显而易见，从这六个原因看，前三个属于农户决策的外部环境，既为农户兼居非农提供了机遇和条件，也刺激了农户非农化和城市化需求；后三个属于农户决策的农户户情，显示农户既有城市化和非农化需求，也具备兼居非农的能力和财力，同时还暂时离不开农村。这样的外部环境与特定的农户户情，使得兼居非农决策得以形成。

从农村实际来看，选择兼居非农决策的农户，在区域分布上主要来自两地。一是处于工业化城市化发展和区域经济发展较快、非农产业较为发达的地区。处于这类地区的兼居非农户，一般是一家人就近兼居非农，而不是异地兼居非农，即乡村与城市处于同一地域，相距不远。二是处于工业化城市化发展缓慢的贫穷落后地区。处于贫穷落后地区的兼居非农户，一般是一家人分开跨地域实现，即年轻人到城里创业打工生活，而老年人在农村居家养老，其家庭生活重心和工作重心基本转移到了城里和非农产业，但是又不愿意放弃农村田产，只好采取兼居非农的生产生活方式。从兼居非农决策的空间实现形式看，一般有两种。一种是以农村生活为主的兼居非农，另一种是以城市生活为主的兼居非农。兼居非农的空间实现形式由非农产业的空间分布决定，如果其非农产业位于农村，兼居非农就会采取第一种形式，反之则会采取第二种形式。从兼居非农决策的家庭实现形式看，一般也有两种，一种是全家人聚集在一起，部分时间在乡村渡过，部分时间在城里渡过；另一种是全家人分开居住，年轻人住城里从事非农工作，老年人在乡下居家养老。兼居非农决策的家庭实现形式由其家庭结构决定。

总体来看，大凡做出兼居非农决策的农户，不管是处于发达地区还是处于落后地区，都属于农村中从事非农产业较早，且非农产业或工作较为稳定，非农就业收入较高、家庭有一定财力的较富裕的农户。这些农户不再满足于农村落后的生活，想追求更高品质的城市生活。

第四节　城居决策类型的具体成因

大多数农户都具有城市化梦想。在工业化城市化快速发展的时代，到城里去生活安居成为许多农户的现实选择。城居是指农户基本上已经从乡下移居到城里生活，虽然乡下还持有集体农地和留有农房，但要么闲置撂荒，要么出租流转。导致入城居住的因素主要有：第一，非农工作和城市事业稳定，非农收入高，且已经在城里购房；第二，城市生活并不妨碍兼营农业；第三，更加喜欢城市生活和非农工作；第四，拥有城市梦，想过城市生活；第五，对农村没什么特殊感情，没有留恋之处。从城居视角来看，农户决策表现为城居纯农、城居兼业、城居非农三种类型。

一、城居纯农决策的具体成因

城居纯农决策，意指农户决定在城里居住生活，但家庭还是从事农业产业。城居纯农决策看似矛盾和不合理，但实际上在国内外并不鲜见，也是未来中国农业农村发展的重要方向。事实上，人们从事农业生产经营，未必非得在农村。在现代交通、通信条件和农业自动化发展基础上，农户完全可以居住在城里、在工作时间去乡下从事农业生产。

从农户决策的影响因素看，农户之所以能做出城居纯农决策，大体上有以下原因。第一，工业化城市化高度发展，农业规模化和现代化空间广阔。第二，城乡交通便利，农业基础设施建设发达。第三，农户具有从事现代农业的技能，其农业基本实现了规模化、产业化、企业化。第四，农户具有较强经济实力，可以支付城市化成本。第五，农户具有较强的城市化需求，不愿意生活在农村。就这五个原因而论，前两个属于农户决策的外部环境，为农户实现城市化和发展现代农业提供了条件与机遇；后三个属于农户决策的特殊户情，显示农户具有实现城市化和以农业为谋生手段的能力和财力。这样特殊的外部环境与农户户情的结合，使城居纯农决策成为现实。

从农村的现实情况看，能够做出城居纯农决策的农户，大部分是农村中的种粮大户、规模农户、特色农户、专业农户，或家庭农场主、农业企业主、农业合作社负责人等新型农业经营主体。这些农户利用有利的外部环境，通过农地流转发展规模农业、专业农业和现代农业，利用市场机制实现了比一般农户高得多的利润率，完成了家庭财富积累。在此基础上，他们不满足于落后的农村生活，纷纷在城里买房安家，让家人享受现代城市生活。但从目前来看，能够做出城居纯农决策的农户在农村还占极少数。但城居纯农应该是未来农村发展的重要方向，未来从事现代农业的农户完全可以做到在城市生活、在农村从事农业工作，就像西方发达国家的农场主一样。

二、城居兼业决策的具体成因

城居兼业决策，意指农户决定将家庭从农村迁移城市生活，但在城里从事非农产业的同时，还兼营原有的家庭农业生产经营。城居兼业决策的主要实现形式，就是把农村原有农地出租、转让、转包，通过收取农地租金形式经营农业。当然，也有极少数城居农户还直接经营家庭农业，特别是在城郊农村。这主要是因为居所离农地较近，农地少，规模小，农业社会化服务较好，因而容易打理。

从农户决策的影响因素看，农户之所以能做出城居兼业决策，可能基于以下原因。第一，工业化城市化发展和区域经济发展较好，非农化和城市化机遇多；第二，城市化成为农村重要趋势和潮流；第三，农户有城市化需求，年轻人想到城市生活和工作；第四，城市非农工作不稳定，收入不高，不足以让农户完全放弃农业；第五，农户对城市生活和非农工作缺少信心，总想兼营农业保底或贴补城市生活。就这五个原因而言，前两个属于农户决策的外部环境，为城居兼业提供了社会经济条件与机遇；后三个属于农户户情，显示农户有城居兼业需求，但对完全城市化不放心，需要农业作保底和补助。当这样特殊的外部环境与特殊的农户户情相结合时，城居兼业就会成为现实选择。

从农村实际看，大多数选择城市化的农户，并没有放弃农业资源，仍然以出租、转包、入股、代耕等形式兼营农业。他们之所以还在兼营农业，主要是因为城市非农工作不稳定，城市生活成本较高，家庭财富积累不足，对完全城市化缺少信心。因此，只好兼营农业以贴补家用，并实现以农业保底的心理安慰。由此判断，大凡做出城居兼业决策的农户，应该是农村中总体能力素质较高、非农工作时间较长、有一定家庭积累的中等偏上农户。

三、城居非农决策的具体成因

城居非农决策，意指农户决定举家迁居城市，同时将家庭所从事产业由农业转移到非农产业上来，由此实现完全城市化——脱村入城、由农转非。城居非农决策是农户实现家庭性质转化的主要标志和重要决定，也是农户彻底城市化的完成。城居非农决策的实现形式，一般有两种，一种是就地城居非农，另一种是异地城居非农。

从农户决策的影响因素看，农户之所以能做出城居非农决策，可能基于以下原因。第一，工业化城市化和区域经济发展较快，城市化和非农化机遇较多；第二，农村落后、农业辛苦，农业收入低；第三，农户有城市化和非农化需求；第四，农户从事非农产业时间较长，非农产业工作稳定，收入较高；第五，家庭财富积累较殷实，可以完全摆脱土地依赖。就这五个原因而言，前两个属于农户决策的外部环境，为城居非农提供机遇和条件，同时激发农户追求城居非农的动力；后三个属于农户决策的户情，显示农户不仅有城居非农的需求，而且具有实现城居非农的能力和财力。正是这样特殊的外部环境与特定的户情的结合，使得城居非农决策成为现实选择。

从农村实际来看，大凡能做出城居非农决策的农户，多为农村中的非农大户、私营业主或外出务工经商发家的农户，属于农村中的富裕户和有钱人。他们一方面从事非农产业时间较长，非农产业发展稳定，家庭财富积累较多；另一方面对农业及其收益越来越不重视，对农村生活越来越不满，对城市生活充满向往。这使得他们既有城市化需求，又具备城市化的产业基础。当然，在当下的农村，像这样能够完全脱村入城、由农转非的农户还占极少数。发展现代农业，减少农民和农户，必须发展更多能够做出城居非农决策的农户。

第五节　农户家庭决策的比较分析

前述分析表明，城乡二元融解时期，面对工业化和城市化快速发展的外部环境，我国农户需要对原有家庭资源配置和生产生活方式做出新的决断：是留还是进、是农还是非农？总体来讲，农户有九个策略可供选择。当然农户如何抉择，还取决于农户如何认知以及如何将外部环境与农户户情相结合。外部环境只是农户决策的外因，为农户决策提供新的机遇、条件与前提；农户户情是内因，为农户决策提供根据和基础。只有将这二者结合起来，农户决策才具有可能性与现实性。

一、农户不同决策的比重分析

为分析不同农户的不同决策情况，研究团队依经济发展水平的高、中、低3个层次，在河北省的城郊区、平原区和山地区分别选取3个行政村1509户人家，入村进户对农户当前的资源配置与生产生活方式进行实地调查。通过入户调查、访谈村干部、查阅户籍资料得出这9个行政村1509户人家当下及近5年的家庭决策结果。

（一）农户不同决策的具体分布

从调查结果来看，9个农户决策类型都有农户选择，但存在地域性、不平衡和聚类化特征（见表4-1）。

表 4-1 农户家庭决策分布　　　　　　　单位：户

决策类型		城郊区			平原区			山地区		
		1村	2村	3村	4村	5村	6村	7村	8村	9村
		216	190	154	238	172	160	156	125	98
村居决策	村居纯农	37（7）	52（5）	51（4）	53（8）	38（5）	35（3）	33（6）	36（4）	31（2）
	村居兼业	46	58	56	68	84	92	86	42	37
	村居非农	12	14	7	8	6	4	5	9	6
	总计	95	124	114	129	128	131	124	87	74
兼居决策	兼居纯农	10	6	3	4	2	1	4	4	1
	兼居兼业	38	27	25	38	12	13	12	7	11
	兼居非农	27	5	4	24	10	4	5	8	5
	总计	75	38	32	66	24	18	21	19	17

续表

决策类型		城郊区			平原区			山地区		
		1村	2村	3村	4村	5村	6村	7村	8村	9村
		216	190	154	238	172	160	156	125	98
城居决策	城居纯农	2	1	0	2	0	1	2	4	2
	城居兼业	8	10	5	26	13	7	3	4	2
	城居非农	36	17	3	15	7	3	6	11	3
	总计	46	28	8	43	20	11	11	19	7

注：村居纯农决策栏括号中数字表示选择该决策的规模农户数。

（二）农户家庭决策的比重分析

1. 三大决策类别比较

第一，选择村居决策的农户比例最高，在总共1509户中占67%。无论是在城郊区，还是在平原区和山地区，选择村居决策的农户所占比重都比较高，分别为59%、68%、75%。选择村居比例较高，这是极其正常的。因为再发达的工业化和城市化短时间内也无法容纳太多农户入城。但这一比例如此之高，说明我国工业化城市化对农村农业的拉动作用不大，工业化和城市化发展并没有促使更多农户由村入城。由于农村还汇聚着如此多的农户，农业规模化的调剂空间还是很小，农业现代化还是会卡在"规模瓶颈"上。

第二，选择兼居决策的农户比例居中，在总共1509户中占20%。无论是在城郊区，还是在平原区和山地区，选择兼居决策的农户所占比重都位居中游，分别为26%、19%、15%。这说明农户对城市化充满向往，但实现完全的城市化和非农化，农户还缺少信心和实力，只能采取兼居分居的折中形式相互支撑，铸就进退自由的心理防线。

第三，选择城居决策的农户比例最低，在总共1509户中占13%。无论是在城郊区，还是在平原区和山地区，选择城居决策的农户所占比重都最低，分别为15%、13%、9.7%。城居决策是农户完成城镇化的标志，这一比例低说明农村城镇化虽取得一定成就，但总体上进度缓慢，成效不大。

从村居到兼居，再到城居实际是农户脱村入城、由农转非的城市化渐进性历程。兼居和城居比例低，说明我国农户城镇化缓慢。事实上，只有让大量农户实现城市化，离开土地和农村，农业现代化才有希望。据测算，如果要将我国农户现有土地规模户均10亩左右扩大到户均50亩左右，则我国农户数量需要从现在的2亿户下降到4800万户，需要减少五分之四的农户。但从农户决策看，这个难度还是相当大。

2. 三大决策类别内部比较

第一，在村居决策类型中，村居兼业比重最高，达57%，村居纯农和村居非农次之，分别为36%、7%。这说明当前我国大多数农户产业结构不再是单一的第一产业了，开始向第二产业和第三产业转移了。村居兼业户应是当前农村农户的第一大类。村居纯农户比例还较高，这说明农村中存在很多弱势农户，无法把握非农化机遇。村居非农决策占有一定比例，这说明农村非农经济得到发展，但还处于分散化状态，没有实现聚集和城镇化。

第二，在兼居决策类型中，兼居兼业决策比例最高，达59%，兼居非农和兼居纯农次之，分别为30%、11%。兼居兼业比例高，说明农户对城市化缺少信心，不敢完全放弃农业，需要兼营农业和非农产业以支撑城乡两栖。兼居非农户比例次之，说明这部分农户已经有了稳定的非农工作和非农产业，非农收入较高，因而不在乎农业收入，但仍然对农业和农村留有依恋之情。兼居纯农比例在兼居决策类型中比重最低，说明依靠农业实现城乡两栖居住还是很困难，只有那些种粮大户、家庭农场主、农业专业户、农业合作社负责人等新型农业经营主体才具有实力，可以单纯依靠农业收入支撑城乡两栖。

第三，在城居决策类型中，城居非农决策比例最高，达52%，城居兼业和城居非农次之，分别为40%、8%。城居非农决策比例最高，说明完全地、彻底地城镇化是已经实现城居的农户的最高追求，只要城镇非农就业稳定、社会保障城乡均等化，大部分实现城居的农户会放弃兼业而实现完全城镇化。城居兼业比重较高，说明大部分实现城居的农户对完全城镇化还没有充足信心和十足把握，还想把农业作为社会保障手段以应对城市化风险。城居纯农决策比例最低，说明现代农户和新型农业经营主体还比较少，农业还无法给予农户足够的收入以支撑其城镇生活。

3. 城郊区、平原区和山地区比较

第一，就城郊区农户决策而言，选择兼居和城居的比例（26%、15%）相对平原区（19%、13%）和山地区（15%、9.7%）要高，选择村居的比例相对要低（城郊区、平原区和山地区分别为59%、68%、75%）。这说明东部沿

海地区工业化和城市化发展高于中西部内陆地区，农户财富积累较多，非农就业机会多。但就其本身而言，选择村居的比例仍然要高于兼居和城居比例，且在村居决策类型中，选择村居兼业的户数在东部地区九种决策策略选择中最多。这说明兼业在东部地区相当普遍。

第二，就平原区农户决策而言，选择兼居和城居的比例虽然低于城郊区，但城居比例和兼居比例均高于山地区。平原区农户的决策类型分布，大体反映了平原地区工业化城市化发展水平、农户富裕程度在全国的区域排名。就平原地区内部而言，也是村居决策比例高，且村居兼业比例在全部九种决策中比例最高。也就是说，兼业在平原区极为普遍。

第三，就山地区农户决策而言，选择城居和村居的比例明显落后于城郊区和平原区，选择兼居的比例大体与平原地区相当。选择村居决策的比例在三地中比例最高，这说明山地区工业化城市化发展缓慢，对农业的拉动作用不显著。就兼居而言，平原区的兼居大多为农户就近实现城乡两栖居住，但山地区多为跨地区以农户代际分居形式实现兼居。在山地区农户决策内部，村居兼业决策也是占据最高比重，这也表明山地区农户在乡村兼业成为普遍形式。

二、农户不同决策对城市化和农业现代化的利弊分析

城乡二元融解时期，在工业化城市化发展浪潮冲击下，传统农户走到需要对家庭资源配置和生产生活方式进行优化重置的重大历史关头。如前所述，农户共有三大类九项策略可供选择。无论是否要做出改变，农户必从中选择一项。当然，农户会根据外部环境所提供的机遇、条件与空间，从家庭实际状况即户情出发做出理性选择。对于农户而言，为实现家庭利益最大化目标，其将外部环境与家庭实际相结合而做出的决策，都是科学合理的，无所谓利弊优劣之分。但对于国家城市化和农业现代化目标而言，农户从自身利益出发所做出的决策，则是有利弊正负之别，需要具体问题具体分析。

（一）村居类决策的利弊正负作用分析

1. 村居纯农决策的利弊正负作用

村居纯农是农户决策前的初始状态。选择这一决策可能意味着维持小农经济，但也可能意味着发展现代农业。如前所述，村居纯农决策主要对应两

类农户，一类是农村弱势农户，如老幼病残农户，或缺少劳动力农户，这类农户没有非农化和城市化能力及财力，只能居住在农村依靠简单农业劳动维持生计。显而易见，这不是现代农业所需要的主体，如果这类主体较多则不利于农业现代化发展。因为他们要占据一部分农业资源，且使之无法流动。另一类是农村中的新型农业经营主体，他们选择村居纯农的目标是发展现代规模农业，而非仅仅维持小规模原始农业。显而易见，如果这类农户多了且坚持村居纯农决策，则农村和农业就有希望了。可见，对于村居纯农决策的利弊正负作用，不能一概而论。政府要鼓励和支持农业大户选择村居纯农决策，为他们扩大规模提供服务，同时还要将农村中不能从事现代农业的弱势农户供养起来，在保障其基本生活且不降低其农业收益的情况下，将其承包地流转至农业大户手中。

2. 村居兼业决策的利弊正负作用

村居兼业决策是传统农户向非农化迈出的重要一步，代表着农户的进步。但如果仅仅停留于此，不再进一步分化，则又变成农业现代化的障碍。普遍的长期的兼业化，会占用大量农业资源，使之处于分散零碎化状态，无法通过市场进行整合，难以形成规模优势和聚集效应。因此，村居兼业决策虽然短期上有利于增加农户收入，但从长期看它不利于国家城市化和农业现代化发展。如前所述，村居兼业决策主要对应农村中的一般农户或中等农户。因为中等农户或一般农户在农村中占据多数，因而村居兼业决策是大多数农户的选择，村居兼业现象较为普遍。所以，要促进城市化和农业现代化发展，还要采取措施加快村居兼业户的分化，使其中一部分农户转化为村居非农户，进而将其占用的农业资源流转出去。

3. 村居非农决策的利弊正负作用

村居非农决策总体上有利于农业现代化。因为它可以使村居非农户把占用的农业资源流转出去，从而有利于农业资源的规模化。当然，村居非农决策也有利于城镇化，特别是就地城镇化。客观地讲，我国现有城市，无论是从数量上看还是从规模上看，都无法容纳发展现代农业所需要转移出去的农户和农民。因此，就地城镇化、发展新城镇是推进农业现代化和城镇化的重要途径。

选择村居非农决策的农户，一般是农村中从事非农产业时间较长、非农工作较为稳定、非农收入较高的富裕户、私营企业主，他们是农村中最接近实现城镇化的农户。其之所以选择村居非农决策，并非是因为无法支付完全城市化的费用，而是因为家庭所从事的非农产业位于乡村，在村里居住工作便利。如果政府推进就地城镇化，不仅可以吸纳村居非农户迁居到附近城镇，提升城镇化水平，而且可以减少农户，为农业现代化发展腾出更多可流通资源和调整空间。

（二）兼居类决策的利弊正负作用分析

1. 兼居纯农决策的利弊正负作用

兼居纯农决策一定程度上会推进城镇化发展。因为农户要在城乡之间两栖居住，就要在城里买房，由此推动城市房地产业发展和基础设施建设。当然，对于农业现代化而言，如果大量农户选择兼居纯农决策，则不利于农业现代化发展，因为大量农户占用农业资源必然导致户均农业资源的规模狭小。而事实上，能够做出兼居纯农决策的农户，常常只占农村农户的极少数。只有那些种粮大户、家庭农场主、农业专业户、农业合作社负责人等新型农业经营主体，才有能力、财力单纯依靠农业收入支撑城乡两栖生活。从这个角度上看，兼居纯农决策是有利于农业现代化发展的。在城乡之间两栖居住、但主要从事现代农业和农产品加工，在未来应该成为新型农业经营主体的生活新方式。

2. 兼居兼业决策的利弊正负作用

兼居兼业决策是农户为实现家庭收益最大化而采取的最稳妥策略。它一方面可以获取城市化和工业化发展的红利，另一方面还可以保持农业收益和农村资产，同时还能将家庭风险降至最低。兼居兼业决策总体上有利于城镇化发展，不利于农业现代化发展。因为要实现兼居兼业决策，一方面就要在城里购房生活，这会促进城镇化发展；另一方面要继续占有农业资源，甚至导致农业的边缘化、副业化。

从目前农村来看，能够选择兼居兼业决策的农户，多属于农村中人口较多、两代同堂的中等偏富的农村大户。他们有的是就近兼居兼业，有的是通过代际分工分居实现跨地区兼居兼业。兼居兼业实际上是传统农户向现代城市户转移的过渡形式，目的是增加农户收入、降低城市化风险。但这样城乡两头和工农两头都占的资源配置方式，势必影响专业化分工和资源效率，造成资源浪费和城市化质量下降，妨碍农业现代化发展。

3. 兼居非农决策的利弊正负作用

兼居非农决策是最接近农户完成城市化的策略形式，既有利于工业化和第三产业发展，也有利于城镇化和农业现代化发展，是政府需要鼓励激励和大力支持的决策。兼居非农决策有两种实现形式，一是在城乡兼居、在农村从非农产业；二是在城乡兼居、在城市从事非农产业。相对而言，后一种形式更有利于城市化和工业化。但无论哪一种形式，都会减少传统农户，增加农业可流通资源，促进农业资源市场化配置，有利于农业规模化和现代化发展。当然，兼居也可能造成农户资源的重置和浪费。

从农村实际来看，能做出兼居非农决策的农户，一般都属于农村中从事非农产业较早、非农产业发展顺利、非农收入较高、家庭财富较殷实的富裕户、私营企业主。这些农户是最有可能优先实现城市化的农户，他们之所以还在城乡兼居，一则对农村还有留恋，二则可能非农产业位于农村。促进农业现代化和城市化发展，要适度实现农村工业的集中化，在保留农户乡愁的同时增强农户的城市适应性和归属感。

（三）城居类决策的利弊正负作用分析

1. 城居纯农决策的利弊正负作用

如前所述，城居纯农决策并非大多数农户所能够选择的。一般来说，只有农村中的种粮大户、规模农户、特色农户、专业农户，或家庭农场主、农业企业主、农业合作社负责人等新型农业经营主体才有实力选择城居纯农策略。因为单纯依靠农业收入在城市里居住生活，这样的农业绝非是传统小农业，而应该是产业化、规模化的现代农业。普通的没有产业基础的农户，是没有实力选择城居纯农决策的。假如大多数农户能够选择城居，且仍然以从事小农业为生，这对农业现代化发展而言无疑是灾难性的，因为这样的城市化并没有减少农户，可流通的农业资源仍然稀缺，农业现代化发展还是缺少规模化资源空间。但现实是，仅靠传统小农业无法支撑城居生活。可以预料的是，作为理性经济人，占据农户大多数的一般农户都不会选择城居纯农决策。

总体而言，如果农村中选择城居纯农决策的农户越多，说明这个地区农业现代化水平很高。当然，城居纯农决策肯定有利于城市化发展，未来也应该成为新型农业经营主体的生产生活方式：在农村从事现代农业，在附近城市居住生活。城居与纯农看似矛盾，但事实上它们可以完美地结合在一起。随着农业机械化、自动化发展和城乡之间交通设施的完善，从事现代农业的家庭完全可以在附近城市居住生活。

2. 城居兼业决策的利弊正负作用

总体而言，城居兼业决策有利于城市化发展，但不利于农业现代化发展。本来国家推进城市化，就是为了减少农户，增加可流通农业资源，促进农业规模化、产业化发展。但如果农户都选择城居兼营农业，这样的决策显然不利于农业规模化。规模化是农业现代化的基础，没有一定的规模，就没有现代农业。

具体来看，城居兼业有两种形式，一种是农户在城居的同时还直接经营农村中的农业，如农户通过代际分工由老人妇女在家从事农业，这样的城居兼业是不利于农业现代化发展的。另一种是农户在城居的同时不直接经营农业，而是将其出租、流转出去，只收取财产性租金或流转费。这种城居兼业形式则有利于农业现代化发展。但无论怎样，城居兼业并不是农户城市化的完成，只有放弃农业和农业资源，才能完成城市化，也才能增加市场可流通性农业资源，为农业现代化发展腾出规模化空间。

3. 城居非农决策的利弊正负作用

城居非农决策是农户实现彻底城市化的标志和决定性步骤，是农户脱村入城、由农转非的真正实现，既有利于城市化，也有利于农业现代化发展。一则它为城市增加了新住户，促进了人口城市化；二则它直接减少了农户，有多少农户选择城居非农决策，农村就会减少多少农户，从而增加可流通农业资源，为农业现代化发展提供空间和条件。

城居非农决策是农户脱村入城、由农转非的重大决定，标志着农户生产生活方式的质变。从当前农村实际来看，很少有农户会直接做出从村居纯农到城居非农的巨变，他们往往会经历兼居或兼业等中间过渡形式，渐进实现城市化。只有推动更多有条件的农户做出城居非农的决策，才能真正减少农户数量，为发展现代农业创造宽松环境，才能消除"入城而不入户、退村而不退地"的城市化，实现有质量的城市化。

第六节　农户决策、农户分化、农户减少的关系

前述分析表明，农户决策与农户分化、农户减少之间存在密切关系。分化和减少农户关乎农业现代化和城市化发展，是实现二者和谐发展的中介和

桥梁。分化和减少农户不能凭借政府行政力量，需要由农户自主决定。面对工业化城市化和经济社会发展趋势，让农户在城乡工农之间自主决定，是实现农户分化和农户减少的基本途径。政府需要做的就是优化经济社会环境，为农户决策创造更多机遇和更好条件，并通过环境优化、机遇供给和政策支持，引导农户决策与城市化和农业现代化发展方向保持一致，同向同行。

一、农户决策与农户分化的关系

农户决策主要基于农户的基本户情。农户决策的同一性主要源自农户户情的相似性，农户决策的差异性主要源自农户户情的特殊性。尽管所有农户看似同质均构，但每一户农户都具有与众不同的特殊性。农户户情的特殊性是农户决策形成差异的基础，也是农户分化的内在根源。农户决策只不过是放大了农户的特殊性，并使之外在化和扩大化。

农户决策是农户分化的起点，也是农户分化的动力。农户决策之前，农户之间的同质均构是矛盾的主要方面，农户之间的些微差别是矛盾的次要方面，即农户之间是大同小异的，农户没有分化。农户决策之后，农户之间的些微差别逐渐扩大，同质均构开始解体，农户之间呈现大异小同，差异成为矛盾的主要方面，相似成为矛盾的次要方面，农户分化开始外在化和明显化，并随着决策效果的逐渐显现，农户分化不断得以扩大，并最终完成。

当然，由于农户分化的有限性，即从生活方式上看，农户要么留村过农村生活，要么进城过城市生活；从生产方式上看，农户要么留农、从事农业生产，要么由农转非、从事非农产业。无论农户户情存在多大差别，农户只能在上述四种方式中进行选择和决策。由于农户决策的选项有限、策略集合有限，这使得农户分化不是无限分化，而是在分化的同时还呈现同化，即聚类化。事实上，只要让农户自主决策，国家再给予强有力引导，假以时日，我国现有2亿多均质同构的农户，从生活方式上看终将分化为村居户、兼居户和城居户三类；从生产方式上看，终将分化为纯农户、兼业户和非农户三类；如果将生活方式与生产方式结合起来看，农户终将化为九大类农户，即前述每一种决策形成一个类型。而伴随着兼居户和兼业户的进一步分化，农户最终将只剩下一种，即新型农业经营主体——家庭农场、种粮大户、规模农户、专业农户、农业生产合作社、农业企业，而其他农户都已实现城市化变成城市户，而这个时候也正是我国农业现代化得以实现的时候。所以，我国农户分化与农业现代化的实现是同一个过程。农户决策是促进农户分化和农业现代化的重要途径。

农户分化是农户决策的结果。农户决策主要基于农户户情。农户户情的特殊性决定了农户决策的差异性和农户不同的发展方向。伴随着农户决策的落实和效果显现，农户之间的差异性会越来越大，终将导致同构均质的农户分化为不同的类型，有的成为城市户，有的成为非农户，有的成为现代农户，有的还停留于传统小农户。当前我国实现农业现代化，最大的障碍就是农户数量众多、结构趋同，农户分化困难。因为农户分化困难，千家万户挤在有限农地上生存，导致户均农地规模狭小，"可流通"农地资源稀缺，农业规模化难以实现。农业现代化卡在"规模瓶颈"上无法实现。农业规模化与农户分流化、减量化理论上是一个相继的过程，但在农地总量既定的约束下，只有先实现农户减量化，农业规模化才能具备前提条件。所以，实现农业现代化，必须把我国两亿高度同质均构的农户分化。

农户决策主要基于农户户情。因此，相似的农户户情会导致农户决策的同一化，而农户决策的同一化不利于农户分化。所以促进农户分化，必须强化农户户情的特殊性和差异性，并由此推进农户决策的多元化。强化农户户情特殊性和差异性，需要政府因户施策，加强培训与分类指导。

二、农户分化与农户减少的关系

农户分化分流是减少农户的基本途径。减少农户就是使一部分具有条件的农户脱村入城、由农转非，通过城市化和非农化使农户数量下降至发展现代农业所需要的适度数量，即将极度不平衡的户多地少、人多地少的农业资源配置调整到发展现代农业所需要的适宜的户地比例。要减少农户，就要分化和分流农户。从我国现有2亿多农户数量和户均10亩地的农业资源配置来看，发展现代农业需要减少五分之四的农户。要让五分之四的农户即1.6亿农户实现城市化和非农化，让近五分之一的农户即0.4亿农户留在农村专门从事现代农业，这是一项极其艰巨的工作，农户分化任务极其沉重。由此可见，要减少农户数量，就要强化农户分化。要强化农户分化就要强化农户决策的多元化。要强化农户决策的多元化，就要培养和扩大农户的特殊性。

农户减少是农户分化的目标。农户分化是农户决策的客观结果，也是实现农业现代化的必经阶段。但发展现代农业，不能仅仅停留于农户分化阶段上，还必须在农户分化基础上进一步推进农户减少。也就是说，农户分化是减少农户的基本途径，但它不一定必然导致农户减少。如果农户分化只是停留在兼业兼居这个层面，则就不能减少农户。所以，推进农户分化必须让更多农户做出入城非农决策，即实现生活方式和生产方式的双转移，由村入城、由农转非，成为真正的城市户，彻底完成城市化。

三、农户决策与农户减少的关系

农户决策是农户减少的重要途径，农户减少是农户决策的间接目标。农户决策的直接目标是实现家庭收益最大化和家庭福利最大化，但在实现这一目标时，客观上导致了农户分化和农户减少。所以，推进农户减少工作，必须加大农户自主决策力度，调动农户的主观能动性，充分利用农户的特长和优势，扬长避短，发挥比较优势。借助市场机制的马太效应，扩大农户的差异性，促进农户分化和农户减少。

农户决策不是减少农户的唯一途径。郊区城市化发展、城中村改造、征地拆迁、合村并镇等措施也是减少农户的途径。但减少农户不能完全依靠政府行政力量，还是要借助于市场机制，由农户自主决策。政府需要做的就是服务、引导，对于符合城市化和农业现代化发展方向的农户决策给予支持和补助。减少农户是推进城镇化和农业现代化的不二选择，具有一石两鸟、一举多得的功效，但减少农户不是一项短期工作，政府一定要保持历史耐心和战略定力，不能急于求成。虽然当前农业农村中存在的农村空心化、农地撂荒化、农房闲置化、村落散乱化等问题已经极为严重和极为普遍，但在没有解决农户的安居问题、就业问题和社会保障问题之前，还是不能用行政命令代替农户决策，搞强制上楼和合村并居。强制城市化并不能真正减少农户，甚至会引发后续的"再农村化"。

第五章

城乡二元融解时期农户家庭决策对城镇化
和农业现代化的影响

毫无疑问，农户家庭决策属于农户的私人行为，但这一行为却关乎国家城市化和农业现代化目标。作为理性经济人，农户进行家庭决策时的主要出发点是实现家庭收益最大化、家庭福利最大化和家庭风险最小化。至于这一决策与国家城市化和农业现代化发展目标是否一致，是利是弊？农户不会做过多考虑。每一农户从自身利益出发所做出的决策汇聚起来在经济社会上会产生什么后果，以及这一后果对农业现代化和城市化发展有什么影响，农户也不会做过多考虑。但不言而喻的是，数量众多的农户所做出的或同或异的决策及其产生的后果，势必对农业现代化和城市化发展产生或有利或不利、或直接或间接的影响。本章将在前文基础上系统研究农户家庭决策及其后果对城镇化和农业现代化的影响。

第一节 农户家庭决策对城镇化和农业现代化的
直接影响

如第四章所述，在工业化和城镇化快速发展的经济社会背景下，城乡二元融解时期，传统农户有三大类九种具体家庭决策。每一种家庭决策对城镇化和农业现代化的影响都是不一样的，这是目前已知的情况。另外一个事实是，单个农户的某一家庭决策对城镇化和农业现代化的影响是微乎其微的。因此，研究农户决策对城镇化和农业现代化的影响，需要对农户决策分门别类，在此基础上研究某类农户决策对城镇化和农业现代化的影响。

一、农户家庭决策对城镇化的直接影响

从改革开放初期到现在，尽管中间有些许波动，但我国农户总量维持在2亿到2.4亿户之间。在工业化和城镇化快速发展大潮冲击下，这2亿多农户要在三大类九种决策集合中做出选择，由于选择的有限性，势必导致农户决策的聚类化。如前所述，农户决策前的一个先天因素是在农村生活，这一生活方式是既定的，农户只能在这一前提下决定是留村还是进城又或者城乡两栖，是务农还是从事非农产业又或者是兼业。选来选去，若按生活方式划分，农户决策会归于三类：村居类、兼居类、城居类。若按生产方式划分，农户决策会归于三类：纯农类，兼业类、非农类。若按生产生活方式一体化划分，农户决策会归于九小类。

（一）按生活方式划分的农户决策对城镇化的影响

1. 按生活方式划分的农户决策类别对城镇化的影响

（1）村居类决策对城镇化的影响

村居类决策总体上不利于城镇化发展。村居类决策越多，在农户总决策集合中所占比重越大，则越不利于城镇化。村居决策类别主要有村居纯农、村居兼业和村居非农三种。假设其决策数量分别为 X、Y1、Z1，总的决策数为 T，则村居类决策对城镇化的影响系数就是 –（X+Y1+Z1）/T。依据本项目在河北省9村1509家农户调查数据可得 –（X+Y1+Z1）/T=–（366+569+71）/1509 =–1006/1509=–0.67。

（2）兼居类决策对城镇化的影响

兼居类决策总体上是有利于城镇化发展的，虽然这一城镇化在纯度上差一些。因此，兼居类决策越多，在农户总决策集合中所占比重越大，则越有利于城镇化发展。兼居类决策主要有兼居纯农、兼居兼业、兼居非农三类决策。假设兼居纯农、兼居兼业、兼居非农决策数量分别为 X3、Y2、Z2，则兼居决策对城镇化的影响系数就是 +（X3+Y2+Z2）/T。依据本项目在河北省9村1509家农户调查数据可得 +（X3+Y2+Z2）/T=（35+184+91）/1509=0.20。

（3）城居类决策对城镇化的影响

城居类决策总体上是有利于城镇化发展的，且对城镇化发展的推动作用也强于兼居类决策。因此，城居类决策越多，在农户总决策集合中所占比重越大，则越有利于城镇化发展。城居类决策主要有城居纯农、城居兼业、城居非农三类决策。假设城居纯农、城居兼业、城居非农决策数量分别为 X4、Y3、Z3，则城居类决策对城镇化的影响系数就是 +（X4+Y3+Z3）/T。依据本项目在河北省9村1509家农户调查数据可得（X4+Y3+Z3）/T=（14+78+71）/1509=0.10。

2. 按生活方式划分的农户决策对城镇化的总体影响

显然，按生活方式划分的农户决策对城镇化的总体影响，取决于村居类决策、兼居类决策和城居类决策对城镇化不同影响的总和。假设这个总的影响系数为 W1，则有 W1=-（X+Y1+Z1）+（X3+Y2+Z2）+（X4+Y3+Z3）/T。由此可知，农户决策对城镇化的影响取决于农户决策类别数量及在总的决策集合中的比重，简单说就是取决于农户决策结构。

以本项研究在河北省9个村落的农户决策调查数据为例，可以分析出以这9个村落为代表的农户决策对城镇化的贡献率为 W1=-（X+Y1+Z1）+（X3+Y2+Z2）+（X4+Y3+Z3）/T=-0.67+0.20+0.10=-0.37。之所以为负值，是因为选择村居决策的农户远远大于兼居户和城居户之和。

既然如此，那为什么近30年来我国城镇化还是得到如此快速发展呢（解释这一现象正是本书研究的重要意义之一）？这恰恰说明城镇化更多的是政府推动的，而不是农户通过市场自主选择的。这并不是说农户不愿意实现城镇化，而只是说农户没有城市化的实力，不敢做出城镇化决策。这是其一。其二，因为农户不敢做出城居决策，但为了实现家庭收益最大化，获取城镇化发展的红利，只得选择个体劳动力转移方式，由此使城镇化获得廉价劳动力资源，从而推动了城镇化发展。其三，我国城镇化发展不仅仅是外部增量发展，还是内部存量发展。原有城镇本身的内在规模增长也是城镇化发展的重要源泉。其四，与农户决策前的初始状态相比，农户决策还是对城镇化发展起到了0.3的推进作用。由此可以得出如下结论：一是农户决策并没有对城镇化发展起到显著推动作用，因此40多年来我国农户总量并没有减少；二是农村个体劳动力转移虽然推动了城镇化发展，但并不是严格意义上的城镇化，也很难带动整户转移或全家城镇化。

（二）按生产方式划分的农户决策对城镇化的影响

真正的城镇化，既包括生活方式的城镇化，也包括生产方式的城镇化，是二者的统一。因此，生产方式的城镇化即农户所从事的产业的非农化，对城镇化也有促进作用。从生产方式划分视角看，农户决策表现为纯农型、兼业型、纯非农型三大类。

1. 按生产方式划分的农户决策类型对城镇化的影响

（1）纯农型决策对城镇化的影响

表面上看，纯农型决策是不利于城镇化的，纯农型决策越多，在总的决策集合中所占比重越大，则越不利于城镇化。但事实上纯农型决策包括不同类型，其对城镇化的作用需要具体分析。纯农型决策主要有村居纯农、兼居纯农和城居纯农三种。就这三种决策而言，村居纯农决策是不利于城镇化的，但兼居纯农和城居纯农都有利于城镇化。假设村居纯农、兼居纯农和城居纯农决策数量分别为 X、X3、X4，总的决策数量即总户数为 T，则纯农型决策对城镇化的影响系数为（-X+X3+X4）/T。依据本项目在河北省 9 村 1509 家农户调查数据可得（-X+X3+X4）/T=（-366+35+14）/1509=-0.21。

（2）兼业型决策对城镇化的影响

在兼业型决策中，村居兼业实际上是不利于城镇化发展的，因为它导致非农产业的分散化，不利于城镇的兴起和规模聚集。假设村居兼业的决策数量即村居兼业户为 Y1，总的决策数量即总户数为 T，则村居兼业决策对城镇化的影响系数为 -Y1/T。兼业型决策中的另外两种，即兼居兼业和城居兼业对城镇化是有利的，可以促进非农产业在城镇的聚集和发展，从而形成新城镇、发展旧城镇。假设兼居兼业和城居兼业的决策数量为 Y2 和 Y3，则兼居兼业和城居兼业决策对城镇化的影响系数就是 +Y2/T、+Y3/T。总和起来，兼业型决策对城镇化的影响系数是（-Y1+Y2+Y3）/T。依据本项目在河北省 9 村 1509 家农户调查数据可得（-Y1+Y2+Y3）/T=（-569+184+78）/1509=-0.20。

（3）非农型决策对城镇化的影响

在非农型决策中，村居非农实际上对城镇化发展不利，也是因为导致非农产业分散，不利于新兴城镇的产生和原有城镇的发展。村居非农决策数量越多，在总的决策集合中所占比重越大，越不利于城镇化发展。假设村居非农决策数量即村居非农户为 Z1，则村居非农决策对城镇化的影响系数为 -Z1/T。非农决策的另外两种决策即兼居非农和城居非农总体上对城镇化发展具有重要推动作用，因为只有这两种决策才能让农户真正实现城镇化。假设兼居非农和城居非农决策数量为 Z2、Z3，则兼居非农和城居非农决策对城镇化的影响系数为 +Z2/T、+Z3/T。总和起来，非农型决策对城镇化的影响系数为（-Z1+Z2+Z3）/T。依据本项目在河北省 9 村 1509 家农户调查数据可得

（-Z1+Z2+Z3）/T=（-71+91+71）/1509=0.06。

2. 按生产方式划分的农户决策对城镇化的总体影响

显然，按生产方式划分的农户决策对城镇化的总体影响，取决于纯农类决策、兼业类决策和非农类决策对城镇化不同影响的总和。假设总体影响系数为 W2，则有 W2=[（-X+X3+X4）+（-Y1+Y2+Y3）+（-Z1+Z2+Z3）]/T=-0.21-0.20+0.06=-0.35。

将本项研究在河北省9个行政村调查数据代入公式，可得 W2=-0.35。由此可见，从生产方式划分视角看，农户决策对城镇化的总体影响也是取决于各决策的数量及其在总决策集合中的比重，简单说就是取决于农户决策结构。

W2为负值说明农户对生产方式的决策，或农户生产方式的转型：由纯农向兼业和非农产业的转化对城镇化发展的促进作用不明显。这说明两点：第一，当前农户生产方式的转化——由农业转向非农产业的力度和广度还远远不足；第二，农户个体劳动力的转移并没有带动举家迁移，农民工市民化呈现黏性。在现实生活中表现为在城镇中特别是大城市存在众多非户籍人口和家庭。

3. 按生产生活方式一体化划分的农户决策对城镇化的影响

按生产生活方式一体化划分，农户决策有9种。在这9种决策类型中，按对城镇化有利与否标准划分，可分为两大类。一类是有利于城镇化发展的决策，包括兼居纯农、城居纯农，兼居兼业、城居兼业、兼居非农和城居非农，它们或者是有利于城镇房地产行业发展和人口聚集，或者有利于城镇非农产业发展和聚集，或者二者兼而有之。另一类是不利于城镇化发展的决策，包括村居纯农、村居兼业、村居非农，它们或者是不利于城镇人口集中，或者不利于非农产业在城镇集中，或者二者兼而有之。

假设兼居纯农、城居纯农、兼居兼业、城居兼业、兼居非农和城居非农决策的数量分别为 X3、X4、Y2、Y3、Z2、Z3，村居纯农、村居兼业、村居非农决策数量分别 X、Y1、Z1，W3为按生产生活方式一体化划分的农户决策总体影响系数，则有 W3=（X3+X4+Y2+Y3+Z2+Z3）-（X+Y1+Z1）/T。依据本项目在河北省9村1509家农户调查数据可得 W3=（X3+X4+Y2+Y3+Z2+Z3）-（X+Y1+Z1）/T=（35+14+184+78+91+71）-（366+569+71）/1509=-0.35。由此可见，按生产生活方式一体化划分的农户决策，其对城镇化的影响也是取决于各个决策的数量及在总决策的比重，即农户决策结构。

W3为负值说明按生产生活方式一体化划分的农户决策对城镇化发展具有

负向作用，其负向作用等于按生产方式划分的农户决策对城镇化的负向作用，但小于按生活方式划分的农户决策对城镇化的负向作用。这反映了两个事实，第一，农户生活方式的转化——由村进城对城镇化的促进作用大于农户生产方式的转化——非农化和兼业化对城镇化的促进作用。第二，农民工市民化的滞后拖累了生产方式转化对城镇化的促进作用。

表5-2　按生产方式划分的农户决策类型　　　　单位：户

决策		城郊区			平原区			山地区			合计
		1村	2村	3村	4村	5村	6村	7村	8村	9村	
		216	190	154	238	172	160	156	125	98	
务农决策	村居纯农	37（7）	52（5）	51（4）	53（8）	38（5）	35（3）	33（6）	36（4）	31（2）	366（44）
	兼居纯农	10	6	3	4	2	1	4	4	1	35
	城居纯农	2	1	0	2	0	1	2	4	2	14
	总计	49	59	54	59	40	37	39	44	34	
兼业决策	村居兼业	46	58	56	68	84	92	86	42	37	569
	兼居兼业	38	27	25	38	12	13	12	8	11	184
	城居兼业	8	10	5	26	13	7	3	4	2	78
	总计	92	95	86	132	109	112	101	54	50	
非农决策	村居非农	12	14	7	8	6	4	5	9	6	71
	兼居非农	27	5	4	24	10	4	5	7	5	91
	城居非农	36	17	3	15	7	3	6	11	3	71
	总计	75	36	14	47	23	11	16	27	14	

注：村居纯农决策栏括号中数字表示选择该决策的规模农户数。

二、农户家庭决策对农业现代化的直接影响

作为农业经济主体，农户的家庭决策直接关乎农业现代化发展。但不同的农业家庭决策对农业现代化发展有不同的影响。如前所述，单个农户的某一决策对农业现代化发展的影响是微乎其微的。但数量众多的农户所做出的众多决策势必对农业发展产生显著影响。因此，研究农户决策对农业发展或农业现代化的影响，必须先将农户决策分门别类，然后在了解每个决策对农业现代化发展的利弊基础上加以综合分析。

（一）按生活方式划分的农户决策对农业现代化的影响

1. 按生活方式划分的农户决策类型对农业现代化的影响

按生活方式划分，农户决策表现为村居类、兼居类和城居类三大类决策。

（1）村居类决策对农业现代化的影响

①村居纯农决策对农业现代化的影响

村居纯农决策意指在农村居住生活，且以从事农业为生。因为这一决策需要占用农地，因此，如果这一决策被大多农户选择，则不利于农业现代化发展。我国发展农业现代化的主要障碍在于传统小农户太多，农业是其生存立命的根本，他们没有其他可以替代的生存方式，其农业资源都是非流通、不可交易的，这导致农业规模难以提升，农业现代化被卡在"规模瓶颈"上。但是，如果所有农户都不选择村居纯农决策，则农业现代化也无从发展，因为没有主体了。发展现代农业，必须把农户数量降到与农地资源相匹配的规模，且要把农地资源流转到种田大户手里，即让专业农户从事适度规模经营。就此而言，村居纯农决策对农业现代化发展的影响有一个"拐点"。这个拐点是指做出村居纯农决策的一个量，即村居纯农农户的一个量。如果村居纯农决策的数量即村居纯农农户数在这个量以内，则村居纯农决策对农业现代化发展具有促进作用，反之则具有消极负面作用。假设村居纯农决策数量即村居纯农户为 K，拐点为 K1，若 K< K1，则村居纯农决策对农业现代化发展的影响系数为 +K/T；若 K>K1，则村居纯农决策对农业现代化发展的影响系数为 –K/T。

事实上，选择村居纯农决策的农户，主要分为两类，一是弱势传统小农户，二是种粮大户、家庭农场主、农业公司等新型农业经营主体。在选择这一决策的农户中，越是小农户多则越不利于农业现代化，越是新型农

业经营主体多越是有利于农业现代化。假设选择这一决策的小农户、新型农业经营主体分别为X1、X2，若X1+X2<K1，则村居纯农决策对农业现代化发展的影响系数为 $+|-X1+X2|/T$；若X1+X2> K1，则村居纯农决策对农业现代化发展的影响系数为 $-|-X1+X2|/T$。为简化问题研究，若不考虑"拐点"问题，村居纯农决策对农业现代化的影响系数为X2–X1/T。依据本项目在河北省9村1509家农户调查数据可得 X2–X1/T=（7+5+4+8+5+3+6+4+2）–（30+47+47+45+33+32+27+32+29）/1509=–278/1509=–0.18。

②村居兼业决策对农业现代化的影响

村居兼业决策总体上不利于农业现代化发展，因为选择村居兼业的农户大多为小农户，他们分散占用太多农业资源，导致可上市流通的农业资源稀缺，农业无法通过市场流转实现规模化。假设村居兼业决策数量即村居兼业户为X3，则其对农业现代化的影响系数为–X3/T。依据本项目在河北省9村1509家农户调查数据可得 –X3/T=–（46+58+56+68+84+92+86+42+37）/1509=–569/1509=–0.38。

③村居非农决策对农业现代化的影响

村居非农决策总体上有利于农业现代化发展，因为它意味着该农户要退出农业领域，势必将其占有的农业资源流转出去，从而增加可流通、可交易农业资源，为农业规模化发展提供可流通资源增量，即增加市场供给。有多少农户选择村居非农决策，就意味着减少多少农户，同时市场会增加这些农户持有的农业资源。假设村居非农决策数量即村居非农户为X4，则村居非农决策对农业现代化发展的影响系数为+X4/T。依据本项目在河北省9村1509家农户调查数据可得 +X4/T=（12+14+7+8+6+4+5+9+6）/1509=71/1509=0.11.

由上述分析可知，村居类决策对农业现代化的总影响是（–0.18）+（–0.38）+0.11=–0.45。

（2）兼居类决策对农业现代化的影响

①兼居纯农决策对农业现代化的影响

如前分析，选择兼居纯农决策的农户主要是种粮大户、家庭农场主或潜在的新型农业经营主体。这一决策虽然没有增加农业可流通资源，但它增加了新型农业经营主体，减少了传统小农户，因而有利于农业现代化发展。新型农业经营主体是发展现代农业的组织者，也是当前我国农业发展中极为稀缺的要素。兼居纯农决策一方面减少了传统小农户，另一方面增加了农业现代化发展所需要的主体，对于发展现代农业具有一举两得的功效。假设选择这一决策的数量即兼居纯农户为Y1，则兼居纯农决策对农业现代化发展的影

响系数为 +Y1/T。依据本项目在河北省9村1509家农户调查数据可得 +Y1/T=（10+6+3+4+2+1+4+4+1）/1509=35/1509=0.02。

②兼居兼业决策对农业现代化的影响

兼居兼业决策总体上对农业现代化发展不利，因为它导致农业主体过多，农业资源过于分散，导致农业资源的非流通性。且兼居兼业的凝固化，导致农户减少困难，农业资源规模化困难、农业产业化和市场化困难。假设兼居兼业决策数量即兼居兼业户为 Y2，则兼居兼业决策对农业现代化的影响系数为 –Y2/T。依据本项目在河北省9村1509家农户调查数据可得 –Y2/T=（38+27+25+38+12+13+12+8+11）/1509=–184/1509=–0.12。

③兼居非农决策对农业现代化的影响

兼居非农决策对农业现代化发展具有正向推进作用。因为它意味着该农户要退出农业领域，转而从事农产业了。事实上，普通的小农户不会选择兼居非农决策，因为它既没有可以支撑城乡两栖居住生活的财力，也没有非农产业基础和非农产业工作。能够选择兼居非农决策的农户，一般是在农村从事非农产业较早、非农产业发展或工作较为稳定、家庭收入较高的私营业主、个体户等非农大户，他们既有可以支撑兼居的财力，也有产业基础，完全不用依赖土地保障了，所以他们可以选择兼居非农策略。兼居非农决策一方面减少了小农户，另一方面增加了可流通的农业要素资源，为仍然从事农业生产的农户通过市场交易扩大生产规模提供了空间，因而兼居非农决策对于农业现代化发展极为有利。

假设兼居非农决策数量即兼居非农户为 Y3，则兼居非农决策对农业现代化发展的影响系数为 +Y3/T。依据本项目在河北省9村1509家农户调查数据可得 +Y3/T=（27+5+4+24+10+4+5+7+5）/1509=91/1509=0.06。

由上述分析可知，兼居类决策对农业现代化的总的影响是0.02+（–0.12）+0.06=–0.04。

（3）城居类决策对农业现代化的影响

①城居纯农决策对农业现代化的影响

一般来看，城居纯农决策不会促进农业现代化发展，因为它并没有减少农户，也没有腾退更多农业生产要素。但事实上，因为能够选择城居纯农决策的农户，都是现实的或潜在农业大户、种粮大户、家庭农场主、农业生产合作社负责人等新型农业经营主体，他们做出的城居纯农决策，虽然没有减少农户总量，但减少了传统小农户数量，增加了新型农业经营主体，优化了农户结构。正是因为这部分农户的存在和发展，传统农业才能发展为现代农业。随着农业现代化发展，城居纯农会成为新型农户的主要生产生活方式。所以，城居纯农决策事实上是有利于农业现代化发展的，它表现在为农业现代化发展增加新型主体和农业投资。

普通小农户是难以选择城居纯农决策的，因为小农经济难以负担城市生活的高昂成本。所以不用担心有太多农户会选择城居纯农决策——这样会导致农业要素资源的零碎分散化。假设城居纯农决策数量即城居纯农户为 Z1，则城居纯农决策对农业现代化发展的影响系数为 +Z1/T。依据本项目在河北省9村1509家农户调查数据可得 +Z1/T=（2+1+0+2+0+1+2+4+2）/1509=14/1509=0.01。

②城居兼业决策对农业现代化的影响

城居兼业决策总体上对农业现代化不利，因为它并没有真正减少农户，也没有增加市场可流通的农业要素资源。城居兼业意味着该农户虽然进城了，但仍然没有退出农业生产领域，仍然占据着农业要素资源。减少农户，不仅要让农户进城，也要让农户退出占用的农业资源，这才是真正的减少。由此可知，城居兼业决策不会改变农业要素资源分散零碎状态，也不会增加可流通的农业要素与资源，因而对农业现代化发展不具有促进作用，相反还具有阻碍作用。

假设城居兼业决策数量即城居兼业户为 Z2，则城居兼业对农业现代化的影响系数为 –Z2/T。依据本项目在河北省9村1509家农户调查数据可得 –Z2/T=–（8+10+5+26+13+7+3+4+2）/1509=–78/1509=–0.05。

③城居非农决策对农业现代化的影响

城居非农决策是城市化完成的标志和关键，它意味着农户完成了由农转非、脱村入城的城市化过程，真正变成了城市户。对农业现代化发展而言，城居非农决策代表着农户减少和可流通农业资源的增加，从而为发展现代农业提供了规模化空间和主体空间，这将极大地促进农业现代化发展。

假设城居非农决策数量即城居非农户为 Z3，则城居非农决策对农业现代化发展的影响系数是 +Z3/T。依据本项目在河北省9村1509家农户调查数据可得 +Z3/T=（36+17+3+15+7+3+6+11+3）/1509=71/1509=0.047。

由上述分析可知，城居类决策对农业现代化的总的影响是 0.01+（–0.05）+0.047=0.007。

2. 按生活方式划分的农户决策对农业现代化的总体影响

显而易见，按生活方式划分的农户家庭决策对农业现代化的总体影响，是村居类决策、兼居类决策、城居类决策对农业现代化影响的总和。假设这一总和为 W，则 W=-0.45-0.04+0.007=-0.483。可见，这一总体影响实际上取决于各个决策的数量及在总决策集合中所占比重。简单来说，就是取决于按生活方式划分的农户决策结构。

以本项研究在河北省9个村庄的调查数据为例，可以计算出按生活方式划分的农户决策对农业现代化的总体影响是 -0.483。由于数据的有限性，这一结果并不能真实地体现按生活方式划分的农户决策对农业现代化的总体影响。但至少是一个管见和片段，从这一管见及片段当中，也可以看出按生活方式划分的农户决策对农业现代化的影响为负向，这主要是因为选择村居纯农的小农户和兼业的农户都过多。当大多数农户都不愿意或不能退出农业领域，都不愿意或不能退出占用的农业要素与资源时，可交易流通的农业要素资源就不足，农业规模扩大就停滞不前，农业现代化发展就会卡在"规模瓶颈"上动弹不得。

（二）按生产方式划分的农户决策对农业现代化的影响

按生产方式划分，农户决策可以分为纯农型、兼业型和非农型三大类决策。每一类型决策都关乎农业要素与资源的占有、处置和流通，对农业现代化具有重要影响。

1. 纯农型决策对农业现代化的影响

（1）纯农型决策类型对农业现代化的影响

具体来看，纯农型决策包括村居纯农、兼居纯农和城居纯农三种。就村居纯农决策来看，主要有两类农户可以选择，一是传统小农户，二是种粮大户和家庭农场主。显然，传统小农户选择村居纯农，是把传统小农业当作生存方式，这会导致农业资源的分散零碎而不利于农业现代化发展。而种粮大户和家庭农场主选择村居纯农，是要在农村发展现代规模农业，这会增加现代农业所需要的新型农业主体和农业投资，从而促进现代农业发展。

就兼居纯农决策和城居纯农决策而言，能够选择这两种决策的农户也是规模化农户，否则仅凭传统小农业的微薄收入是难以支撑这两种生活模式的。因而，这两种决策也会增加新型农业经营主体和农业投入，势必促进农业现代化的发展。

（2）纯农型决策对农业现代化的总体影响

从总体上来看，纯农型决策对农业现代化的利弊很难一言以概之。因为如果没有农户决定专门从事农业，则农业现代化就无从谈起，因为主体缺失。但如果太多农户决定专门从事农业，则现代农业又因主体太多、农业资源占用过于分散而难以实现规模化，农业现代化就会卡在规模局限上难以实现。因而，从总量上看，纯农型决策对农业现代化的利弊有一个数量上的"拐点"。在这个拐点之前，纯农型决策对于发展现代农业是有利的；在这个拐点之后，纯农型决策对于发展现代农业就是不利的。而这个拐点实际上就是从全国农业资源（特别农地）贮量上看所需要的规模农户数量。如果我国现有农地资源为20亿亩，且农业适度规模确定为户均50亩，则纯农型决策即纯农户的拐点即为20亿亩/50亩，为4000万户。

从现实来看，由于我国农户还是以传统小农户为主体，种粮大户、家庭农场主等新型农业经营主体仅占极少数。所以，纯农型决策对于农业现代化发展究竟如何，还是要取决于纯农型决策内部各个具体决策的数量及在总量中所占比重，即取决于纯农型决策的内在结构。

假设纯农型决策中，兼居纯农和城居纯农决策数量为 $X3$、$X4$，村居纯农决策中，选择村居纯农的小农户为 $X1$，选择村居纯农的现代农户为 $X2$，则纯农型决策对农业现代化的影响为（$X3+X4+X2-X1$）/T。依据本项目在河北省9村1509家农户调查数据可得（$X3+X4+X2-X1$）/T=（35+14+44-322）/1509=-229/1509=-0.15。

2. 兼业型决策对农业现代化的影响

（1）兼业型决策类型对农业现代化的影响

兼业型决策可划分为村居兼业、兼居兼业和城居兼业三种类型。就这三种类型而言，每一种都会导致农业资源占用的分散化和零碎化，且导致农业要素和资源的非流通化和非市场化，影响农业规模的扩大化，因而不利于现代农业发展。

假设村居兼业决策数量为 $Y1$，则其对农业现代化的影响就是 $-Y1/T$。假设兼居兼业决策的数量为 $Y2$，则其对农业现代化的影响就是 $-Y2/T$。假设城居兼业决策的数量为 $Y3$，则其对农业现代化的影响就是 $-Y3/T$。

（2）兼业型决策类型对农业现代化的总体影响

显然，兼业型决策类型对农业现代化的总体影响，就是村居兼业决策、城居兼业决策和兼居兼业决策三种决策对农业现代化发展的影响总和，即 $-$（$Y1+Y2+Y3$）/T。依据本项目在河北省9村1509家农户调查数据可得 $-$（$Y1+Y2+Y3$）/T=-（569+184+78）/1509=-831/1509=-0.55。

3. 非农型决策对农业现代化的影响

（1）非农型决策类型对农业现代化的影响

非农型决策可划分为村居非农、兼居非农和城居非农三种。因为这三种决策，无论是村居、城居还是兼居，都会导致传统小农户的减少，同时导致可流通的农业要素和资源的增加，使得市场可以通过交易实现农业生产规模的扩大，从而有利于农业新型经营主体的产生和农业的规模化、产业化和市场化。因而，这三种决策均有利于农业现代化发展。

假设村居非农决策、兼居非农决策和城居非农决策数量为Z1、Z2、Z3，则它们对农业现代化发展的影响系数分别为 +Z1/T、+Z2/T、+Z3/T。

（2）非农型决策对农业现代化的总体影响

显然，非农型决策对农业现代化的总体影响，就是村居非农决策、兼居非农决策和城居非农决策对农业现代化影响的总和，即 +（Z1+Z2+Z3）/T。依据本项目在河北省9村1509家农户调查数据可得（Z1+Z2+Z3）/T=（71+91+71）/1509=233/1509=0.15。

由上述分析可知，按生产方式划分的农户决策类型对农业现代化的总的影响是 −0.15−0.55+0.15=−0.55。之所以为负值，就是因为选择纯农决策的小农户和选择兼业决策的农户过多，因而拖累了农业现代化的发展。

（三）按生产生活方式一体化划分的农户决策对农业现代化的影响

按生产生活方式一体化划分，农户决策类型分为9种。而每一种决策对农业现代化的利弊影响在前述分析中都做了说明。因此，按生产生活方式一体化划分的农户决策对农业现代化的影响，就是各个决策对农业现代化发展的影响系数之和，即（X3+X4+X2−X1）−（Y1+Y2+Y3）+（Z1+Z2+Z3）/T=−827/1509=−0.55。

以本项研究在河北省9个村落的调查数据为例，将其代入公式，可得总体影响系数为 −0.55。这一结论表明，按生产生活一体化划分的农户决策对农业现代化的影响不仅是负值，且消极影响很大。这主要是因为选择村居纯农决策的小农户和选择兼业决策的村居户、兼居户和城居户较多，农户分工分业分化不显著所导致。概括来说，农户决策对农业现代化的影响，既取决于每一决策的性质，即对农业现代化发展的利弊，也取决于每一决策的数量及在总决策集合中所占比重，即农户决策结构。

第二节 农户决策后果——农户分化对城镇化和农业现代化的影响

农户决策对城市化和农业现代化的影响,不仅表现在农户决策本身对城市化和农业现代化的直接影响上,还表现在农户决策对城市化和农业现代化的间接影响上。农户决策对农业现代化和城市化的间接影响,就是农业决策后果对农业现代化和城市化的影响。

农户决策后果,是指农户决策之后,随着农户决策的落实及效果显现,农户和农业本身所呈现出的发展状况。作为农户决策的后果,农户和农业本身的发展状况会对农业现代化和城市化发展产生后续影响。

就我国的农户决策而言,主要产生了三大后果。一是农户分化,二是兼业兼居化,三是农业规模化和细碎化并存。作为农户决策的直接后果和间接后果,这三大现象对我国农业现代化和城镇化发展具有重要影响。

一、农户决策后果——农户分化对城镇化的影响

农户家庭决策是农户家庭的行为指导和发展路径,决定着农户的发展方向和未来状况。随着农户家庭决策的实施和效果显现,农户逐渐分化为9类农户,每一类农户都是相应家庭决策的产物。作为农户家庭决策的重要后果,农户分化对城镇化具有重要影响。

(一)农户分化对城镇化发展具有重要促进作用

一是对城镇非农产业具有重要促进作用。非农产业是城镇的主要产业和产业基础,非农产业的发展构成城镇化发展的重要动力。农户分化首先表现为农户内部个别劳动力向非农产业的转移,由此为二、三产业提供大量廉价劳动力资源,"弥补了城镇劳动力供给的结构性不足,有效地抑制了劳动力成本的上升速度,为发挥我国劳动力资源优势,提高企业的竞争力做出了重要贡献"。[①]也就是说,正是农户分化才为我国经济发展提供了"人口红利"。"统计数字表明,在城镇务工的农户成员已占到全国第二产业从

---

① 秦宏.沿海地区农户分化之演变及其与非农化、城镇化协调发展研究 [D].咸阳:西北农林科技大学,2006.

业人数的 57.6%，商业和餐饮业的 52.6%，加工制造业的 68.2%，建筑业的 79.8%，也就是说，如果没有农民工，超过一半的饭店要停业，近七成的生产厂要关门，近八成的大楼建不起来。"①

二是对城镇人口聚集具有重要的促进作用。城镇化表现为非农人口的聚居和非农产业的集聚。而农户分化打破了均质同构的农户类型，产生了兼居户和入城户，这两类农户不仅为非农产业提供了源源不断的劳动力，促进了非农产业发展和在城镇的集聚，也为城镇化提供了新居民新住户，促进了城镇人口的增长和城镇的繁荣发展。21 世纪以来，我国城镇化发展呈现加速之势，就在于由农村转入城市的农户，以及农村劳动力在城市新建立的家庭不断增加。据统计，2002—2010 年间，由农村转入城市的农户和由农村劳动力新成立的城市家庭，占到城镇新增住户的 75.8%。农户分化对城镇人口增加和聚集发挥了重要推动作用。

（二）农户分化进程为城镇化发展提供持续动力

农户分化是一渐进波动过程，不会一蹴而就，常常具有多波次性。而每一次渐进波动都会对城镇化起到推动作用。农户的初次分化会产生第一批纯非农户和大量兼业兼居户。第一批纯非农户会直接促进城镇化的发展。而兼业兼居是农户分化不彻底的表现。随着经济社会发展，兼业兼居户会进一步分化，由此衍生第二批、第三批纯非农户，由此对城镇化发展产生多波次促进。直到农户在城乡之间、农业和非农业之间的分布达到各自产业所需要的均衡程度，这时农户分化对城镇化的促进作用趋于停止。这就是农户分化对城镇化促进作用的多波次理论。

目前我国农户分化已历经了 80 年代中期、90 年代初期和 21 世纪初期三个波次，而每一波次都与我国城镇化发展的阶段性相一致，这说明了我国农户分化对城镇化发展的重要推动作用。但现实是，我国还有大量兼业兼居户，这说明农户分化还远未完成，对城镇化的促进作用还没有得到完全释放。

（三）农户分化程度决定城镇化发展的速度与质量

农户分化对城镇化的推动作用，还表现在农户分化程度决定城镇化发展速度与质量。农户分化从分化质量和程度上看，表现为分化彻底和不彻底两种。

---

① 秦宏.沿海地区农户分化之演变及其与非农化、城镇化协调发展研究 [D].咸阳：西北农林科技大学，2006.

彻底的农户分化，是指大部分农户进城非农成为城市户，小部分农户留在村里从事适度规模的现代农业，且农户还要分为农场主和雇农户。也就是说，农户分化到剩余农户数量与发展现代农业所需要的数量大体相当的水平，这时等量资本可以在农业和非农业之间获取等量利润，等量劳动可以在农业和非农业之间获取等量报酬。显而易见，彻底的农户分化会将所有过剩的农户和剩余农业劳动力转移至城市和非农产业当中，从而极大地促进城镇人口聚集和产业聚集。

不彻底的农户分化，是指农户分化虽然已经开始，但远未完成，表现为大部分农户处于兼业兼居状态，且兼业兼居呈现普遍化凝固化现象，只有小部分农户选择进城非农成为城市户，还有一部分农户处于传统小农状态，农户分化呈现兼业户大于纯农户、非农户和农村户大于兼居户、城居户的这样两种不平衡状态。显而易见，这样一种不彻底的农户分化，既不能将剩余农户和富余农业劳动力转移到城市和非农产业当中去，也不能筛选出现代农业所需要的新型农业经济主体，因而对城镇化发展的推动作用会大打折扣。特别是兼居户的增多，使得城市化质量和纯度下降，造成城市化发展的虚胖。

二、农户决策后果——农户分化对农业现代化的影响

传统小农户众多、农业资源分散是我国农业现代化发展缓慢的主要原因和主要障碍。农户分化是化解人多地少、户多地少矛盾的主要方式，因而对农业现代化发展具有重要推动作用。

第一，农户分化会减少农户数量，特别是减少小农户数量。适度规模化是农业现代化的前提与基础。我国家庭农业之所以规模小，主要在于农户众多且远远超出农业现代化所要求的农户数量。要减少传统小农户，就要依靠农户分化。农户分化是减少小农户的主要手段。如果农户不能分化，所有农户都依靠人均一亩三分地、户均十亩田搞饭吃，农业现代化就没有希望，因为农地规模化没有空间和条件，每家的农业资源全部都是基本生存资料，不能也不可流动。但随着工业化和城市化的发展，除了从事农业生产这一生存方式之外，出现了更好的非农化生存方式，这时农户分化具有了可能。农户分化会让一部分具备条件和潜质的传统农户"脱村入城、由农转非"实现城市化，从而减少农户数量。

第二，农户分化会增加新型农业经营主体。农户分化在减少小农户的同时，还会增加和壮大种粮大户、家庭农场主等新型农业经营主体。因为随着

一部分农户的退出，其占用的农业要素与资源会流入市场，从而使得一部分农户可以通过市场交易扩大农业规模，农业现代化具备了可能性，这会增加在农业生产上具有比较优势的农户发展现代农业的信心，从而使之由一般农户发展为新型农业经营主体。

第三，农户分化会增加可流通农业要素与农业资源，促进农业生产要素市场化。农业规模化的前提是市场上有可流通的农业要素与农业资源。在工业化和城市化快速发展之前，因为农业生产是所有农户的唯一生存方式，因而任何农户也不会出让或流转所持有的农业要素与资源，所有的农业要素与资源都是非流通的。这样农业要素与资源的市场化就无从谈起。农业要素不能市场化，农业经营规模就难以扩大。而农户分化，会使得非农户和城居户转让其持有的农业要素与资源，增加市场上可流通的农业要素与资源数量，从而推动农业要素市场化。

第四，农户分化会促进农业规模化发展。农户分化是农地流转和农业规模化的前提。如果所有农户都经营农业，所有农户都挤在农地上要饭吃，则没有农户会流转土地，农业规模化和现代化就没有可能。正是因为有了农户分化，一部分农户非农化了，它才可能将持有的农地流转出去，其他农户才可能流转到农地，从而扩大生产经营规模。有了农户分化，才可能有流转市场上的农地供给。甚至部分兼业户在兼业过程中，如果非农就业收入高且稳定，也有可能从兼业户转为纯非农，也可能将承包地流转出去，从而为农业规模化提供更多施展腾挪空间。统计表明，近十年来，我国农业规模化程度不断上升，这与农户分化呈正相关关系。"截至2016年6月底，在全国2.3亿农户中，发生过土地流转的农户已超过7000万户，占全部农户的比例超过30%，其中沿海发达省份的这一比例更是超过50%。"[①]

第五，农户分化为提高土地产出率和劳动生产率提供可能。农户分化意味着农户和农业劳动力的减少，这既为农业规模化和机械化发展提出了要求，也提供了条件。随着农业规模化和农业机械化发展，土地产出率和农业劳动生产率会逐步提高，从而使得农业生产的利润率和报酬率赶上非农产业的利润率和报酬率。当等量劳动与资本在农业与非农业之间的报酬率和利润率大体相当时，也就意味着种地也能挣钱了。只有到了这个时候，农业现代化才真正有希望。

① 中华人民共和国国务院新闻办公室. 农村土地《"三权分置"意见》政策解读 [EB/OL].（2016-11-03），http：//www.scio.gov.cn/m/34473/34515Document/1515220.htm.

第三节　农户决策后果——兼业兼居普遍化凝固化对城镇化和农业现代化的影响

兼业兼居普遍化和凝固化，是我国农户分化的重要产物之一。"在2017年2.83亿农民工中，40.0%只是在本乡镇内转移到非农产业，他们还会兼顾农业生产；46.6%为离开本乡镇就业的家庭成员，其家庭其他成员仍然在农村务农；只有13.3%为举家外迁。可能具有转出土地的意愿。"[①]兼居兼业既是我国农户分化的外在表现，也是我国农户分化停滞不前和分化不彻底的集中反映。兼业普遍化凝固化现象严重阻碍着农业现代化发展。"普遍的小规模兼业经营，这一现状与农业现代化的实现是背道而驰的。如何在工业化、城镇化大潮下，改变农户小规模兼业的现状，促使农户彻底分化，实现农业的适度规模经营和农业现代化的最终实现，以及"三农"问题的最终解决，是各级政府和广大学者必须认真思考的一个问题。"（秦宏，2006）。同样，兼居普遍化凝固化现象也严重阻碍着城市化发展和质量提升。

一、兼业兼居普遍化凝固化对城镇化的影响

（一）兼业兼居普遍化凝固化对城镇非农产业发展的影响

第一，削弱城镇非农产业发展和集聚。兼业化会造成农村非农产业遍地开花，所谓村村冒烟、户户轰鸣。乡村非农产业或工业化发展，使得城镇失去增量动力，产业难以发展壮大，也难以形成聚集效应和规模效应。城镇特别是中小城镇，不像大城市主要依靠自身的自我良性循环发展，其发展的重要动力在于农村非农产业的集中。如果农户都在农村就近搞非农产业而不集中于城镇，则城镇就会因缺少产业基础而发展缓慢。

第二，兼业兼居使得非农产业所需要的产业工人队伍不稳定，且工人分工不精细，难以培育高素质的产业技术工人队伍。兼业兼居状态下，农户只

---

① 蔡昉，都阳，杨开忠.新中国城镇化发展70年[M].北京：人民出版社，2019：156.

能搞一些小散乱作坊式产业，不仅产品质量得不到保证，工人技术水平也难有大的提升。这反过来就会影响企业的进一步发展。因为农业剩余劳动力留在农村搞非农经济了，城市就缺少稳定的劳动力供给，产业工人队伍不稳定，进而不利于城镇非农产业发展壮大。

第三，导致资源专业性和专用性差，使用效率下降。兼业兼居势必在城乡两边都要占用一些劳动力和生产生活资源，这使得劳动力分工和资源的专用性不足，从而削弱资源要素的使用效率。比如劳动力资源，既要从事农业又要从事非农工作，这使得他难以集中精力从事某一方面工作，技术水平难有提升。再如某些生产性资金，因为农户要兼业，有时要用于农业，有时要用于非农产业，有可能使得某一产业缺少流动资金。

第四，影响城镇第三产业发展。兼业兼居会导致产业和人口的分散，而第三产业最需要人口的集聚。没有人口集聚，第三产业就没有规模效应；没有人口集聚，第三产业就没有充足的消费需求；没有充足的消费需求，第三产业就不可能得到发展。第三产业发展不足会削弱城镇发展动力。

（二）兼业兼居普遍化凝固化对城镇人口聚集和社会发展的影响

除了不利于城镇非农产业集中发展之外，兼业兼居还影响城镇人口聚集和社会发展，主要表现在以下方面。

第一，影响城市化的速度和质量。兼业兼居现象使得部分农村人口和劳动力经常在城乡之间和农业与非农产业之间流动，由此造成"流动城市化群体"，不利于城市治理。随着农村户口的升值，很多入城农户不随迁户籍，导致城市常住人口明显高于户籍人口，形成常住人口城市化率和户籍人口城市化率两张皮现象，使城市化率的统计口径不一。因为城市公共服务是按户籍来供给的，城市常住人口与户籍人口的差别，造成城市公共服务在户籍群体和没有户籍群体之间存在不平等。因此，兼业兼居现象减缓了城市化速度，妨碍了城市化质量提升。

第二，造成农民工市民化黏性和农户城市化黏性。对于兼业兼居农户而言，农业是其生产方式的一部分，农村是其生活方式的一部分，为了实现家庭收益最大化和家庭风险最小化，他们很难割舍农业农村的生产生活方式；而农村资源与要素的潜在价值升值更使农户和农民工难以放弃农村资源。农民工和农户对农业农村资源的恋恋不舍必然造成城市化黏性，即农民工和农户不愿意完全放弃农村资源而彻底城市化。这造成了很多农民工和农户"入城而不城市化"现象，城市化质量下降。

第三，造就没有健全家庭生活或缺失家庭生活的城镇群体——农民工的存在。兼业兼居现象使部分农民工长年或长期在城市打工，造成家庭城乡分居、两地分离。农民工在城里孤苦无依，情感压抑，生活不健全。除了工作，没有其他社会交际和家庭生活，难以适应和融入城镇生活，心理始终处于漂浮状态，这导致农民工出现很多心理问题和生理问题，甚至引发部分农民工犯罪现象，给城市社会建设和社会治安造成困扰。

第四，影响城市人口集聚，削弱第三产业发展。兼业兼居现象使部分农民工和农村人口像候鸟一样在城乡之间漂泊不定，这妨碍了人口在城市的集聚和增加。一定的人口是第三产业发展的基础，没有人口聚集，就没有充足的消费需求，第三产业很难健康发展。第三产业是城市发展的重要动力，第三产业发展不足会导致城市发展动力缺失、吸引力不强。

第五，导致城市住宅资源闲置浪费。农户要做到在城乡之间兼业兼居，势必在城市买房或租房，但因为还要在农村从事农业生产，因此只能在城市暂时居住一段时间，这会导致城市房产在一定时间内的闲置和浪费，同时还会抬高城市房产价格，不利于房地产市场的健康发展。

二、兼业兼居普遍化凝固化对农业现代化的影响

发展经济学家认为，兼业兼居是农村经济过渡到现代经济的关键。即兼业兼居在微观层面、农户层面是合理的，是农户对内外环境变化的理性反应和合理决策。它有利于降低乡村的失业率，提高劳动生产率，抵消农业生产的季节性劳动力闲置，使闲置剩余劳动力得到充分利用，因而可以增加农民收入、提高农民素质与技能。但对于农业现代化发展而言，兼业兼居现象，特别是当其呈现普遍化和凝固化状态时，对农业现代化的消极影响会越来越明显。

第一，导致农户农业的弱化和边缘化。兼业兼居势必分散农户的资金、劳动力和精力。由于农户农业的小规模性、非致富性、简单性和收入的相对弱势性，农户会更加重视非农产业，会将家庭资金、劳动力等资源更多地投入到非农产业中去，这会导致家庭农业的弱化、边缘化和副业化。事实上，在兼业兼居农户中，很多农户并不指望农业能带来多大收入，而仅仅是把它当作家庭的社会保障。因而，农户农业大多交给家庭中的老人、妇女来维持简单再生产。农业的弱化、退化和边缘化甚至会危及农业的基础地位和国家

粮食安全。

第二，妨碍农地规模化，导致小农经济固化。兼业兼居的普遍化和凝固化，会使大量小农户占据农业要素与资源，从而导致市场上可流通的农业生产要素和资源稀缺，农业生产要素市场化不足。改革开放以来，尽管我国农地规模在产权分置改革和土地流转推动下有所上升，但小规模、细碎化的总体状况没有显著改变。按照目前中国农村户均0.67公顷耕地规模（还分散在若干不同位置）来看，仅为美国农场平均规模的0.4%，法国平均规模的1.5%，日本平均规模的56.2%，纳米比亚平均规模的23.3%，匈牙利平均规模的10.1%，巴西平均规模的0.9%，巴基斯坦平均规模的21.8%（FAO，2010）。在这种情况下，即便是有想从事适度规模经营的农户，也会因规模难以扩大而退却，因而兼业兼居会"导致农业经营规模狭小，农产品商品化生产的积极性不高，农业劳动投入减少，土地利用下降，撂荒现象严重"[1]。同时，"在劳动力短缺现象出现的条件下，农业经营规模过于狭小已经构成一种制约因素，导致资本报酬递减和农业物质投入回报率下降。"[2]可见，因为小农户不退出，大农户就难以产生；大农户难以产生，小农经济就会固化。这一恶性循环严重抑制农业现代化发展。

第三，造成劳动力资源、土地资源的浪费和效率损失。配第和斯密均认为，分工是生产力发展和经济增长的重要动力。而农业劳动力的兼业行为，使得农业劳动力难以专业化；而土地资源的小规模、细碎化经营，导致农业机械得不到充分利用、农业基础设施投资和农业技术投资不足。这些因素的结合必然降低农业劳动生产率、土地产出率和农业的整体效率。"实践表明，农户兼业经营不能最大限度地发挥土地资源的利用效率，是对本来就极为稀缺的土地资源的巨大浪费。"农户兼业经营的重心一般在非农产业上，对农业总是心不在焉。"脱离城镇化的工业化要付出比伴随城镇化的工业化高出8倍的土地代价。"[3]

第四，影响城市化和农业现代化的协调推进，有可能使农业现代化丧失城市化的历史机遇，始终停留于小农经济水平和层面上。兼居一定程度上会促进城市化发展，但兼业会显著抑制农业现代化发展。因此，当兼业与兼居并存或兼业现象多于兼居现象时，城市化发展就会明显快于农业现代化发展，

① 秦宏.沿海地区农户分化之演变及其与非农化、城镇化协调发展研究[D].咸阳：西北农林科技大学，2006.

② 蔡昉，都阳，杨开忠.新中国城镇化发展70年[M].北京：人民出版社，2019：149.

③ 张正河.乡村城市化的要素聚集与时空序列[J].农业经济问题，1998（5）：32-36.

且城市化发展对农业现代化的拉动作用就会因兼业现象的阻碍而出现"梗阻"现象。因此，兼业兼居现象会导致农业现代化滞后于城市化发展。

第五，导致农户分化和农户减少停滞不前，新型农业经营主体难产。农业现代化的根本出路在于通过农户分化减少农户、扩大经营规模，但兼业兼居的存在导致农户分化停滞不前，进而导致农户减少停滞不前。因为农户无法减少，所有的农业生产要素与资源都是非流通性资源，农业要素市场化不足，农业规模扩大难以实现。这会导致以规模化、产业化、市场化经营为主的新型农业经营主体难产。新型农业经济主体的稀缺，则会制约农业现代化发展。

第六，导致农业经营主体弱质化，农业劳动力后继乏人。兼业农户中从事农业劳动的人主要是老人和妇女，被称为6038部队，有文化、有技术的青壮年劳力都外出从事非农产业了。农业劳动力老化、弱化、退化严重，使农业只能处于维持简单再生产状态。"1960—1975年，由农户家庭转入非农业从业的劳动力每年70~80万人，其中从学校毕业的青年人约占60%，农户子弟毕业后从事农业的比例，从20世纪60年代中期的20%下降至70年代的中期的8%"[①]。家庭农业经营主体的弱质化、流失化、缺失化使得农业领域缺少可以实现农业现代化的人才和主体。

第七，阻碍现代农业技术的推广应用。调查发现，农业专业化程度越高，采用农业新技术越积极；兼业程度越高，采用新技术越消极；兼业农户对农业技术需求种类减少，需求强度减弱，投资意愿越低。农户普遍兼业不利于农业新技术的推广应用。"农业专业大户是农业新技术采用的主体，农业经营规模的扩大可以促进先进技术的推广应用"[②]。显然，我国农业的兼业化和小规模性会阻碍现代农业科技的推广应用。

第八，导致农业市场化停滞不前。一是农业生产要素市场化停滞不前。这主要是因为兼业兼居户占据大量农业生产要素，在农业生产要素总量一定的情况下，必然导致市场上可流通的农业生产要素稀缺，农业生产要素市场难以发育。二是农产品市场化停滞不前。这主要是因为兼业农户农产品产量低、商品化程度低，主要是为了满足家庭成员对农产品的需求，不依靠出卖农产品所得的收入来生活，其家庭农业基础上处于自给化状态。

---

① 秦宏. 沿海地区农户分化之演变及其与非农化、城镇化协调发展研究 [D]. 咸阳：西北农林科技大学，2006.

② 秦宏. 沿海地区农户分化之演变及其与非农化、城镇化协调发展研究 [D]. 咸阳：西北农林科技大学，2006.

总之，兼业兼居会导致农业生产率低下，农户数量减少缓慢，农业资源分散，使小农经济固化，不利于农地流转和规模化、机械化，不利于分工和专业化，不利于农业市场化、产业化和商品化，不利于农业结构调整和优化，导致农业粗放经营和边缘化、副业化，成为现代农业发展桎梏。即在宏观层面、国家层面上，兼业兼居不合理，阻碍了农业现代化和城市化。

总之，兼业兼居现象对农业现代化和城镇化的影响，并非全部是负面和消极的。作为农户分化的表现形式之一，它对于增加农民收入、解构传统小农经济模式、繁荣城乡经济、推动城市化发展都有其积极作用。但总体来看，伴随着兼业兼居现象的普遍化和凝固化，其积极作用释放殆尽，其消极作用逐渐抬升，并严重制约城市化和农业现代化发展。概言之，尽管从短期和农户立场看，兼业兼居利大于弊；但从长期和国家立场看，兼业兼居弊大于利，特别是妨碍农业规模化和机械化，使小农经济长期化。所以，必须加快农户转化，破解农户兼业兼居普遍化、凝固化、长期化的趋势和二兼滞留现象。

第四节　农户决策后果——农业规模化与细碎化对城镇化和农业现代化的影响

一、农业规模化与细碎化对城镇化发展的影响

总体来看，无论是农业规模化发展还是农业细碎化发展，在城乡二元融解时期，都是有利于城镇化发展的。第一，农业规模化发展主要是在新型农业经营主体推动下产生的。随着农业规模化发展，新型农业经营主体会越来越多，营利能力会越来越强。这种情况会从两个方面促进城镇化发展，一是持续增强新型农业经营主体移居城市的能力与信心，二是培育更多新型农业经营主体，增加潜在的城市化农户。事实上，大多数新型农业经营主体的生产生活模式都是城居纯农，成为生活在城里的农户，因而必然促进城镇化发展。第二，农业细碎化发展会导致小农户生产规模进一步微缩，这极有可能使家庭农业丧失原有的保障家庭温饱功能。在这种情况下，农户只能选择进城打工兼业，这会导致城镇化发展。事实上，农业的细碎化对于城镇化发展

而言，是一种倒逼机制，逼着小农户由农转非、脱村入城。

二、农业规模化和细碎化对农业现代化的影响

首先，农业规模化会促进农业现代化发展。规模化是农业现代化的前提和基础。没有适度规模，农业难以实现现代化，即便投入更多科技和人力，再精耕细作，其土地产出率、资本产出率和劳动生产率也不会有明显增长。只有实现适度规模化，农业才能突破规模瓶颈限制，走上产业化、专业化、市场化和机械化、科技化的现代化发展道路。

其次，农业细碎化不利于农业现代化发展。农业细碎化会导致农业生产要素和资源的分散化，使农业难以获取规模效益和科技红利。"农业部专家钱克明估算适度规模南方以 30-60 亩为宜，北方以 60—120 亩为宜"[①]。当然，物极必反，如果农业细碎化到一定程度，农业的社会保障功能会下降或丧失，这时候，一旦农户实现了非农产业就业，则很可能会选择退出农业，从而有利于农业规模化发展。

综上所述，农业规模化和细碎化的并存，对农业现代化发展的影响主要取决于规模化与细碎化在农业生产经营中的数量与比重，即农业生产经营的规模化与细碎化的内在结构。

第五节　本章研究结论

一、家庭经营不完全等同于小农经济

小农经济是以家庭手工劳动和畜力为主要作业方式、以小规模农地为耕作对象，以自给自足为主要目的的传统农业，是与农业社会相适应的农业生产方式，以手工化、小规模、自给性、孤立性、封闭性为主要特征。小农经济的极限就是精耕细作。正因为这些特征，小农经济属于劳动密集型经济形式。罗必良（2020）认为，小农的基本要素是：以农民家庭为生

---

① 刘奇．中国农业现代化进程中的十大困境 [J]. 行政管理改革，2015（03）：23-31.

产单位，劳动力主要来源于家庭成员，进行小规模生产。小农经济多属于传统农业形态，是使用经验知识和传统生产要素进行农业经营的一种形态。

小农经济的主要经营形式是家庭经营。但家庭经营不完全等同于小农经济。家庭经营是当今世界各国，无论是发达国家还是发展中国家的最主要的农业经营形式。但在世界范围内，家庭经营的规模化、现代化程度存在很大差异。以美国、加拿大、澳大利亚为代表的地广人稀的发达国家，其家庭经营都是大规模的企业化农场，机械化、电气化、自动化、商品化程度很高，属于典型的现代化农业；以欧洲、日本为代表的人多地少的发达国家，其农业经营多为中小规模的家庭农场，但其机械化、自动化、商品化水平也很高，也属于现代化农业。当然，除了上述这些国家之外，还有一些国家因为人多地少，不仅农业经营规模小，而且农业物质技术条件落后，像这些国家的农业虽然也是家庭经营，但属于传统小农经济。

我国农业实行的是集体统一经营和家庭分散经营相结合的双层经营体制，其实质也是家庭经营。但因为我国地域辽阔，各地农业资源条件差异很大，所以，很难概括地说，我国家庭经营属不属于小农经济，特别是"当下的农户经济不仅可以进行土地经营权流转来增大自身经营规模，而且也开始广泛使用现代农业机械、科技并充分地参与农业市场专业交换"。[①]但从全国范围看，除了极少数地区或个别的规模化家庭农场、种粮大户、农业专业户和农业企业之外，全国大多数农业家庭经营都属于小农经济，不仅规模小，田块分散零碎，而且以手工劳动和畜力为主，以自给自足为生产目的，商品化率低，属于典型的小农经济。因而，我国实现农业现代化的当务之急，是通过调节农户家庭自主决策来优化大多数仍然属于小农经济的农户经济，使农户经济获得新的时代内涵并焕发活力；而不是要消灭农户家庭经营。

二、农户经营与农业现代化并不矛盾

"纵观当今世界各国，无论是发达国家，还是发展中国家，农户经营仍然是农业最主要的经营形式。"[②]世界农业发展的历史和现实证明，农户经营是最适合农业生产的经营形式。从所经营的农地规模看，农户经营有小规模经营、中等规模经营和大规模经营。而与农业现代化不适应的只是小规模经营，二

---

① 韩鹏云. 农业现代化治理的实践逻辑及其反思 [J]. 宁夏社会科学，2020（04）：67–76.
② 秦宏. 沿海地区农户分化之演变及其与非农化、城镇化协调发展研究 [D]. 咸阳：西北农林科技大学，2006.

者相矛盾的只是经营规模，并不是经营形式。所以，发展农业现代化并不排斥农户经营这种形式。一方面，家庭是最佳利益共同体，"只有家庭能够做到在劳动分配中执行力最强、劳动最尽责、监督成本最低，也只有家庭能够做到在劳动成果和利润分配过程中矛盾最小，离心力最小"①。另一方面，农产品生产相对于工业产品生产有六大自身特点：不可间断、不可倒序、不可搬移、是活的生命体、遵循自然再生产与经济再生产两个规律，结果只能最终一次性显现。家庭的利益共同体特性和农产品生产的六大特点相互契合，共同决定了农业必须以家庭经营为单位。

　　推进农业现代化，也不意味着要消灭所有兼业农户和自给农户。中国地域辽阔，各地农业资源和自然条件各异，特别是在不适合规模经营的山区农村，应保留兼业经营和自给经营的空间和自由。只要这些小农户实现了与现代农业、大市场的衔接，就属于现代农业的重要组成部分。"农户经营完全可以实现农业的现代化"，农业现代化要"坚持以农户经营为基础，通过渐进的变迁来实现农业现代化"。② 也就是说，农户是农业现代化的主体，促进农业现代化必须尊重农户的自主家庭决策权利，通过环境优化、制度变革、政策创新、公共服务和农户户情改造来引导和调节农户家庭决策和农业生产经营，以此推动农业现代化发展。

三、我国小规模农业家庭经营亟待升级换代

　　我国家庭联产承包责任制，其实是产权制度与分配制度的双向共同改革：产权实行农地所有权与承包权、经营权三权分立；分配实行"交够国家的，留够集体的，剩下的全是自己的"激励制度，破除了分配上的平均主义。家庭联产承包责任制极大解放了农业生产力，解决了当时中国最紧迫的粮食匮乏、吃不饱、穿不暖的问题，从而为中国特色社会主义道路和改革开放事业奠定了坚实的物质基础，其功绩无论如何大书特书都不为过。但也必须承认，单家独户小规模分散经营的小农生产方式阻碍了农业机械化、大型农业基础设施建设、农业科技应用、农业专业人才引进，从而使得农业现代化无从谈起。

　　小规模家庭经营妨碍农业机械化发展。"家庭联产承包责任制之所以获得成功，主要是因为调动了亿万农民的积极性，大大改善了农业活劳动的投入效果。但它所付出的代价是，耕地被分割，农作物连片合理布局困难。这些

---

①　刘奇. 中国农业现代化进程中的十大困境 [J]. 行政管理改革，2015（03）：23-31.

②　韩鹏云. 农业现代化治理的实践逻辑及其反思 [J]. 宁夏社会科学，2020（04）：67-76.

代价构成机械化作业的不利因素，成为农机商品向农业输入过程的严重技术障碍。"①表面看土地在物理空间上是连片集中的，但在权利所属上已经被分割细碎化了。在权利分割细碎化的农地上实施机械化作业，会导致成本极大提高，也不利于农业作业，更无法充分发挥机械的作用，效率大打折扣。

家庭联产承包责任制只能解决吃饱穿暖问题，之后的致富问题则无法解决。因为农户和农民太多了，户均和人均耕地太少。一句话，小规模、低收益使农业投资（对大型农业机械、农业设施、农田水利建设、专业人才引进）成为"不划算、不值当"的买卖，严重阻碍农业投资。而没有投资就不可能有现代化。

小规模家庭经营导致农业人才稀缺匮乏。在户多地少情况下，按家庭人口均分土地并以家庭为经营单位的联产承包责任制，根本不需要高端农业人才，无法形成农业人才需求市场，这必然导致农业专业教育退化弱化，农业专业人才稀缺，且没有用武之地。由此必然形成"无人才需求—专业教育退化—专业人才稀缺"的恶性循环。人才稀缺是因没有市场、没有需求而造成的。供不应求会导致稀缺，无求无供也会导致稀缺。农民的技术水平是由农村基础教育和农业专业职业教育决定的，农业专业教育的退化和衰落必然导致农业现代人才匮乏。

农民就业渠道和收入来源多元化后，家庭经营会导致农地产出率下降。家庭联产承包责任制初期，我国农业存在两个极端：一是土地产出率高；二是劳动生产率低。前者是靠以精耕细作为特点的传统农业技术为保障；后者则是因为我们用几亿农民来搞饭吃。但是到了现在，40多年过去了，不仅劳动生产率没有提高，连土地产出率也下降了。因为较高的土地产出率是靠活劳动的更多投入，这只能在农业是唯一生活来源和就业机会的前提下才能存在。但现在随城乡二元结构的消解和工业化城市化的快速发展，农民的就业结构和收入来源日益多元化，农业在农户总收入中的比重越来越低，日益边缘化和副业化，农民已经不像家庭联产承包制初期那样重视和爱惜农业了，活劳动投入越来越少，精耕细作已被简单粗放所代替，在这种情况下，农地产出率必然下降。

总之，作为我国农业的基本经营制度，家庭联产承包责任制可以长期存在，但必须加快对传统小农的改造——用规模化的家庭农场取而代之。家庭农场并不会改变农业的家庭经营性质，但已经实现了规模化和现代化——从

---

① 江泽林.农业机械化经济运行分析[M].北京：中国社会科学出版社，2015：140.

传统小农发展为现代农业。尤其是在工业化和城市化由中期向后期快速推进的机遇期，如果农业家庭经营还是停留在分散、小规模水平上，那么，我国农业将丧失工业化和城镇化发展所提供的绝佳历史机遇。家庭联产承包责任产生于改革开放初期，是温饱不足的特殊历史条件下的产物，当时我国工业化和城市化还没起步。一方面必须让全体农民搞饭吃，另一方面农民也没有其他就业门路，只能待在农村和农业中。而今天，时代不同了，家庭联产承包责任制必须与时俱进，其方向一是让农地流动起来，二是减少农民和农户，特别是减少农户。因为个体农民从农业中退出，并不意味着会退出农地；但若整户退村进城，时间一长，特别是到了城二代，随着与农村农业联系的减少，退出农地是早晚的事，而且是一退永逸（连子孙后代一起退出"三农"），从根本上减少了农民和小农户。只有农户流动起来，农地才能流动起来。减少农户与发展家庭农场必须同向并行。

第六章

政府与农户在城镇化和农业现代化中的博弈

　　城镇化和农业现代化是现代国家的标志，也是国家强盛的外在表现与经济社会基础。因此，任何国家和政府都会将城镇化和农业现代化确立为国家经济社会发展目标，并制定相关政策制度给予引导和支持。但是在市场经济体制和城乡融合发展环境中，要不要以及能否实现城镇化和农业现代化终归还是要由农户来判断和决定。农户是城镇化的潜在对象，也是农业生产经营的主体。如果农户不想或不能实现城镇化和农业现代化，即便国家和政府再着急、再努力，也无济于事。

　　事实上，在城镇化和农业现代化发展问题上，政府与农户的根本利益和长远利益是一致的，二者存在合作共赢的基础。但二者的考虑视角、优先序不同。政府是从整体层面、全局高度和长远视角考虑，但农户更多的是从家庭层面、个体视角、短期利益考虑。因而政府与农户之间存在明显的分歧与矛盾，围绕着城镇化和农业现代化的成本承担、风险防范、利益分成、资源配置和目标设定，双方进行着各种或显性或隐性的利益博弈和策略博弈。推进城镇化和农业现代化发展，必须弄清政府与农户在城镇化和农业现代化发展中的矛盾所在，了解二者的博弈目标和博弈策略，在此基础上求同化异，实现正和博弈。

第一节　政府与农户在城镇化和农业现代化
发展中的博弈原因

一、政府与农户在城镇化和农业现代化发展中共同点

博弈是多个参与者在同一事件中为了各自利益最大化而采取不同策略的

活动。所有参与者既具有共同的团体利益和目标，是一个统一体，但又各具私利、相互对立，又是一个矛盾体。在团体理性之下，为了团队利益和目标，它们需要团结合作；在个体理性之下，为了各自私利，它们又有不同策略。正是这样的一种情境，使得各个参与者既合作又斗争。但博弈的结果有可能是零和博弈，有可能是正和博弈。

就城镇化和农业现代化而言，参与者主要有两个，一个是政府，一个是农户。政府负责制定城镇化和农业现代化发展的目标、规划、制度与措施，从顶层设计层面为城镇化和农业现代化发展明确方向、路径、步骤，做好制度安排，出台政策措施，发挥政府的宏观指导、政策引领、制度规范作用。农户负责在工业化城镇化快速发展的社会背景下，在政府相关政策制度的激励与约束下对家庭资源配置做出调整优化决策，就家庭生产生活方式在城乡工农之间做出选择。实现城镇化和农业现代化离不开二者的合作，这是它们共同的事业和目标。

实现城镇化和农业现代化符合政府和农户的根本利益和长远利益。对于政府而言，实现城镇化和农业现代化是落后国家发展为先进国家的重要标志和主要内容，是国家发展进步的鲜明体现；对于农户而言，实现城镇化和农业现代化可以改善农户生活、增加农户收入、实现农户城镇化梦想。正是在这样共同的目标和利益之下，政府与农户结成一个事业共同体，为了共同的目标和事业团结合作。显然，正是因为有了这样共同的目标、利益与事业，政府与农户才联系起来，成为一个利益共同体成员。如果没有共同的目标、利益与事业，二者毫不相干，则不可能产生博弈。这是政府与农户在城镇化和农业现代化问题上产生博弈的前提与基础。

二、政府与农户在城镇化和农业现代化中的差异点

（一）政府与农户在城镇化和农业现代化中站位、角色与功能不同

1. 政府层面

政府不是城镇化和农业现代化的主体，而是城镇化和农业现代化的引领者、规划者和设计者。"政府在农业治理中所扮演的是制度供给与外部支持的

角色"①，因而，对于城镇化和农业现代化发展负有重要领导、规划责任，对农户在城镇化和农业现代化过程中负有指导、服务、支持、帮扶责任。但政府"不能自身参与到农业经济行为之中来影响农业现代化的应有逻辑"②。

（1）政府在城镇化和农业现代化中的着眼点与目标。对于城镇化和农业现代化，政府是从经济社会发展整体、城乡工农关系大局、农业农村农民长远利益视角着眼，旨在满足政府经济社会发展战略需要、实现城乡工农关系的协调平衡、解决农业农村农民问题、统筹推进工业化、城镇化和农业现代化。因而，对于实现城镇化和农业现代化，政府是站在国家整体和社会全局高度，统筹安排、协调推进。

（2）政府在城镇化和农业现代化中的职责与作用。政府不是城镇化和农业现代化的微观主体，但城镇化和农业现代化涉及政府经济社会发展总体全局和城乡工农关系的战略布局，政府必须担负宏观调控、战略规划、协调引导、制度规范、政策激励和约束的职能，负有领导、管理和服务责任。因此，政府要制定城镇化和农业现代化的总体规划及发展战略，要出台促进城镇化和农业现代化健康发展的政策措施和制度安排，要明确国家城镇化和农业现代化发展的理论指导、战略方向、战略路径、战略步骤、战略重点和战略措施，引导、帮助和支持农户顺应城镇化和农业现代化发展趋势，做出既符合政府经济社会发展要求又能满足家庭利益最大化目标的理性决策。

政府在实现城镇化和农业现代化中的着眼点、目标与职责、作用表明，政府不会仅仅为了城镇化而推进城镇化，不会仅仅为了农业现代化而推进农业现代化，政府要统筹综合考虑，要分轻重缓急，要排优先序。首先，在一定时期，城镇化和农业现代化可能不是政府优先考虑或重点发展的对象。其次，政府是面向国家整体和社会全局制定政策措施，不会针对某一农户或地区、城市而出台政策措施，这意味着在同样的政策措施下，不同地区、城市或农户的政策效用可能苦乐不均。再次，为了推进城镇化和农业现代化，在没有"帕累托改进"情况下，政府可能会因循"卡尔多改革"，做出一定取舍或先后排序，在增进整体利益的情况下，使一部分群体受益而另一群体暂时利益受损，做出一定牺牲。最后，政府的政策措施、制度设计一般是有利于城镇化和农业现代化的，但由于实践的复杂性和政策执行上的扭曲性，其政策效果未必就是有利的。

---

① 韩鹏云．农业现代化治理的实践逻辑及其反思 [J]．宁夏社会科学，2020（04）：67-76.
② 韩鹏云．农业现代化治理的实践逻辑及其反思 [J]．宁夏社会科学，2020（04）：67-76.

2. 农户层面

（1）农户在城镇化和农业现代化中的着眼点与目标

作为农业经营的微观主体和城镇化的潜在对象，虽然城镇化和农业现代化对于农户来说意味着发展与进步，农户也乐观其成。但农户并不关心城镇化和农业现代化发展与否，他只关心自己家庭在城镇化和农业现代化进程中是否受益、如何受益？其目标是通过家庭资源的优化配置和生产生活方式的调整，实现家庭利益最大化、家庭福利最大化和家庭风险最小化。因而，对于城镇化和农业现代化目标，农户是站在家庭立场上，着眼于家庭利益有无增长、如何增长，其目标在于实现家庭收益最大化、家庭福利最大化和家庭风险最小化。

（2）农户在城镇化和农业现代化中的职责与作用

作为农业经营的微观主体和城镇化的潜在对象，农户在城镇化和农业现代化趋势中的职责就是在新机遇、新的利益空间出现时，如何对家庭资源和生产要素进行优化配置以实现家庭收益最大化，如何对家庭生产生活方式进行调整以实现家庭福利和效用最大化，同时实现家庭风险最小化。基于趋利避害、家庭收益（福利、效用）最大化和成本（风险）最小化的经济理性，农户不会考虑城镇化和农业现代化对政府整体和社会全局带来的利益增加，它只会站在家庭立场上考虑自己家庭利益的损益。因而，农户在城镇化和农业现代化中的作用，就是面对新机遇新条件做出适合家庭户情的决策和选择，推进家庭利益最大化。至于农户决策是否有利于城镇化和农业现代化，这并不是农户首先考虑的。

在市场经济体制下，无论是城镇化还是农业现代化，都不是免费的，也不是无风险的。面对城镇化和农业现代化所提供的机遇、利益和成本、风险，农户首先需要做的就是适应新的经济社会环境，积极探索和发现新机遇，分析和防范风险，在此基础上优化和调整家庭资源配置和生产生活方式，实现家庭收益最大化。

基于农户在城镇化和农业现代化中的立场、着眼点、目标和职责、作用，可以得出如下结论：第一，农户的行为选择和家庭决策可能与城镇化和农业现代化发展方向一致，也可能相反相悖。第二，农户的行为选择与家庭决策可能与政府的战略方向、政策措施一致，也可能相反相悖。第三，基于户情的不同，农户的家庭决策应该是多样的。

（二）政府与农户对城镇化和农业现代化的需求程度和优先序不同

1. 政府与农户对城镇化的不同需求

（1）农户对城镇化的需求

农户对城镇化的需求与渴望，集中反映在农户的城市梦上。

①何为城市梦

如引言所述，农户或农民的城市梦，是指在城乡二元结构和城乡差别严重情况下，农民对城市的工作收入、生活环境的向往和追求，以及对工人、干部、知识分子等城市人口的羡慕。他们渴望有朝一日能移居城市工作生活，实现"农转非，吃商品粮，像城里人那样生活；有固定工作、工资和退休金"。

农民城市梦的产生，有其特殊的社会历史原因。实际上自城市产生、城乡对立以来，城市就成为经济社会发展进步的体现、成果和载体，成为一定范围内经济、社会、文化和政治的中心。而农村则代表着落后、贫穷、脏乱、苦累。在城乡差距明显的情况下，每个农户都想迁往城市，这是城市梦的发轫。但在城乡对立但不隔绝的时代，农户实现城市梦虽然要经历一番艰苦的奋斗，但实现的大门始终是敞开着的，可能性始终是存在着的，这个时候可能"梦"的色彩不是很强烈。中华人民共和国成立初期，政府并没有割断城乡流动，但随着农业人口向城市的迁移，农业生产出现危机，城市就业遇到困难。为了保证政府粮食供给和城市生产生活秩序，政府逐渐建立了以家庭及其人口按城乡户籍分野世袭、分工分治为核心的二元社会管理体制，从此城乡之间自由流动的大门就关闭了，农户的城市梦基本被断绝。随着城乡差距和差别的不断拉大，体制内与体制外的区别对待，所有农户和农民都渴望有朝一日能"农转非""吃上商品粮"，农民的城市梦越来越强烈。可以说，正是人为的因素、体制的因素造就了农户的城市梦，并强化了农户的城市梦。由此，使得实现家庭城镇化成为农户首要的需求，并构成城乡二元融解时期我国城镇化快速发展的重要动力。

②城镇化是农户实现城市梦的途径

城镇化是人类经济社会发展过程中的一种时空现象，表现为人口、产业、文化等经济社会资源、物质文化产品从农村向城镇聚集的状态，是在过程中实现的空间聚集现象。黄祖辉（2020）认为，城镇化的本质是人口和产业在空间的集聚，是现代化的必然趋势。显然，城镇化是农户实现城市梦的途径，或者说城镇化就是农户实现城市梦的外在表现及成果。因此，农户的城市梦有多强烈，对城镇化的需求就有多强烈。农户实现城市梦，或者说城镇化有两个基本途径：一是农户迁入既有城市，导致现有城市的扩张；二是区域经济发展产生新兴城镇，农户就地就近城镇化。

③城镇化在农户需求中的优先序

尽管中华人民共和国成立70多年来，城市梦是农户梦寐以求的，但这并不是农户的唯一需求。城乡二元时期，农户的城市梦之所以强烈，是与城乡二元的社会体制不可分割的。那时的城镇化，不仅意味着由村入城，同时还意味着生活、工作乃至生老病死都由政府计划安排，等于有了政府保障，端上了铁饭碗。正因为如此，农户的城市梦才如此强烈。事实上，农户在城乡二元时期的城市梦是内在的包含着对工作、职业、生活、社会保障的多重需求。

但后城乡二元时期，城镇化由计划配置转换为市场决定，虽然也与就业、生活、社会保障相关，但一切都是由市场配置，不再由政府计划统一安排了，铁饭碗被打破了。这时候，城镇化并不意味着生活无忧、工作无虞，并不意味着政府大包大揽。也就是说，这个时候的城镇化与就业需求、基本生活需求、社会保障需求、住房需求分离了。城镇化与否由农户农民自己做主，城市的就业问题、住房问题、基本生活问题、社会保障问题都要自己解决。在这种情况下，农户就要在城镇化、就业、住房、基本生活、社会保障等需求之中排个优先序：如果城市的基本生活得不到满足，可能农户就不会要城镇化了；而要想使基本生活得到保障，就要先满足就业和住房需求，然后是社会保障需求。当这一切都得到满足或有了保障，农户才会选择城镇化。

总之，在计划经济和城乡二元时期，农户的城镇化需求强烈；但在市场经济和后城乡二元时期，农户的城镇化需求弱化退化，农户优先考虑生存问题，即就业需求、住房需求和社会保障需求，然后才会考虑城镇化需求。

（2）政府的城市梦及其在国民经济社会发展中的优先序

①政府的城镇化目标

中华人民共和国成立前夕，党就认识到城市工作的重要性，并明确提出要实现党的工作重心的转移——由农村转向城市。中华人民共和国成立后，党和政府很快把工作重心转移到城市经济恢复和建设上来。尽管党和政府对工作重心的转移非常及时，对城市重要性的认识也非常正确，但就当时的状况来讲，党和政府并没有从理论上认识到城镇化的重要性。城市的重要性不等于城镇化的重要性。相比于工业化，党和政府更重视后者。1958年党的八大明确提出了把我国由落后的农业国变成先进的工业国的目标，但并没有提出城镇化目标和要求。不仅如此，为了实现工业化和保证工业化，政府逐渐确立了城乡二元的经济社会体制，隔断了城乡之间的自由流动，消除了农户自发的城镇化。甚至为了保证现有城市居民的供给和国防安全，实行了逆城镇化政策。一是在1958—1961年安排大批新迁居城镇的原农村人口返回农村；二是在20世纪60年代从城市往三线地区迁移大量工厂、企业、院校和研究机构；三是在"文化大革命"期间安排大批城市青年上山下乡去农村就业。理论认识上的落后和特殊时期的国情，使得党和政府在改革开放之前并没有明确提出城镇化目标和要求。

城镇化目标是我国改革开放之后，随着农村工业化发展、乡镇企业崛起、商品经济发展和人口流动加剧、人口和产业呈现集中趋势而提出来的。纵观我国城镇化的历史，可以把它分为三个阶段：第一阶段是从1986—2000年，政府主张严格控制大城市规模，合理发展中小城镇的城镇化发展道路。这个阶段导致中小城市发展迅速，但大城市发展滞后；第二阶段是从2001—2005年，政府强调要兼顾大、中、小城市以及小城镇的协调发展，解除了对于大城市的发展限制，从允许农民工进城转变为鼓励和支持态度，由此推动了城镇化的加速发展；第三阶段是从2006年至今，政府主张以大城市为依托、以中小城市为重点，逐步形成辐射作用大的城市群。

相对于农户对城镇化的需求而言，政府对城镇化的需求并不是很急迫。政府城镇化目标提出较晚，对城镇化在经济社会发展中的拉动作用、促进内需的作用、推动科技创新的作用、作为现代经济发展载体的作用认识较晚，城镇化理论相对薄弱。进入20世纪90年代，这种状况虽有所缓解，但城镇化发展仍然较缓慢。直到1997年随着亚洲金融危机的爆发，政府为了应对危机、拉动经济增长，提出将房地产业作为国民经济发展支柱，这时候城镇化才开始大规模启动。进入新世纪，在地方政府土地财政和我国经济快速发展背景下，我国城镇化加速发展，以每年增加一个百分点的速度递增。与此同时，有关城镇化的理论也日渐丰富，对城镇化的作用在社会上取得共识。在改革开放40多年时间当中，中国城市空间扩大了二三倍，城镇化率也达到了52.6%。但是，空间城镇化并没有相应产生人口城镇化。中国有2.6亿农民工，户籍问题把他们挡在了享受城镇化成果之外，他们是"被城镇化""伪城镇化"的。如果挤掉水分的话，我国只有36%的城镇化率。党的十八大明确提出了"新型城镇化"概念，2012年12月16日中央经济工作会议进一步指出，城镇化是我国现代化建设的历史任务，也是扩大内需的最大潜力所在，要积极引导城镇化健康发展。这标志着城镇化成为政府梦想、政府目标和政府需求。

②政府的城镇化在国民经济与社会发展中的优先序

推进国民经济和社会发展是政府的责任和任务，也是一个系统工程，城镇化只是这个系统、整体当中的一个方面，且城镇化与工业化、农业现代化密切相关。因此，政府在推进城镇化中，需要总揽全局、统筹兼顾，要按轻重缓急科学合理安排。相对于实现工业化和保证粮食供给的重要性和紧迫性，城镇化在政府经济建设和社会发展战略全局当中要往后排，这一方面是理论认识问题，一方面是现实国情所迫。

在中华人民共和国成立初期，政府没有意识到城镇化的重要性，只知道工业化的重要性，因为要保护新生的人民政权、抵抗以美国为首的西方敌对势力的包围、封锁、干涉和颠覆，需要推动以重工业为基础的国防工业优先发展。所以，政府率先提出了把我国由落后的农业国建设成为先进的工业国的目标。但并没有认识到工业化需要城镇化的依托和载体，因而没有提出同步实现城镇化的目标。虽然工业化实践也带动了城镇化的发展，但城市人口的增加导致了粮食供给不足。为了保证工业化的顺利发展，政府被迫构建了以1958年制定的《中华人民共和国户口登记条例》为核心的城乡二元社会结构，切断了城乡之间人口的自由流动，将农民牢牢固定在农村和农业领域。这实际是以城镇化的牺牲来保证工业化的顺利发展。而事实上，这一做法虽然在短期内保证了工业化的发展，但从长期来看却损害了工业化的可持续发展。

正因为这样的以农促工、城乡分割的政策，在此后的20年内，我国城镇化基本上停滞不前，而工业化则获得长足发展。按照政府政策，每年农村中大约只有千分之一点五的人可以转为城市户口，主要是通过考学、参军、提干和招工的途径来实现农转非。但这样的途径受政府严格控制，机会少之又少。因为工业化发展而推动的城镇化，更是极为少见。城镇化由此失去了工业化初期的宝贵发展机遇，从而导致工业化与城镇化水平的背离和城镇化的滞后。

受工业化道路选择的影响，工业化对城镇化的带动作用——促进农户分化作用被严重削弱；而城镇化发展不足，又使得第三产业无法得到充分发展。而第三产业发展不足，又使得城镇化在错失工业化动力之后，又错失第三产业发展的推动力。这样就形成了一个恶性循环：分散工业化和重工业化道路导致城镇化发展不足—导致第三产业发展不足—导致城镇化再次发展不足。"仅靠工业拉动的农户分化是没有持久生命力的，非农化还有一个重要的拉动力量那就是第三产业。目前我国第一产业滞留的劳动力仍然过多，第三产业吸纳的劳动力严重不足。"①因此，必须设法打破工业化、城镇化和第三产业发展之间的不良循环，使城镇化能够获得持久动力。总之，在国民经济和社会发展规划中，政府城镇化是从属于工业化的。

③政府与农户在城镇化需求上的比较分析

通过上述分析，可以得出如下结论：第一，农户对城镇化的需求明显弱于农户对基本生存的需求。第二，政府对城镇化的需求明显弱于政府对工业化的需求，也弱于对粮食安全和城镇稳定的需求。第三，政府对城镇化的需求，在市场经济和后城乡二元时期要强于计划经济和城乡二元时期，而农户对城镇化的需求与此相反，在市场经济和后城乡二元时期要弱于计划经济和城乡二元时期。第四，政府对城镇化的需求先抑后扬，农户对城镇化的需求由高转低，但总体上政府对城镇化的需求要弱于农户对城镇化的需求。正是因为政府与农户在城镇化需求上的差异，以及政府在城镇化需求和工业化需求、粮食供给需求上的优先序安排，我国一直实行独特的城市分级管理体制和行政审批制，一方面将城市区分为省级、副省级、地区级和县级四个层次，上下级之间存在行政隶属关系；另一方面新城市的形成及其行政级别要依赖政府行政的审批。这样一种城市管理体制安排，就是为了便利政府将城镇化增长率和城市发展纳入服从于政府工业化建设和粮食供给安全的轨道，但无疑抑制了城镇化发展和农户对城镇化的需求。

2. 政府与农户对农业现代化的不同需求

①政府对农业现代化的需求

中华人民共和国对农业现代化的需求，反映在中华人民共和国成立前后中国共产党对政府发展目标的定位上，内在地包含于国家现代化发展目标中。早在抗日战争胜利前夕的中共七大上，毛泽东在《论联合政府》的报告中就提出："中国工人阶级的任务，不但是为着建立新民主主义的政府而斗争，而且是为着中国的工业化和农业近代化而斗争。""没有中国共产党的努力，没有中国共产党做中国人的中流砥柱，中国的独立和解放是不可能的，中国的工业和农业近代化也是不可能的。"②可见，虽然当时中国共产党的主要任务是反对帝国主义和反对封建主义，但是毛泽东已经高瞻远瞩地提出了中华人民共和国成立后要实现两个现代化，即工业化和农业近代化。当时的

---

① 秦宏.沿海地区农户分化之演变及其与非农化、城镇化协调发展研究 [D]. 咸阳：西北农林科技大学，2006.

② 毛泽东选集（第3卷）[M]. 北京：人民出版社，1991：1080–1081.

"农业近代化"实际上就是今天的农业现代化。

中华人民共和国建立初期，党和政府进一步深入考虑国家发展目标，首先在1953年提出实现工业、农业、交通运输业和国防的现代化目标，然后于1957年提出实现工业、农业和科学文化现代化的"三个现代化"目标，最后于1964年正式完整提出实现工业、农业、国防和科学技术现代化的"四个现代化"目标。可见，在四个现代化目标形成过程中，农业现代化始终名列其中。这说明农业现代化始终是政府的重要目标与重要需求。

改革开放时期，基于农业的基础性地位，国家对农业现代化目标更为重视。在家庭联产承包责任制取得成功后，国家一直试图通过政策引导、财政补贴和制度创新，从加快农业剩余劳动力转移、减少农业人口，加快农地流转、增加农地经营规模，提升农业机械化和科技化水平，培育新型农民和新型农业经营主体等多个方面为促进农业现代化而努力。特别是进入新世纪之后，随着工业化和城镇化的加快发展，农村空心化、农业边缘化、农居闲置化、农村环境污染化等问题越来越严重，导致农地农产等资源浪费，政府对加快农业现代化发展，推进农业规模化、产业化和市场化越来越急迫，很多地方采取集体返包、统一对外出租，土地股份制，集体统一经营等形式发展农业规模经营，甚至采取合村并居、强制上楼、农地统一回收等手段强行推进农业规模化。

综观政府对农业现代化的需求和追求，可以得出两个结论。一是政府对农业现代化的需求始终居于工业现代化、城镇化之后，农业现代化必须先为工业现代化服务，甚至在特殊情况下要为工业现代化做出牺牲；二是政府对农业现代化的需求始终居于对保证粮食安全、农村社会稳定的需求之后，农业现代化要让步于粮食安全和农村社会稳定，因此，推进农业现代化必须坚持家庭联产承包责任制和土地集体所有制度，必须在农地三权分置基础上进行。这使得农业现代化的政治约束、经济约束和制度约束太多太严格，现代化的路径极其狭窄，难度极大。同时，在国家经济社会发展的多元化目标如工业化、城镇化、农村社会稳定、粮食安全、农业现代化等目标发生冲突、矛盾和两难时，也会做出轻重缓急的取舍，而一般是以牺牲农业现代化为代价。

②农户对农业现代化的需求

农业是农户的生存之本。因此，农户非常关心农业的产出和社会保障功能，并由此引致对农业现代化的需求。但归根结底，农户对农业现代化的需求是引致需求，农户最重视的还是农业的产出和社会保障功能。因为看重农业产出，所以农户对农业现代化有需求。但在城乡二元时期和计划经济体制之下，因为农户不是独立的农业经营主体，农户对农业现代化的需求被抑制了。到了改革开放时期，农村实行家庭联产承包责任制，农户获得了生产经营的主体地位，对农业现代化的需求得以释放，一些种粮大户开始追求规模化、专业化生产。但在以下两种情况下，农户对农业现代化的需求会大大减弱。一是在小农经济固化、农业产出难以增加情况下，农户可能就不会在意农业的增值增收，只会在意农业的家庭保障功能。特别是当出现非农就业和创业机会的时候，家庭小农业的增值增收功能会进一步下降，以至于沦为纯粹的家庭社会保障方式。二是当农业现代化难以实现，或农业现代化的交易成本极为高昂时，农户就不再追求农业现代化了，农业会沦为家庭副业。

　　从农业现代化本身来讲，要实现农业现代化就要有一大部分农户退出农业。也就是说，农业现代化并不能使所有农户受益，虽然在国家层面有利于国家整体利益和长远利益的增长。由此可知，不是所有农户都有农业现代化需求。当农业现代化难以实现时，农业就会沦为副业，成为家庭社会保障的工具。这个时候，农户就不再关心农业现代化实现与否了，而是将之当作家庭社会保障的工具了。当农业失去其产业本性而成为社会保障工具的时候，农户就不再追求农业现代化了，而只是把它当作家庭收入的来源之一和家庭社会保障工具。

　　总之，农业现代化更多的是国家发展目标，并不是所有农民农户的迫切需求。当代农民农户已经明显分化异化，对于以农为本的农户而言，农业是立家之本和养家糊口之基，如果他能在农业现代化过程中转变为新型农民或新型农业经营主体，能够扩大农业规模，实现规模效益，则他会支持农业现代化。相反，如果他不能扩大经营或没有能力从事现代农业，只能从事小农经济，则他对农业现代化就没有需求，也不支持农业现代化。对于兼业的农民农户而言，因为他能同时获取务农和从事非农产业的利益，由此实现家庭总收入最大化。所以，如果他因农业现代化而失去农地和务农收入，他也会反对农业现代化。即便是对于已经移居城市且不从事农业的移居户而言，大多数也不愿意因农业现代化而失去农地，除非得到补偿。所以，农业现代化对政府和社会而言，有百利而无一害，但对于农户而言，则因人而异、因户而异，虽然从长期看可能有利，但从短期看却没有明显的利益增长。

　　（3）政府与农户对农业现代化需求的比较分析

　　①需求程度及优先序不同

　　从需求程度上看，通过前述分析，政府对农业现代化的需求在总体上要高于农户对农业现代化的需求。因为农业现代化有利于政府优化产业结构和提高农业的规模效益，有利于政府整体利益和长远利益，是国家现代化的重要内容和重要标志。但农业现代化并不是所有农户的需求。在非农产业就业不稳定、城镇化成本高昂、社会风险越来越大的情况下，很多农户把农业当作社会保障的工具和家庭收入的来源之一。当农业失去其产业属性的时候，农业现代化需求就极其微弱了。

从需求优先序上看，在国家层面，政府在经济社会发展中，目标往往是多元的。就我国的情况而言，政府对农业现代化的需求明显是排在实现工业化和保证粮食供给安全、农村社会稳定两个目标之后。农业现代化要让步于和服务于工业化发展和粮食安全、农村社会稳定，农业现代化必须在家庭联产承包责任制和农地三权分置框架下进行，不能违背农户意愿、损害农户利益。在农户层面，农户在家庭经济社会生活中，目标往往也是多元的。就我国大多数农户而言，对农业现代化的需求明显落后于对增加家庭收入、保障家庭生活安全的需求。只有少数种粮大户、家庭农场主对农业现代化的需求强烈。事实上，如果农业现代化在一定条件下能够给农民带来直接经济利益，那么，农户对农业现代化都会产生需求。无论农业现代化让农户做出什么改变或牺牲，则农户都会支持。但残酷的是，农业现代化对农户的影响并不是平均的，不能均衡受益。在农业现代化过程中，农业很难实现帕累托改进，注定有农户利益暂时受损，有农户暂时获益。

农户不同于政府，虽然从长期看，农业现代化会有利于农户，但农业现代化不是所有农户的目标定位，农户只关心在农业现代化过程中如何实现家庭利益的最大化。但农户的经济社会选择、决策和行为并不是自由的，它只能在工业化、城镇化的作用、政府制度环境和政策体系约束、区域经济状况以及自身实际——户情的共同制约下，做出最有利于农户自身利益的选择、决策和行为。因而，农户的选择、决策与行为可能有利于农业现代化，也有可能相反。因为农户与政府在农业现代化发展上存在利益定位差异。虽然农户也希望尽快实现农业现代化，但与目标相比，农户更关心在农业现代化发展背景下，自身家庭收入和利益的最大化，而政府虽然也希望在实现农业现代化过程中增加农户收入，但与增加农户收入相比，政府更关心农业现代化目标的实现，因为这是社会整体利益所在。需求是产业发展的重要动力。从政府与农户在农业现代化目标需求上的结构性矛盾来看，农业现代化的实现不仅约束严苛、路径狭窄，且动力不足。这其实就是我国农业现代化举步维艰、小农经济固化、农户兼业普遍的症结所在。

②满足需求的供给路径不同

为满足农业现代化需求，政府从宏观、中观和微观三个方面进行供给。一是加快工业化和城镇化发展，为农户提供更多非农化和城镇化机会，引导农户向非农产业和城市迁移。这实际上是做减法——减少传统农户，为农业现代化腾出资源空间。二是在中观层面不断调整城乡工农关系、农业政策措施和制度安排，完善农业生产要素的产权制度和市场配置，优化促进农业现代化的政策制度环境。这实际上是一种乘法。三是在微观上加快培育新型农民和新型农业经济主体，加大对现代农业的支持力度。这实际上是一种加法——增加农业现代化主体。

农户为满足农业现代化需求，更多的是在农地三权分置框架下通过农地流转来实现。但农地流转因其交易费用较高，其对农业现代化的促进效率并不是十分显著。农地流转交易费用较高，是因为农业现代化并不是大多数农户的第一需求。在完全非农化和城镇化难以实现情况下，大多数农户选择兼营农业和非农业。在兼业农户家庭中，农业并不具有增收致富功能，只是发挥社会保障功能，因而既无规模化、市场化经营需要，也不能割舍放弃。在大多数农户不愿意交易承包地的情况下，农地流转市场上"可流通、可交易"的农地资源供给不足，再加上农地在空间上的分散零碎化状态，农地流转难以供求两旺。

从总体来看，无论是政府对农业现代化的供给还是农户对农业现代化的供给，都因农业现代化与工业化、城镇化、市场化的高度关联性而效率折损，这导致农业现代化发展缓慢、小农经济普遍化和兼业经营凝固化。大部分农户对于农业现代化发展缓慢和小农经济的普遍化，并不着急，也不想改变，因为这种状况是最适合这些农户户情的，且能满足他们实现家庭利益最大化和家庭风险最小化的目标。但政府则不同，它急于想改变这种小农经济和兼业经营普遍化的状态，从总体上实现政府产业结构升级和农业生产经营的规模化、产业化和现代化。

三、政府与农户在城镇化和农业现代化中的矛盾与困境

在城镇化和农业现代化过程中，农户和政府是两大主要参与者。其中，农户是城镇化的对象和农业现代化的主体，政府是制度设计者、政策制定者和环境优化者。它们之间既有利益重合，也有利益分歧，既有目标重合，也有目标分歧。为了各自目标和利益，它们都利用政策、策略、身份、资源、

市场、制度等手段努力实现自身利益最大化：政府利益最大化和农户利益最大化。在这一过程当中，无论是政府还是农户，都不是随心所欲的，都面临诸多矛盾和困境。正是这些矛盾、困境或约束条件的存在，使双方的博弈不可避免。

（一）政府在城镇化和农业现代化中的矛盾和困境

1. 政府在城镇化中的矛盾和困境

城镇化是现代国家的标志。我国是一个传统农村社会，实现新型城镇化是国家发展目标。但在这一过程当中，因为农民总量过多的国情和曾经的过度城镇化的历史教训，政府面临十分矛盾的境地：既想实现城镇化，又不想产生过度城镇化、贫民窟等城市病；既想实现城镇化，又不想影响农业生产；既想让农户进城，又不想让所有农户进城；既想让农民进城打工，又不想让农户享有城市公共服务或增加城市财政负担。政府在城镇化中的这种矛盾心态，集中反映在政府城镇化政策与地方城市政府落实政府城镇化政策的具体举措的矛盾上。

第一，国家城镇化目标与地方"城市病"顾虑。

就国家城镇化政策而言，其开宗明义提出要大力促进农村城镇化，积极引导农民转移到城镇和非农产业当中，同时为农业现代化创造条件；但就地方城市政府而言，它们在推进农村城镇化的同时，还担心农户大量拥入，导致过度城镇化，引发贫民窟、失业、交通拥堵、环境污染等城市病，造成城市社会不稳定。因而地方城市政府对城镇化落户做出诸多限制，如年龄、学历、职业、住房、子女教育、社保缴纳等，这等同于为城镇化打开了门但只留了一道缝。如此城镇化其实就是选择性、竞争性、歧视性城镇化，它将许多农民工的妻子、老人、孩子屏蔽在城镇门外，导致农民工、民工潮、留守问题，始终无法形成真正的城镇化潮。家是农民的根，是农户的归依。如果农民工无法把家安置在城市，即便农民工在城市里工作大半生，最后仍然会回归农村。农村人口向城市迁移的"被选择性"，不仅扭曲了乡村的人口结构，也使得大量外出的农民工能够真正长期留居在城市的并不多，导致农民工陷入"流动—回流—流动"的循环式迁移当中[①]。所以，以农民工为主体的城市非户籍人口，即使统计为城市常住人口，但实际也非城镇化人口。这实际上是政府在城镇化中的政策两难：完全放开，城市无法安置，农业生产弱

---

① 蔡昉，都阳，杨开忠. 新中国城镇化发展70年 [M]. 北京：人民出版社，2019，63.

化，粮食供给不足；不完全放开，有选择性吸收，则会虹吸农村的优质资源，使农业农村更加落后。政府在城镇化中的政策两难，是因为历史上吃过"过度过快城镇化"的亏，害怕再犯同样的错误。这个教训就是20世纪50年代中期开始的大规模城镇化，农村人口大量移居城镇，导致农业生产下降、城镇人口粮食供给不足，进而影响到工业化和城镇的稳定。此外，政府还面临城镇化路径选择上的两难：如果只是让农民转移到现有城市，则现有城市规模难以承载，必然导致城市病；若是打造新的城镇，让农户就近就地城镇化，这又会导致农户兼业化和兼居化。

国家城镇化目标与地方政府"城市病"顾虑的矛盾，说明政府既想让农民农户进城，但又不想让所有农民农户都进城，也不想让农民农户同时进城，它只想让部分农民农户有序进城，且农民农户进城不给城市带来压力和城市病。在城镇化过程中，政府首先是想保障城市的健康发展，只有在这个基础上才允许农民农户进城。地方城市政府的这种考虑和顾虑有其合理性，毕竟中国农民农户数量太多，一下子放开让太多农户进城，城市确实难以承载。但其错误的地方在于，在城镇化政策制定过程中，决策者一个根深蒂固的思想是，总认为农民进城是导致城市病的重要原因，因而既想让农民进城又害怕农民进城，特别害怕进入超大城市。虽然地方城市政府的担心不无道理，历史上我们政府也的确出现过这样的事情。但我们不应对农民农户的"进与留"过于担心。20世纪60年代初期是计划经济体制时期的一个极为特殊的年代，不能因此就"一朝被蛇咬，十年怕井绳"。事实上，在市场经济体制环境下，农民农户都是理性经济人，会对进城的成本、收益、风险进行综合分析和判断，不会鲁莽行事。此外，农民农户进城不是城市病的主要根源，城市病的症结是城市在规划设计时，没有考虑到农民农户进城一事，只是把城市当成了城里人的城市，没有为农民农户进城预留发展空间，没有从城乡一体化视角规划设计城市发展，只是就城市而考虑城市。很少有城市为农民农户提供优惠政策和财政补贴。城市发展过程中政府时常把农民农户看成负资产和财政负担，只希望他们在城里干完活就走人。

第二，国家城镇化目标与农业生产和农村社会稳定顾虑。

城镇化是经济社会发展规律。从国家层面看，我国明确将推进城镇化作为经济社会发展目标，并做出城镇化发展规划与战略安排。但与此同时，政府也担心农村城镇化可能导致大量农户进城，从而引致农业劳动力供给不足、农业投入不足，进而导致农业生产弱化、国家粮食安全危机和农村社会不稳定，进而影响国家经济社会发展全局。政府在推进城镇化过程中，对因城镇化而引发农业危机和社会稳定的担心如影随形、始终存在。这导致国家城镇化政策的两难：一方面鼓励农民农户进城，一方面又限制农民农户进城；一方面鼓励农户城镇化，一方面又对农户从事农业给予各种财政补贴；一方面鼓励农户进城，一方面又对农户农地、宅基地进行确权保护；一方面鼓励农地流转，一方面又强化农户承包权；一方面鼓励农户进城，一方面又强调保护农户在农村集体经济中的权益。上述矛盾性的政策虽然都有其合理性合法性，甚至在本质上是一致的，但确实在短期内强化了农户在城乡工农之间利益均沾的机会主义行为，导致农户兼业兼居普遍化、进城不入户、进城不退地，城市非村非城，农民亦农亦工，小农固化，农业现代化举步维艰等一系列问题。

政府在城镇化中的矛盾心态，实际上是想让城镇化有序发展。但由于这个"适度"太难掌握，结果就导致了城镇化中的种种不公平和不平衡现象。不公平现象如农民工群体市民化的黏性、农户难以入城、农民工子女不能平等享受城市教育、农民工家庭分离、入城难入户；不平衡现象如空间城镇化与人口城镇化失衡、城市常住人口与户籍人口失衡、规模城镇化与质量城镇化失衡等。表面看这是由政府城镇化中的歧视性和选择性政策制度导致，但归根结底是因为政府在城镇化过程中的矛盾与困境使城镇化政策制度不是很清晰，甚至相互抵触。

2. 政府在农业现代化中的矛盾和困境

农业现代化是国家经济社会发展目标，也是解决农业问题的根本出路。但农业现代化问题，不是一个单纯的农业问题，它与工业化、城镇化和农民问题紧密相连，牵一发而动全身。因此，政府在发展农业现代化时也有很多顾虑和矛盾，具体表现在如下方面。

第一，既想发展农业现代化，又想保持农村经济社会稳定和粮食供给安全。把数以亿计的小农经济转化为现代农业，必须转移和减少大量农户。这是一个巨大工程，也是农村经济社会的巨大变迁。在这个过程中要保持农村经济社会稳定和粮食供给安全，对农户变迁分化的数量、速度、方向的要求太高，大量农户进城之后的资源整合和重新配置也是一个难题，这的确是一个两难。第二，既想推进农民农户城镇化，减少农民农户数量，为农业现代化创造条件，又不想转移太多，给城市增加太多人口压力。转移和减少农户是实现农业现代化的前提条件，但这个条件要求城市有足够的承载能力，包括城市空间和基础设施、公共服务能力、城市资源环境能力和非农就业机会等，否则必将引发严重的贫民窟、失业、环境污染、社会治安等城市病。这要求农业现代化与城镇化要协调发展、统筹安排。但这是一个极为困难的事情，既存在市场失灵也存在政府失灵。第三，既想给农户确权，以巩固和保护农户权益，又想促进权利流转，推进生产要素市场化。如果不给农户确权，不从制度和法律上保护农户权利，则农户利益很可能在农业要素市场化改革中受到侵害；但给农户确权，从制度和法律上固化农户权利，则在一定程度上又阻碍农业生产要素的市场化和农业规模化发展。第四，既想保持农地集体所有制，又不断弱化集体所有权。确立农地集体所有制度，本是为了保护和提高农户的集体利益，避免公地悲剧和集体事业弱化，但过强的集体所有权可能侵害农户个人利益。为保护农户利益，政府确立了农地三权分置的产权结构，将承包权和经营权赋予承包农户和经营主体。农地流转与否完全由承包户说了算，但这样强势的承包权一定程度又妨碍了农地的整合和规模化，出现了囚徒困境中个体利益妨碍集体利益的事情。第五，既想让农户进城，又想让农户留村。发展农业现代化虽然需要减少农户，但又不能将农户归零，让所有农户都转移到城市和非农产业。如果农户都进城了，就没有人从事农业生产了；如果留下的都是素质能力较低的，也无法从事现代农业。因此，谁进城非农、谁留村务农、进城多少户、留村多少户就是一个难题。第六，既想让农户从事非农产业，增加农户收入，又想让农户流转农地，扩大农业生产规模。发展现代农业，需要转移农业劳动力，只有把农业劳动力转移出去，农户才可能流转家庭持有的农业生产要素与资源，其他想扩大农业生产经营规模的农户才有可能从要素市场上流转到所需要的农业资源。但事实上非农产业要求较高素质的劳动力，其结果就是农业优质劳动力的流失和农业劳动力的弱化、农业的副业化。第七，既想发展家庭农场，又想让小农户联通大市场。这实际上是对发展家庭农场等现代农业的不自信：中国小农户众多，即便转移到城市一部分，也不可能把剩余的小农户全部改造成为家庭农场，因此必须建立小农户与现代大市场的融通机制。但这会导致政策的模糊性。第八，既想培育新型农民和新型农业经营主体，又鼓励农业劳动力外出打工。新型农民和新型农业经营主体是发展现代农业的劳动主体和经营主体，培育新型农民和新型农业经营主体是发展现代农业的关键。但新型农民和新型农业经营主体很难从外部引入，需要从农村内部培育。但有潜质的青年农民大多外出打工了，新型农民和新型农业经营主体的青训系统根本无法建立。

　　尽管上述矛盾性的政策措施和制度安排都有其合理性和现实性，但在实践上却导致农户兼业普遍化、农户城乡兼居普遍化、农地流转困难、小农经济固化、农业边缘化和副业化、农业优质劳动力流失、农村空心化等诸多问题，这些问题纠缠在一起使得农业现代化举步维艰。

3. 政府在城镇化和农业现代化中的矛盾和困境之原因

政府在城镇化和农业现代化中之所以有如此多的矛盾和困境，主要在于如下原因。一是政府经济社会发展目标多元，彼此相互作用相互影响，政府发展需要统筹兼顾。二是城镇化和农业现代化都是系统工程，牵一发而动全身，必须协调推进。三是无论是城镇化和农业现代化，都不能采取政府大包大揽的计划方式，只能采取市场化方式，由农户自主选择和决策，但市场存在失灵。四是政府的宏观调控和战略引导也不是万能的，也存在失灵现象。五是城镇化和农业现代化都需要高昂成本，都存在极大风险，政府没有足够公共财力可以为农户支付，也难以为千家万户应对市场风险和自然风险。六是源于我国特殊的国情——大国小农：小农户众多、农民数量庞大、城镇化发展滞后，以及人口众多导致的粮食需求大、粮食安全极为重要。

（二）农户在城镇化和农业现代化中的矛盾与困境

1. 农户在城镇化中的矛盾与困境

城镇化是农户的梦想，特别是在计划经济时期。改革开放后，随着计划经济体制解构，城乡之间的人员流动重新开始，但城镇化也不再像计划经济时期那样由政府大包大揽了，无论是住房需求、工作需求，还是基本生活需求都须通过市场来配置，或由个人和家庭担负。伴随城镇化的市场化以及与政府供给的分离，城市户口含金量下降，农户对城镇化的态度趋向理性，并呈现多重矛盾心理，具体表现在如下方面。

第一，农户既想进城，又不想承担城镇化成本和风险。基于城乡差别和差距，农户还有城镇化梦想，但害怕城镇化的高昂房价、非农就业的不稳定、城市高昂生活成本，担心生活不下去。因而既想进城又害怕进城。第二，农户既想进城又不想退地，既想要非农就业的高收入，又想要农业收益，既想享受城市生活便利和城市文明又想占有农业补贴和农地增值。城镇化既有成本又有风险，为了增加收入和抵御风险，农户即便进城了也不愿意放弃农业资源，一是想增加家庭收入，二是想留个后手，以防在城里生活不下去了再回到农村。第三，农户既想进城，又担心适应不了城市生活环境。农户在农村生活久了，对农村的生活方式、风俗习惯都较为了解熟悉，但城市生活环境完全陌生，由一个熟人社会突然转换到一个陌生人社会，农户害怕适应不了，因此总想留退路，总想把农村和农地留作城镇化的社会保障。概括而言，在后城乡二元时代和市场经济体制之下，农户对于城镇化的态度是，既想要城镇化利益又不想承担城镇化成本和风险，同时还不想失去农村资产。这其实就是既想两头都占便宜以实现家庭收益最大化和家庭福利最大化，又想规避风险以实现家庭风险最小化。显然，这是一个鱼与熊掌不可得兼的两难。

上述矛盾表明，农户对城镇化既爱又恨、既想又怕。爱的是城镇的现代文明、现代生活方式、干净整洁的环境、优质的公共服务和较高的收入，想的是有朝一日能农转非、由村入城，享受城市生活；但恨的是入城门槛高、房子贵、生活成本高，怕的是就业不稳定、生活不下去。面对这种进退去留的矛盾，农户思来想去，保守的心理占了上风：先由个别劳动力进城务工，但家庭留守农村，由老人妇女经营农业，这样进可攻、退可守，既能实现家庭收益最大化，又将生产生活风险降到最低。这样的矛盾心态及其决策必然导致农户兼业兼居普遍化和进城不退地、进城不入户等现象。

2. 农户在农业现代化中的矛盾与困境

作为面朝黄土背朝天的耕者，农户深知传统小农依靠手工和畜力劳动的艰辛，也希望有朝一日能实现农业生产的机械化、自动化和现代化，能够获取同非农产业同等的利润和收益。但基于小农户众多和户均耕地规模小、分散零碎的现实，每个农户都清楚要实现农业现代化，就要有农户退出，只能留下少数农户来从事现代农业。因而，对于农业现代化，农户也是充满矛盾。具体来说主要有这样几方面。

第一，大多数农户都觉得农业现代化与自己无关，实不实现都无所谓，只有少数种田能手、农业大户或有志于现代农业的农户才急于实现农业现代化。这样一种无所谓心态与工业化和城镇化社会环境相结合，就使得兼业具有了深厚土壤。也就是说，大多数农户只把农业当作副业和社会保障，而不当作产业对待。第二，农户既想实现农业现代化，但又不想失去农地。每个农户心里都有一个农业现代化图景，但谁都不想成为农业现代化过程中的失地农户。即便入城非农了，有些农户还是不想退地。在农地承包权受国家法律和农地制度保护之下，只要农户不想退地，任何组织和集体就不能强制。在日本，"保有农地的非农户占土地所有者的比例已由1975年的5.2%上升为2015年的39.6%"。[①]这样的现象在我国农村和农户分化中也不少见。第三，

---

① 罗必良.小农经营、功能转换与策略选择——兼论小农户与现代农业融合发展的"第三条道路"[J].农业经济问题，2020（01）：29–47.

有些非农农户因为非农收入较高且稳定想退地，但又觉得没有退出机制，得不到政府和集体合理补偿，退地得不偿失，所以决定暂时不退地。这实际上是一种待价而沽的心态。总之，农户在农业现代化过程中的心态是：乐观其成，但与己无关，不想退地、待价而沽。正是这样的矛盾心态，使得农业现代化在农村发展极为困难。

3. 农户在城镇化和农业现代化中的矛盾与困境之原因分析

（1）农户在城镇化中的矛盾与困境的原因分析

就农户在城镇化中的矛盾与困境而言，其原因主要在于随着我国经济体制的转型，城镇化也由计划化转为市场化和自主化，城镇化不再是"吃皇粮、铁饭碗"，农户对城镇化需求更趋理性和务实。

农户对城镇化的需求，其实是对美好生活的需求。因为城镇化承载着美好生活，所以农户就追求城镇化。但当城镇化不再是计划化而是市场化和自主化，一切成本和风险都由个人和家庭担负时，城镇化就像一枝带刺的玫瑰，虽美好但充满荆棘和风险、不确定。面对如此的城镇化，农户的需求必然下降。在市场经济条件下，虽然农民农户仍有城市梦，但他们对这个梦并不盲目和狂热。他们深知在城市生活并不轻松。一要有住房，这是一个很大负担。二是找好工作、高收入工作太难。如果没有一技之长，很难实现。三是城市生活成本很高。日常生活和教育、医疗、交通是一笔很大开销。如果没有较高收入和积蓄很难生活下去。所以，农民农户对进城市民化日益理性化。在城镇化的成本与风险有可能超过城镇化的收益时，农户就会放弃城镇化，宁愿选择农村和农业。

首先农户并不想错过工业化和城镇化的机遇。一是非农就业的机遇。非农就业可以增加家庭总收入，且非农就业收入相对农业收入而言具有比较优势。二是城市资产升值的机遇。特别是房产升值的机遇。三是享受城市就业、教育、医疗方面的优质资源的机遇。其次，农户农民还想规避城镇化的风险。一是城市经济发展呈现周期性，存在经济危机和经济下行风险；二是城市非农就业极为不稳定，存在失业风险；三是城市生活成本较高，要留好退路。鉴于上述考虑，农民农户在城镇化中的最好选择就是两栖化和兼业化。即一方面通过家庭劳动力分工，实现一、二、三产业的兼业化，同时赚取农业经营和非农产业就业的收益，另一方面通过城里购房，让年轻人进城享受城市优质教育医疗环境服务，享有城市资产升值收益，而老年人继续享有土地承包权，占有农业经营收益及土地升值收益。这样既能实现家庭收益最大化，又能进退自如，确保万无一失。

当然，也有一些特殊情况。如部分农户和农民非常有经营头脑，或有一技之长或有非农产业等，他们已经实现了城镇化，农地收益、升值潜力和乡愁都已成鸡肋，完全不在考虑范围，像这样的农户，无论政府对进城有无支持或补贴都会进城退农，成为入城户。还有一类是完全没有非农就业能力或完全不喜欢城市的农民农户，无论工业化和城镇化提供了多大机遇，他们都会无动于衷，始终坚守农业，成为纯农户。当然，还会有一类农民农户，他们既没有非农就业能力也没有继续从事农业生产的能力，这类农户就会流转农地，成为五保户。当然，这三类都是农村的特例，只占少数。大多数农户农民会选择兼业兼居。总之，正是城镇化的市场化、自主化和成本风险的自担化让农户对城镇化爱恨交加、欲罢不能、欲进又止。

（2）农户在农业现代化中的矛盾与困境的原因分析

就农户在农业现代化中的矛盾与困境而言，其原因主要在于农业现代化受益的非均衡性、需求的非全体性和目标上的政府性。首先，在工业化和城镇化快速发展的背景下，农业现代化并不是所有农户共同一致的需求。有些农户愿意从事非农产业，有些农户愿意搞兼业经营。对于这些农户而言，他们并不想发展现代农业，只想让家庭农业成为家庭的社会保障工具。其次，发展农业现代化就要减少农户，这意味着必须有大部分农户退出农业，农业现代化才有可能实现。可见，农业现代化并不能使所有农户同等受益，只有家庭农场主、种粮大户、农业专业户等新型农业经营主体受益。最后，农业现代化更多的是政府经济社会发展目标，不是农户的公共需求。农业现代化是国家现代化的标志与内涵，但对于农户而言，发展农业现代化并非农户的唯一出路。除此之外，农户还可以从事非农工作和城镇化。当然，农户在城镇化和农业现代化中存在的矛盾与困境，还有一个重要的共同原因，即在于政府和农户的财力都是有限的，不可能无限担负城镇化和农业现代化的成本、费用，也不可能完全应对城镇化和农业现代化的风险。

第二节　政府与农户在城镇化中的博弈

一、政府与农户在城镇化中的博弈表现

政府与农户在城镇化中的博弈，源于根本利益和长远目标一致基础上

的各自私利及其短期目标的差异，从其外在表现看主要表现在以下三方面。

1. 农户决策的"骑墙性"

所谓农户决策的骑墙性，是指面对城镇化趋势，大多数农户选择城乡兼居，而不是完全的彻底的入城居住。不管是家庭的城乡两栖居住，还是家庭夫妻分居式的城乡兼居和家庭代际间的城乡兼居，都反映了农户对城镇化的心态：既想进城而又不敢进城，即便进了城也不想退出农村。农户之所以会产生这样的心态和决策，主要原因有两个方面：一是担心城镇化风险，而城乡兼居可以为家庭保留最后的屏障，抵御城镇化风险，让农户进退自如。二是想在城乡两头之间利益均沾。农户这样一种骑墙性决策和心态，导致城镇化畸形发展，也没有从根本上减少农户，这与政府推进城镇化发展的目的是相违背的。

事实上，农户并非不想进城，而是不敢进城，更不敢从农村"裸退"进城。农户害怕进城之后的工作、生活没有稳定保障，有可能连温饱都解决不了。农户为什么害怕？因为政府没有支持保护政策。政府为什么没有支持保护政策，因为政府难以把握支持和保护政策的力度和范围。如果支持保护力度大，则可能使大多数农户一下子都进城了，一是影响农业生产，二是给城市造成巨大压力。另外，政府也很难确定支持保护的范围：给谁不给谁？政府如何知道谁想进城安家？若是设定条件：凡进城农户，若享受政府进城支持保护政策，必须先放弃农地或退出"三农"？这样的政策未必受农户欢迎。

而只要保留农村的房产和农地就不会饿肚子，虽不富裕但至少能生存。"农转非"的城一代家庭在城市生活得都异常艰难。因为没有家庭支持，也没有政府支持，更没有因退出农村把资源留给集体其他成员而得到集体补偿。因此，在缺少支持的情况下，要想让农户进城，一是要让他们进得来，二是要让他们待得住。这需要政府补助和集体补偿。

从我国城镇的新住户（新组户、移入户）调查看，我国城镇化发展更多地源自农村个体劳动者在城镇新组建的家庭，由农村整户移入的户数很少。据对10个城市的新住户（居住2年以上户）调查，在所有新住户中，新户（即由外地或农村移入城市的单身人士在城镇新组建的家庭）占到73.17%，其中由来自农村单身者组建的新住户为34.6%（不含由农村大学毕业生组建的新住户）。而移入户（即由外地或农村原住户整户移入城镇的家庭）占比不到26.83%，其中由农村原住户整户移入城镇的移入户仅占5.49%。显然，这种并不能带动农户整户进城的城镇化，虽然为城镇发展吸纳了新劳动力，但对于农业和农村并没有发挥带动作用。一则农村户数并没有减少，户多地少的农业资源配置状况并没有因城镇化而得到改善，农业规模化还是没有空间；二则把农村优质劳动力纳入城镇，导致农业的进一步衰弱。

农户对城市的渴望与害怕，实际上是城乡二元社会结构的"后遗症"。从20世纪50年代末期到70年代末期，我国整整实行了20多年的城乡二元经济社会制度，在这20年中，城乡人口自由流动被禁止，城乡就像两个世界一样实行不同的生产方式、就业、教育、社会保障制度，身份、地位、就业、生活完全不同。城里是吃皇粮的，实行供给制，乡下则是自给自足，自收自支。尽管在这20年中，无数农户渴望农转非，成为城里人，但被二元化社会制度牢牢束缚在农村和农业生产当中。尽管在改革开放后，二元化社会结构逐步解构，城乡人口流动有所松动，户籍制度和城乡公共服务制度趋于均等化，但长达二十年的城乡隔绝还是对农户和农民留下了深深的路径依赖。表现为农户在城里没有任何资源，对城市生活方式极其陌生，缺少在二、三产业中稳定就业的技能和素质。这使得农户对城市产生了隔阂、距离感和恐惧感。他们总会想：到了城里吃什么、住什么、靠什么生活？人家城里人有工作、有单位、有社保、有住房，咱在城里什么也没有，怎么生活？这样的城市认知和心理感受使得农户不会轻易退村进城，这就是二元体制留下的路径依赖和后遗症，消除这样的路径依赖和后遗症需要较长时间，直到农户消除城市恐惧症为止。

2. 政府城镇化政策的选择性

所谓政府城镇化政策的选择性，是指政府和城市允许农村人口在城乡间自由流动和自主择业的同时，又对城镇化做了很多限制性规定，如入户中的年龄、学历、住房、就业、社保要求，就业中的年龄、学历、户籍要求，城市购房的户籍要求，外来人口的登记暂住制度，城市基本公共服务的城市户籍属性，等等。所有这些排外性限制性规定，使得城镇化的大门欲开又关，犹抱琵琶半遮面，形成了事实上的选择性城镇化政策。这样的选择性城镇化，一方面将农村的优质资源如青壮年劳动力、家庭储蓄资金、农村消费能力等虹吸到城市，另一方面将农户中的老人、妇女、孩子屏蔽在城市之外，导致农民工和农村留守问题，也使得更多农户选择城乡两栖居住。

政府城镇化政策的选择性和市场性，实际上是与农户城镇化梦相抵触的。因为农民工并不想家庭分居，而是想与家人举家迁居到城市，像城里人家那样生活，而不是夫妻分居、父子分居。在选择性城镇化政策之下，农户只好以城乡两栖居住为应对策略，并不断向社会舆论呼吁重视农民工问题、农村留守问题，表达希望实现家人团聚的愿望，提出获取市民待遇的要求。

3.政府执行中的强制性

所谓政府执行中的强制性，是指地方政府在推进城镇化过程中，通过行政命令或上级指示，违背民意搞一刀切式的合村并居、撤村并镇等城镇化建设，强行征用农户宅基地和农地，强制农户上楼，农户"被城镇化"的行为。在部分地区，因为政府强制推进城镇化发展，还引发激烈的干群冲突等群体性事件，成为城镇化进程中政府与农户博弈的鲜明体现。

政府之所以强制推动城镇化发展，主要因为基于市场化的城镇化存在失灵。在很多农村地区，村落点多面广，村里空心化严重，部分房屋长期闲置，部分农地荒废，农业农村资源亟待整合优化。但市场化的城镇化政策使得农户具有决定权，农户基于家庭利益最大化目标，要么宁愿城乡两栖居住，要么在征地拆迁、退地补偿中提出过高要价，政府难以承受。在这种情况下，无论是新农村建设还是城镇化建设都陷于停滞。面对市场失灵，政府为了推进乡村振兴和城镇化发展，不得不采取政府供给的办法，但有时急于求成、操之过急，有时简单粗暴、违背民意，有时刻意压低补偿款、中饱私囊，这导致了干群冲突和政府与农户的矛盾。

二、政府与农户在城镇化中的具体博弈

（一）基本策略博弈

政府与农户在城镇化中的基本策略博弈，因其主体转换而不同（见表6-1至表6-3）。

表6-1 计划经济条件下政府与农户在城镇化中的博弈

参与者	博弈策略	博弈结果
政府	计划化、福利化、严控化	城镇化发展缓慢，易于滋生权力腐败；农户不能减少，也不能分化
农户	支持拥护、努力争取	

表 6-2　市场经济条件下政府与农户在城镇化中的第一轮博弈

参与者	博弈策略	博弈结果
政府	市场化、自由化、自主化	城镇化发展快速但不彻底不完全；农户分化但分化不彻底不完全
农户	理性决策、户情决定	

表 6-3　市场经济条件下政府与农户在城镇化中的第二轮博弈

参与者	博弈策略		博弈结果
政府	市场化、自由化、自主化	①扶持城镇化	城镇化发展快速但不彻底不完全；农户分化但分化不彻底不完全
		②限制城镇化	
农户	理性决策、户情决定	①积极城镇化	
		②消极城镇化	

　　在计划经济时期，政府是城镇化的主体，城镇化采取严控计划方式，由政府通过考学、参军、提干和招工实现。农民城镇化一般采取个体形式，很少有全家整体实现城镇化的。但因为这时的城镇化属于社会福利性质，一切由政府统一安排，个人不负担成本与风险，所以，针对政府的计划式城镇化策略，所有农户的策略就是削尖脑袋往城里钻：父母省吃俭用供子女考学，想尽一切办法让子女招工、参军和提干。但因为名额极其有限，竞争极其激烈，博弈的结果就是：城镇化进展缓慢，且产生以权谋私、优亲厚友、拉关系、走后门等腐败行为。

　　改革开放之后，城乡二元体制逐渐解体，政府在推进城镇化过程中，在延续计划方式通过考学、参军、提干、招工促进城镇化的同时，更多地采取了市场化办法，由农户自主选择和决策，农户成为市场化主体。在这种情况下，农民在继续通过考学、参军、提干、招工等传统方式实现城镇化的同时，更多的农民选择到城镇中经商打工，通过经商打工自主实现城镇化。但因为市场化的城镇化方式，住房、就业、生活都要靠自己解决，城镇化成本和风险也由自己承担，城镇化对农民农户的吸引力大大下降，农户对城镇化需求越来越理性客观，会结合不同户情做出合理决策。也就是说，针对政府的市场化策略，农民农户对于城镇化的决策产生分化：有的选择城镇化，有的选择村居化，有的选择兼居化。这种博弈的结果是：城镇化发展迅速，但城镇化质量不高，表现为很多城镇化人口为临时性、暂住性、两栖型，导致城市常住人口与户籍人口的两张皮、城乡两栖人口、进城不入户人口、进城不退地人口、空间城镇化与人口城镇化不平衡等。

假设这是二者第一轮博弈，如果双方策略不变且大的经济社会环境不变，则这一结果可能就会延续。假设还有第二轮博弈，如政府在市场化策略基础上，进一步推出城镇化的优惠政策和扶持政策，如城市新住户财政补贴政策、城乡公共服务均等化策略、新住户财税减免政策、城市入户退地补偿政策等，则农户也会相应调整城镇化策略，实施更积极的城镇化策略，入城户、入籍户、退地户会增加，两栖户会减少，则城镇化速度进一步增加，城镇化质量改善。相反，如果在第二轮博弈中，政府没有出台相关扶持、补贴政策，而是出台一些限制性和选择性条款，如对城市入户安居提出年龄、学历、社保、住房、就业等要求，则农户会实施消极城镇化策略，留村户、两栖户会增加，入城户、入籍户、退地户会减少，城镇化速度会下降，质量也难以提升。

未来随着政府城镇化策略的进一步细化和具体化，以及国家经济社会发展变化，农户也会相应调整家庭决策，政府与农户在城镇化中的博弈还会有第三轮、第四轮。但不管政府与农户在城镇化中的博弈进行多少轮次，二者都是围绕城镇化进行成本分摊博弈、利益分成博弈、资源配置博弈，以图尽量实现各自利益最大化和风险最小化目标。

（二）政府与农户在城镇化中的具体博弈

1. 政府与农户在城镇化中的成本分担博弈

无论在什么样的体制之下，城镇化都是需要成本的。只不过在计划经济体制下城镇化成本都是由政府担负的，因而个人难以感受到。但在市场经济体制之下，城镇化成本是由政府和农户或个人共同担负。在这种情况下，农户或个人对城镇化的成本就有了切身感受。但事实上，农户及个人所感受到的还是城镇化成本的一部分，政府所担负的那部分城镇化成本，农户和个人还是没有感受到。

本书依据成本担负主体的不同，将城镇化成本划分为直接成本即家庭或个人成本，间接成本即政府成本。直接成本是由农户及个人来支付的，是城镇化的显性成本和私人成本，主要包括就业成本、住房成本、城市生活成本、公共服务成本等。直接成本对于普通农户而言，通常是一个巨大的压力，除了从事非农产业和规模农业的富裕农户，一般农户是难以承受的。城镇化的直接成本具有刚性，很难降低。为了实现城镇化，农户只能采取增加收入、相对减轻成本压力的策略。因而兼业化、两栖化就成为大多数农户的选择。

间接成本是由政府来支付的，是城镇化的隐性成本和公共成本，农户及个人通常感受不到。但事实上，城镇化除了需要农户家庭及个人支付直接成本之外，城市政府还要进行大量的城市基础设施建设、基本公共服务体系建设、社会保障体系建设，以应对不断增长的城市人口。据测算，每增加一个城市人口，就需要政府投入2万元的资金。这对于任何城市政府而言，都是一笔巨大的公共财政负担。城镇化的间接成本也具有刚性，且随物价上涨还呈现不断增加趋势。城市政府为了筹集城镇化的成本，除了搞土地财政之外，往往出台一些限制性政策，形成事实上的选择性城镇化。选择性城镇化策略一方面是为了压缩成本，另一方面是为了优化城市产业结构和人口素质，突显城市定位。但事实上是把间接成本转嫁到农户和个人身上，从而抑制了农户城镇化积极性。"在没有解决好成本分担和红利分享问题的情况下，大城市政府没有接纳新市民的应有动机。"[①] 政府与农户在城镇化成本分担上的博弈，集中表现在总成本既定情况下直接成本与间接成本的分担上。虽然直接成本与间接成本的分担责任是清晰的，直接成本由农户负担，间接成本由政府负担。但如果有一方担负不起则城镇化就无法实现。所以，二者在城镇化成本分摊上既有分工又有合作。作为城镇化的弱势一方，农户总是希望政府帮助支付部分直接成本。但城市政府公共财政压力也极大，也总想让农户多缴税收，甚至把间接成本转嫁农户身上。具体来说，二者在城镇化成本分摊上的博弈主要表现如下模式。

第一，如果直接成本相对农户收入而言太高，且政府没有帮扶政策支持，则农户会选择消极城镇化，要么留村务农，要么兼业兼居，这会降低城镇化速度和质量，从而削弱政府城镇化的政绩，很多农户的城镇化梦也难以实现，出现零和博弈结果；如果政府重视城镇化水平，想提高城镇化速度与质量，政府和城市就会出台支持农户转移的政策措施，农户选择积极城镇化策略，城镇化水平提高，很多农户城市梦想实现，出现正和博弈结果；相反，如果政府和城市不重视城镇化率，没有出台制度支持农户转移的政策措施，农户继续保持消极城镇化策略不变，则城镇化水平停留于低水平，很多农户城市梦想得不到实现，再次出现零和博弈结果。

第二，如果间接成本相对城市公共财政而言太高，城市政府出台限制性政策措施，变相将间接成本转嫁于有城镇化意愿的农户，则农户会采取消极

---

① 蔡昉，都阳，杨开忠. 新中国城镇化发展70年 [M]. 北京：人民出版社，2019：152.

城镇化策略，由此出两败的零和博弈结果。如果城市政府通过经济体制和财税体制改革不断开源节流，想方设法增加公共财政收入，不转嫁间接成本，则农户会采取中性城镇化策略，城镇化实现缓慢增长，从而出现弱的正和博弈；当然，如果城市政府在财政税收情况好转情况下，再出台支持农户转移的政策措施，则农户会选择积极城镇化策略，更多农户会选择进城非农，城镇化速度和质量都会提升，博弈呈现强的正和博弈结果。

2. 政府与农户在城镇化中的风险防范博弈

在市场经济环境中，城镇化是一个充满风险的决策。对于政府而言，城镇化可能因速度过快、规模过大、空间过于集中而使城市资源环境难以承载，从而使城市面临过度城镇化、各种城市病、公共服务缺失、粮食供给不足、公共财政紧张等风险。对于农户而言，市场性的城镇化可能使农户面临资金不足、贷款压力、失业压力、社会保障缺失等风险。为了顺利实现城镇化，政府与农户都会竭尽全力降低各自风险。但在总风险既定的情况下，双方总是想让对方多承担风险、自己少承担风险。

政府与农户在城镇化风险担负上的博弈有多方面的表现。在政府和城市方面，如制定和实行城乡二元化公共服务制度、限制性入户政策、外来人口暂住制度、就业中的本市户籍要求、城市传统部门产业转移、农民工子女不能享有城市义务教育等，这些都是为了控制城镇化速度与规模，降低城市政府城镇化风险，实际上等同于将相应风险转嫁给入城农户。"在存在着地方政府财政能力和支出责任之间矛盾的情况下，只要城市人口仍然有户籍人口和非户籍人口之分，农民工终究无法充分均等地获得城市的基本公共服务。"[①]在农户层面，选择兼业经营、城乡两栖居住、入城不入户、进城不退地等策略，这一方面是为了增加收入，另一方面是为降低风险，为城镇化提供社会保障和坚实后盾。双方的上述策略概括来说都是消极性城镇化策略，都想逃避和降低城镇化风险，在这样策略支撑下，博弈的结果只能是走向零和博弈，城镇化水平难以提升，国家现代化程度难有提高，农户城市梦想难以实现。

从现实来看，政府与农户在城镇化风险担负和防范上的博弈，集中体现在城市社保权益与农户农地权益的争夺上。城市社会保障制度是城市家庭抵御市场风险和人身财产风险的主要工具，由政府、单位及个人按比例共同出资建设。由于历史的原因，城市社会保障制度要比农村新农合、养老保障等农村社会保障制度更健全，保障水平也更高。如何将农村社会保障制度与城

---

① 蔡昉，都阳，杨开忠 . 新中国城镇化发展70年 [M]. 北京：人民出版社，2019：153.

市社会保障制度相衔接，并使入城农户获得与原有市民相同保障水平，是一个极为棘手的难题。如果完全由政府和城市来埋单，则城镇化速度与规模会急剧膨胀，城市财政也难以承受；如果不由政府和城市来埋单，而是由入城农户来埋单，则农户难以承受。在这样一个两难情况下，城市仍然实行城乡二元化的基本公共服务制度，而入城农户为了降低和防范城镇化风险则死死抓住农地和宅基地等资源，既不退地也不入城市户籍，以土地作为城镇化的最后保障。这样博弈的结果就是，城镇化质量难以提升，更严重的是抑制了城镇化对农业现代化的拉动作用，农业的规模化没有空间，农业现代化会卡在规模瓶颈上停滞不前。有鉴于此，学界提出用城市社保权益换取农户农地权益的权益置换方案，以便于既解决入城农户的社会保障问题又可解决农业规模化问题，这的确是一个很好的思路，但二者如何测算又如何等价交换？这仍然是一个博弈问题。

3. 政府与农户在城镇化中的利益分成博弈

城镇化不仅有成本和风险，而且有收益增长。无论对于政府还是入城农户而言，城镇化的总体收益要高于其成本，且风险越高，可能收益越大。具体来看，城镇化的收益分为两个方面。一是城市发展收益。城镇化具有规模效应、聚集效应和消费拉动作用，这会推动和刺激城市经济社会发展，由此使政府和城市获得收益，包括城镇化水平提升、城市非农产业发展、基础设施建设和公共服务水平的提高，城市 GDP 增长和财政税收增加等。二是入城农户退地收益。入城农户如果退出农地，则将推动农业规模化、产业化和现代化发展，不仅有利于国家农业现代化水平提高，而且有利于剩余农户发展现代农业，获取等同于非农产业的利润率。

因为城镇化有收益，则必然引发政府与农户对城镇化收益的分成博弈。入城农户认为，其城镇化行为对城市经济社会发展做出了贡献，因而城市政府理应对其城镇化行为给予补贴和支持，以减轻其城镇化成本压力；同时，入城农户还会认为，其城镇化行为还有利于农业现代化发展和种粮农户获取平均利润，具有正的外部性，因此，政府和农村集体、种粮户理应对其城镇化行为做出补偿。概括来说，入城农户要求城市制定新住户的扶持和补贴机制，要求农村集体和地方政府制定农地退出补偿机制。从经济学角度看，农户城镇化行为的确具有正的外部性，补贴和补偿要求并不过分。但城市政府会认为，它已经承担了城镇化的间接成本，这就是对入城农户的补贴，不可能再给予补贴了；如果再给补贴，可能会有更多农户涌入城里，这会增加城镇化风险和成本。而农村集体和乡村地方政府财政都极为紧张，不可能给予入城农户补偿，种粮户则认为城镇化是其入城农户个人行为，与己无关，更不可能补偿。

基于双方的各自立场，政府与农户在城镇化收益上的博弈，其结果通常会走向零和博弈，即城市政府不会制定新入户扶持和补贴政策，农村集体和乡村地方政府也不会出台退地补偿机制，入城农户只好继续持有农地等资源，以兼业兼居形式实现城乡工农的利益均沾。

4. 政府与农户在城镇化中的资源配置博弈

城镇化实际上是劳动力、土地、资金、人口等资源在城乡间和农业与非农产业间的重新配置与优化。在这个过程中，政府与农户也存在资源配置的博弈，这主要表现在如下方面。第一，基于国家层面劳动力和土地的最优配置，政府要入城农户退地退农，以便于把农地流转给种粮大户发展现代农业，由专业的人做专业的事，增加社会总体利益。但入城农户基于家庭资源配置最优考虑，通常不愿退地而做兼业经营。第二，基于各自有利原则，城市只想让农业劳动力和资金流向城市，并不希望农户子女和老人一并转移到城市，因为这样会增加城市负担；但农民工为了家庭团聚和子女教育，希望城市接纳农民工家庭，给农民工家庭市民待遇。第三，入城农户为了保障城市生活，希望城市实行均等化的城乡基本公共服务，给予入城农户同市民家庭同等的社会保障；但城市为了减轻财政负担，控制城镇化规模，总是实行差异化的社会保障制度。

政府与农户在城镇化中的资源配置博弈，集中体现在政府想实现社会资源配置的最优，而农户想实现家庭资源配置的最优。同样是最优，但社会资源配置最优的标准是实现社会利益最大化：资源配置的专业化与规模化；而家庭资源配置最优的标准是实现家庭利益最大化：家庭收入最大化、家庭福利最大化和家庭风险最小化。但双方都想以最低的成本实现最优配置，其结果就是居于主体地位的农户占据主导地位：有利则进城，不利则留村；有利则退地，不利则留地。在这种情况下，城镇化中的资源配置专业化和规模化受到很大抑制，兼业兼居现象普遍。

三、政府与农户在城镇化中的博弈结果

在城镇化中，政府与农户经过数轮次的基本策略、成本分摊、风险担负、

利益分成的博弈，主要产生了如下结果。

第一，个体劳动力进城，农民工阶层产生。因为城市不愿意接纳农户整体迁移，只希望农村青壮年劳动力进城来从事城市非农产业；而农户为了减轻整户城镇化负担，也只好选派青壮年劳动力进城打工经商，以谋取城镇化和非农产业发展的红利，同时家庭其余人员还可以从事农业以增加家庭总收入。这样，无论是城市还是农户都各取所需，皆大欢喜。这样一个结果表面上看是双赢，但长期来看并无益于城镇化和农业现代化。一则产生了农民工阶层，并衍生出农民工权益问题、农民工市民化及其黏性问题、农民工城市适应问题及农村留守问题。二则并没有减少农户，不能缓解农业资源配置"户多地少"的矛盾，不能为农业现代化腾出资源空间。

第二，农村留守问题。农村留守问题是指在城镇化过程中，随着农户青壮年劳动力进城打工经商，家庭中老人、孩子和妇女留守在农村生产生活而产生的家庭分居、情感疏离、教育缺失、农业衰败等问题。农村留守问题集中反映了城镇化对农村农户的虹吸效应，也反映了城镇化中非人性化的一面，既有违夫妻相守和家庭团圆的社会伦理，也不利于农户家庭和谐。更重要的是，不解决农村留守问题，所谓的城镇化就是虚假的。因为家是农民工的根，不管农民工在城里生活多久，如果他的家始终留守在农村，则他早晚也要回归农村。解决了农村留守问题，不仅是解决了当代农户家庭的城镇化，而且解决了后代的城镇化问题，属于一劳永逸。否则，作为农户的留守家庭有可能就是"子子孙孙无穷尽矣"，减少农户目标就始终难以达到。

第三，农户兼业兼居问题。在政府和城市对于农户城镇化没有扶持和补贴情况下，为了增加家庭收入和降低城镇化风险，相当比例的农户选择了兼业生产和兼居生活，导致兼业兼居普遍化和凝固化。这是政府与农户在城镇化的成本分摊、风险分担、利益分成和资源配置方面博弈的重要后果之一。兼业兼居模式，虽然相对于传统小农模式属于经济社会的发展与进步，但它却严重阻碍农户的进一步分化和减少，妨碍城镇化质量提高和农业现代化发展。

第四，城镇化两张皮问题。所谓城镇化的两张皮，即城市常住人口与城市户籍人口的不一致，导致两个城镇化率和两大城市群体。两个城镇化率是常住人口城镇化率和户籍人口城镇化率，通常前者要大于后者。两大城市群体是指城市户籍人口和非城市户籍人口，前者在城市户籍登记管理机关注册，享有城市市民待遇，后者没有在城市户籍登记管理机关注册，没有市民资格，不享有城市社保待遇。城镇化两张皮问题是城镇化质量不高的表现，它阻碍着入城农户的真正城镇化，迫使入城农户要将农地作为家庭的最后保障。

第五，城镇化与农业现代化不协调问题。政府与农户在城镇化中的博弈，使得农户不敢从农村农业中"裸退"，他们要么兼业经营，要么兼居生活，始终把农地作为城镇化的最后一根"救命稻草"，这使得农业缺少资源重新配置空间和优化条件，农业现代化举步维艰。但与此同时，因为城市虹吸了农村优质劳动力资源和大量家庭资金，使得城市非农产业和基础设施得到快速发展，城镇化水平极大提升，与农业现代化水平呈现两极分化趋势，越来越不协调，城镇化对农业现代化的拉动作用遇到严重梗阻。

第三节　政府与农户在农业现代化中的博弈

一、政府与农户在农业现代化中的博弈表现

政府与农户在农业现代化进程中，尽管根本利益一致、基本目标相同，但在具体利益和具体目标上又存在个体性差异，双方都想以最小成本实现各自利益的最大化。对于政府而言，就是尽快实现农业现代化，但对于农户而言，农业现代化并不是所有农户的一致需求，且农业现代化具有受益上的非均衡性。因而大多数农户并不关心农业现代化实现与否，而是更关心家庭收入、家庭福利是否实现最大化。正是因为具体利益与具体目标上的差异，政府与农户在农业现代化进程中也存在博弈。

第一，农户决策上的"骑墙性"。这是指大多数农户在农业现代化进程中，并没有做出"纯农"和"纯非农"的泾渭分明的决策，而是选择了农业与非农产业的兼业化决策。事实上，兼业农户并不想兼业，因为这样会分散家庭资源，导致劳动生产率下降。但农户之所以这样决策，是因为担心非农产业发展不稳定，随时有失业的风险，农户存在"风险恐惧"。为了应对风险，农户只好兼业经营，一方面收获农业产出和非农产业报酬，增加家庭总收入，另一方面可以把农业作为家庭最可靠的社会保障，使家庭在农业和非农产业间进退自由。但农户兼业的普遍化凝固化严重阻碍着农业现代化的发展。

第二，政府农业政策上的犹豫性和矛盾性。政府既想推动农业现代化尽

快发展，又担心影响农业生产稳定和粮食供给安全；既想保护农户土地权利，又想流转农户土地权利。因而在农业政策和制度安排上呈现两面性和矛盾性。如在农业补贴政策上，政府一方面对农户给予种粮、粮种和农资综合补贴，另一方面鼓励农户流转农地。在种地既不交税还享有补贴情况下，没有农户会流转农地、甘愿放弃白得的利益。再如，在农地产权制度设计中，政府一方面弱化农地集体所有权、强化农户承包权，并对农户承包权进行确权登记，从法律上给予严格保护。这样一种"强承包权、弱所有权"的产权安排使农户农地产权日益趋近"准私有权"，这实际上又固化了农地权利，有可能使之"永续化"，因而不利于农地流转和规模化。另一方面，政府又将农户承包权一分为二，从而形成了农地所有权、承包权与经营权的所谓三权分置构架。三权分置旨在促进农地经营权的流转，提高农业规模化经营水平，但这与农户承包权的"准私有权"化产生了权利固化与权利流转的矛盾。政府在农业政策制定和制度安排上的两面性和矛盾性，充分反映了政府在农业发展上的犹豫心态和矛盾心理，这实际上是双方博弈的反映。

第三，地方政府推动农业现代化的强制性。这是指地方政府眼看农地撂荒化、零碎化和农业小农化、副业化状态长期得不到改善，农业规模化、产业化、现代化停滞不前，在心态上产生急于求成心理，试图以行政命令和上级指示取代市场调节和农户决策，强制收回农地承包权或强行合并农地发展现代规模农业的行为。地方政府强制发展规模农业的行为，违背农户意愿、侵害农户土地权利，因而引发农户抗议和反对，导致干群冲突和政府与农户的矛盾，成为政府与农户在农业现代化中进行博弈的突出表现。

二、政府与农户在农业现代化中的具体博弈

（一）政府与农户在农业现代化中的基本策略博弈

政府与农户在农业现代化中的博弈，首先表现在基本策略的博弈上。为了促进农业现代化发展，政府在农地产权制度和农业要素市场化方面进行了大量创新，如农地三权分置改革、加快农业劳动力转移、发展农地流转市场、鼓励多种规模化经营、支持农业生产合作等，其基本策略就是优化农业现代化发展环境，促进农地流转以发展现代农业。但农户则是有选择地利用外部环境，有利的就顺势而为，如农业劳动力转移、农地确权颁证；不利的则置若罔闻、无动于衷，如农地流转，其基本策略就是兼业化经营。因为农户农

业经营的主体地位，农户有选择地利用外部政策制度环境，其结果就是导致了农业兼业化普遍、小农经济固化、农业现代化发展困难的农业现实状况。

（二）政府与农户在农业现代化中的具体博弈

1. 政府与农户在农业现代化中的成本分担博弈

农业现代化是需要成本的，主要包括农地流转成本、农业基础设施建设费用和现代农业技术及人才费用，这是农业现代化的直接成本。一定程度上农户及劳动力的转移费用也应算作农业现代化的成本，因为没有部分农户及劳动力的转移，就没有农业现代化，这算是农业现代化的间接成本。

发展农业现代化，必须将成本分担责任划分明确。从间接成本即农户与劳动力转移费用来看，这部分基本上是由农户以城镇化成本形式来承担，但因为农户财力不足及非农就业不稳定，大部分农户难以承受，因而举家转移城市的农户较少，农业现代化条件不宽裕。这是造成农业现代化发展缓慢的重要原因。从直接成本看，政府对农业基础设施建设和农业技术及人才培训有一定补贴和支持，对农地流转没有支持，特别是对农地转出农户没有支持，这使得农户对转出农地没有积极性，农地流转供给不足。当然，政府对规模经营方还是有一定补贴的，这算是对农地流转中转入户的支持，有助于提高农地需求。因为需求高于供给，农地流转费用反倒会上升。从总体上看，政府对农业现代化的直接成本虽有补贴，但基本上是由农户来承担的。在外部条件不宽裕、直接成本较高的情况下，农户发展现代农业的积极性大打折扣。

2. 政府与农户在农业现代化中的风险担负博弈

农业现代化也是充满风险的，包括生产和技术风险、市场风险、自然风险等。生产和技术风险包括农业种植、管理、收贮、运输等方面的失误、失当、疏忽大意等带来的潜在可能性损失和损害。如农药超标、化肥过量、添加剂不当等造成的食安问题。市场风险包括农产品价格波动、消费者偏好变化、产品市场竞争等，如不能很好地应对市场风险，可能会产生"谷贱伤农"的结果。自然风险包括旱涝风雹雪等自然灾害引发的农作物损毁，如果缺少很好的应对办法，可能造成颗粒无收、本金无回的境地。

正是基于对农业现代化的生产技术风险、市场风险和自然风险的忌惮，大多数农户对农业现代化望而却步，他们宁愿选择兼业化经营这条最稳妥的策略，在维持小农经济的同时，通过从事非农产业来增加家庭总收入。之所以说它是最稳妥的策略，就是因为它是风险最小的策略。对于农业现代化发展的风险，政府也是清楚的，相应制定了现代农业生产技术培训、新型农民培训、农产品最低价格采购制度和收贮制度、农产品冷藏及冷链运输补贴制度、农产品绿色通道制度、农业风险补贴制度等，尽可能地为新型农业经营主体分担化解风险，以支持现代农业发展。但从总体上来看，发展现代农业的风险还是主要由农户来承担。正因为现代农业风险大、农户承担风险的能力脆弱，农业现代化发展缓慢。

3. 政府与农户在农业现代化中的利益分成博弈

农业现代化无论是对于国家整体而言，还是对于农业和种粮农户而言，都会带来新增利益。对于政府而言，能够用更少的人从事更大规模的农业，收获更高的利润率和农业增收；对于农业和种粮农户而言，可以提高劳动生产率、土地产出率和利润率，能获得更高的投资回报率。对于这些新增利益，所有为农业现代化发展做出贡献的要素和主体，都应该得到合理回报。

从这个角度理解，那些退出农业和农村进入城市和非农产业的农户，理应得到合理补偿。这包括两个方面，一是城市要对进城农户给予财政支持和补贴，这是"以城带乡"机制的一部分；二是农村集体和地方政府要构建农业退出补偿机制，对"退出户"给予支持和补偿。如果政府没有建立进城补贴机制和退地补偿机制，让农户白白退出并独自承担进城成本，这是不公平的。其结果就是能进城的也不进城、能退出的也不退出，就是死攥着农地不放。这实际上就是进城农户和非农农户与政府间在农业现代化利益分成上的博弈。

4. 政府与农户在农业现代化中的资源配置博弈

实现农业现代化，实际上是对农业资源的重新配置与配置优化，让专业的人从事专业的生产。这要求农户要分化，一部分转移到非农产业成为制造业工人和服务业员工；一部分要转化为新型农业经营主体和新型农民，专门从事现代农业生产经营。同时，它还要求农地要整合化和规模化，即将使用权不一的分散、零碎化的土地整合成集中连片大块农地，由单一主体经营。但在农户分化方面，完全进城农户和彻底非农农户较少，大多数农户选择兼业经营；传统小农农户向现代大农户的转化升级更为少见。在农地整合方面，兼业经营的普遍化和新型农业经营主体的稀缺性，使得农地流转市场供需不旺，通过农地流转实现规模化的效率较低，农业现代化卡在规模瓶颈上停滞不前。面对农业资源配置市场调节的失灵，政府的确心急如焚，难免出现强制农地合并和强行收回农户承包权，以推进农业现代化的行为，这实际上是政府与农户在资源配置上的博弈。

三、政府与农户在农业现代化中的博弈结果

经过政府与农户在农业现代化中的基本策略、成本分摊、风险分担、利益分成和资源配置的博弈，我国农业现代化取得一定发展，但它同时导致兼业普遍化、小农经济固化、农地流转效率低、新型农业经营主体稀缺和农业人才流失，这又使得农业现代化发展极为缓慢，严重滞后于工业化和城镇化，农业现代化仍然任重而道远。

政府与农户在农业现代化中的博弈，一方面是为了各自利益，另一方面也是为了推进农业现代化水平。因为从根本上讲，农户的出路一方面在于城镇化，另一方面就在于农业现代化；而国家现代化的一个重要内涵和重要标志就是农业现代化。因此，政府与农户在博弈中也有合作，当农户利益与农业现代化发展相一致时，就会推进农业现代化发展，例如当进城非农——城镇化能够实现家庭利益最大化时，农户的城镇化决策就会在实现家庭利益最大化的同时，还能促进农业现代化发展，这时的城镇化决策就具有正的外部性。多年来，政府也在持续不断地优化和改革农业现代化的外部环境，目的就是增加农户与农业现代化发展的利益共同点，减少农户与农业现代化发展的利益分歧。博弈中的合作性和利益共同点使得农业现代化在规模化、机械化、科技化、专业化、产业化方面都有了一定发展。

当然，当博弈中的分歧成为矛盾的主要方面时，农户为了自身利益可能做出与农业现代化发展完全不一致的决策，如兼业化决策、进城不退地决策、进城打工但不入城市户籍决策，从而导致兼业普遍化、农地流转效率低、新型农业经营主体难产、农业人才流失、小农经济固化，这使得农业现代化停滞不前。因此，解决这些问题，就必须在农业现代化的成本分摊、风险分担、利益分成中满足农户的合理要求，建立农户入城补助机制、农户农业风险补贴机制和农地退出补偿机制。否则，即使是进城户也不敢放弃农地，他会把农地看作一种生活保险和增殖资本，当作家庭进退自由的依靠。

四、政府与农户博弈对城镇化和农业现代化发展的影响

作为城镇化和农业现代化的两个主要参与者（政府是外部环境塑造者和市场配置的调控者，农户是家庭决策者和城镇化、农业现代化主体），二者的

博弈不仅决定了城镇化和农业现代化的发展轨迹，也决定了城镇化和农业现代化的发展结果。

一是推动了城镇化的快速发展，但同时导致城镇化的异化。近40多年来，特别是进入新世纪，我国在城市数量、城市规模、城市人口、城市经济总量方面都取了很大发展，但同时也出现了较为严重的城市发展失衡和异化。第一，导致不利于农业现代化的城镇化。由于城镇化对农业现代化的拉动作用不足，导致城镇化与农业现代化脱节，农业现代化严重滞后于城镇化。我国推进城镇化不仅仅是为了城市本身的发展，更重要的是为农业现代化创造条件。但因为政府与农户的博弈，城镇化发展了但农业现代化的条件并没有得到改善。第二，导致人的城镇化落后于物的城镇化，城镇化只见物不见人。城镇化发展更多地表现在土地的扩张、高楼的集聚和物质的增长，但相对来说，人的城镇化，包括人的户籍、素质、生活方式、文明程度、公共服务的城镇化却远远落后，城市出现常住人口城镇化率和户籍人口城镇化率两个统计口径和有户口、无户口两个城市群体。第三，整户的城镇化落后于个体的城镇化。个体城镇化远远大于家庭城镇化，有的是个体进城了，全家想进但却难进，有的是全家可以进城却因兼营农业而不进城。因为整户举家城镇化没有实现，这导致农民工要长期忍受家庭分离的痛苦，且政府试图通过城镇化减少农户的目的难以达到，农业现代化的空间得不到改善。第四，城市本身的二元化趋势明显。在城乡二元体制和结构逐渐弱化的同时，城市本身的二元化现象越来越明显，大有取代城乡二元的趋势。城市本身的二元化，是指超大城市和大城市的吸引力和聚集效应越来越强大，发展速度越来越快，发展水平越来越高，而中小城市和很多县城发展缓慢，对人才和企业的吸引力越来越弱，经济规模、人口规模增长停滞甚至下降，基础设施建设落后。城市的二元化不利于农户转移，因为大城市受资源环境制约，难以接纳；而中小城市又缺少吸引力，这导致农户转移困难。

二是农业现代化有一定发展，但农业和农村被城镇化釜底抽薪——农村人才、资金、消费能力流失严重。这使得农村小农经济固化，兼业兼居现象普遍，村庄建设落后，农村空心化严重，农村留守问题明显，农业劳动力老化弱化。农业现代化的空间条件有所改善，但农业劳动力和新型农业经营主体稀缺。也就是说，农村的确出现了合村并居、撤村并镇、推进城镇化的客观需要，也出现了化零为整、集中连片农地、发展农业现代化的客观需要。但如何让农户自愿上楼、谁来种地、谁来发展现代农业的问题较为严重。

三是渐进性改革与模糊性政策。渐进性改革适应中国国情，但这并不意味着它就是完美无缺或者说没有缺陷和不足。改革的渐进性，如温水煮青蛙，量变过程拉长、变化幅度微乎，连续性稳定性始终大于间断性飞跃性，这对于文化素质不高、不关心政府农业政策、天天面朝黄土背朝天的农民而言，基本上难以掌握和理解政府工农城乡改革的思路、对策，更难以发现改革的机遇、红利，因而无法改变既有生活生产方式的路径依赖。

四是个体劳动力转移取代了农户转移，对城镇化和农业现代化产生严重扭曲和阻碍作用。农民转移是城镇化的表现形式，也是农业现代化的必要条件。农民转移从转移主体看，分为个体转移和家庭转移；从转移去向看分部门转移或职业转移和地域转移。但真正对农业现代化有利的转移形式是家庭转移，因为只有家庭转移才能减少农户数量。农民工属于个体转移，且只是完成了职业转换，没有完成家庭地域转换。"他们的根还在农村，他们在农村都承包一部分土地，有自己的住宅，或有家庭成员在农村生活，他们很难放弃农村土地和住宅，很难完全脱离农村。其二，他们虽然在城市从业，但由于缺乏社会保障以及在医疗住房子女入学等方面存在种种限制，难以融入城市中去，最终还会回到农村，回到最后的依靠——土地。"（秦宏，2006）所以，农民工只是半转移或准转移。真正的转移是集职业转移、部门转移、地域转移、生活转移于一体的家庭转移。但政府与农户在城镇化和农业现代化的博弈，使个体劳动力转移取代了农户转移。

事实上，个体农业劳动力转移不等于农户转移，个体农业劳动力分化不等于农户分化，个体劳动力转移也不能或无法带动家庭转移。归根结底，首先是因为打工务工收入低且不稳定，使得家庭不具备迁移到城镇居住的物质条件。再者城市门槛高、生活成本高。农户进城需要房子，即便只租不购，每月要付出很大一笔支出，如果要购买房屋，则需要更多财力，往往要按揭贷款数十年，从而使农户背上沉重的还贷压力，这使得大多数农户望城却步。其次，农户家庭整体搬迁到城镇居住生活的成本要远远高于农户成员个体往返于城镇和家庭居住地的成本。与农村生活相比，在城镇居住和生活虽然可享受现代城市文明和现代生活方式，但至少要付出3倍于农村生活的经济成本。这两方面原因使得个体劳动者转移无法带动全家转移，由此导致民工潮和兼业农户的存在。要想让个体劳动者转移带动全家转移，仅靠个体劳动者本身是难以实现的，各级政府的支持和帮扶是不可或缺的。比如对整户转移入城的农户，分配政府廉租房，帮助家庭成员就业，给以适当财政补贴；实行均等化公共服务和社会福利；对子女教育给予帮扶，等等。

个体劳动力转移对减少农户意义不大，更不能为农地流转和规模化做出贡献，只能导致兼业化和兼居化。农业经营是家庭的集体行动，而非个人行动。所以，个体劳动者转移是家庭行为的一部分，其行为受家庭行为的决定，而其个人行为并不能决定家庭行为。单个劳动力进城，并不能分割和流转家庭土地资源，因为土地是按家庭而非个体来承包的。因为没有积蓄且没有其他财产，单个劳动力没有城镇化的本钱和财力，很难实现城镇化，往往沦为城市过客。随着年龄的增长和体力的衰落，最有可能的归宿是回归农村，城镇化真的成为一个梦。

当然，也有例外，如正好这个转移到城里的农业劳动者是家庭主要劳动力或户主，且收入较高能在城里养得起全家人的生活支出，这时可能个体行为将决定家庭行为。但这样的户主或主要劳动力实在太少。这就是我国有2.7亿多农民工，但并没有拉动太多农业人口进城或城镇化的重要原因。

在我国农业发展中，存在一个非常突出的矛盾，即农业从业人员的大幅减少与农户数量增加的矛盾。这一矛盾对我国农业发展和粮食安全构成极大风险，一方面使农业劳动力弱化和不足，另一方面使得农业现代化难以实现，土地流转和规模化空间不足。近40年来，随着我国工业化和城镇化的发展，农业劳动力不断减少，但农户数非但没有减少，反而缓慢增加。1990年，全国有3.3亿农业从业人员，到2004年下降为3.0亿。但与此同时，农户数却从2.2亿户上升为2.5亿户，增加了1.3个百分点。[①] 沿海地区农村因为非农化水平高，这一矛盾比内陆地区表现得更为明显。由此可见，农业劳动力转移并不能有效带动农户减少。试图通过农业剩余劳动力转移来实现农业现代化的效果并不明显。

40年来，我国工业化和城镇化发展迅速，农业劳动力转移也十分明显，但农户数量在略有上升中基本保持不变，仍然维持庞大的数量基础，且呈现凝固化状态。这是我国农业现代化发展的难点：工业化和城镇化、农业剩余劳动力转移都不能有效带动农户数量的减少。而农户数量不减少，农地流转和规模化空间就不足。农户为什么难以减少？主要是因为进城难、风险大。其次，兼业容易且稳妥，不用冒风险。因此，要想减少农户、降低农户数量，首先要降低进城门槛和成本，减少不确定性风险，实现入城的便利化和支持化；其次，不能让大多数农户停留在普遍兼业化的状况，必须促使农户彻底分化。

农户城镇化不取决于个别劳动者而取决于家庭行为。与其说农业剩余劳

[①] 秦宏.沿海地区农户分化之演变及其与非农化、城镇化协调发展研究 [D]. 咸阳：西北农林科技大学，2006.

动力向非农转移是城镇化和农业现代化的前提，还不如说农户向非农转移是农业现代化和城镇化的前提，这个更准确。因为农业劳动力转移是个体，而农业现代化和城镇化的主体是家庭，是户，二者不对等。与其说中国农业的发展是农业剩余劳动力转移与农业现代化相伴的过程，不如说，中国农业的发展是农户转移与农业现代化相伴的过程，这样更准确。只有农业剩余劳动力转移而没有农户转移，还是实现不了城镇化和农业现代化。农业剩余劳动力转移带动不了农户转移。所以，政府"三农"政策和制度安排必须实现由注重农业劳动力个体转移转向注重农户整体转移。

第七章

农户决策与城市化、农业现代化的
国际经验与中国的特殊性

　　城市化与农业现代化是世界经济社会发展的基本规律。但不同的地区和国家有先后之分。发达国家借助工业化的强大推动力，在人类历史上率先实现了城市化和农业现代化。它们在推进工业化、城市化和农业现代化实现过程中的一些成功做法和基本经验，对于后发国家具有重要的借鉴意义和参考价值。但任何国家的工业化、城市化与农业现代化都是基于特定时代背景和基本国情的。同发达国家相比，我国的工业化、城市化与农业现代化有其特殊性，这注定我国要在吸收和借鉴国外成功经验的前提下，走具有中国特色的工业化、城市化与农业现代化道路。

第一节　发达国家工业化、城市化与农业
现代化的关系

　　总体来看，以欧美日为代表的发达国家，虽然在实现工业化、城市化和农业现代化中有先后之分和政策之别，但其共同点还是极其显著的。这主要表现在如下方面。

　　第一，工业化、城市化与农业现代化的实现过程较长，历时性和长期性显著。无论是人类历史上第一个实现三化的国家——英国，还是后来的法国、美国、德国、日本等国家，其实现三化的时间都比较长。但相对而言，以英国、法国、德国、日本为代表的老牌资本主义国家，实现三化的历史更长，而以美国、加拿大、澳大利亚为代表的移民国家，实现三化的历史相对较短。英国的工业化始于18世纪60年代的工业革命，结束于19世纪50年代。在工业化的强大推动之下，英国城镇化掀起高潮，并在1851年基本实现城镇化，其标志就是城镇人口数量超过农村人口。随着工业化和城镇化的快速发展，以及农业的市

场化，英国农户不断分化、破产，农业劳动力日益减少。此时英国的农业虽然具备了规模化提升的极大空间，但农业日渐衰落，进而影响到工业化和城镇化的质量。为扭转这一失衡局面，20世纪30年代英国实施了一系列的工业反哺农业、城市支持农村的政策，强化了对农业的保护与支持，并取得显著效果，这标志着英国基本实现了农业现代化。从工业化开始，然后到城镇化，再到农业现代化的实现，英国历时近200年。法国、德国、日本等老牌国家跟英国的时间大体相当。美国的三化起步较晚，但速度较快、时间较短。美国工业化始于18世纪末19世纪初的棉纺织业，加速于19世纪20年代，到1880年美国超越英国成为世界第一工业大国，基本实现工业化。几乎与工业化同时起步的城镇化，不仅促进了原有城镇的规模扩大，还不断催生新的城镇，到1920年，美国总人口突破1亿，且城镇人口首次超过农村人口，这标志着美国初步实现城镇化。伴随着工业化和城镇化的推进，美国的农业现代化也得到同步发展，20世纪初基本实现农业机械化和规模化。美国农业现代化之所以发展顺利，主要得益于国土面积广阔，农业资源丰富，农业现代化发展不受农业资源不足和农户众多的局限。从18世纪末开始的工业化算起，到20世纪初和20世纪20年代分别实现农业机械化和城镇化，美国实现三化用了120年的时间。加拿大、澳大利亚等国实现三化的时间跟美国大体相当。从农村劳动力转移来看，发达国家也用了比较长的时间。"如果以农业劳动力的比重从75%降低到10%左右为标准，英国大致用了300年时间，法、加、美、日等用了100年左右，德国用了80多年。"[①]由此可见，尽管后发的发达国家实现三化时间越来越短，但总体上发达国家实现三化的时间跨度还是较大，历时性和长期性表现明显。这一特征使得这些国家有充足时间调节和修正一些不当的政策、措施，从而推动三化协调发展。

第二，工业化、城市化与农业现代化的纵向串联性、继起性表现明显。总体来看，发达国家实现三化的基本脉络是先工业化，接着城镇化，最后是农业现代化。这种起始时间上的纵向串联性、继起性表现还是很清楚的。特别是工业化、城镇化与农业现代化之间的先后逻辑关系更为明显。当然，也有诸如美国的三化同步并进的特殊情况，但这种三化同步并进也只是外在表现形式，从其内在逻辑来看，也是先工业化，然后是城镇化和农业现代化，只不过三化之间的间隔时间较短，串联性较为紧密，因而给人一种三化同步并进、协同发展的外在印象。发达国家实现三化的串联性、继起性使得三化相互影响、相互作

---

① 钱文荣. 人口迁移影响下的中国农民家庭 [M]. 北京：中国社会科学出版社，2016：437.

用，形成一个相得益彰的内在循环，推动三化较为顺利发展。

第三，工业化、城市化与农业现代化的横向并存性、适应性、互促性。在发达国家三化发展史上，随着三化的相互继起，纵向的串联性逐渐演变为横向的并存性。因为无论是工业化还是城镇化，抑或是农业现代化，都不是一个短暂的历史阶段。当三化继起之后，在空间上就形成了三化并存状态。随着三化并存格局的形成，三化相互磨合、相互适应、相互促进。尽管这一过程也出现过一些诸如农民被剥夺、农业现代化落后的失衡情况，但在发达国家宏观调控和政策支持之下，农业现代化这一短板也很快得到弥补。

第四，科技革命对三化的推动作用显著。发达国家实现三化的过程，也是产业技术革命不断深化的过程，这二者近乎同步发展。而每一次科学技术创新和产业技术革命都极大地推进了工业化、城镇化和农业现代化发展。第一次产业技术革命使发达国家实现了机器化，第二次产业技术革命使发达国家实现了电气化，第三次产业技术革命使发达国家实现了核能化和自动化。而工业化的升级则进一步推动了城镇的扩张、便利与清洁，农业则不断由机械化走向电气化、自动化。产业技术革命与三化之间不仅存在良好的传导机制，也存在反作用机制。正是在科技革命和产业革命的推动下，发达国家的工业化、城市化和农业现代化才具备强大动力机制，从而实现可持续发展。

第五，工业化与城镇化的同步性大于与农业现代化的同步性，特别是在农业资源不足、人多地少和户多地少矛盾紧张的国家，农业现代化的实现明显晚于工业化和城镇化的实现。在发达国家的三化中，有两个较为明显的现象。一是工业化与城镇化的同步性较为明显。世界各国特别是发达国家工业化和城市化发展经验表明，工业化是城镇化发展的动力，城镇化是工业化发展的载体，工业化与城镇化息息相关。二是工业化城镇化与农业现代化的非同步性表现较为明显。特别是在英国、法国、德国和日本这些老牌国家，由于人多地少、人地矛盾紧张，农业现代化发展受困于规模瓶颈。尽管工业化和城镇化吸引了大批农业劳动力，但农业的小规模性和兼业化还是极其普遍，且具有顽固性和凝固性。这使得农业现代化落后于工业化和城镇化水平。为了促进农业规模化提高，这些国家出台了许多限制农业规模缩小和支持农业规模扩大的政策举措，在这些规模化举措和国家对农业的支持保护政策作用下，农业现代化取得了显著成效。但其与工业化、城镇化的非同步性还是极其明显。

第六，第三产业对城镇化和农业现代化的贡献显著。产业发展是城镇化的基础。在西方发达国家城镇化发展过程中，初期的以重工业和轻工业为主的工业化发挥了巨大的推动作用，不仅使得城镇建设了众多工厂企业，也吸引了大量资金、劳动力的聚集，极大推进了城镇空间规模的扩张。而随着城镇规模的扩张，城镇的道路交通、水电暖等基础设施也得到极大发展，教育、医疗等公共服务也日渐完善，城市消费需求不断增长，由此促进了以商业服务、教育医疗服务、科技信息服务、文化娱乐服务为主要内容的第三产业的崛起。第三产业门类众多，机械化程度低、入职门槛低，具有强大的劳动力吸纳能力。由此为城镇发展带来工业之外的第二推动力。城市第三产业发展为众多农村过剩人口创造了就业机会，吸引了大量农村人口转移到城镇，不仅促进了城市发展，也为农业现代化提供了规模化空间和资源条件，进而推动了农业现代化发展。

"在经济发展的起飞阶段，发达国家主要靠工业的高速发展来解决农村剩余劳动力的转移，而在经济发展的后期阶段，主要靠第三产业吸纳农村剩余劳动力。"①西方发达国家一、二、三产业结构的演化和优化，为城镇化和农业现代化发展提供了源源不断的动力，从而使之在两百年时间里持续发展。特别是在城镇化和农业现代化后期，第三产业在 GDP 中所占比重、吸纳劳动力方面都超过了工业，成为西方发达国家推动城镇化和农业现代化发展最强大动力。

第七，政府与市场的共同作用。发达国家实现三化，主要依靠市场力量的推动，由农户在城乡工农之间自主决策选择。由于非农化和城镇化相对于农业和农村的收入优势、就业优势、生活优势、教育优势、公共服务优势，有能力的农户大多会自主选择非农化和城镇化，尽管这一过程也充满风险，但农户追求更高收入和更好生活的目标激励着农户克服困难和风险，努力通过市场机制自主配置和优化调整家庭资源及其生产生活方式。而市场的自由化、开放化、逐利性也高效满足了农户非农化和城镇化的目标追求。

当然，在发达国家实现三化过程中，政府也发挥了强大的推动作用和对市场失灵的补充作用。一是在工业化的原始资本积累过程中，发达国家通过对外掠夺、侵略、殖民以及圈地运动，为工业化积累了大量原始资金，使得工业化具有强大资金支持。二是在三化实现过程中，制定了诸多规范、协调三化发展的制度政策，有力促进了三化发展。例如，美国政府在三化发展进程中，先后制定和实施了对内自由贸易政策和对外有限制的关税保护政策、公共工程直接投资和工业发展奖励补贴政策等，制定和实施了土地私有制度、

① 秦宏.沿海地区农户分化之演变及其非农化、城镇化协调发展研究 [D]. 咸阳：西北农林科技大学，2006.

发明专利制度、现代企业制度和教育人才制度等。三是为市场化服务，破除阻碍市场机制作用发挥的制度法规。如英国在1795年颁布《贫民迁移法》，对阻碍居民迁移的《定居法》做出重大修改，1864年议会通过《联盟负担法》，对《济贫法》做出重大修改，扩大了贫民救济的区域范围和居住地范围。通过这样两部法律及其修正案，基本消除了阻碍人口自由流动的法律障碍，为人口依据市场导向自由流动提供了法律保障。四是制定了弥补市场失灵的政策制度，以保持三化的均衡发展。例如，英国政府在1936年发布了《绿带开发限制法案》，之后又相继颁布了《新城法》《城乡规划法》《城镇发展法》等一系列规范城镇发展的法规，以引导城市化建设，解决"自由放任"所导致的众多城市病。此外，大多数发达国家还制定了农业保护支持政策，以促进农业现代化发展。如英国政府在20世纪30年代制定一系列反哺政策，加强对农业的干预和扶持；日本政府于1961年颁布《农业基本法》，以促进农业科技进步和农业机械化发展。正是在市场自由化和政府有效干预的双重作用下，发达国家的三化实现了良性循环和均衡发展。发达国家的经验表明，在三化发展进程中，市场主导作用与政府有效干预都不可或缺。

第二节　发达国家农户决策与城市化、农业
现代化的关系

　　发达国家的三化具有时间上继起、空间上并存、三化协调推进的总体特征。在这一时代背景和社会经济基础之上，作为城镇化和农业现代化微观主体的农户，处于市场主导力量和政府干预力量的双重作用之下。市场引导传统农户做出非农化、城镇化和农业规模化决策，政府也支持农户做出这样的决策。但在成本约束、风险难控和户情决定的条件下，农户的决策也呈现多元化现象。

　　第一，大部分农户做出了非农化和城镇化决策，这使得发达国家的工业化、城镇化得以快速发展，同时也为农业现代化发展提供了规模化条件和机械化空间。这是在工业化、城镇化时代发达国家农户家庭决策的主要选项。这表明农户的家庭决策与工业化、城镇化、农业现代化发展方向是一致的，因而有利促进了三化发展。当然，农户的这一选择，有些是被动的，如英国

圈地运动时期一些农户被迫选择到城市生活和就业，还有因农业市场竞争而破产的一些小农，也不得不选择非农化和城镇化，但大部分是在市场引领下为追求更高收入和更好生活而自主做出的决策。事实上，凡是主动选择非农化和城镇化的农户，都是基本户情和家庭需求与三化相适应的先进农户；而被动选择的非农化和城镇化选项的农户，则是观念落后、劳动力不足、能力素质较低的小农户。但总体上来看，农户的主流决策与三化发展趋势是一致的。这表明三化发展与农户的主流意愿相符合，具有强大社会基础和民意支持，所以，三化能够可持续发展。

第二，部分农户做出了兼业决策。事实上，在工业化和城镇化初期，诸如英、美、法、德等许多发达国家有很多农户做出了兼业化决策。这在非农就业机会不多且不稳定的时期，兼业是农户的一种理性选择。随着工业化、城镇化的不断推进，以及农业领域的市场竞争，部分兼业农户开始分化，一部分实现了城镇化和非农化，一部分成为专业农户。但仍然有相当部分农户保持着兼业状态，特别是在户多地少、农业资源紧张的法国、日本等国家，兼业还较为常见。虽然兼业在历史上曾经妨碍农户的彻底分化和城镇化、农业现代化的发展，但伴随兼业率的下降，兼业现象在当今发达国家已经基本上处于现代农业的从属地位，并没有妨碍发达国家从整体上完成工业化、城镇化和农业现代化进程。

第三，农户家庭决策与城镇化、农业现代化发展产生不协调、不一致问题。这主要是因为选择城镇化和非农化决策的农户较多，一方面导致城镇交通、环境、资源承载力不足，造成交通拥堵、公共服务不足、环境污染、生态恶化等诸多城市病。另一方面导致农业劳动力流失严重，农业生产衰落。这两方面的问题给发达国家的三化造成了长期困扰，使得这些国家不得不采取国家干预的政策，通过法律手段、制度手段和政策手段，一方面规范城镇化发展，支持和保护农业现代化发展，另一方面引导农户科学决策和理性选择，避免盲目城镇化决策，以此实现三化协调推进。

第四，农户家庭决策多是将生产生活统一考虑，整户迁移多于个体迁移，因而没有导致明显的"农民工"现象。发达国家因为工业化与城镇化的同步推进，农户在进行家庭决策时通常是将生产与生活统一考虑，其城镇化决策通常是举家迁移，而不是个体迁移，因而没有出现如潮水般在城乡之间往返的"农民工"阶层。且农户城镇化是职业转移、身份转化与地域转移的三合一，没有出现城市常住人口与户籍人口的二元分化。"发达工业化国家农民的非农化与市民化的过程也基本上是同步的，农业劳动力转移是一次性完成，在非农化的同时实现市民化。"①当然，发达国家农户之所以更多采取举家迁移方式，一是城镇对农户迁居较少限制；二是工业化与城镇化同步发展，就业机会较多；三是交通不是很发达，一个家庭在城乡之间两栖分居不方便；四是有些外在客观原因，如圈地运动逼使全家整体迁移城镇；五是那时的举家城镇化成本不是太高。正是举家城镇化，成倍地增加了城镇人口，有效推进了城镇化发展；且显著减少了农户数量，为农业规模化发展提供了巨大空间，从而使得农业现代化发展变得容易。

第五，农户的城镇化决策是创造新城与迁移旧城并重的过程。在发达国家农户非农化和城镇化过程中，其迁居地和就业地是远近并行的，有的选择就近非农化，有的选择远距离城镇化；有的选择新兴城镇，有的选择既有城镇。正是这样的就近城镇化与异地城镇化、创建新城与扩大旧城的同时并进，使得发达国家的城镇化呈现两路并举的态势。一是新的城镇不断产生，二是老的城镇规模不断扩大。例如，从1801年到1850年，短短50年时间，英国5000人以上的城镇就从105座扩大到580座。不仅东南部城镇数量在增加，西北部也崛起了大批新城。美国在工业化期间，新城的产生更是显著："19世纪70年代，新产生了276个城镇，80年代，又产生了409个新城镇，90年代，又增加了389个新城镇。"②正是在新城镇不断产生和老城镇不断扩大的双重路径推动下，发达国家的工业化和城镇化取得了快速发展，且为很多农户举家迁居提供了空间与资源。

第三节　我国实现城镇化和农业现代化的特殊性

任何国家的现代化都离不开特定的国情和时代条件。我国的现代化同西方发达国家有很大不同。在时代背景、国情条件、目标要求、具体道路、难点重点方面都具有特殊性。推进我国城镇化和农业现代化，必须立足于国家所处时代，从初级阶段基本国情出发，走中国特色的新型城镇化和农业现代化道路。

---

① 简新化.中国工业化和城镇化的特殊性分析[J].经济纵横，2011（07）：56–59，30.
② 秦宏.沿海地区农户分化之演变及其非农化、城镇化协调发展研究[D].咸阳：西北农林科技大学，2006.

一、我国实现城镇化和农业现代化的特殊时代背景

发达国家实现城市化和农业现代化，大体上处于18世纪至20世纪之间，此时世界还处于农业经济时代，世界统一大市场还没有形成，国际交通还不发达，国际贸易及农业竞争并不激烈，世界自然资源较为充裕，生态环境还没有受到破坏，也就是说，资源环境约束还不严重。且发达国家当时多为先发国家，拥有技术领先、规模经济、竞争力强等先发优势。但我国的城镇化和农业现代化则不可同日而语，时代条件相差极大。

第一，我国城镇化和农业现代化发生在工业社会和信息化时代。我国城镇化和农业现代化起步于19世纪50年代，加速于改革开放时期。但此时世界早已进入工业社会和信息社会，发达国家早已占据世界工业文明和现代农业之巅，发达国家主导的国际经济贸易秩序早已形成。我国城镇化和农业现代化所面临的国际经济环境极为严峻，一方面要遵守西方发达国家制定的不利于发展中国家的国际经济贸易规则，另一方面还要受到发达国家相关产业的强有力竞争，在全球化中处于不利地位。同时，还面临"自然资源相当缺乏、价格猛涨、开发利用国外资源困难重重、成本高昂、环境污染特别严重、国内外各种资源环境法规限制、环境成本必须内部化的局面"[1]。发达国家在城市化中出现的交通拥挤、环境污染、生态破坏等问题，使我国在城市化中谨小慎微，不敢采取较为激进措施，只能选择循序渐进的策略。但发达国家在城市化和农业现代化中的成功经验，因国情不同难以复制。

第二，我国城镇化和农业现代化发生在和平与发展成为时代主题的背景下。西方发达国家的城市化和农业现代化发生在殖民与战争时代。从18世纪到20世纪，西方发达国家为了争夺殖民地、国际资源，不断发动对外侵略战争，掠夺落后国家的财富，这为其国内推进工业化、城镇化和农业现代化积累了大量资金。第二次世界大战战后西方发达国家又建立了为西方发达国家服务的国际政治经济秩序，进一步巩固了其国际主导地位。而我国的城镇化和农业现代化发生在和平与发展成为时代主题的背景下，不能走对外掠夺和殖民扩张之路，必须立足于国内资源，独立自主、自力更生。

第三，我国城镇化和农业现代化缺少科技革命的持续推动力。西方发达国家实现城市化和农业现代化的过程，也是世界科技革命和产业技术革命不断推进的时代。以蒸汽机的发明为标志的第一次产业技术革命，以电力发明

---

[1]　简新化.中国工业化和城镇化的特殊性分析 [J].经济纵横，2011（07）：56–59，30.

为标志的第二次产业技术革命，以计算机、生物技术和核能发明为标志的第三次科技革命，为西方发达国家的工业化、城市化和农业现代化提供了持续的动力。但我国城镇化和农业现代化起步时，前两次产业技术革命已经过去，第三次产业技术革命虽然在时间上碰到了，但由于当时特殊的国际环境导致的封闭状况，也无奈地错过。且我国的产业技术革命代际不分明，虽有后发优势，但跨越了中间代际，历时较短暂，历时性表现不显著。我国基本上是用60多年的时间完成了西方的几代产业技术革命，因而为农业现代化和城市化提供的推动力持续性不足。

第四，我国城镇化和农业现代化发生在国家崛起和大国竞争时代。我国城镇化和农业现代化虽然起步于20世纪50年代，但取得实质性发展却是在改革开放新时期。改革开放历史新时期，也是我国追求中华民族伟大复兴中国梦的时期，是实现国家和平崛起的时期。随着我国综合国力的不断上升，特别是经济规模成为世界第二大经济体时期，西方国家为了维护其在世界上的统治地位，特别是美国为了维护其唯一超级大国地位，不断加大对我国的遏制、干扰、围堵，大国竞争态势日益明显，这给我国城镇化和农业现代化带来诸多不利因素，如美企撤资、技术封锁、经济制裁、采购美国农产品、贸易战等。

二、我国实现城镇化和农业现代化的特殊国情基础

实现城市化与农业现代化，必须立足于国情基础之上。国情是决定城市化和农业现代化道路的最重要变量。国情包括国家的国土面积、人口数量与结构、自然资源、经济实力、社会性质等因素。我国最基本的国情是处于社会主义初级阶段。实现城市化和农业现代化就要从初级阶段的基本国情出发，设计和确定与国情相符合的城市化、农业现代化道路。此外，人口最多国家、发展中国家、经济转型国家、社会主义国家，这四大国情决定我国在城镇化和农业现代化过程中会遇到许多国家不曾遇到的特殊问题。

（一）我国的城镇化和农业现代化发生在社会主义初级阶段

社会主义初级阶段是不发达阶段，是生产力落后、经济发展不平衡不充分的阶段，是农业人口和自然经济比重很大的阶段，是一个工业化没有完成的阶段，是一个各方面体制制度不健全不完善的阶段。这样的一种经济社会发展基础使得城市化和农业现代化不仅起点低、任务极其繁重艰巨，而且缺

少强大的工业化动力和成熟的体制制度的规范与保障。而经济体制转轨和全面深化改革的复杂现实环境，又使得城市化和农业现代化只能在改革中摸索前进，出现问题及风险的可能性较大。

社会主义初级阶段也是我国经济体制由计划经济体制向市场经济体制转化的时期。我国的城市化和农业现代化跨越了计划经济和市场经济两个阶段。城市化和农业现代化如何适应经济体制转轨的影响，如何在社会主义市场经济体制中完成城市化和农业现代化进程，都是人类历史上的新课题。城市化和农业现代化不仅需要克服传统计划体制的不利影响，也需要克服就业、户籍、土地、社会保障、城乡工农关系等制度不完善的障碍。在初级阶段的基本国情基础上和经济体制转轨的过程中，推进城市化和农业现代化的确是一个极其复杂而特殊的事业。

（二）我国城市化和农业现代化面临严峻的资源环境约束

第一，我国人口众多，但人均土地资源较少，人地矛盾、户地矛盾、城乡矛盾较突出。而无论是城市化还是农业规模化，都要占用土地。在土地资源总量既定情况下，城镇化多占用土地了，农业用地就少了。要保证农业用地，城镇化只能采取城乡建设用地增减挂钩的方式，这会使城市化的空间发展受限，进而影响到城市接纳农村转移人口的数量。因为要发展农业现代化就要减少农民和农户，而减少的农民和农户只能转移到城市。土地资源局限让城镇化和农业现代化陷入两难境地。同时，环境因素也对城镇化和农业现代化提出较高要求：既要城镇化，又不能污染环境和破坏生态；既要农业现代化，又要防止过度使用化肥、农药、农膜等，这不仅增加了城镇化和农业现代化的难度，也提高了城镇化和农业现代化的成本。

第二，我国粮食需求巨大，保证粮食供给和粮食安全是具有战略意义的大事。我国有14亿人口，粮食需求巨大。满足国内粮食需求，不能完全指望国外市场，任何时候必须保证把饭碗端在自己的手里，否则就会被别人卡住脖子。而要基本满足国内粮食需求和维护粮食安全，就要保证18亿亩耕地红线，就要保证农业劳动力供给，就要保证农业生产基本稳定，不能大起大落。但与此同时，工业化和城市化又需要土地、劳动力等资源，因此，必须统筹协调城乡工农发展。但说易行难，如何在实践中统筹城乡工农发展，实现粮食安全、城镇化和农业现代化的多赢是一个难题。

第三，我国农业人口众多，农户数量庞大，农业过剩人口和过剩农户众多，需要转移人口总量巨大。但我国城镇数量较少，城镇产业结构失衡，第三产业不发达；城镇布局不合理，城镇二元化明显，中小城市承载能力有限，城乡数量性和结构性矛盾突出。这使得城镇难以承载和吸纳巨量的农村转移人口。不转移农村过剩人口和过剩农户，农业现代化就没有规模化空间。适度经营规模是农业现代化的基础，如果没有适度经营规模，就不可能实现机械化、自动化，农业现代化也就无从谈起。但转移农业过剩人口和过剩农户，现有城市的就业能力、公共服务能力又不足，资源环境也难以承载。如果硬是往城里塞，则必将导致交通拥堵、环境污染、公用设施不足、贫民窟等诸多城市病。

两利相权取其重，两害相权取其轻。在城镇化与农业现代化之间，国家必须在农业适度规模经营与城市资源环境承载力之间、农业稳定和粮食安全与城镇化发展之间进行综合平衡，以推进城镇化和农业现代化发展。综合考虑的决策就是优先推进农业劳动力的个体转移，实行有限制、有选择的城镇化：既增加农户收入又不损害农业劳动力供给，既为城镇化提供劳动力又不增加城镇化压力。同时对农地进行三权分置改革，通过流转农地经营权促进农地经营规模化。而这样做的结果，好的方面就是保证了农业的基本稳定、粮食的安全可靠与城镇化的健康发展，避免了过度城镇化；不好的方面就是农户很难实现举家迁移，导致农户家庭分离、农民工群体、城市化两张皮、农村留守问题、兼业化普遍、农地流转效率低、农业规模化缓慢等问题。

（三）我国城镇化和农业现代化处于社会主义制度环境之中

发达国家均是在资本主义制度下实现城市化和农业现代化的，但我国的城镇化和农业现代化必须置身于中国特色社会主义制度之中。在社会主义制度下实现城镇化和农业现代化是人类历史上的新课题。中国特色社会主义制度为实现城镇化和农业现代化提供了党的集中统一领导、集中力量办大事、全国一盘棋、公有制经济等诸多优势，有力促进了城镇化和农业现代化发展。

但与此同时，因社会制度、意识形态、价值观念的差异，以美国为首的西方社会对我国充满敌视和敌意，总是利用经济、政治、军事、科技优势打压、遏制我国的发展，阻碍国家统一进程和中华民族的伟大复兴，破坏城镇化和农业现代化所需要的和平稳定的国内国外环境。如何在坚持社会主义基本制度的前提下，一方面有效应对和化解国外特别是以美国为首的西方社会对我国的各种竞争、压力和遏制，一方面积极推进城镇化和农业现代化进程，无疑是一个重大挑战和复杂问题。

三、我国实现城镇化和农业现代化的特殊目标要求

我国实现城镇化和农业现代化，一则是国家发展和实现现代化的需要，是国家遵循经济社会发展规律，推动经济社会发展进步、满足人民对美好生活向往的需要。二则是追赶发达国家、争取以最短的时间完成西方社会早就实现的城市化和农业现代化，缩小与发达国家经济社会发展差距的需要。三则是为了以城市化和农业现代化为基础，努力实现中华民族伟大复兴的中国梦的需要。无论是实现中华民族伟大复兴的中国梦，还是建设社会主义现代化强国，都内在地包括城镇化和农业现代化。

西方发达国家的城市化和农业现代化起步早、历时久，是一个"串联式"的发展过程，工业化、城镇化、农业现代化、信息化顺序发展，发展到目前水平用了二百多年时间。但历史没有给我们国家如此长的时间，我们不可能采取串联式，完成一个再追求下一个，这样我们永远无法实现赶超，只能被发达国家越落越远。我们要后来居上，把"失去的二百年"找回来，这决定了我国发展必然是一个"并联式"的过程。

也就是说，我们要统筹推进工业化、城市化和农业现代化发展，在空间并存中实现三者的协同共进。这与发达国家实现城市化和农业现代化的路径完全不同。西方发达国家用了二百年才完成的城市化和农业现代化，在我们国家只能用一百年甚至更短的时间。这意味着我们用更少的时间取得了更大成果，但同时也意味着西方发达国家在二百年时间内出现的问题也可能在我国集中爆发，从而使我国进入矛盾凸显期。毕竟城市化和农业现代化过程中出现的问题，有些虽然能从理论上认识到但很难在实践中避免，特别是在我国这样一个人口众多的农业大国。

四、我国实现城镇化和农业现代化的特殊道路措施

我国是一个地域辽阔、人口众多的大国，在发展中不能大起大落，也不能犯全局性失误。"治大国如烹小鲜"，实现城镇化和农业现代化也不能采取休克式疗法，必须走渐进性发展之路。一方面要三化并进，另一方面也不能采取激进措施，只能是切香肠式的小步快跑，在循序渐进中不断实现阶段性质变。

我国城镇化和农业现代化中的渐进性，不仅体现在城镇化和农业现代化的政策上，也体现在城镇化和农业现代化的结果上，即在城镇化和农业现代

化上表现为城镇化的两张皮和农业兼业的普遍化。所谓城市化两张皮，是指城市人口按户籍分为常住人口和户籍人口。有户籍的城市人口小于常住人口。常住人口中有一部分人没有城市户籍，虽工作和生活在城市，但不属于城市人口，不能享受城市的基本公共服务和市民福利。因为这些外来流动人口不能享有城市公共服务和社会福利，他们只能保留农村土地以做最后的保障或给自己留一条退路。

有选择的渐进的城镇化导致农民工市民化黏性。农民工进城难，市民化更难。在这种情况下，农民工始终认为自己就是农村人，无论在城里工作多少年，将来都要回归农村。在这种情况下，农业的小规模兼业经营就成为工业化和城镇化中的常态。而农业兼业经营的普遍化和凝固化使得农业现代化发展极为缓慢，因为规模化没有空间，因为农业生产要素都被农户占用着，且多为"非流通股"，市场上没有可以流转和交易的生产要素。农业兼业现象，英美是在工业化初期较为普遍，而随着工业化的深入发展，农户兼业现象开始弱化、专业化程度上升。"欧美各国的农户兼业是在土地集中和农场土地经营规模达到相当的水平后才逐渐发展起来的"[①]。欧美现在的兼业并没有妨碍农业的规模化发展，且基本实现了与现代农业的有效衔接，演化为现代农业的组成部分，对现代规模农业发挥着补充作用。但我国到了工业化中后期，兼业还是极其普遍。

此外，渐进性改革道路还体现在农业保护政策方面。世界主要国家在城镇化初期，农业大都遭到一定程度的削弱，农民利益受到损害，但在中后期都走上了对农业予以保护的道路。我国在中华人民共和国成立初期及以后较长时间内，通过剪刀差从农业中提取了大量支持工业化和城市化的积累资金，农业也受到削弱。但进入新世纪，我国开始实行以工促农、以城带乡的反哺政策，对农业进行保护与补贴。虽然中外路径大体相当，但欧美国家所保护的是已经实现了现代化的专业化规模化农业，而我国保护的还是小农经济，是一种普惠型的农业支持保护政策，而不是分类、有选择的保护政策。之所以这样，是因为我国中小农户众多，只有保护广大中小农户，才能稳定粮食生产、保证粮食安全。但也因为受到国家政策和产权制度保护，小农经济既不会倒闭失败破产，也不会主动退出，而是以兼业形式长期存在。反之，如果不实行普惠型的农业保护政策，也不以三权分置形式保护农民产权，则小农经济很容易破产，进而影响国家农业的基

---

① 秦宏 . 沿海地区农户分化之演变及其非农化、城镇化协调发展研究 [D]. 咸阳：西北农林科技大学，2006.

础性地位。

因此，在渐进性改革发展当中，如何消除渐进性改革所导致的一些诸如"农民工""兼业化""兼居化"等过渡性、两栖性现象，提高农户分化的彻底性，促进城市化和农业现代化较快发展，是迫切需要解决的难题。

五、我国实现城镇化和农业现代化的特殊管理体制

我国是社会主义市场经济国家，必须坚持公有制、按劳分配、共同富裕等基本制度，必须统筹工农城乡发展、经济社会发展，要协调和平衡中央与地方关系。因此，国家既要保持适度的中央集权又要赋予地方一定自主权和灵活性。强有力的中央集权有利于从总体上把控城镇化和农业现代化的速度、规模，统筹兼顾各方利益，避免出现总体失衡和重大战略失误；但有时候也管得过多过死，使地方缺少灵活性，使市场缺少活力。目前中央与地方的事权和财权划分、政府与市场作用的划分上还存在许多不科学不合理之处，有时导致政府作用缺失、缺位，有时导致市场决定性作用发挥不足。

第一，我国城镇行政区划设置缺少灵活性，导致新城镇产生太少、大城市发展受限。我国城镇化过程中，新城增长缓慢，特别是中小城镇增长缓慢，多是在老城镇基础上实现城镇化，表现为规模扩大、外延式增长。事实上，我国有众多经济实力突出、产业基础雄厚、人口众多的特色专业小镇，但受城市行政设置及等级规划的局限，城市发展受到多方面的限制。如果把城市行政设置及等级规划管控下放到地方，依据市场影响力和人口产业聚集度决定城市的产生、等级划分，则有利于推动更多新城镇的产生和发展。更为严重的是，我国城市建设也在存在二元化现象。一是城市之间的分化和差别化，即城市因其行政级别不同，而在城市建设、规划、公共服务等方面存在差异，这导致小城镇基础设施落后，公共服务落后，城不像城、村不像村，城镇产业、人口吸引力、承接力严重不足。现在，城市间的二元分化日益严重，甚至出现了多重二元，一线、新一线，二线、新二线，三线、四线等城市等级化日益分明。城市等级越往后，基础设施、公共服务越落后，产业人口的承载力越小。二是城市内部常住人口与户籍人口的分化。同是工作生活在一个城市的城市人口，因有无户籍而在就业、社会保障、子女教育方面存在极大差别，享有的基本公共服务就不均等，这也深深制约着城镇化的发展。推进我国城镇化快速发展，不能仅仅依靠一线城市、省会城市，必须充分发挥中小城镇的作用，要避免城乡二元的社会结构演化为城市二元的新二元结构；

也不能仅仅依靠限制外来人口入户而保持城市的稳定和防止城市病的发生。

第二，农业政策制度体系的协调性不足。为了坚持社会主义制度、保护农民利益和实现共同富裕，我国在农村还实施农村土地集体所有制度、家庭承包的基本经营制度、土地三权分置制度、土地用途管制制度、普惠性农业支持制度。这些制度既有社会性质的要求，也有保护农民利益、保证农业稳定和粮食安全的考虑。事实上这些制度在实践中也发挥其应有作用，为我国农业农村发展和国家整体发展做出重大贡献，任何时候我们都必须坚持。但与此同时，这些政策制度在目标、功能上的协同性不足，各自为政、相互掣肘，不仅使得实现农业现代化的条件极为苛刻，市场作用受到一定抑制，农业现代化成本提高，而且易于导致兼业化、兼居化、土地撂荒化、城乡两栖、进城不退地等农户分化和产业分工不彻底的现象，产生资源浪费、效率损失、农业规模化停滞。

第三，政府在推进城镇化和农业现代化过程中顾虑太多，体制改革难以迈出实质性步伐。在推进城镇化过程中，政府担心出现过度城市化，导致城市病、贫民窟，引发农业不稳定、粮食不安全；在推进农业现代化过程中，政府担心破坏土地集体所有制、损害家庭承包基本经营制度、侵犯农户权益、损害农户利益、违背农户意愿、引发群体事件。因为种种担心和顾虑，使得政府在推进城镇化和农业现代化过程中束手束脚、瞻前顾后，要么采取保守求稳政策，要么不作为。正是因为政府的保守和不作为，导致城市化两张皮、农民工市民化黏性、农村空心化、土地撂荒、农业现代化进展缓慢等问题。随着问题的不断积累和社会的广泛关注，政府又不得已采取一些如合村并居、回收农地等过激行为，导致一些地方出现群体性事件。

六、我国实现城镇化和农业现代化的特殊历史积累

我国的城镇化起步于20世纪50年代的社会主义改造时期，随着工业化的大规模建设，农村大量人口转移到城镇。但20世纪50年代末期至60年代初的三年经济困难与自然灾害，使得全国粮食供给出现不足。增加农业劳动力、提高农业生产成为当务之急。城镇化进程被迫中断，国家不得已将新近转移到城镇的人口又迁回农村。为了稳定粮食生产、保障粮食供给、减少城市粮食需求，国家以《中华人民共和国户口登记条例》为核心，逐渐确立禁止城乡人口自由流动、城乡人口按户口实行差别化管理的城乡二元制度，城镇化进程基本被阻断。

直到1978年改革开放时期，城镇化进程才随着城乡二元结构的逐渐解构而重新启动。但由于城乡二元结构的路径依赖，城镇化进程极其缓慢，直到1998年城镇住房货币化改革之后，城镇化开始加快。与此同时，农业现代化问题也逐渐显现出来。中华人民共和国成立初期，我国实行了土地改革，还土地以耕者。但在落后农业生产力之下，农业生产仍然难以满足国家需要。在苏联集体农庄模式影响下，我国对小农经济进行了社会主义改造，通过合作化道路建立了农业集体生产制度，并试图通过集体化实现农业现代化。但实践证明，农业集体生产制度并没有让农村走上富裕道路。改革开放之后，我国对农业集体生产制度进行了改革，实行了家庭联产承包责任制。虽然家庭联产承包责任制在初期显现了比集体制要好得多的制度优势，调动了农户生产积极性，暂时解决了温饱问题。但因规模小、物质技术落后的先天不足，家庭联产承包责任制后继乏力，其只能解决温饱而不能让农户致富的弊端逐渐显现。如何在家庭承包经营基础上实现农业现代化，成为国家发展的重大理论和现实问题。我国采取的基本策略是，加快工业化和城镇化进程，促进农业过剩劳动力转移，同时在对农业实施保护支持政策、稳定粮食生产的基础上，加快土地产权制度改革，实施两权分离和三权分置，促进农地流转，加快规模化发展。后继又提出以城带乡、以工促农的反哺政策和新农村建设、统筹城乡、城乡融合发展、乡村振兴等战略。经过40多年的改革开放，我国城镇化取得长足发展，城镇化率在2019年达到57%；相对而言，农业现代化虽有一定发展，规模经营面积和新型农业经营主体都有所增长，但总体上进展缓慢，明显滞后于工业化和城镇化水平。以上就是我国城镇化和农业现代化的历史进程及成果积累。

从历史进程和历史成果看，我国城镇化和农业现代化有三个明显的特征。一是历史起点较晚，过程较为短暂，时间进程不长，到目前为止也不过70年的时间，而西方持续了200多年。二是发展过程断断续续，发展路径转变频繁。就发展过程而言，城镇化起步于20世纪50年代，中断于60年代初期，重新启动于70年代末80年代初，加速于90年代末。农业现代化也是起步于20世纪50年代，停滞于六七十年代，重新启动于80年代中期。发展过程的间断不仅减缓了城镇化和农业现代化的速度，而且使之缺少连续性，难以形成一气呵成的态势。就发展路径而言，城镇化和农业现代化都从国家计划发展转为市场决定。发展路径的转变无疑会增加城镇化和农业现代化的成本，使城镇化和农业现代化出现反复或停滞。三是城镇化和农业现代化发展不同步、不协调。我国工业化早于、快于、高于城镇化，城镇化早于、快于、高于农业现代化。三者没有形成时间上继起、空间上并存、相互作用、相互促进的发展格局和良性循环。农业现代化错失工业化初中期发展和城镇化初期发展的绝好机遇。当前，我国工业化已经进入中后期，城镇化也驶入快车道，这对农业现代化而言，又是一次绝佳且最后一次机遇。如果不能借此有所发展，农业现代化将遥遥无期。

七、我国实现城镇化和农业现代化的特殊理论准备

推进城镇化和农业现代化，既是一个重大实践问题，也是一个重要理论问题。没有成熟的系统理论做指导，城镇化和农业现代化就是盲目的，必然经历反复、挫折或停滞。新中国是在长期革命战争基础上建立的，没有城镇化和农业现代化的实践经验。经过短暂的国民经济恢复时期，就立刻转入大规模的社会主义建设阶段。基于党的指导思想和当时的国际关系，我国社会主义建设是以苏联模式和经验为榜样，以计划经济为基本体制。在苏联模式、计划经济体制和实践需要等多重因素作用下，我国城镇化在经历短暂发展之后被城乡二元体制取代，农业现代化在走上集体化之后也停滞不前。在经过20多年的停滞后，随着改革开放的到来，城镇化和农业现代化得以重启。但此时苏联模式和计划经济那套理论已经不再发挥主要作用了，但新的理论还没形成，城镇化和农业现代化只能是摸着石子过河，边探索边前进。随着市场化改革方向的逐渐明晰，西方经济学理论和发达国家的实践经验成为我国城镇化、农业现代化的具体理论指导。在实践的推动下，我国学界认识到在借鉴国外先进思想理论的前提下，必须结合我国国情，走中国特色的新型城镇化和农业现代化道路。

虽然我们在理论上得出了"走中国特色的新型城镇化和农业现代化道路"的科学结论，但与之相匹配的科学理论体系还没有形成，对"什么是中国特色的新型城镇化和农业现代化道路、如何走这样的道路"等基本问题还没有权威界定，对新型城镇化和农业现代化的具体道路还没有科学答案，在新型城镇化与新型工业化的关系、新型城镇化与农业现代化的关系、家庭经营与小农经济的关系、家庭经营与农业现代化的关系等重大理论问题上还存在许多争论和未知未解之谜。总之，我国在城镇化和农业现代化方面的理论准备不足、理论指导不成熟不系统，是我国推进城镇化和农业现代化的一个特殊性。

第四节　中国实现城镇化和农业现代化的特殊难点与困境

一、城乡间存在用地两难和劳动力需求的结构性矛盾

第一，推进农业现代化必须先转移农业过剩人口。要转移农业过剩人口就需要发展城镇化。首先，目前我国城镇化存在城镇总量不足、发展不平衡、城市群不显著的问题。截至2019年12月我国共有直辖市4个，副省级城市15个，地级及以上城市297个，县级市及县城2000个左右，百万以上人口城市仅130个左右，绝大多数属于中小城市。城镇空间密度不足，城镇人口比过小。其次，城市群发展不足，初具规模的仅有京津冀城市群、长三角城市群和粤港澳大湾区城市群三个。最后，城市发展不平衡，中小城市产业基础薄弱，城市吸引力竞争力不强，人口承载能力弱，城市二元化趋势明显。我国城镇化建设中存在的这些问题，不仅制约着城镇化高质量发展，而且使得城镇承接农村转移人口的能力严重缺失，无法在实现自身发展的同时带动农业现代化共同发展。

但要加快城镇化发展，无论是建设新城镇还是扩大旧城镇，抑或是发展城市群，都需要占用大量农地，这可能导致农业减产，影响农业的基础性地位。城镇化发展与保障农业基础地位和粮食安全之间存在明显的"用地两难"，这严重束缚了城镇数量增长和规模扩张。若是不走规模扩张之路，而是选择内涵式发展，侧重提升城市化质量，则不仅会增加城镇化难度、降低城镇化发展速度，还会受到国家产业基础、整体创新能力、劳动力素质等多重因素制约。

第二，我国城镇产业发展不平衡、产业结构不合理。第二产业比重较大，第三产业比重不足。第二产业因为机械化、自动化程度高，所需要的劳动力较少，且对劳动力素质要求较高，能够吸纳的农村劳动力较少。但第三产业门类众多，自动化程度低，就业岗位较多，就业门槛较低，对劳动力素质要求不高，非常适合农业过剩人口就业。但由于城镇第三产业不发达，传统产业部门较少，农村劳动力还是难以找到工作。

第三，城镇发展需要大量劳动力，仅靠城镇自身供给难以满足需求，但农村劳动力总体素质较低，缺少专业化技能。城乡劳动力的结构性矛盾一方面削弱了城镇发展，另一方面也使得农业过剩劳动力和农户难以转移到城镇，阻碍了农业现代化进程。

二、农业现代化存在"规模瓶颈"制约

发展现代农业，一是走集约化道路，二是走规模化道路。所谓集约化就是在单位土地面积内投入更多的劳动力、资金和设备，实现土地产出率的最大化。所谓规模化，就是通过扩大农地经营面积，实现劳动生产率的最大化。无论是集约化还是规模化，都存在边际效益递减规律，且都以一定的农地规模为前提。就目前我国的户均农地配置——户均不足十亩、人均一亩三分而言，即便投入再多的人力物力财力，农业生产也会受这一"短板"制约而导致整体效益下降。影响我国农业现代化发展的因素包括户均耕地面积、国家政策制度、经济发展水平、农业科技水平、农业市场化程度等。但最主要的硬件因素还是户均耕地面积。"土地规模过小，农机作业效率低下，不可能取得良好经济效益，土地面积规模是农业机械化占比最重的追加投资环境。"[1]但恰恰是在这一要素上，我国存在规模瓶颈制约，即农业规模化难，农业现代化发展卡在这一瓶颈上难有质的突破。

从现实看，我国的农业规模化道路极为困难。所谓难，就是规模化发展缓慢。不可否认，改革开放以来我国农业发展的确存在规模化和集中化趋势。2000年，山东、江苏、浙江三省增地农户比例为8.32%，减地农户比例为16.76%。减地农户比例明显高于增地农户比例。[2]但同样不可否认的是，这种规模化和集中化趋势极其缓慢，小规模农户仍然占到农业生产经营主体的90%以上。

我国农业规模化为什么难？主要原因在于农户不敢流转或放弃农地。无论农户非农化或城镇化与否，因为就业机会和收入的不稳定、社会保障的不健全、城镇化生活成本的高企和各种风险的增加，大多数农户不敢流转或放弃农地。这使得可流转的农地资源极其稀缺，农地流转市场会因供给不足而导致需求不旺。在供需都不足的情况下，通过市场化来实现农业规模化的路

---

① 江泽林.农业机械化经济运行分析[M].中国社会科学出版社，2015：145.

② 秦宏.沿海地区农户分化之演变及其非农化、城镇化协调发展研究[D].咸阳：西北农林科技大学，2006.

径就行不通。具体来说，主要有如下因素。

第一，随着工业化和城镇化的发展，农户特别是兼业农户对待农地的态度表现出极为矛盾的心理。一方面，随着非农就业时间增长，非农职业的稳定，兼业农户逐渐丧失农业生产经营的积极性和兴趣，农地在部分农户手中已经成为鸡肋，农户也不指望依靠农地经营增收。但另一方面又担心非农就业不稳定，将来农地可能升值等，因而又不愿意放弃农地，感觉弃之可惜。在这一矛盾心态左右下，农地规模化极其缓慢。尽管政府采取了多种措施，试图解除农户的后顾之忧，但农户把土地当作最可靠的和最后的保障的心理依然没有解除。因为主动放弃和流转农地的农户只占极少数，农地无法实现集中化。"只有实现了农地向少数农户集中，非农化了的农户逐步离开土地和农村，农民的数量才能减少下来"[①]，农业规模化才有希望。

第二，土地三权分置改革的负面作用。为了促进农业规模化发展，国家对土地产权制度进行了改革，在初期所有权和使用权两权分离基础上，又进行了三权分置改革。改革的目的之一在于促进农地流转，加快农业经营规模化。但从实际调查来看，无论是在三权分置改革前还是改革后，农地流转并不活跃。"从20世纪80年代后期以来，通过农户自发的土地使用权流转，每年发生的农地流转率也就在1%–3%之间。"[②]从整个沿海地区来看，农地流转行为和农户经营规模的扩大并不十分显著。三权分置改革后，农地流转率并没有显著上升。

在我国农地三权分置产权制度框架下，土地所有权权能中的占有权、使用权、收益权、流转权及承包经营权抵押担保权能都划归了承包户和经营户，农村集体所有权几乎空白，这是一个绝对的"弱所有权"的产权制度安排。也可以说是半私有化和准私有化了。这使得农村集体对农地的集中统一管理及经营既无能为力也无所作为。在"强承包权和弱所有权"结构下，即使农地兼业化、小农化、撂荒化严重，即使大多数农户倾向集体返包、统一流转、规模经营，也有可能因个别农户阻挠而导致集体行动失败。

为了稳定家庭联产承包责任制，国家在前两轮承包（第一轮土地承包期限是1983年至1997年，第二轮土地承包的期限是1997年1月1日至2026年12月31日）基础上，宣布再延长土地承包期30年。承包权的长期化和固定化是

---

① 秦宏.沿海地区农户分化之演变及其非农化、城镇化协调发展研究 [D].咸阳：西北农林科技大学，2006.

② 秦宏.沿海地区农户分化之演变及其非农化、城镇化协调发展研究 [D].咸阳：西北农林科技大学，2006.

一把双刃剑，一方面可能有利于流转，因为使得产权更清晰且持久，是对产权的保护，有利于流转的合理预期，另一方面可能促进兼业化，并使之凝固化和长期化，特别是在土地需求不足的情况下。土地需求不足，主要是因为新型农业经营主体少，农业利润低、不挣钱。

第三，城市对弱势农民的排斥。改革开放前，城市几乎关闭了农民进入城市的大门，所有农民基本上都被束缚在农业上和农村中。改革开放后，城乡流动的大门逐渐打开，但仍然对农民有所排斥，特别是对弱势农民，如农民工的妻子、孩子和老人，被统统排斥在城镇化之外。外出务工的农民工在就业、养老、工伤、生育、医疗、子女上学等方面不能享受同市民一样的待遇。城市很冷漠，让农民工干完活就回家，这让农民工对城市没有感情，造成他们的"过客心理"，因而也不愿意扎根城市。

第四，农民对土地的依赖。城市对农民工特别是其家人的排斥，同时还强化了农民的土地依赖。农民一出生就依赖土地产出，长大之后也从事农业生产以维持生计，所以农民对土地具有一种特殊的恋土情结或叫乡土情结。农民以土地为核心和基础的乡愁根深蒂固，即便不再依靠土地劳动和生活了，这种情结短期内也难以消失。因此，大多数农户都愿意持有一份土地，只有这样他才心里安稳。

第五，农民对风险的防范。无论是乡下生活还是城市生活，都有很多意想不到的风险。由于农村社会保障功能不足、保障体系不健全，农民不仅把土地当作衣食之源和生存之本，还当作抵御诸多自然风险、市场风险和社会风险的最后手段。在他们看来，只要持有土地，就可以进退自由，"进有发财之路，退有养生之本"。因而很多农民把土地当成命根子和生活的最后和最可靠的保障，绝不会轻易放弃土地。城市对农民的排斥和冷漠，让农民更加相信只有土地才是最可靠和最可依赖的资源。因此，在不能获得与土地保障相当的社会保障之前，农户是很难放弃农地的，甚至不会轻易流转出去。据对山东某县入城户农地流转调查，30%入城户并没有流转所承包农地，只是撂荒在那里；40%入城户暂时转交给亲戚朋友耕种，也不收取任何租金，还有10%左右农户短期1年流转。在长期流转、出售承包权、退出农地意愿方面，80%以上入城户都不愿意，他们宁愿把土地束之高阁而不愿退出和一次性出售。这实际上是农民长期存在的"手中有粮、心中不慌"和"平时不用、用时则有"的防范风险的心理。

三、农业现代化存在主体过密化和结构困境

首先，农民总量太多，新型农民太少，农业劳动力结构不合理。农民总量太多，一方面意味着城镇化的压力太大，需要转移到城镇和非农产业的过剩农业劳动力多，城镇化任务繁重；另一方面意味着单位农地对应的劳动力数量太多，人多地少矛盾突出。在现代农业物质技术基础上，根据我国基本国情和农情，农业部专家测算我国农业的户均适度规模大致在50—60亩，以户均3个劳动力计算，一亩地对应0.06—0.05个劳动力，而我国现在是亩均劳动力为0.15个（按3亿农业劳动力对应20亿亩耕地计算），两者相差3倍。这大大超出适度规模经营对农业劳动力的需要。如果如此之多的剩余劳动力得不到转移，还挤在农地上依靠土地生存，那么，农业现代化肯定难以实现。因为农业生产存在劳动力无限供给，根本不需要机械替代和技术替代。而分化传统农民、减少农民总量不仅需要非农产业和城镇化的快速发展，也需要提升传统农民素质，强化农民非农就业能力。显然，这不是一个简单的事情。

一则，农业的从业门槛过低，不管有无专业教育背景，都能从事农业。传统农业多为经验生产，依靠代际传承和实践经验，只要看看就会。所以，凡是具有劳动能力的人都能从事农业，且凡是不能从事其他产业的劳动力都会进入农业。理论上看，农业没有从业门槛的限制，其就业是开放式的。在没有从业门槛约束和家庭经营的情况下，农业劳动力存在无限供给，且由于农村人口生育率高，潜在的农业劳动力供给也很大。因而减少农业劳动力极其困难。

二则，农村在产业发展中也存在资源诅咒，即因为农业资源占优势，因而农村只能发展农业，农村劳动力也只会种地务农，没有非农技能，无法实现劳动力分化和转化。农业现代化的希望是让专业的人士做专业的事，即让受过农学、农经专业教育、有农学专业背景的人来从事农业生产，像经营工业企业一样经营农业，像工业企业员工从事非农工作一样从事农业。但农村资源诅咒使得农村劳动力劳动技能单一且低下，除了农业和苦力活很难找到更好的工作。

三则，当前我国农业专业职业教育不断弱化退化。以河北省保定市为例，改革开放初期，该市有三所正规国办农业类院校：农业大学、农业高专、农机校。经过40多年的发展，如今仅剩农大，其他两所专门为农业培养基层人才的学校都已转型搞非农专业教育去了。即便农大，也发展了很多非农专业，财力精力也都分散了。农业教育的萎缩，一方面在于农业专业人才市场需求

少，因为我国农业经营主体多为小农，属于小规模家庭经营，自身还存在劳动力过剩，根本不会有劳动力的市场需求。另一方面在于农学专业毕业生无用武之地，大多为了生存都转行转业了。农业教育的弱化无法为现代农业提供新型农民和新型农业经营主体，农业劳动力无法实现转化。

其次，农户总量太大，农业经营主体多，但新型农业经营主体少，农业经营主体结构不合理。农户总量太大，一方面意味着农业经营主体多，户均农地规模不会大。如果是通过农地流转实现农业规模化，则交易会涉及更多农户，交易成本会成倍增加。如此多的农户都经营农业，使得户均规模不可能增大。另一方面意味着需要退出农业领域的农户，即需要转移到城镇和非农产业的农户更多，城镇化压力大，任务繁重。若按照户均50亩的标准，我国农业只需要0.4亿农户，但现在我国有2.3亿农户，需要转移1.9亿农户。这是一个庞大的数量，对于城镇化而言是一个极其繁重的任务。

农业新型经营主体和农业专业技术人才少，意味着农业经营主体结构不合理，传统小农户多，而现代农业所需要的新型农业经营主体和专业技术人才少。这表明我国在减少传统小农户的同时，还要想方设法增加新型农业经营主体。新型农业经营主体和农业技术人才是发展农业现代化的主体和技术保障，没有他们就不会有农业现代化。按照户均50亩的适度规模要求，我国需要0.4亿现代农业经营主体，但据第三次全国农业普查显示，截至2016年我国有规模农业经营户398万户，以农业生产经营或服务为主的农民合作社91万个，两项总和不到500万户（个），缺口是3500万户（个）。至于农业技术人才则缺口更大。"在过去的十几年里，我国的农技工作人员从120万人锐减到了70万，基层农技推广工作无人问津。"（我国农业科技转化率低，农技人员短缺，《"三农"中国》）所以，发展农业现代化，还必须增加新型农业经营主体和农业技术人才。这也是当前我国发展现代农业的短板和难点。而新型农民和新型农业经营主体之所以难产，是因为规模经营的空间太小；规模经营空间小是因为没有太多农户退出；大多数农户没有退出是因为非农化和城镇化缺少保障。归根结底，推进农业现代化需要国家强化对农户非农化和城镇化的保障与支持。而这恰恰是当前国家政策制度体系当中所缺失的。

第八章

促进城镇化与农业现代化协调发展的对策建议

第一节 国家层面：引导农户决策，减少农户数量

一、以减少农户为核心促进城镇化和农业现代化协调发展

（一）城镇化和农业现代化协调发展的关键在于减少农户数量

农户既是农业生产经营和农业生产要素配置的主体，也是城镇化的潜在主体。实现城镇化需要农户进城，实现农业现代化需要减少农户。农户数量减少意味着城市户的增加，即城镇化发展，同时也意味着农户户均耕地规模有了扩大的可能性。所以，农户数量的动态调整既关系着城镇化，也关系着农业现代化。基于我国农户数量众多、户均农地规模小的国情，发展农业现代化必须使相当数量的农户实现城镇化。减少农户是实现农业现代化和城镇化的共轭之举。当前我国城镇化和农业现代化的梗阻在于农户进不了城、退不了地。简单说，就是农户减少出现梗阻，农户数量呈现刚性。

但当前我国发展农业现代化的政策措施，并没有围绕减少农户而设计，而是以减少农民为核心不断促进农业劳动力转移。减少农民与减少农户虽然近似，但二者并不相同。减少农民虽然可以提高农业劳动生产率，但不一定能为规模化创造条件，因为农业生产经营不是以个体为单位的，而是以户为单位的。个体劳动力的转移并不能决定家庭的转移，也无法让家庭做出农地流转的决策，因为家庭中的其他人还要从事农业劳动。事实上，单纯地减少农民也不一定能真正减少农民，如果没有实现家庭的转移，无论农民工在城镇漂泊多久，终归还是要回归农村家庭的；相反，减少农户不仅可以提高农业劳动生产率，还可以为农业规模化创造主体空间，且只有减少农户才能从

根本上减少农民。所以，必须以减少农户为核心设计城镇化和农业现代化的政策制度体系。

（二）减少农户的基本方式

减少农户的基本方式主要有四种：一是家庭进化；二是家庭分化；三是家庭转移；四是家庭消亡。家庭进化是指单个家庭的生产生活方式上升到更高一级形式，如由农户上升为城市户，由小农户上升为大农户。家庭分化是指将同质均构农户分化为若干并列类型。家庭转移是指从农村移居城镇。家庭消亡是指家庭人口因各种原因死亡而导致的家庭消失。家庭进化是指单个农户的递进性和发展性；家庭分化是同质农户的裂变性和多样化；家庭转移是在家庭进化和家庭分化基础上由农业向非农产业、由乡村向城镇的空间迁移，是家庭纵向发展性与横向裂变性的统一。家庭消亡是家庭生命周期里的自然现象，但同时往往意味着新家庭的诞生，因而对减少农户意义不大，故此本章对家庭消亡不再论述。

1. 家庭进化

从家庭进化的视角看，减少农户有两条基本方式：自然进化和人为进化。

（1）自然进化

所谓自然进化是指农户通过自身努力由传统小农户转型升级为现代农户、转产进入非农产业成为非农户、转移进入城镇成为城镇户。自然进化是农户在根据社会经济发展状况、国家城乡工农政策和自身家庭实际所做出的一系列经济社会决策和行为基础上，不断演化进步的产物，由此实现家庭生产方式和生活方式的转型升级。自然进化是农户在外力的诱致和自身对家庭收益、效用最大化追求下实现，是家庭的诱致性制度变迁。这种变迁是经济社会进步发展的外在表现和基本方向。如果农户的自然进化顺畅普遍，则它必然使农户和小农户数量显著减少，且不会给国家、社会、城市、工业带来重大压力。这种自然进化表现为农户转移进入非农产业成为非农户、农户转移进入城镇成为城镇户、小农户发展为大农户、小农户合并成大农户、农地股份合作制等。

那么要促进农户的自然进化，最主要的方式是什么？首先，要加快工业化和城镇化发展，为当代农业劳动力提供更多非农就业和城镇化机会，促进当代农户的非农化和城镇化；其次，也是最重要的是加快农村基础教育和职业教育的发展。调查显示，大部分受过高中以上教育的农村青年都不愿意从事农业劳动，也不愿意回到农村生活。他们当中很大部分都通过教育走进非农产业和城镇。随着这批农村劳动力的非农化和城镇化，家中老人也会越来越老，因为后继无人不得不退出农业。随着非农农户越来越多，农村土地调整的资源空间和规模扩大的外部条件也会越来越大，原本紧张的不平衡户地关系就会变得宽松，农地经营规模扩大化会来到一个拐点，由此走上加快发展之路，为部分小农户升级为大农户创造更好的外部环境。

（2）人为进化

人为进化，是指农户在外力的强制性干预下，不得不放弃农地和农业生产经营活动，或合并农地搞规模化经营，或被迫进城上楼，由传统农户转变为非农户、城镇户和规模农户，比如城中村和城郊村的强制征地拆迁和城镇化安置。人为进化是农户家庭生产生活方式的强制性制度变迁。这种变迁虽然也会减少农户数量，但它不是循序渐进发生的，是某时某地的大规模突变，因此，会给农户带来很大影响，因为很多农户没有准备好，还不适应非农的生产生活方式，也没有找到非农的就业途径。

通过外力强制促进农户进化和转化，不是减少农户的主要方式。这一方式虽然具有效率优势，也具有农村土地集体所有的法律依据和基于整体利益的道德依据，但有可能损害个别农户利益和违背其意愿，甚至引发干群冲突。因此，一定要因势利导、顺势而为，将强制性人为进化与诱致性自然进化结合起来。

2. 家庭分化

从家庭分化视角看，减少农户要对农户进分多轮次分化，直至彻底分化。首先要把均质同构的小农户分化为纯农户、兼业户、纯非农户。这是第一轮次分化。其次，要对纯农户、兼业户进行分化。要把纯农户分化为家庭农场、农业雇佣户（雇农）、纯非农户；要把兼业户分化为纯农户、纯非农户、进城户，这是第二轮次分化。最后，要把从兼业户中分化出的纯农户再分化为家庭农场和雇农户，这是第三轮分化。

通过这三轮次的分化，均质同构的小农户基本上被一分为五，即小农户、规模农户、农业雇佣户、纯非农户和入城户，这就是彻底分化。所谓彻底分化，就是要么务农，要么非农；要么村居，要么城居，不能搞兼业兼居等两栖模式。当然，从发达国家的现实看，兼业户还是要存留较长时间，但这样的兼业户要么是以农业为主的一兼户，要么是以非农产业为主的二兼户。其兼业活动已经成为现代农业的补充和附庸，对农业现代化和城镇化的影响已经式微。

3. 家庭转移

严格来讲，家庭转移是家庭进化的质变，具有一定相对独立性，且对于减少农户意义重大，因而本章将对此进行重点论述。

减少农户与减少农民既相近相关，又存在不同。减少农民有两条路径：一是促进剩余农业劳动力转移，即个体农民转移。这条路虽然可增加农户收入、促进农业劳动力充分利用，也相对简单和容易，但易于造成农户兼业和兼居，导致农户分化和城镇化都不彻底。既不利于农业现代化，也不利于城镇化。二是减少农户，特别是家庭转移，即整户全家转移到非农产业和城镇。这可以一举多得，一是减少农民，不仅减少当代农民，还可以减少后代新生人口的农民化，而且一次减少多个农民，因为是整户减少；二是可以减少农业经营主体，为农业规模化创造条件。

当然，农户转移比较难。即使有些农户不再从事农业生产，但仍有不少愿意持有土地的非农户。例如，在日本，保有农地的非农户占土地所有者的比例已由1975年5.2%上升为2015年的39.6%。在我国，"基于小农户调查数据发现：（1）目前外出务工而不从事农业经营的农户已经达到11.69%，经营规模在10亩以下的农户占比则高达71.41%。但在这两类农户中，即使将来无人从事生产性经营，但却分别有15.51%和13.52%的农户依然不愿意转出农地。"（罗必良，2020）近40年来，我国农户既没有明显减少，也没有明显上升。始终维持在2亿~2.3亿户。作为小农经济的典型代表，日本"户均耕地面积从1960年的0.88公顷缓慢扩大到2015年的2.2公顷"，虽然规模增长不大，但日本农户数量的减少却极为显著。在从1960年到2017年的57年间，日本农户数量从6057万户迅速下降到2160万户，下降近三分之二[①]。所以，减少农户必须加快农户家庭转移。

（三）减少农户的基本目标与主要路径

1. 减少农户的基本目标

必须把减少农户的基本目标定位于减少传统小农户。小农户效率低，且还占用大量农业资源。正是因为小农户的密集化导致农业资源的分割化和固化，使得农业现代化始终卡在规模瓶颈上停滞不前。与农业现代化相适应的

---

① 罗必良. 小农经营、功能转换与策略选择——兼论小农户与现代农业融合发展的"第三条道路"[J]. 农业经济问题，2020（01）：29-47.

农业经营主体结构，理应由少数大农业公司、大部分专业化规模化家庭农场、种粮大户和少数小规模兼业农户构成。但我国现在的问题是，农业公司、专业化规模化家庭农场和种粮大户少，而小规模兼业农户多。所以，农业经营主体结构优化的方向是，减少兼业农户和小规模农户，增加专业化规模化家庭农场和大公司农场。这就需要实现兼业农户的分化和小规模农户的转化。而无论是分化和转化，都要为这些农户找到出口和出路：城镇化和非农化。

2. 减少农户的主要路径

减少传统小农户，要多路并进、多措并举。第一，直接减，即让小农户进城转为城市户，加快农户转移。第二，强化升，即让小农户转化升级为大农户——规模农户、新型农业经营主体，加快农户进化。第三，推进分，即发展雇佣农业，进一步促进纯农户的分化：一部分发展为家庭农场，一部分转化为农业工人、职业农民、新型农民和新型雇农，在农场里做雇佣工人，一方面靠承包地收取租金，一方面通过农场打工获取薪酬。这样一方面可以为农业规模化创造宽松人地关系和户地关系，一方面可以为现代农业准备和提供专业化农业工人，一举两得。第四，强化合。发展集体统一经营、土地股份合作等，通过土地合并、股份经营减少小农户。第五，努力转。即由传统小农户向现代小农户转化。农业现代化不是要彻底消灭小农户，只是要小农户与现代大市场联结起来。传统小农户只注重农业的食用功能，无法在市场竞争中生存。但现代大市场需求也具有多样性，农业功能也具有多样性。如果小农户能够实现农业功能转化，也能在市场中找到一席之地。农业具有多种功能，且其生产技术越来越工厂化，完全可以和城市及二、三产业兼容。城市不再单纯是工业和第三产业的聚集地，也可以成为现代农业的载体。如发展具有生态与环境功能、文化功能、旅游与休闲功能、生物能源功能和康养医疗功能的农业。传统小农一旦实现了业态和功能的转型，则会转化为与现代大市场紧密联结的现代小农。

二、我国农业现代化的家庭适度经营规模与适度农户数量

现代农业是一种技术经济活动。任何技术活动总是在一定的经济环境中进行并实现一定的经济目的。经济要素的水平必然制约着技术的应用规模和技术要素的结合。在农业技术经济活动中，"农业劳动力所负担的耕地面积、

农民人均纯收入及农产品商品率三个因素的综合作用对农业机械化水平具有极其显著的影响。基本上可以认为这三个因素的综合作用决定了农业机械化水平。但就各因素的显著性来看，农业劳动力所负担的耕地面积的显著性强些"[1]。农业机械化是农业现代化的基础，由此可以认为，劳均耕地面积对实现农业现代化的作用更突出。劳均耕地面积大，有利于农业现代化，反之则不利于农业现代化。

耕地具有生产生活生态等多重功能，是国家粮食安全的根本保证，其重要性不言而喻。自然资源部发布的《2017年中国土地矿产海洋资源统计公报》显示，2017年年末，全国耕地面积为13486.32万公顷（20.23亿亩）。因建设占用、灾毁、生态退耕、农业结构调整等减少耕地面积32.04万公顷，通过土地整治、农业结构调整等增加耕地面积25.95公顷，年内净减少耕地面积6.09万公顷。《全国土地规划纲要（2016—2030）》要求，到2020年、2030年我国耕地保有量要保持在18.65亿亩、18.25亿亩以上。从2017年的20.23亿亩到2030年的18.25亿亩，两者之间的差额大约为2亿亩。也就是说，这13年间我国耕地数量减少的上限就是2亿亩，约合年均1500亩。

根据第三次农业普查数据，2016年，全国共有204万个农业经营单位。2016年年末，在工商部门注册的农民合作社总数179万个，其中，农业普查登记的以农业生产经营或服务为主的农民合作社91万个；20743万农业经营户，其中，398万规模农业经营户。全国共有31422万农业生产经营人员。我国小农户数量占到农业经营主体98%以上，小农户从业人员占农业从业人员90%，小农户经营耕地面积占总耕地面积的70%。

也就是说，我国现有20亿亩耕地，2亿农户，户均耕地面积为10亩。那么，农业家庭经营的适度规模如何确定呢？就是按现有农业平均每亩每年的收入（1000元/亩）为单位，将农户年度农业收入与城市户年度非农收入等同，看看需要多少亩耕地。假设城市户每年总收入为5万元，则农业家庭经营的适度规模为户均50亩。

若是户均50亩的规模，则我国只需要20亿亩/50亩即4000万规模农户。由此计算我国需要减少1.6亿农户。平均每户以4人计，则需要转移6.4亿人口。当然，这6.4亿人口不必都转移到城镇，其中一部分人可以转换为职业农民和新型雇农，在农村的农业企业、农业合作社和家庭农场里从事农业生产经营工作。

---

① 江泽林.农业机械化经济运行分析[M].北京：中国社会科学出版社，2015：40.

当然，农户的减少并不意味着户均规模的自然提升。要想在减少农户的同时提高户均规模，就必须保证退出农户原先占有的农地资源不能完全转为城市建设用地。改革开放以来，我国城市空间规模提高近1倍，大量近郊农户和城中村农户整体退出，但其农地资源大多转为城镇建设用地，农户经营规模并没有因这些农户的退出和减少而提高。所以，要想在减少农户的同时提高剩余农户经营规模，就必须加强土地用途管制或农地占补均衡，保证原有农户农地用于农业生产经营，而不是变性为城镇建设用地，或者保证农地总量不减。

三、政府调节农户家庭决策的目标、路径与手段

要减少农户，就要促进农户分化；促进农户分化就要调节农户家庭决策，引导更多农户做出进城非农决策，抑制和减少兼业兼居决策，保留少数纯农决策，由此实现城镇化和农业现代化的协调发展。因此，在减少农户的总目标下，政府必须明确如何调节和引导农户家庭决策，调节的方向是什么，要促进什么决策、增加什么样的农户，要抑制什么决策、减少什么农户。

（一）政府调节农户家庭决策的目标

政府调节农户家庭决策的总目标是减少农户。减少农户就是在推进城镇化，也是实现农业现代化的前提　条件与题中之义，是联结城镇化和农业现代化的桥梁，是一举两得的"关键一招"。

具体来说，就是减少传统小农户，增加现代新农户和新型农业经营主体。传统小农户是农业社会的经济主体，以一家一户为单元，以手工劳动和畜力为生产方式，以自给自足为目的，满足于二亩地一头牛、老婆孩子热炕头的简单生活。这样的小农户在封建时代的农业社会有其合理性。但在机械化、智能化的工业社会和市场经济时代，小农经济的低效性显露无遗。要将小农经济转化为现代农业，首先必须实现农业经营的规模化，适度规模化是现代农业的基础与前提。实现农业规模化，意味着必须减少传统小农户。因为在资源总量既定的前提下，只有减少部分小农户，才能为留下来继续从事农业的农户扩大经营规模提供资源调节余量，并使之成长为与现代农业相匹配的新型农户和新型农业经营主体。由此可知，在减少农户的总目标之下，国家和政府调节农户家庭决策的具体目标是减少传统小农户，增加新型农业经营主体。实现这样的目标，要求国家要引导更多小农户做出城镇化和非农化决

策，退出农村农业领域，把农业资源转给留下来的农户；同时引导留下来的农户做出扩大经营规模、发展现代农业的决策。

（二）政府调节农户家庭决策路径

农户家庭决策主要受外部环境和农户户情影响。其中，外部环境是外因，是农户决策条件；农户户情是内因，是农户决策根据。农户家庭决策就是外部环境与农户户情相互结合、共同作用的产物。国家和政府并非农户家庭决策的主体，既不能替代农户决策，也不能以行政命令和指令性计划强制农户决策。国家和政府是农户家庭决策的服务者和引导者，国家和政府要调节和优化农户家庭决策，只有两个途径：一是调节和优化农户决策的经济社会基础、市场环境与政策制度环境；二是改善和优化农户户情。通过这样两个途径来引导农户做出与政府目标相一致的家庭决策，但不能直接干预和取代农户自主决策。

调节和优化农户决策的经济社会基础、市场环境与政策制度环境，主要包括加快工业化和城镇化发展，提高工业化和城镇化水平，为农户提供更多非农化和城镇化机遇；健全和优化农业生产要素市场，强化市场在农业资源优化配置上的决定作用，提高政府在农业资源市场配置中的服务能力；建立农户城镇化扶持机制和农户退出补偿机制，提高政府对农户进城和退出的支持力度，降低农户城镇化风险；建立农业规模化的扶持机制，提高政府对农业规模经营的支持力度，降低农户规模经营风险。

改善和优化农户户情包括加强农户基础教育和职业教育，提高农户科学文化水平和职业能力；加强农户就业服务与培训，提高农户把握非农就业能力；加强政府对农户家庭决策的公共服务，帮助农户分析市场机遇与风险，提高政府市场信息、科技咨询、产品销售服务能力；引导金融机构强化对农户的金融服务，提高农户把握机遇与应对风险的能力；优化农户决策机制，避免家长式、冲动型、盲目型决策，促进民主决策、科学决策和理性决策。

总之，通过对影响农户家庭决策的内外因的调节、优化，为农户家庭决策提供更多机遇和更好环境，提高农户把握机遇、应对风险的能力，优化农户决策机制、提高农户决策水平，由此间接调节和引导农户家庭决策。

（三）政府调节农户家庭决策的手段

虽然国家和政府只能间接干预和调节农户家庭决策，但其调节手段和工具可以是多种多样的。第一，财政手段。国家可以通过财政补贴形式，对符合城镇化和农业现代化目标的农户家庭决策给予财政支持，如整户迁移城镇、整户退出农地、农业规模化经营、非农化、农地流转等，以此促进和支持农业要素资源的流通和整合。第二，公共服务手段。国家可以通过向新住户提供城镇基本公共服务，以更好的教育、医疗、社会保障、生活环境吸引农户向城镇迁移。第三，税收手段。国家可以通过向城镇新住户减免相关税收吸引农户向城镇转移，如房地产税、个人所得税、个体工商户的相关税收等，提高农户实现城镇化能力。第四，金融手段。国家可以引导金融机构加强对农户有利于城镇化和农业现代化的家庭决策支持力度，如对农户城镇购房的按揭贷款、对农户非农化决策的信贷支持、对农户规模经营的信贷支持、对农户大型农机具和农业设施购置的信贷支持、对农业新型经营主体的金融服务等。通过金融服务与支持，促进农户做出有利于城镇化和农业现代化的决策。第五，法律手段。国家可以通过立法和法律服务等手段，加强对农户实现城镇化和农业现代化的保护与支持。如《农户城镇化促进法》《农业现代化促进法》《乡村振兴促进法》等，通过立法鼓励和支持农户做出有利于城镇化和农业现代化的家庭决策。第六，政策制度手段。政策和制度是调节和引导农户决策的重要手段。国家和政府是有关农业农村和农民的政策制定者和制度设计者，在这方面具有主动权和主导权。政府要根据国家发展需要制定一些顶层设计、基本制度和宏观政策，如农业家庭经营的基本经营制度、农地的三权分置制度、基本农田保护制度、农业支持政策等，以此保持农业和农村的基本稳定。但也要根据农村农户的不同需求以及不同村情户情，分类施策、因村制宜、因户制宜，对不同的农村农户及不同的农户决策精准定位、科学引导。如对非农经济发达的农村，可以鼓励和支持集体发展农业股份制经营和集体统一经营；对非农经济规模较大、有一定聚集效能的村镇可以允许设镇立市。对规模经营农户、流转农地农户和完全非农化农户和彻底城镇化农户实施专项补贴，促进农户分化的彻底化和完全化；对没有非农就业能力的农户，给予职业培训与就业服务。通过灵活多样的微观政策和具体制度促进农村和农户分类发展，深化农村农户分化。

四、创造和优化有利于城镇化和农业现代化的社会经济基础和市场环境

要减少农户，就要为农户转移寻找出路。城镇化和非农化是农户转移的去处和方向。因此，工业化、城镇化水平及规模是减少农户的社会经济基础。

一般来说，工业化和城镇化水平越高、规模越大，越能够为农户转移创造更多机遇和条件。同时，还要建立有利于农户退出的市场环境，实现农户农业生产要素和家庭资产市场交易的便利化，通过资产变现，让农户能够退得出、进得去。

（一）创造和优化有利于城镇化和农业现代化的社会经济基础

第一，国家要想方设法加快工业化和城镇化发展。工业化和城镇化发展是与农户减少相伴而行的。相对而言，工业化和城镇化发展较少受地理环境、气候和资源局限，具有聚集效应和规模效应，发展空间较大，特别是城市第三产业能够吸纳较多劳动力。但农业对自然条件的要求较高，且受土地面积的制约，不能吸纳太多劳动力。随着农业机械化水平的提高，农业对劳动力的需求呈现不断减少趋势。因此，减少农户主要依靠向城市和非农产业转移。农户减少的数量与工业化和城镇化水平、规模呈正相关，工业化和城镇化水平越高，农户减少的数量越大。因此，国家必须实施以工业化和城镇化为中心的战略，集中人力物力和财力提高工业化和城镇化水平及规模，为减少农户创造更好的宏观经济社会环境。

第二，国家要实施以人为中心的工业化和城镇化。虽然工业化和城镇化总体上具有促进农户减少的功能，但并非任何工业化和城镇化都能有效促进农户减少。其一，在城乡二元体制下的工业化和城镇化，并不能有效促进农户减少。因为城乡二元体制限制农户向非农产业和城市整体转移，在这一体制之下的工业化和城镇化只是对农户个体劳动力的有限吸纳，并不能减少农户数量。其二，农村非农化或工业化，并没有带来同等规模的城镇化和农户减少，它一部分促进了城镇化，一部分形成兼业化。农村非农化、工业化并不等于城镇化，也没有显著减少农户。其三，以重工业化为中心的工业化、以空间扩张和物质发展为中心的城镇化，虽然也能带来农户减少，但其效能有限。因为重工业对劳动力需求较少、对技术设备需求较多；以空间扩张和物质增长为特征的城镇化，更多的是对农村资金和土地的吸纳，但劳动力和农户并没有真正转移。其四，不协调、不平衡的工业化和城镇化也不能有效减少农户。无论是工业化滞后于城镇化还是城镇化滞后于工业化，都不能有效减少农户。前者导致城镇化过快发展，但产业基础薄弱，非农就业机会不足，失业问题严重，进城农户无法获得稳定生活。后者导致工业化机遇被浪费，农户无法实现整体转移。

因此，国家推进工业化和城镇化必须注重以人为中心，要实行重工业、轻工业和第三产业均衡发展的工业化，在发展资本密集型和技术密集型产业的同时，还要注重发展劳动密集型产业；要实行大中小城镇均衡发展战略，优化城镇空间布局，增加城镇数量，发展特色产业城镇；要注重非农产业的适度集中，建设工业园区和特色产业园区，以产兴城；要实行以人为中心的新型城镇化，推进农户整体迁移，在发展城镇新兴产业、高新产业和现代部门的同时，还要注重城镇传统部门和低端产业的发展。总之，以人为中心的工业化和城镇化，应是人进（城）地留、户进（城）地退，而不能像政府征地那样——人和户进不去，但地却没了，也不能像郊区城镇化那样——人、户和地都城镇化了。这样，即便农户减少了，但其原先持有的农业资源也没有留在农村，不能为其他农户扩大规模提供市场供给。

（二）创造和优化有利于城镇化和农业现代化的市场经济环境

1. 国家要健全农业生产要素市场，促进农业资源配置的市场化

农户的减少——退出，归根结底还是一种市场行为，是农户根据家庭需求和利益最大化原则，对家庭劳动力、资金、土地等资源在城乡之间和农业与非农产业之间进行的重新配置和空间优化。因此，要减少农户，必须让农户能够退出，且要好退、退好，也就是说要让农户将家庭农业资产交易变现，这就要有健全和发达的农业要素市场和农村资产市场，如农地流转市场、宅基地交易市场、农业机械市场、农业生产资料市场、农户集体经济权益市场。只有把这些农业农村资产市场建立起来，农户才能将家庭农业资源交易变现，一方面促进其他农户农业生产规模扩张，一方面将家庭农业要素资源变现为资金，为进城积累原始资金。要尊重市场的决定性作用，构建有效市场，"发挥好市场在促进经济和人口聚集、引导生产要素跨区流动方面的作用"[①]，总之，没有健全的农业生产要素市场和农村资产市场，农业要素与农村资源就无法交易，市场作用难以发挥，农户就难以退出。

2. 国家要提高政府市场服务能力

市场运行不是免费的，且市场还存在失灵现象。因此，国家在建立农业生产要素市场后，还要加强市场监管，规范市场交易行为，打击强卖强买和欺行霸市行为，降低交易费用，保证交易行为的公平。要构建有为政府，"发挥好政府在编制发展规划、构建基础设施网络、提供公共服务、实施社会治

---

① 李伟. 新中国70年中国特色城镇化道路的演进与发展 [J]. 中国党政干部论坛，2019（06）：6-10.

理等方面的作用"①。一是通过行政立法制定农业生产要素交易规则，明确双方权利义务，确定交易纠纷调解机制。二是发展市场中介组织，如市场信息服务组织、土地银行、农业生产要素资源经纪人、法律服务组织等，为农户交易农业生产要素和资源服务。三是建立农业生产要素市场保护和支持制度，免除交易环节的各种税费，对有利于城镇化和农业现代化的交易给予一定财政补贴，促进市场繁荣活跃。四是要教育和引导农户树立契约精神和法律意识，通过履约尽责实现利益，通过法律手段维护权利。

五、创造和优化有利于城镇化和农业现代化的政策制度环境

国家有关城镇化和农业的政策制度，是影响农户家庭决策的重要因素，对农户家庭决策具有导向、促进或抑制作用。如果想让农户做出有利于城镇化和农业现代化的家庭决策，需要国家调整和优化相关政策制度，为农户家庭决策创造良好的政策制度环境。

（一）制定统筹城镇化和农业现代化的政策制度

当前我国城镇化战略和农业农村农民政策日益融合，但相对而言，更强调城乡融合和城乡一体化。事实上，城镇化与农业现代化联系更为紧密，前者为后者创造条件，没有城镇化就不会有农业现代化。因此，在城乡融合政策制度基础上还应以减少农户为核心统筹城镇化和农业现代化的方略、政策与制度。

实现农业现代化的关键不是促进农业劳动力转移而是减少农户。国家城镇化战略和"三农"政策制度应围绕减少农户而制定或调整。唯有如此，才能从根本上减少农民，不仅减少一代，而且会减少后面的各代。城镇化的本质也不是要实现空间扩张、产业集聚和物质增长，更主要的是实现人口集聚、生活水平提高和社会文明进步，空间扩张、产业集聚和物质增长都是为人在城市生活服务的。因此，无论是国家城镇化方略还是国家农业发展政策制度，都应以减少农户为核心，以人的发展为本质。

第一，要实现由空间城镇化、土地城镇化和物质城镇化向以人为中心，

---

① 李伟. 新中国70年中国特色城镇化道路的演进与发展 [J]. 中国党政干部论坛，2019（06）：6-10.

特别是以农户为中心的"人的城镇化"转变。改革开放以来，我国城镇化发展迅速，但主要以空间规模扩张、土地城镇化、经济集聚为主要路径，人的城镇化相对落后。1981—2017年期间，城市建成区面积由0.74万平方公里扩大到5.62万平方公里，扩大了6.6倍，年均增长5.8%，但同期城市人口年均只增长3.0%，远远落后于城区面积增长。[①]与此同时，中国的城市与城市之间的规模差距，相对城镇化发展水平一致的国家来说，其人口聚集程度还不够高。也就是说，城市人口集聚落后于经济集聚[②]。我国城镇化发展中的空间规模扩张、经济集聚度与人口集聚度的失衡，妨碍了城镇化水平及质量提升。因此，推进我国城镇化发展必须实现由空间发展向以人为核心的转变。首先，城镇化要为农户转移入城大开方便之门，城镇化规划设计当中要为农户保留一席之地，城市不能完全消灭农业，要给城市农业留出空间，让农业和城市相融合，让农民与市民共处一城。其次，城镇化不能过多占用农地，不能将因农户减少而腾退的农地都用于城镇化建设用地。改革开放以来，我国农户总量虽然变动不大，但这并不是说没有减少农户，而是减少的农户数量被新增农户所填补。但减少的农户所持有的农地大部分被城镇化所占用，农户户均农地规模不仅没有增长反而下降。所以，城镇化必须实行集约化，少占农地、多吸纳人口和农户。再次，政府要制定鼓励、支持、帮扶农民转移和农户进城的政策制度。据调查，山东省向非农产业转移的农村劳动力主要是以依托传统血缘和人际关系网络为主，从转移的组织方式看，政府组织的不足5%，亲属朋友介绍的近50%，以自发方式盲目转移的占40%以上。由此可见，政府在组织农户进城和农民转移方面还有很大空间。除了组织农民转移之外，政府还要出台政策、设计制度，支持农户整体迁移，对城市新住户给以财政补贴。

第二，要实现由减少农民向减少农户的转变。无论是城镇化战略还是农业政策制度，都要注重由减少农民向减少农户、由注重个体劳动力转移向注重农户整体转移转变。如前所述，个体劳动力转移很难带动家庭整户转移，且个体劳动力转移并不能为农业现代化创造条件，因为农业是以农户为生产经营单位，而非以个体为生产经营单位，个体劳动力转移无法让农户流转农地。如果农户不能随着农民工实现城镇化，那农民工早晚也会落叶归根，重

---

① 李伟.新中国70年中国特色城镇化道路的演进与发展[J].中国党政干部论坛，2019（06）：6-10.

② 余英.中国城镇化70年：进程与展望[J].徐州工程学院学报（社会科学版），2019，34（06）：1-10..

新回到农村。只有减少农户，实现农户的整体城镇化，才能真正减少农民数量和农业经营主体。因为农户的减少，不仅意味着当代农户的减少，也意味着下一代农户的减少，破除农户身份的世袭，减少新生农户和新生农民，从而真正减少农民数量和农业经营主体，为农业现代化提供可流通的农业生产要素与资源。"国务院发展中心调查，农民工普遍向往城市，有回乡意愿的仅占7%，但现实是在城里买房的仅占0.7%"[①]，绝大多数农民工年老体弱后不得不返乡。农民工之所以要返乡，就是因为家在农村，家没有实现城镇化。显然，只有实现农民工的举家城镇化——即减少农户，才能让农民工永远留在城镇。

第三，农业现代化方略要实现由注重农地流转向注重农户分化转变。农地流转是实现农业规模化和现代化的基本途径，但其前提是同质均构的农户开始分化，部分农户由农业开始转向非农产业。只有在这个时候，非农农户才有流转出农地的需求。如果农户没有分化，所有农户还是单纯依靠农业生存，则农地流转就不存在。要想搞好农地流转，首先要有农户转让农地的需求，或者说农地供给。因此，与其强调通过农地流转实现农业规模化经营，还不如采取措施促进农户分化和非农化。当农户分化和非农化到一定程度，农业在家庭收入中的比重越来越低，农业的生存功能、增收功能和社会保障功能相对弱化时，农地流转市场就会繁荣起来。通过农地流转发展适度规模经营的时机就成熟了。

（二）制定和实施有利于农业现代化的城镇化政策制度

城镇化是经济社会发展的客观规律和必然趋势。推进城镇化一方面是为了经济社会的发展进步，另一方面是为改造传统农业创造条件。因此，城镇化的政策制度不能仅仅局限于推动城镇本身的发展进步，还要着眼于为农业现代化提供资源空间和市场条件。

1. 调整城镇空间布局和大中小城镇比例，提高城市空间密度及城镇与村落比

我国有14亿人口，拥有城市户籍人口大约占4成。未来若将城镇化水平提高到70%，则需将4.2亿农村人口转移到城镇。4.2亿人口的城镇化，如果仅仅是在现有城镇数量基础上实现，这是难以完成的。因此，转移农村人口，特别是推进农户整体进城，必须增加城镇数量和城镇空间密度，调整城镇空

----

① 刘奇. 中国农业现代化进程中的十大困境 [J]. 行政管理改革，2015（03）：23-31.

间布局和大中小城镇比例，优化城镇与村落比。

从目前来看，我国城镇空间布局存在总量少、城镇密度小、布局稀疏、空间不平衡，城市行政级别与经济总量和人口密度不协调等问题。据清华大学地球系统科学系宫鹏研究组最新研究统计，2017年，中国城市建成区面积为146102平方公里。按照这一数据，当前我国城市建成区面积仅占国土面积的1.5%。而美国、日本城市用地分别占国土面积的3.1%和4.2%。2017年，我国共有县城及以上城市2304座（其中地级以上城市294座，城区常住人口超过1000万人的超大城市有5座，人口超过100万人的城市达到92座，人口超过50万人的中等规模及以上城市占比将近65%，县级市374个，县城1636个），行政村有70万个。据此测算，我国平均1万平方公里约2.4个城镇，每1百万人口1.645个城镇，城镇与行政村之比为0.0033：1。显然当前我国城镇的规模与结构与我国庞大人口总量和潜在城镇化人口是不匹配的。据美国人口普查统计，美国10万到20万人口的城市有131座，20万人口以上的城市有78座，100万人口以上的都市区有43个，居住着总人口的54.4%，其中300万人口以上的都市区有13座。由于中美两国人口规模差异，美国在城市人口密度方面明显不及我国，但美国是一个没有城市定义和城乡差别的国家，其城市分布星罗棋布、连绵如带，形成辽阔的都市区，城市空间密度远超我国。所以，我国不仅需要建设新的城镇，还需要提升百万以上人口的大城市数量，特别是在经济总量和人口密度较大的东南沿海地区，要增加城镇数量，扩大城镇规模，率先实现城镇化。就大中小城镇的比例来看，我国大城市数量较少，中小城镇占比较高，这使得城镇的承载力不足。就城镇的不平衡来看，我国东中部人口密集和经济发达区域城镇总量少，城镇行政级别低，而西部城镇行政级别高但吸引力不足；大城市和城市群多集中在东中部地区，西部地区地域辽阔，但大城市稀少，城市发展活力不足。

城镇数量、规模、布局是农户城镇化的载体，其数量是否足够、规模是否适度、布局是否合理对城镇化至关重要。我国城镇化建设上的缺陷导致城市资源、环境与空间紧张，非农就业机会和城镇化机会不充足，这势必束缚和抑制农户向城镇转移，既不利于城镇化本身的发展，也不利于为农业现代化创造空间和市场条件。基于此，必须将促进农户转移与优化城市空间布局、增加城市数量和密度、提高城镇与村落比统筹起来，在调整和优化城镇化建设的同时，为更多农户进城落户创造更好的条件。

2. 由经济、人口、辐射力、聚集度等市场因素来决定城镇行政设置

当前我国城镇化发展是由国家城镇化发展规划以及城镇的行政建制所决定的，城镇不仅有大小之别，还有行政级别上的差异。这对于促进城镇的有序发展和区域政治经济均衡发挥了重要作用。但与此同时也导致部分城镇发展、行政级别与经济实力、人口聚集度的失衡。例如，有的县级市 GDP 实力很强大，甚至比地级市还强，但受行政建制制约，很多方面不能得到快速发展；而有些经济落后的城市，虽然经济实力下滑，但因为行政级别还在，所以行政架构庞大，机构林立，机构臃肿，服务效能低下。再如我国沿海部分农村地区非农经济发达，已经产生了人口、产值、专业化的超级镇、经济大镇，完全可以升格为城市。但受制于城乡行政区划制约，仍为镇级建置，基础设施建设、行政架构和公共服务难以得到显著发展，城镇化受到严重抑制。所以，城镇的设置及其行政级别确定，要"摆脱人为的行政建制的束缚，让生产力发展和市场效益来调节城市规模和布局。消除城镇化过程中的市场缺乏和制度障碍，促进经济与城镇的协调发展。"[①] 也就是说，要依据经济、人口、辐射力、聚集度等标准，由市场来决定城镇的产生、发展及其行政级别，减少行政力量对城镇化的干预，进一步释放发达地区城镇化的潜力，促进城镇化快速发展，为更多农户进城创造更好的经济基础和社会环境。这样既能更快推动城镇化建设，也能为农户城镇化创造更多机遇。

3. 制定和实行新型城镇化政策制度

新型城镇化应是产城融合、城乡融合、非农产业与农业融合、农民与市民融合、城乡双向流动的以人的城镇化为核心的城镇化。

首先，新型城镇化必须是产城融合的。产业是城镇兴起的基础与动力。没有产业支撑的城镇既没有竞争力，也难以生存发展。城镇必须依据传统产业优势、资源禀赋优势、人力资本优势、人文历史优势、地理区位优势，明确城镇产业发展方向和重点，做大做强做优，做出特色打出品牌。城镇产业发展不能追求大而全，而必须是小而优、专而强。消费需求的多样性、产业分工的精细化和新产业新业态的层出不穷，城镇终会在浩如烟海的产业体系中确立自己的特色产业，并以此为基础实现城镇的滚动发展。城镇产业发展也不能单纯追求高精尖产业，要适度保留一些城市传统产业部门。研究发现，"非正规就业"是中国城市农民工的就业主渠道。而这些职业风险大、报酬低、

---

① 秦宏.沿海地区农户分化之演变及其非农化、城镇化协调发展研究 [D].咸阳：西北农林科技大学，2006.

不稳定的"非正规就业"大部分存在于城镇传统产业部门中^①。因而，新型城镇化不能完全排斥城市传统产业部门，必须要保留、升级和做强传统产业部门，为农民工和农户提供就业机会。

其次，新型城镇化必须是城乡融合的。也就是说，新型城镇化不是要将村落、乡村完全排除在外，它应该是美丽村镇与现代城市的完美融合，而不是完全没有村庄的城市。在现代城市发展中，一些城中村、郊区村等传统村镇有其独特的历史人文价值和居住价值，不仅标志着城镇发展的历史脉络和文化记忆，而且为外来人口特别是从农村迁移过来的城市新住户提供暂时居所。作为过渡阶段，帮助新住户适应城市生活。传统村镇经过现代化改造，不仅能够与城镇融合，且能以其别具一格的历史建筑、民俗风情和人文传统成为城市独特风景。历史悠久的城中村、郊区村还有传统小吃、庙会文化、戏曲文化以及一些传统手工艺，这些成为城镇现代部门之外的传统部门，因为其就业门槛低，能为外来人口提供就业机会。总之，新型城镇化应该是城乡融合发展、城乡互补共生、城乡相映成趣的。

再次，新型城镇化必须是非农产业与农业融合的。新型城镇化不是要将农民、农户和农业完全排除在外。它应该是非农产业与农业相互融合、共存共生的城镇。一方面，城镇要保留一些村落和田园，给现代农业和传统村镇留下一定空间，不要将农地全部转为城市建设用地，不能将农业生产一扫而光、全部转化为清一色的非农产业。城市要为现代农业预留空间，要建设田园式城镇，甚至可以田园风光和休闲农业、康养农业、特色农业立市兴城。另一方面，传统农业要向设施化、工厂化、智能化、功能化方向改造升级，以适应现代城市的需求，并在非农产业中找到立足之地。农业不仅具有农产品供给、满足人口食物需求功能，而且具有康养、休闲、生态、绿化、美化、农业教育、农耕文化传承、工业品原材料等多种功能。随着粮食需求的满足，城市人口对农业的其他功能产生了更多需求，且随着农业科技水平和物质技术装备的现代化，农业日益向工厂化、车间化、无土化、立体化、智能化发展。因此，现代城市需求现代农业，现代农业也完全可以满足城市人口对农业多样化功能的需求，且能在非农产业立林的城镇找到立足之地。

最后，新型城镇化应是农民与市民共存、城乡双向流动的。新型城镇不仅仅是市民生产生活的基地，也可以是现代农户的生活基地。随着农业的机械化、智能化和城乡交通通信设施的便捷化，现代农户完全可以在乡村从事

---

① 秦宏.沿海地区农户分化之演变及其非农化、城镇化协调发展研究[D].咸阳：西北农林科技大学，2006.

生产、在城市享受生活，让乡村向农业生产要素属性发展，让农户的生活向城市发展。当前西方发达国家的城镇化正呈现逆城镇化——郊区化趋势，即城市人口在市中心区上班、从事非农产业，下班后到城市郊区生活，享受自然风光。事实上农户也可以住在城里然后到近郊从事农业生产。城乡道路交通的发达、通信技术的即时性，以及农业生产的自动化和智能化，完全能让从事规模经营、有一定经济实力的现代农户在城乡之间两栖。甚至城市也可以为农业和农户预留空间，发展城市农业，把农业工业化，把农民工人化，彻底消除城乡差别和工农差别。

4. 制定和实行差异化城镇化政策

城镇是一个总体概念，是由不同地域、不同规模、不同功能、不同特色的诸多城镇共同构成。不同规模的城市各具优势。"规模较大的城市存在劳动生产率和土地利用效率方面的优势，而规模较小的城市存在资金生产率和吸收劳动力就业方面的优势。"[①] 因此，城镇化必须走差异化道路，要因地制宜、因城施策，让不同地域、规模、功能、特色的城镇百花齐放，以充分调动不同区域城镇化的积极性，发挥不同城镇的各自优势。

第一，要继续发展大城市和以大城市为核心的城市群。国家统计局监测报告显示，外出农民工有46%在省会城市，有20%在地级市，只有不到15%在小城镇打工[②]。这样的数据表明，地级以上大城市是农户城镇化的重要目的地和接纳地。大城市及其以之为核心的城市群的发展，是城镇化进程的必然趋势，因为大城市具有得天独厚的市场吸引力、竞争力、创新力和经济溢出效应，能够创造较多的非农就业机会，必然成为吸纳农户迁移的重要阵地。让大城市接纳外来人口，推进大城市发展，无须过度担心"城市病"问题。外来人口的涌入，固然增加了大城市出现"城市病"的易得性和可能性，但并不必然导致"城市病"。事实上，"中国大城市的容积率要比很多国际大城市低得多。日本、韩国城市容积率是2，我国香港地区1.6，内地仅为0.5，上海被认为是中国最拥挤的城市，现在容积率才0.8。日本东京的面积只有上海的1/3，而东京人口是上海的2/3"[③]。因此，我国必须继续推动发展大城市及

① 秦宏.沿海地区农户分化之演变及其非农化、城镇化协调发展研究 [D].咸阳：西北农林科技大学，2006.

② 史育龙.从城乡融合视角来看小城镇的未来 [EB/OL].（2019–12–11）https：//www.thepaper.cn/newsDetail_forward_5295281.

③ 史育龙.从城乡融合视角来看小城镇的未来 [EB/OL].https：//www.thepaper.cn/newsDetail_forward_5295281.

其以之为核心的城市群。一是要继续推动东部和中部人口密集地区的大城市及其城市群发展。东部和中部是我国经济、人口分布密集区，但相对于庞大的农村人口和密集的农村村落而言，大城市及其城市群还存在数量少、密度低、对农户转移入户容纳力不足的问题，很多大城市特别是超大城市存在外来人口转移入户的限制。基于此，一方面要推动现有大城市继续发展，另一方面要推动中等城市升级为大城市，强化城市群的内在联系和对经济社会发展带动作用。二是要继续推动西部地区大城市发展及其城市群的形成。我国西部地区地广人稀，城市总量不需要太多，但一定要有较多具有吸引力和凝聚力的大城市。当前我国西部地区的大城市数量偏少、规模较小，经济竞争力和活力不足，以大城市为核心的城市群尚处于形成之中，总体上对农户迁移入户的吸引力不足、容纳力有限。基于此，要推动西部地区国家中心城市的形成，增加数量、提升质量，并以之为核心打造各具特色的城市群，形成农户迁移的主要基地。三是要完善大城市的内部产业结构，保留和发展一批城市传统部门和低端产业，为农户迁移就业创造条件。大城市是国家创新的中心，主要发展高新技术产业，很多企业居于产业链条的高端，对高新技术人才有强烈需求。但伴随城市人口的增长和聚集，城市消费需求、基本公共服务也要同步发展，满足上述需求的部分低端制造业、第三产业和公共部门既是城市发展的需要，也能为农户迁移入户提供就业机会。如果大城市一味强调高新产业、数字经济发展和产业转移，完全消除城市传统部门和低端产业，既不利于自身发展，也失去了城镇化意义。

第二，要大力发展县城和地级市。调查发现，在就近打工从事非农产业的兼业农户中，有40%多倾向于在县城购房，部分靠近地级市的富裕农户则选择在地级市购房。而到异地打工的非农户中，因为乡土情结也有一部分选择在县城购房。在工业化和城镇化大潮之下，县城和地级市已经成为农村人口、产业、资源的重要集聚地，也是回乡创业农民工的首选地。调查进一步发现，县城和地级市接纳了30%多的入城农户，成为农户城镇化的第一大目的地、接纳地和集中地。因此，加快县城和地级市基础设施建设和公共服务供给，提高营商环境和服务水平，推进第三产业的发展繁荣，可以吸纳更多的农户、资源和产业，能够为农业现代化创造更为宽松有利的资源优化配置的空间和条件。发展县城和地级市有利于农户的就近城镇化。农户城镇化主要有两条途径，一是就近城镇化，一是异地城镇化。异地城镇化要举家外迁，路途遥远，文化、语言和风俗习惯不同，人生地不熟，不仅城镇化成本高，且适应期较长，因此，农户普遍不太喜欢。更主要的是，能够实现外出打工和异地城镇化的农户毕竟是少数。所以，农户城镇化的主要方式是就近城镇化。除了就地建设新城市之外，县城和地级市是农户就近城镇化的首选。县城和地级市与农户村落之间，地域相通相连，语言文化和风俗习惯相通相近，社会关系密切，基本不存在不适应的问题，城镇化成本较低，农户普遍喜欢就近城镇化。因此，发展县城和地级市可以更好地满足农户就近城镇化需求，更好地促进城镇化。

第三，要发展特色产业小镇。我国农户总量大，需要转移进城的农户总量也大。把所有需要城镇化的农户都转移到现有的大中小城镇，是现有城镇不可承受之重。因此，促进城镇化，为农业现代化创造条件，除了要发展城市群、大城市和中小城市之外，还要结合乡村振兴战略，就地建设一批特色产业小城镇，走产业兴城、特色兴镇之路。从当地经济条件和产业优势出发，打造优势产业和特色产业，以产业兴城、以特色兴镇，吸引和促进农户产业转型，如建立工业主导型、特色农业型、商贸主导型、交通主导型、旅游主导型、文化主导型等专业小镇，发展全产业链、产业集中度高、专业分工精细的专业特色小镇，不断发展壮大城镇经济。

事实上，不同地区都有其独特的资源、历史、文化、人才和产业传统与产业机遇。只要善于利用当地独特资源、人才和市场作用，通过政府服务、能人带动、龙头企业拉动、产业集聚效应、规模效应和市场机制作用，总能找到以产兴城、以特立镇的小城镇建设之路。2019年，我国镇区人口5万以上的特大镇为882个。其中，县城城关镇约780个，非县城驻地镇100个左右，特色小城镇403个，而人口最多的小城镇人口超过70万，珠三角的狮山镇等人口超过50万。[①] 小城镇已经成为当地农户城镇化的重要聚集地，也为外来农户城镇化开辟了重要渠道。尽管小城镇未来不会成为承载人口和经济活动的主力，但少数能融入全球产业链、价值链的小城镇，有望成为全球化时代新的产业空间（史育龙，2019）。因此，要重点支持区位特殊、产业和资源有特色的小城镇发展，要推进建成区人口超过5万人的经济发达特大镇逐步升级为城市。

5. 重点解决新生代农民工的城镇化问题

近年来，随着我国改革开放进程的自然延续，新生代农民工逐渐成为外

---

① 史育龙 . 从城乡融合视角来看小城镇的未来 [EB/OL].https：//www.thepaper.cn/newsDetail_forward_5295281.

出务工农民工的主力和主体。"2017年，新生代农民工占农民工数量的比例达到50.5%，首次过半。"① 与"50后""60后""70后"老一代农民工相比，新生代农民工群体不仅整体素质提升，而且八成以上选择外出就业，务工地主要集中在东部地区及大中城市，他们的生活方式更为城镇化，倾向于就地消费。尤其值得关注的是，"87.3%的新生代农民工没有从事过任何农业生产劳动"②。新生代农民工群体鲜明的生产生活特征，表明其对城镇化生产生活方式极其适应，城镇化需求极其强烈。因此，政府必须以新生代农民工为市民化重点对象，顺势而为、因势利导，出台吸引和促进新生代农民工城镇化的特殊政策。一方面加强对新生代农民工的非农化就业培训和城镇化培训，另一方面给予新生代农民工在城市扎根落户的适度财政补贴，帮助其渡过城镇化的"初期困难"，以促进其完全城镇化。随着新生代农民工的城镇化，原生农户要么随之迁居城镇，要么随着家中老人去世自然消亡，农户"家庭生命周期"结束，农村农户总量随之减少。

（三）调整和优化有利于城镇化和农业现代化的农业农村政策制度

1. 制定和实行促进农户分化和转型的政策制度

农业农村农户是建设中国特色社会主义的重要组成部分。农业要现代化、乡村要振兴，必须先让农户分化、减少和转型。农户分化和减少关系城镇化，农户转型关系农业现代化。农户问题是城镇化和农业现代化的节点，是"三农"问题的枢纽。从我国有关"三农"问题的战略、政策和制度来看，虽然有一些综合性的方略，如乡村振兴方略，也有一些关于农业现代化和新型农业经营主体的政策制度，但有关如何促进农户分化、减少和转型的政策制度还是较为零散、不系统，分散在有关农业、农村的庞杂政策制度体系当中，缺少专门的、统一的、系统的政策制度文件，这使得农户分化、减少和转型问题没有明确的方向、清晰的路径、具体的措施和有力的政策支持。基于此，国家要在乡村振兴方略、农业现代化政策、培育新型农业经营主体、发展农业适度规模经营、深化农业供给侧结构性改革等政策制度基础上，进一步深化、细化有关促进农户分化、减少和转型的政策、措施和制度安排，制定和实行专门的促进农户分化、减少和转型的系统性政策制度体系，使农户分化、

---

① 韩长赋. 新中国农业发展70年·政策成就卷 [M]. 北京：中国农业出版社，2019：216.
② 同上。

减少和转型工作有法可依、有策可循、有路可走、有资可行。农户分化、减少和转型既是农业现代化的前提，也是城镇化和乡村振兴的重要内容，是"三农"问题的核心。只有先解决农户分化、减少和转型问题，农业现代化和乡村振兴才有空间和条件。

2. 以农户为中心和对象调整和优化农业现代化政策制度

2014年1月，中共中央、国务院印发《关于全面深化农村改革加快推进农业现代化的若干意见》。这一文件是国家推进农业现代化的系统表述，内容极为详尽全面。加之2014年前后国家出台的相关政策文件，国家从保障粮食安全、农业支持保护、农业可持续发展、农村土地改革、新型农业经营体系、农村金融制度创新、城乡一体化发展、乡村治理等层面对推进农业现代化进行了战略规划与策略部署，对推进农业现代化具有重要指导意义和推动作用。但将政策体系研究与农村实地调查结合起来发现，当前我国农业现代化的制度政策体系尚需要在以下方面进行调整和优化。

第一，要以农户为作用对象重新优化农业现代化政策制度体系。农户是农业经营主体，推动农户分化、减少、转型是发展现代农业的前提。但国家农业现代化的政策体系缺少对这部分的论述及具体政策，且很多政策体系并没有针对农户而设计，这导致落实政策的责任主体模糊，农户、政府、市场、中间组织的边界与职责不清晰。因此，需要以农户为作用对象重新优化农业现代化的政策制度体系。叶超、高洋（2019）对中华人民共和国70年乡村发展与城镇化政策演变的研究成果显示，无论是从关注主题、政策导向、一号文件，还是从政策热词、五年规划看，几乎没有涉及"农户问题"，至多是把"农民问题"当成"农户问题"或把农民等同于农户。而事实上和逻辑上，农民问题不等于农户问题，农业劳动力迁移问题也不等于农户举家迁移问题；不是解决了农民问题就等于解决了农户问题，也不是解决了农业劳动力迁移问题就等于解决了农户迁移问题，更不是解决了农业劳动力迁移问题就等于解决了农业现代化问题。所以，国家有关"三农"的政策制度设计要以农户整体为核心对象科学重构和优化。

第二，要增加农户向城镇转移和非农产业转移的支持政策。我国农户总量巨大，要发展现代农业必须先转移和减少农户。只有农户总量减少且户均农地规模扩大了，"三农"工作才能减量化和便易化，乡村振兴、村庄建设、农业现代化发展才易于推动。但农户向城镇和非农产业转移不是一件容易的事情，是农户生产生活方式的质变，不仅充满风险和不确定性，而且要付出更大成本。因此，制定农户向城镇和非农产业转移的支持政策理应成为推进农业现代化的政策制度体系的一部分。

第三，制定小农户向家庭农场转化、家庭农场向农业企业法人转化政策。家庭农场是未来我国现代农业的主要经营主体。但有关家庭农场的定义、标准、成立程序、权利责任、法律地位、管理服务等问题，国家尚没有统一的政策规定。因而对传统小农户、种粮大户如何转型升级为家庭农场缺乏明确指引。此外，家庭农场与农业合作社、农业企业之间是何种关系、有何区别？国家目前也没有权威解释。事实上，作为自主经营、自负盈亏的经营组织，家庭农场就是市场经济主体，理应获得与企业同等的法人地位。唯有如此，家庭农场才能在市场经济中与各类企业法人平等相待，公平交易，并能获得企业法、合同法等相关的法律保障。因此，国家需要制定家庭农场向企业法人转化的政策法规，引导家庭农场企业化经营。

第四，适度强化农村集体土地所有权权能。改革开放以来，我国农村集体土地经历了从"两权分离"到"三权分置"的改革，"农户家庭经历了从享有生产经营自主权到享有用益物权，甚至是'准所有权'的转变"，[①] 而集体土地所有权不断收缩。从理论上讲，农地所有权大于农地承包权，农地承包权大于农地经营权。但在我国农地三权分置产权制度框架下，土地所有权权能中的占有权、使用权、收益权、流转权及承包经营权抵押担保权能都划归了承包户和经营户，农村集体所有权几乎空白，这是一个绝对的"弱所有权、强承包权"的产权制度安排。也可以说是半私有化和准私有化了。这使得农村集体对农地的集中统一管理及经营既无能为力也无所作为。当然，国家之所以这样安排，就是因为担心农民和农业在市场经济和城镇化、工业化过程中吃亏受损，为了保护农民的土地权益，国家不得不这样安排，这充分体现了国家对农民和农业的良苦用心！因为中国是一个人口众多的大国，粮食问题是头等重要的大事。但国家又不能不推进农业现代化，所以迫不得已以经营权流转绕过土地私有这个禁区，试图一举两得：既保护农民利益又促进农业规模化和现代化发展。但在"强承包权和弱所有权"结构下，农村集体对于农业规模化往往无能为力，即使农地兼业化、小农化、撂荒化严重，即使大多数农户倾向集体返包、统一流转、规模经营，也有可能因个别农户阻挠而导致集体行动困境。因此，在农地三权分置制度框架下，政府一定要适度增加农村集体的权能，明确农村集体在什么情况下可以行使集体土地所有权、

---

① 韩长赋. 新中国农业发展70年 · 政策成就卷 [M]. 北京：中国农业出版社，2019：96.

农村集体所有权究竟是什么权能？实践表明，没有农村集体参与的农户自发的农地流转行为是低效率的。

第五，发展面向新型农业经营主体的社会化服务体系。传统农业社会化服务体系从属于小农经济，主要从事一家一户难以办理或经济上不划算的生产经营行为，服务保障能力弱小，虽然对农业家庭经营有一定的促进作用，但也导致小农经济或农户兼业行为普遍化凝固化，不利于规模经营和现代农业发展。"社会化服务体系得到长足发展，对'老人农业'的发展和延续形成了较强支撑"。[①] 因而，在推进农业现代化发展进程中，农业社会化服务体系也面临着转型升级的需要，要从传统的面向小农向面向新型农业经营主体转化，更多的从事农田水利、病虫害防治、农机作业、科技信息服务、智慧农业、数字农业、生态农业、循环农业、农产品电商、气象水文、减灾避险等高端服务。

第六，引导金融机构强化农户非农化和城镇化服务。在强化农村金融创新、提高金融机构服务"三农"工作的同时，还要重点加强对农户非农化和城镇化的金融支持。因为只有让一部分农户非农化和城镇化，才有可能为其他农户扩大生产经营规模供给"可流通的农业生产要素和资源"。农户非农化和城镇化是农户生产生活方式的质变，不仅资金成本高，而且充满风险和不确定性，急需金融机构的支持与服务。政府也可以通过贴息、奖补结合方式对金融机构和非农农户给予支持。

第七，村庄人居环境整治要适度。当前我国村落总量众多、星罗棋布，且正处于城镇化快速发展阶段，城镇空间布局变动频繁。在这种情况下，大规模的村庄人居环境整治，特别是新民居、道路硬化，水电暖网等基础设施建设需要较多资金，投资巨大，而且存在重复建设、闲置浪费等风险。因此，村居人居环境整治要保持适度，不能盲目攀比，不能与城镇看齐，要以治理垃圾、污水为重点，以干净、整洁、适用为度，防止将村庄人居环境整治搞成形象工程和政绩工程，劳民伤财。在城镇化基本稳定、城镇空间布局不再频繁变动即"后城镇化"时期，可以对剩余的村庄人居环境进行大规模投资整治。

第八，制定合村并居建镇政策制度。随着城镇化和非农产业快速发展，很多农村地区出现空心村、老人村、留守村，荒废和闲置老旧农房遍布，农业经营也出现土地撂荒化、副业化，农村土地资源浪费严重，公共建设缺失，公共服务落后，亟待重新配置恢复其生产生活属性。在这种情况下，合村并

---

① 韩鹏云. 农业现代化治理的实践逻辑及其反思 [J]. 宁夏社会科学，2020（04）：67-76.

居建镇成为村庄发展的必然趋势和理性选择，也是促进农户就地城镇化和发展现代农业的重要契机。合村并居建镇关乎每个农户的切身利益，但农户户情不同、需求不同，对于合村并居建镇的态度存在差异。因此，对于合村并居建镇如何操作、政府的作用及其作用边界是什么、新居新镇建设经费如何筹措、居民旧宅和新居如何置换、搬迁后的农地和宅基地如何整治和重新配置、农民搬迁后的生产生活如何得到保障等问题，国家必须制定详尽的政策制度来加以规范，否则合村并居建镇这一好事，也可能演变为政府的形象工程、诱发官员以权谋私、导致民怨沸腾和群体性事件，结果费力不讨好、劳民伤财。尤其重要的是，合村并居建镇必须尊重农户意愿，因为"只有基于产业发展目标和自愿集聚而产生的内生型城镇化才是合理的。反之，那种被外在力量强制推进的外生型城镇化只能算是'造城运动'，并不能带动城乡经济统筹发展，也不能为城乡居民带来福利"①。

第九，不要盲目追求城乡基本公共服务均等化。城乡基本公共服务均等化的本质，是要加强农村基本公共服务建设，提高广大农村地区的基础设施建设、基础教育、医疗卫生、社会保障、公共文化水平，使城乡居民能享有均等机会和起点公平。但我国农村地域辽阔、人口众多、村庄密集，要想让每一个村庄的基础设施建设如道路、水电暖网都达到城镇水平，让每一个村民都享有与市民完全相同的基础教育、公共医疗和社会保障水平，既不现实也不经济，事实上也不必要。如果农村基本公共服务完全等同于城镇了，农户就无必要向城市迁移了。农村基本公共服务要向城镇看齐，但一定要与农村的经济发展水平和农民的富裕程度相匹配，否则，农村公共服务不会可持续发展。

第十，农业补贴不要撒胡椒粉，增量补贴要由持有环节转向流转环节、规模集中环节。当前我国农业补贴支持政策多种多样，除了种粮补贴、粮种补贴和农资综合补贴之外，还有很多以政府贴息、奖励、补助和金融机构低息贷款等形式存在的临时性和专项性支持政策。总体上看，当前我国对农业的各种补贴形式多样、渠道多元，虽然总量不低，但补贴对象分散、补贴方式平均化，存在粗放性和低效性。所以，要整合和优化各种农业补贴，以目标为导向，做到精准补贴、靶向补贴；补助对象要由承包户向流转户、经营户、规模户、退出户转变，以促进农业生产要素的优化配置，破解农户兼业兼居凝固化现象，推动农户彻底分化。

---

① 钱文荣.人口迁移影响下的中国农民家庭 [M]. 北京：中国社会科学出版社，2016：419.

第十一，要制定促进农业工业化政策。农业是工业化的最后一个领域。随着农业机械化、智能化、自动化、设施化的发展，农业越来越有可能像工业那样工厂化、车间化流水操作。传统农业谁都能干，所有不能或未能从事非农工作的劳动力都退入或集中于农业。农业不仅成为所有产业的劳动力调蓄池，且存在极为严重的逆向淘汰机制。因而，传统农业不是真正的产业，只是生存方式。因此，国家要制定改造传统农业、促进农业工业化的政策措施，借助工业化、信息化和科技化力量，实现农业工业化、工厂化、车间化、标准化。要提高农业从业人员准入门槛，把农业劳动力变成农业工人，让农业回归专业人士，让农业成为高级劳动、脑力劳动。

3. 建立农户进城支持和退农补偿机制

部分农户进城生产生活，是农业现代化的前提与需要，也是城镇化的题中之义。作为城镇的新住户，进城农户在初期面临家庭资金紧张、就业工作不稳定、求职就业困难、生活成本压力大、城市生活不适应、社会环境变化大等诸多问题。这些问题仅靠农户自身去解决和克服，农户会有很大困难，很多时候会让他们望而却步，甚至产生返回农村的想法。因此，在农户进城的初期亟须城市政府、社区街道等社会各界的支持。政府要制定城镇新住户财政补贴政策，社区街道要加强对新住户的就业、社保、城市适应、邻里关系、社区文化建设的公共服务，国家党政机关、企事业单位要发挥政府调节作用，积极吸纳进城农业劳动力就业，鼓励和支持私营部门为进城农户提供就业机会。通过外界的帮扶和政府财政补贴支持政策，稳定进城农户的生产生活，提高进城农户的收入和社会保障水平，引导农户适应城市生活，使之进得来、稳得住，彻底完成城镇化转化，成为真正的城市家庭。

此外，进城农户如果要退出或转让原先持有的家庭农业生产资料或资产，如农地、宅基地、农机、农村集体经济产权份额等农业生产要素与资源，国家或集体也要给予一定退农补偿。一则，这些农户由村入城，为农业现代化和乡村振兴腾退出资源、腾挪出空间，为农业现代化和乡村振兴做出重要贡献；二则，这些农户由村入城，也将面临就业压力增大、生活成本提高、社会风险加剧等现实问题，需要国家或集体对他们的退农行为给予适度补偿，以帮助他们尽快在城里安居乐业。"有条件的农村集体经济组织也要对退出农村和农业的农户进行补偿，因为毕竟这些农户将土地和宅基地等资源留在农村，有助于推动农业规模化和现代化发展。没有适度的退农补偿机制，即便农户完成了城镇化过程，他们也可能不会退出农业生产要素和资源，而宁愿待价而沽或兼业化经营。这样就失去了农户城镇化对农业现代化的促进意义。因此，国家要根据进城农户的退农行为，本着公平公正原则，在市场调节基础上，依据贡献大小、政府财力和集体财力，因地制宜地建立适度的退农补偿机制，鼓励进城农户退出农业生产要素与资源，以便于剩余农户可以扩大经营规模。事实上，国外发达国家对于离农的农民就有补贴，例如，法国在20世纪70年代初规定，年龄超过55岁的老年农民由国家一次性发放离农补贴。而我国为了改善生态环境也早就制定了退耕还林还草补贴，不妨在这个基础上为促进城镇化和农业现代化再出台退耕非农补贴。

未来，随着我国工业化和城镇化的快速发展，传统农户必将加剧分化，一部分农户会实现非农化和城镇化。但在农地承包关系保持长久不变、集体不得以农户进城为由剥夺农户土地承包权等政策和农地三权分置制度约束之下，已经实现非农化和城镇化的农户未必会主动退出农地经营，从而使得农地出现"非农化和休闲化"（罗必良，2020）。如果任由这一趋势发展，必将导致粮食生产下降，同时会妨碍农地集中。在这种情况下，政府不妨借鉴20世纪50年代中期对资本主义工商业进行改造和解放战争时期陕甘宁边区征收地主土地的办法，即通过按股付息或用土地公债征购的赎买政策，回购这些农户的土地承包权，以保证粮食安全和促进农业规模经营，同时增强这些农户实现彻底城镇化的能力。

4. 健全土地经营权流转市场，完善多元农地流转形式

土地经营权流转市场是农地流转的基础设施。目前，我国许多地方土地经营权流转市场缺失，农地流转多处于自发自为阶段，农地流转不规范。这主要表现在管理服务机构不健全，责任主体缺失，管理服务职能不清晰，农地流转交易场所不足，供求双方的信息发布不及时，交易双方的对接洽谈地点、方式不确定，县乡村三级服务和管理网络不完善，分工协作不明确。因此，要借鉴城镇资本、产权和股权交易市场建设经验，加强农地流转市场的基础设施建设，提高农地流转服务效能。

我国地域辽阔，经济发展水平不平衡，农业资源禀赋和农业资源配置在不同地区差异很大，因此，在健全土地经营权流转市场的同时，必须探索和完善多样化的农地流转形式，因地施策、因村施策，以多元路径加快农地流转的频度和规模，提高农业生产经营的规模化。在农地流转实践中，我国各地农村因地制宜，创造了转包、转租、转让、租赁、反租倒包、土地入股、土地信托、土地银行、土地托管等形式。部分经济发达的农村在就地城镇化

过程中，还实行了土地归并、连片承包、一户一田、一二三产业联合。这些形式各具优势，各有特定适应性，能够满足不同条件下农地流转双方的各自需求。但这些流转形式的定义、特点、主体、权利、责任、义务、激励与约束、监督执行、调解仲裁等契约性、规范性内涵还不清晰，相互之间的区别与共同点也有待阐释，在土地经营权流转市场上的运作还不成熟。所有这些都有待于梳理、完善和明确规范。此外，相对于规模化经营对农地流转的需求，仅有上述流转形式还是远远不够，各地还要继续探索和创新，诸如有条件的地方可以尝试政府或集体"赎买承包经营权"，或者基于提高农户经营规模、便利机械化操作的目的，在土地整理和完善农业基础设施基础上，将农户承包地"化零为整"。在探索和完善多样化的农地流转形式的同时，还要提高农户的契约精神和合同意识，提高农户履约尽责、违约担责的法律意识和诚信精神。

5. 发展多种形式的非农化

实现农业现代化，必须先实现非农化，且要实现农村非农化、农民非农化和农业非农化的协调发展。

非农化包括农村非农化、农民非农化和农业非农化三种形式。农村非农化即把一些经济发展较为繁荣、人口较为集中、适宜发展为城镇的大型村落就地升格为新型城镇，以进一步吸引产业和人口集聚，是人群居住形态的变化。农民非农化即指原先从事农业的农民不再从事第一产业了，而是转向二、三产业就业，是主体就业结构的变化。农业非农化，一是指农业用地的非农化使用，如城市征地、工业用地等；二是指农业向工业化方向发展，如设施农业、智能农业、自动化农业、标准化农业、工厂化农业等。本书中的农业非农化不是第一层意义，因为这一意义的农业非农化即农地非农化在我国是受到严格限制的。作为第二层意义上的农业非农化，是农业现代化的重要内涵。

在三种非农化中，农村非农化是农业非农化的载体与条件，它为农业非农化解决剩余劳动力出口和农户密集问题；农民非农化是农业非农化的外部条件，也为农业非农化解决剩余劳动力和农户密集问题。推进农业现代化，必须同时推动农村非农化、农民非农化和农业非农化的协调发展。

6. 加快培育农业现代化的经营主体

发展现代农业，必须有与之相匹配的经营主体，传统小农无法承担发展现代农业的重任。据调查，农业从业人员的受教育程度，按纯农户、一兼户、二兼户和纯非农户的顺序逐渐提高。年轻的、受过一定教育的农民大都分化出去从事非农产业了。在这种情况下，如果让受教育程度最低的纯农户去实现农业现代化近乎不可能。因此，"必须在农业劳动力大量转移的同时，把提高农业劳动者的素质、培育现代农业经营主体作为发展现代农业的战略性举措，按照经营现代农业的要求，培育一大批家庭农场主、种养大户、职业农民和农业企业家，为农业现代化提供人力资源保障。"① 培育农业现代化主体，一方面需要引进外生力量，一方面要从纯农户中选择有潜质的农民加以教育和技术培训，将之发展为新型农业经营主体。同时还必须与推进农户的分化、转移、减少和加快农地流转、促进农地规模化经营同步进行。因为只有在农户减少到一定程度、农地规模化较易于实现、农业利润率基本能达到平均利润率的时候，种粮大户、家庭农场、农业合作社、农业企业等新型农业经营主体自然就会产生。在此之前，即在农业规模化难以实现、农业经营不挣钱、难营利的时候，强行发展新型农业经营主体，等同于拔苗助长。

此外，要培育从事农林牧渔的多元化新型农业经营主体。可以通过加速农业内部分化——农林牧渔之间的一级分化和各自产业内部的二级分化，使农户农业结构由全结构即种养粮菜向单一产品结构转化，这在一定程度上可以减缓规模狭小的不利状况，同时通过农业内部的专业化、单一化实现农业的多元规模化和多元主体培养。

7. 大力发展各种新型农业，拓展农业新业态和多功能

我国农户总量庞大，需要转移的农户数量众多。但大多数农户缺少非农就业能力与技术，且城镇对农户的接纳力也不是无限的。在这种情况下，就需要在信息化和科技化支撑下，大力发展智慧农业、数字农业、生态农业、绿色农业、循环农业、特色农业、特效农业等新型农业，创造多种农业新业态，实现农业多元化功能，深化和拓展农业的农户承载力。

（1）大力发展新型农业，拓展农业新业态

随着科学技术的发展，特别是以大数据、云计算、物联网技术为代表的现代信息技术与农业的深度结合，现代农业呈现出不同的形态，数字农业、智慧农业、精准农业、生态农业、绿色农业、循环农业、特色农业、特效农业日渐发展，前景可期。这些新的农业业态都是现代农业的不同表现形式和具体载体，是以某一物质技术特征为核心的现代农业的存在形态。发展这些新的农业业态，对改造传统农业、转变农业生产方式具有重要意义，有助于

---

① 钱文荣. 人口迁移影响下的中国农民家庭 [M]. 北京：中国社会科学出版社，2016：433.

分化、减少和改造、转化传统农户。

①大力发展数字农业

数字农业概念是美国科学家在1997年提出的，内在地包含智慧农业和精准农业等概念，是将信息作为农业生产要素，用现代信息技术对农业对象、环境和全过程进行可视化表达、数字化设计、信息化管理的现代农业。它主要由农业物联网、农业大数据、精准农业和智慧农业组成，实现了信息技术与农业各个环节的有效融合，具有农业生产高度专业化规模化企业化、农业生产体系完善、农业教育科研推广"三位一体"等特点。数字农业依托部署在生产现场的各种传感节点和无线通信网络，能为农业生产提供精准化种植、可视化管理、智能化决策，实现农业生产环境的智能感知、智能预警、智能决策、智能分析、智能控制、专家指导等。

②大力发展绿色农业

绿色农业、生态农业、有机农业、循环农业是将生态、节能、环保、健康、安全等概念融入农业生产经营方式、生产体系和生产方式所产生的农业新业态新体系新方式，是现代农业的重要内涵、发展方向与具体形式。绿色农业是以生产并加工销售绿色食品为轴心的农业生产经营方式，是一种新型农业。绿色农业是广义的"大农业"，包括绿色动植物农业、白色农业、蓝色农业、黑色农业、菌类农业、设施农业、园艺农业、观光农业、环保农业、信息农业等，一般将"三品"，即无公害农产品、绿色食品和有机食品，合称为绿色农业。生态农业，是指在保护、改善农业生态环境的前提下，遵循生态学、生态经济学规律，运用系统工程方法和现代科学技术，以生态经济系统原理为指导建立起来的资源、环境、效率、效益兼顾的综合性农业生产体系，具有多种模式。有机农业是遵照一定的有机农业生产标准，在生产中不采用基因工程获得的生物及其产物，不使用化学合成的农药、化肥、生长调节剂、饲料添加剂等物质，遵循自然规律和生态学原理，协调种植业和养殖业的平衡，采用一系列可持续发展的农业技术以维持持续稳定的农业生产体系的一种农业生产方式。循环农业是运用物质循环再生原理和物质多层次利用技术，实现较少废弃物的生产和提高资源利用效率的农业生产方式，旨在实现节能减排与增收的一体化，促进现代农业和农村的可持续发展。

绿色农业是农业的一种新业态，生态农业、有机农业和循环农业是农业的新生产方式，属于农业生产力范畴。绿色农业内在地包含生态农业、有机农业和循环农业等概念，并以生态农业、有机农业和循环农业为生产的物质技术基础，四者共同构成一个不可分割的农业新业态新体系。

③大力发展特色农业

特色农业也是农业的一种新的生产经营方式，是新型农业的一种形态，它是指利用区域内独特的农业资源生产加工特有的名优产品，为市场提供特色商品的现代农业。特色农业的"特"主要指产品特，包括产地特、原材料特、种养加工技术特、味道特、营养特、效果特等多个方面，它依据区域内整体资源优势及特点，突出地域特色，围绕市场需求，坚持以科技为先导，以某一特定生产对象或生产目的为目标，是一种规模适度、特色突出、效益良好和产品具有较强市场竞争力的非均衡农业生产体系。发展特色农业是我国农业结构战略调整的要求，是改造传统农业、发展农业适度规模经营的一种重要途径。

（2）深入挖掘农业的多元功能，满足人们对农业的不同需求

农业包括农林牧渔等产业，而每个产业内部种类还极其繁多。正是这些多元多样的产业、产品及其功能，满足着人们的不同需求。事实上，农业除了供给食品衣物，满足人们的衣食需求、保障生活温饱功能之外，还有劳动就业、休闲旅游、康养医疗、生态园艺、美化绿化、农业教育、乡愁养老、生物制药、农耕文化传承、工业品原材料供给等多种功能。在人们的温饱问题没有解决的时候，农业只能定位于生产粮食、肉、蛋和棉花等主要农产品的经济功能，农业的非经济功能都被掩藏了或忽视了（罗必良，2020）。随着温饱问题的解决和现代生活水平的提高，人们不再仅仅满足于农业供给衣食的功能，而是提出了更多更高的要求。因此，开发农业的多种功能，满足人们的多种需求成为改造传统农业、促进农户转型的重要路径。

其中一个重要的模式就是发展多功能主题农业园区，利用农业的生产功能将农业的其他功能集中起来，突显农业的劳动体验、休闲旅游、康养生态、园艺博览、美食品尝、美化绿化、农业教育、田园风光、自给自足、男耕女织、乡愁养老、乡风农俗、田间文艺、农耕文明传承、工业品原材料来源等功能，实现可视化、体验化、参与化、代种化，将现代农业与传统农业结合起来，集吃、喝、玩、乐、住于一体，合休、养、健、教、文于一身，寓教于乐、以文化人、以劳育人。总之，农业的多功能赋予和蕴藏着大量改造传统农业和传统小农的机遇与途径。

8. 大力发展农产品加工业

农产品加工业是介于农业和工业之间的桥梁，是第一产业的延伸，也是第二产业的重要组成部分。农产品加工业不仅可以提升农产品的档次、品质

和价值，而且可以吸纳部分农业劳动力，促进农户转移。农产品加工业依托当地农村的优势资源，易于打造特色产品和特色产业。因此，无论是加快农业劳动力转移和农户转移，还是实现农业现代化，都离不开农产品加工业的发展。"资料显示，发达国家的农产品加工业产值大都在农业产值的3倍以上，而我国还不到80%。发达国家农产品的加工程度一般都在80%以上，而我国只有45%，其中二次以上的深加工只占到20%。发达国家工业生产和加工食品占食物消费总量的90%，而我国仅占25%。发达国家从事农产品加工的劳动力远远多于从事农业的劳动力，而我国正好相反。"[①]

发展农产品加工业也是供给侧结构改革的需要。第一，随着我国人均生活水平的提高和生活节奏的加快，人们越来越不满足于初级农产品的消费，对加工型、半成品型、快熟型农产品的需求量明显上升，发展农产品加工业可以满足人民群众对品质更高和使用更便捷的农产品的需求。第二，农产品加工业可以延长农业产业链，增加农产品的附加值，提高农民收入。第三，农产品加工业属于劳动密集型产业，能够为农户成员提供非农就业岗位，可以吸纳较多农业劳动力，促进农民和农户转移。第四，农产品加工业靠近原材料来源地，依托当地优势农业资源，易于形成优势产品和特色产业，打造农产品品牌。第五，农产品加工业对原材料需求量较大，产品销售广泛，利润率较高，因此，可以加快农地流转，促进农业生产的规模化和专业化水平。第六，农产品加工业可以促进农产品全产业链的形成，集种植、养殖、贮存、加工、运输、包装和销售等环节于一体，打造龙头企业和产业集群。

9. 加强农村基础教育和职业教育

调查发现，教育是实现农业劳动力转移的最有效形式，也是分化和减少农户的最有效形式和最根本形式。首先，教育具有"非农化"功能，即接受了教育的农业劳动力更容易也更乐于向非农产业部门转移。在农村，凡是受过较高教育或较长时间教育的农村青年，其外出打工经商和在城镇工作生活的意愿极为强烈，而且其从事非农就业和抓住机遇、改变命运的能力都比没有受过教育的农村青年要强。伴随着外出务工农村青年在城镇的安家立业，农村中就减少了大批新增农户，因为假如这些农村青年没有进城而是仍然留在农村，当他们结婚成家并与长辈分家各过后，农村就会新增农户。所以，教育可以减少农村新增农户，抑制增量上升。其次，随着乡下父母的年老体

[①] 秦宏.沿海地区农户分化之演变及其非农化、城镇化协调发展研究[D].咸阳：西北农林科技大学，2006.

衰，他们很可能要迁移到城镇跟随子女生活，这样存量农户也会减少。最重要的是，随着农户中青年人的城镇化，就从代际传承上斩断了农户的世代承袭，改变了农户子子孙孙都是农民的命运，消除了农户不断在农村繁衍生息、开枝散叶的状况，从根本上减少了农户数量。但目前我国"农户家庭成员中，初高中毕业生新就业从事农业的人数占毕业总数的比例，自1962年的13.8%降至1975年3.2%。"[①] 所以，加快农村教育发展不仅是分化和转化农民的重要渠道，也是农村发展的当务之急。

加强农村教育发展，提高农村教育水平，一是要加强农村基础教育，二是要加强农村职业教育，三是国家要在教育发展规划和教育资源布局中，向农村农业倾斜，支持农村教育发展，促进城乡教育均等化。基础教育是许多农村孩子改变命运、实现城镇化的重要途径。有了较好的基础教育，就能为农村孩子提供通过高考上大学的机会，再通过高等教育就能提高他们的能力素质，使之掌握某一领域的专业知识，从而在城镇安居乐业。但高等教育属于稀缺资源，不是所有农村孩子都有机会上大学。因此，在发展基础教育和高等教育的同时，还要重点发展职业教育。职业教育学期短、专业种类繁多、就业面向广泛，能为农村青年提供更多非农就业和城镇化机会。

当然，发展农村教育不是为了把所有农村孩子和青年都输送到城镇，也要适度为农村农业发展培养人才。当前农村农业发展中最紧缺的就是有志于农村和农业的青年人才。实际上，务农人口老龄化和缺失化已经成为世界农业发展的普遍现象。"在美国家庭农场中，1997年65岁及以上经营者的占27.5%，到2017年上升为36.9%。日本农业的老龄化更是明显，60岁以上的劳动力占比从2005年的47.1%上升为2017年的62.5%"[②]。我国农业发展不仅面临更严重的劳动人口老龄化现象，还面临低质化和后继乏人的窘境。所谓低质化，是指农村教育落后导致农业劳动力素质低下，"5亿劳动力平均受教育时间7.8年，1亿多初中生不能上高中，直接走上社会打工，使我国的农业后备军科学文化素质难以提高"[③]。所谓后继乏人，是指农村年轻人中无人会种地、无人愿意从事农业生产的问题。所以，在加强农村基础教育的同时，还要重点发展农业职业教育。无论是乡村振兴、基层治理还是发展农业现代化，

---

① 秦宏. 沿海地区农户分化之演变及其非农化、城镇化协调发展研究 [D]. 咸阳：西北农林科技大学，2006.

② 罗必良. 小农经营、功能转换与策略选择——兼论小农户与现代农业融合发展的"第三条道路"[J]. 农业经济问题，2020（01）：29-47.

③ 刘奇. 中国农业现代化进程中的十大困境 [J]. 行政管理改革，2015（03）：23-31.

都需要具有专业知识、懂经营、会管理、热爱农村事业的青年人才。特别是在推进农业现代化、发展现代农业方面，由于家庭经营的封闭性和小规模性，农业对专业人才需求大幅下降，农业专业教育萎缩，原有专业人才流失严重，农村中"无人种地、无人会种地、无人能从事现代农业"的问题极为严峻。改变这一现象，只能靠农业教育培养，一方面是对现有农户进行培训，促使其由传统农户向现代农户转化，一方面是选拔部分农村青年，将之培养成新型农业经营主体。所以，教育具有减少传统农户和增加现代农户的一举两得功效。

10. 消除农业和农业户口上附着的福利

农业是国民经济的基础，特别是对于我国这样一个有着14亿人口的大国而言，保证粮食安全具有重要战略意义。因而，国家始终把农业放在优先发展的位置。为了提高农民收入、稳定农业生产，国家对农业农民给予名目繁多的各种补贴、补助、贴息和奖励，同时从法律上对农民的土地承包权、宅基地使用权、集体经济收益权、征地拆迁补偿权等权利给予确权保护，明令各级部门、组织不得以城镇化为借口剥夺农户在农村的各项权利、利益和户籍。且随着土地资源日趋紧张，农地价格、征地补偿标准不断提高，农业要素资源的市场升值潜力巨大。在上述诸多因素作用下，农业户口的含金量已经大大超越了城市户口。这导致太多通过升学、打工、经商在城市安家工作的农村人口不再随迁户口，一则保留承包地，二则等待征地补偿和土地升值，三是保留农村集体经济产权和收益，四是保留国家农业补贴。除上述好处之外，经济发达的农村还有更多福利。

从事农业及附着在农村户口上的各种福利、利益，已经严重阻滞了农村城镇化，使得农业生产要素产生凝固化趋势，不利于农业生产要素的市场流通和资源优化配置，阻碍了农户的减少和农业的规模化进程。因此，国家要调整和优化农业存量补贴，取消附着在农村户口上的各种福利，减少对小农户的保护力度，逐步放开农产品市场，通过国际国内农产品竞争促进农户分化和转化。

第二节 农户层面：抢抓机遇，积极决策，
开展农业革命

农户是家庭决策的决策者，也是城镇化的潜在对象和农业现代化经营主

体。农户家庭决策决定农户的家庭总收入、发展方向和成长类型，关乎农户的切身利益，也关乎农户的现在和未来。农户的户情、偏好、能力与素质、决策机制等因素是农户家庭决策的内因和根据，对农户家庭决策具有重要作用。在经济社会基础和外部环境不断优化的前提条件下，改变和优化农户户情，大力开展现代农业革命，推动农户主动自觉地做出更有利于城镇化和发展现代农业发展的理性决策，是调整和优化农户家庭决策的重要途径。

一、遵循家庭决策的内在逻辑，将外部环境与农户户情结合起来

农户家庭决策是农户基于家庭基本情况，根据经济社会发展和国家相关政策制度规定，为实现家庭利益最大化而对家庭生产生活要素和资源资产进行重新配置和优化调整的市场行为。其中，国家经济社会发展状况及其相关政策制度，特别是工业化和城镇化水平、城镇化战略及政策措施、"三农"政策措施、市场经济机遇与风险等构成农户家庭决策的外因，是农户家庭决策的前提条件与社会环境；农户户情，包括劳动力数量及其构成、农户就业和生活偏好、家庭经济实力、家庭生产生活目标与需求、家庭社会关系等构成农户家庭决策的内因，是农户家庭决策的基础与根据。农户家庭决策是外部环境与农户户情相结合的产物。

作为农户家庭决策的决策者，农户要想让家庭决策科学合理，最大限度地实现决策目标，就必须正确认识农户家庭决策的内在逻辑与形成机理，首先要科学分析外部环境变化及其提供的机遇与隐藏的风险；其次要正确认知家庭的劳动能力、基本需求、主要偏好、相对优势，把握机遇和应对风险的能力；在上述两项工作的基础上，将外部环境因素与农户户情因素结合起来，科学配置家庭生产生活要素与资源，实现家庭生产生活方式的帕累托最优化，这是农户家庭决策的一般逻辑规律。只有按照这一内在逻辑规律进行家庭决策，农户的决策才有可能达到科学合理——既符合农户户情要求，使决策具有可行性；又能捕捉外部环境变化提供的机遇，使决策具有实效性。否则，有可能使农户家庭决策落入盲目化、冲动性或超前性、滞后性陷阱。

所谓盲目化、冲动性决策，是指农户面对城镇化和非农产业提供的较高收入、更好生活的机遇，或其他农户成功案例的诱惑，一时冲动，脱离家庭实际情况，随大流或照搬照抄，盲目追求非农化和城镇化，从而导致家庭决策失误。这种决策失误的主要原因在于没有认知户情是家庭决策的内因和根

据，决策没有从家庭户情出发，没有正确认知家庭户情，犯了经验主义、教条主义和非理性错误。所谓超前性、滞后性决策，是指农户没有及时正确分析外部环境变化及其带来的机遇与风险，家庭决策与外部环境脱节，要么过于超前，要么过于滞后，因而没能把握住外部环境的机遇，导致家庭决策失败。其主要原因在于没有正确认知外部环境是农户家庭决策的外因与条件，对外部环境变化反应迟钝，抢抓机遇意识不足，因而错过了捕捉机遇的最佳时机。

　　总之，站在农户层面，要想让家庭决策科学合理，必须正确认识和切实遵循农户家庭决策的内在逻辑与基本规律，将外部环境与农户户情紧密结合起来，做出具有各自农户特色的家庭决策。

二、完善家庭决策机制，推进家庭民主理性决策

　　农户家庭决策机制是指农户家庭内部的议事规则，通俗地讲就是家庭氛围。它既是农户户情的重要组成部分，又具有相对独立性，构成影响农户决策科学与否的一个重要因素。调查显示，农户家庭决策机制通常有家长制、夫妻共治制、合议制、各自制等多种形式，但占最大比例的还是家长制，即户主一人说了算，具有绝对权威，其他家庭成员没有话语权。

　　这样一种以家长制为主体的多元决策机制，总体来看不利于农户做出更好的家庭决策。因为家长制虽然 在一定情况下具有决策效率高的优点，但更多时候则表现为一言堂、独裁、专断，易于导致家庭决策出现盲目冒进或保守落后的错误。夫妻共治制比家长制稍好一些，能够实现夫妻之间的协商，在夫妻之间达成共识，但仍存在没有听取成年子女意见的不足，易于导致代际冲突。各自制是指在家庭成员难以取得共识，无法达成家庭一致性决策的时候，家庭成年人各自按照自身需求与偏好行为。各自制是在家庭缺少民主氛围、家庭矛盾难以调和情况下的决策机制，易于分散家庭力量，无法通过家庭内部科学分工实现家庭资源要素的最佳配置，决策效果差。相对来讲，家庭合议制具有较为明显的优势，一是能集思广益，汲取家庭成年人共同的意见；二是具有较强的执行力，因为家庭集体决策，是大多数人的意见，因而能调动家庭多数成员的积极性；三是能避免和纠正个人专断、一言堂易于导致的问题。因此，农户家庭决策机制要由家长制、夫妻共治制、各自制向合议制转化，以更理性的精神和更民主的机制实现家庭决策的科学化合理化。

三、克服传统小农意识，树立市场意识和现代精神

农户家庭决策是一种市场决策，是农户根据外部经济社会大环境变化，从家庭实际出发对家庭生产生活方式的市场化配置。因而，农户要想决策正确，必须时刻关注经济社会发展和市场变化，通过市场调节家庭生产要素配置和生活资源配置，以实现家庭收益最大化。因而，农户家庭决策是一种市场行为，无论是非农化决策还是城镇化决策都是市场化行为，需要农户具有市场意识和现代精神。传统农业主要是一种自给自足的自然经济，以满足家庭需求为主，农户只知子承父业、精耕细作、勤劳节俭、不误农时，小富即安、知足常乐，缺少市场意识与现代精神。但在工业化和城镇化时代，农户所面临的时代背景与社会环境发生了翻天覆地的变化，农户必须在城乡工农之间做出抉择。而农户要提高决策的精准性和科学性，必须由传统小农户向现代农户转变，积极树立市场意识和现代精神。

一是要有机遇与风险意识。市场变化多端，每一变化都蕴藏机遇与风险。只有善于抓住机遇又能降低风险的决策才是科学合理的决策。农户要树立抢抓机遇、机不可失的意识，同时还要有风险意识，包括市场风险意识、自然风险意识、道德风险意识等。风险与机遇并存，要想实现机遇，必须同时做好风险防范。二是要有成本与收益意识。任何决策都是为了实现更大收益，但任何收益都不是免费的，需要付出足够的成本。要树立收益最大化和成本最小化意识，要善于进行成本与收益的比较分析。三是要有竞争与破产意识。农户的任何决策在市场上都不是唯一的，必然遇到竞争，特别是在非农化和城镇化决策当中。因为非农化和城镇化内在包含更高收入和更好生活，为大多数农户所向往。因此，非农化和城镇化是一个竞争、淘汰、成功的筛选过程，农户必须做好竞争、成功和失败、破产的心理准备。四是要有供求均衡意识。农户的决策内在地包含着供给与需求两个方面。一方面是对市场的供给，只有满足市场需求的决策才是好的决策；另一方面是农户自我的需求，只有满足自我需求的决策才是好的决策。农户决策要实现供给与市场需求和自我需要的均衡一致。五是要有进取精神。农户是市场竞争主体，不进则退，因此不能"等靠要"，要克服保守恋旧心理和小农意识心态，不能抱残守缺，不能小富即安、知足常乐，要有危机感，要积极进取，大胆向现代农业、非农产业和城镇化方向发展，力争转变为新型农业经营主体和城镇新住户。

四、增加现代农业选项，拓展农户家庭决策集合

从农户层面看，农户要多做有利于城镇化和农业现代化的决策，必须有一个更大的农户决策选项集合，也就是必须有更多样和更宽广的城镇化和农业现代化途径。农户要扩大城镇化和农业现代化的决策选项集合，除了扩大非农化和城镇化选项之外，还要想方设法增加现代农业选项，大力开展现代农业革命。现代农业或农业现代化，不是只有规模经营一种模式或途径。除此之外，还有新业态、新功能、文化化、优质化、专用化、品牌化、数字化、服务化、加工化、链条化、衔接化等多个方向。现代城镇化的弊端表明，探索人与自然和谐、城乡共荣的城镇化模式十分必要。这种新模式应该是现代城镇化的升级版，主张都市与田园交融、工业与农业和睦，发展有机、有根、有情的"审美城市"。西方国家正在展开的社区支持型农业、城市农业以及城镇转型等运动，也对农户决策具有重要借鉴意义。总之，在现代科学技术推动下，现代农业具有广阔发展空间、多元形式和强大容纳力，为更多传统农户向现代农户转化提供了现实选择。

（一）向大农业化方向发展

农业包罗万象，不仅是食物来源，还是很多工业原材料来源，以及园林、中药材、文化旅游、农耕文明、农业科技研发的重要资源，国际上的农业内部的分工分业、专业化、产业化极为发达。但我国还是以传统的粮食、油料、养殖为主，属于以种植业为主的一头沉农业，农业内部结构单一，这限制了传统农户发展现代农业的路径。

相对于传统农业而言，大农业是广泛应用现代科学技术、现代工业提供的生产资料和科学管理方法的、分工分业极为发达的社会化农业，是粮经饲统筹、农林牧副渔结合，种养加一体，一、二、三产业融合，规模化与集约化并存的现代产业体系。从范围上看，它包括农林牧副渔，食穿住用医（医即中草药）。从功能上看，它具有日益强化的食物保障、前景广阔的原料供给、不断拓展的就业收入、修复环境的生态保育、正在崛起的旅游休闲、承先启后的文化传承六大功能。

在现代科学技术和工业化、信息化推动下，大农业为传统小农户向现代农户转化提供了无限可能与众多选项。一是从平面式向立体式发展。在粮林套种、粮经间作等平面农业基础上，发展立体农业，利用高科技手段研发"垂直农场"或农业摩天大楼，向天空要规模要效益。二是从顺势而为的自然式向宜

居宜游的设施式发展。集种养绿化、旅游观光、休闲教育为一体，打造农业公园。在农村发展农业公园，在城市建设市民农园，让城市面貌变成"建筑组团＋田园组团"，满足人们的田园梦和乡愁情结。三是人控机械化向电脑自控化发展。将电脑智能模块和农业作业设施联通，共同运用于农业生产，实现全程管理、全产业链管理、全天候管理，从种到收再到加工、包装、储运等，全部由电脑自控完成。农户变成电脑模块和自动化设备的操作、监管和维护工人，实现农户与农业生产的间接化。四是化学化向生物化发展。随着科学的发展与进步，科学界已经将生物技术、信息技术、转基因技术大量应用于农业生产，实现了对农产品性能的操控；已经将生物芯片、DNA 芯片植入动植物体内，实现了对动植物生长的感知和监控；已经利用基因技术通过细胞来培养动植物产品。农业与生物技术、信息技术的密切融合，使得农户可以充分利用科学家的研究成果，在科学技术人员帮助下实现农业的生物化发展。五是陆地化向海洋化发展。全球陆地面积只占地球表面积的29%，淡水资源只占水资源总量的2.5%，其余的都是海洋和海水。所以利用海洋资源发展海水农业、蓝色农业潜力巨大，建设海上粮仓、海洋牧场前景广阔。六是地球化向太空化发展。地球的总量资源有限，随着人口的不断增长，资源环境会越来越紧张。但太空资源是无限的。利用太空、开发太空可以弥补地球农业资源的不足。例如，太空育种就使得100多种农作物产量、质量大增。

（二）向农业文化方向发展

文化居于产品价值链高端。农业不仅仅是物质产业，也是文化产业。我国自古以来就是农业大国，创造了灿烂的农耕文明和农业文化。就我国农业文化而言，它主要包括十大方面的内涵。一是作物文化，包括粟文化、麦文化、稻文化、蚕桑文化、茶文化；二是农业技术；三是经济模式；四是农业哲学；五是农业制度；六是重农思想；七是村落文化；八是民俗文化；九是田园文学；十是中医药文化。农业文化的每一个方面都博大精深、源远流长。中国人也有着浓厚的田园梦想、乡愁情结和故土心怀。

随着城镇化的不断加快，乡村生活和农业距离人们越来越远，农业文化资源变得越来越稀缺，而城镇生活的快节奏和高压力使得人们对农业文化的需求越来越大，农业的身心康养、休闲度假价值越来越高。利用农业生产，发展农业文化，或者借助农业文化与农耕文明发展现代农业，在生产优质农产品的同时满足人们对农业文化的需求，发挥和释放农业的文化滋养作用，让人们修身养性、陶冶性情，感受晴耕雨读、男耕女织，体味吟诗品茗生活，追求淡泊宁静心态，释放压力和紧张，是传统农业和传统农户突破内卷化、实现现代化的重要路径。

（三）向多功能化方向发展

农业多功能性概念源自20世纪80年代末和90年代初日本提出的"稻米文化"，在1992年被联合国环境与发展大会通过的《21世纪议程》正式采用。1996年世界粮食首脑会议通过《罗马宣言和行动计划》，明确提出将考虑农业的多功能特点，促进农业和乡村可持续发展。1999年9月，联合国粮农组织在马斯特里赫特专门召开了有100多个国家参加的国际农业和土地多功能性会议。概括来说，农业的多功能性是指农业除具有经济功能外，还同时具有社会功能、生态功能和政治功能等多种功能。具体来说，农业的多功能性是指农业具有提供农副产品、促进社会发展、保持政治稳定、传承历史文化、调节自然生态、实现国民经济协调发展等多元功能，且各功能又表现为多种分功能，由此构成一个各功能相互依存、相互制约、相互促进的多功能有机系统。

农业的不同功能可以满足不同的市场需求。随着温饱问题的解决，人们对农业的需求日益多元化多样化，农业发展也具有了多种可能性。满足人们不同需求的功能性农业应运而生，这为传统农业和传统农户提供了许多向现代化转化的路径。农户既可以集中其中一个功能，发展单一功能农业，如单一工业品原材料农业、单一药材原料农业、专业化种养业、特种农业等，也可以发展集多功能于一体的综合农业，既提供农产品，也满足人们的生态、文化、休闲、教育需求。农业的产品种类、生产工艺、性能成分多种多样且千差万别，各有各的需求与市场。在农业基本功能之外，寻求农业的特种功能，利用地方特色资源，发展能够满足市场特殊需求的特种功能性农业，是现代农业的一个重要方向，也是农户家庭决策的一个重要选项。

（四）向优质化品牌化方向发展

当前国际农产品供给剩余、国内农产品供给基本自给，农业日益由卖方市场向买方市场转化。在这一背景之下，传统农业除了规模化这一路径之外，还要向集约化和优质化方向发展。受大国小农、农户过多、农地分散零碎制约，我国农业规模化成本过高，规模发展受限，不是所有传统小农户都能转化为规模农户。因此，向集约化和优质化方向发展是传统小农户的一个重要选项。集约农业是相对于粗放农业而言的，是把较多的劳动力和生产资料集中投入较少的土地上，采用集约经营方式进行生产的一种农业经营方式。集约农业表现为大力进行农田基本建设、发展灌溉、增施肥料、改造中低产田、采用农业新技术、推广优良品种、实行机械化作业等，它不以追求农业规模效益为主要目标，而是旨在从单位面积的土地上获得更多的农产品，不断提高土地生产率。

集约农业的确可以让农户获得更多的土地生产率和农产品，但在买方市场情况下，仅有集约还是不够的，还必须在集约基础上向优质化和品牌化方向发展，做到人有我优、人优我特。所谓优质农业，就是基于独特农业资源禀赋和自然地理环境，应用先进农业生产技术和科学化管理，生产经营品质优等、质量稳定可靠、食用安全放心、具有强大市场竞争力和认可度的农产品的农业。随着人们生活水平的提高，人们对农产品不再满足于一般的普通农产品，而是追求质量更高、品质更好、安全性更大的农产品。这类农产品具有市场竞争力和价格优势，虽然产量不是很多但利润率较高，是现代农业的重要表现形式。在优质化基础上，农户还可以向品牌化方向发展，向品牌要效益。

品牌农业是指在优质农业基础上，生产经营者通过设计产品品牌及标识，获取产品商标权和质量认证，提高市场认知度和产品区分度，向市场提供具有良好口碑的农业类产品，从而获取较高经济效益的农业，具有生态化、价值化、标准化、产业化、资本化五大特征。品牌农业是具有质量优良和安全健康保证的品质农业，是按照量化标准生产加工、产品始终如一的标准化农业，是通过精心筛选、包装和加工不断增值的价值农业，是精耕细作、以质量取胜的集约化农业；是实现一、二、三产业融合、全产业链掌控、质量与安全可追溯的大食品业。

品牌农业是农户家庭决策的重要选项，是传统农户向现代化转化的重要路径。品牌农业通过引入先进工业化管理思想、技术、品牌营销模式和人才，彻底改变传统农业生产、加工和经营的思想方式，能够以全新的工业化理念和方式振兴和发展农业。打造品牌农业首先需要打造品牌企业。品牌企业是品牌农业的生产经营主体。"企业品牌及其产品品牌不仅是新型农业经营主体获取差别利润和价值的战略性选择，而且是国家推动农产品市场优质优价的必由之路"[①]。政府要鼓励和支持新型农业经营主体向现代企业和品牌企业转化发展，要鼓励和支持新型经营主体的品牌农业建设，

---

① 臧云鹏.农业现代化的发展历程与未来方向 [J].国家治理，2019（34）：31–40.

如支持企业注册农产品地理标志商标、为企业聘请专业公司设计农产品广告等。

（五）向加工化服务化方向发展

发展现代农业并非只有规模化一条道路。因为大国小农、农户众多、转移困难，规模化往往成为农业现代化发展道路上的陷阱。为了避开规模化陷阱，农户可以向农产品深加工业、农业服务业方向发展。

农产品加工业可大可小，大到规模企业小到家庭作坊，只要产品质量有保证，就能提升产品价值，获取远比销售初级农产品高得多的利润率。当前我国农产品深加工业并不发达，而市场对于经过加工的食用方便、质量可靠、保质期长的高级农产品需求旺盛。农产品加工业不仅可以实现创业农户向企业主的转化，而且可以吸收其他农户的劳动力，带动其他农户向农业工人转化。

农业社会化服务业也是农户家庭决策的重要选项，是传统农户向现代农户转化的一个重要途径。农业越发达，其社会化服务需求越高。农业是一个具有季节性、周期性的产业，生产周期长，产业链条长，任何单个家庭不可能将产前、产中、产后的各个生产环节、作业项目全覆盖，需要一些社会化服务性企业为其生产经营提供服务保障。当然，农户发展农业社会化服务业，也必须实现由传统服务业向现代服务业的转化，不能是一些简单的农业生产资源销售和农业生产服务，而应该向科技化、信息化、自动化、智能化方向发展。

（六）向合作化方向发展

规模化是实现农业现代化的基本途径。实现规模化的方式有多种，最常见的是通过土地流转实现家庭农业适度规模经营。但这一路径因为农户众多、农户转移困难、交易成本居高不下、土地流转市场不发达等原因，存在一定的梗阻现象。为了避开实现规模化的"流转陷阱"，农户可以向合作化方向发展，组建和发展农业生产合作社，通过土地合作、股份合作、劳动合作、设备合作实现规模化。

当前我国农业合作化正处于快速发展当中。其主要的合作形式包括农地统一流转、集体返包、土地入股、联合播收、共建农田水利、组建生产销售合作社等。这些多种多样的合作形式，将千家万户联合起来，实现了土地、劳动力、农业基础设施等生产要素和生产、销售、管理等生产活动的规模化，既节省了劳动力又实现了农业规模效益。

（七）向新型化方向发展

在工业化、信息化和生物技术日新月异及融合发展推动下，现代农业呈现出多种新型业态，如数字农业、智慧农业、精准农业、绿色农业、生态农业、有机农业、循环农业、特色农业、特种农业、功能农业、设施农业等。这些新型农业为传统农户向现代农户转化提供了众多新的选择。

诚然，新型农业发展需要高素质的新型农业经营主体。但这并不意味着我国农户不能驾驭和掌握。当前我国农业高素质人才和年轻劳动力之所以流失，是因为传统农业因其规模小、主体多而无法实现均等的利润率，这实际上是一种倒逼机制，逼迫优质劳动力去非农产业谋生。而新型农业可以打破这一倒逼机制，通过科技突破规模壁垒，让农业获得与非农产业大体相当的利润率，这时候就能吸引人才回流。随着青年劳动力和高素质人才的回流，农户就能在农业科研院所、农技推广服务单位和农业企业的引导下发展各种新型农业。农业新业态是农户家庭决策的重要选项，也是农户实现现代化转化的新契机。

（八）向集群化方向发展

产业集群是产业发展的高级形态，是产业集聚效应和带动效应在空间上的表现形式，是上下游相关产业集聚、循环、协同共生的生态系统，也是形成产业竞争力和优势地位的基础。农业产业集群是现代农业的组织形式之一，也是现代农业发展的重要方向。我国农业户多地少，即便转移部分农户，农业经营规模也不可能达到美国、加拿大那么大的规模。所以，中小农户抱团取暖，发展农业产业集群是实现向现代农业转化的重要途径。

首先，要根据自然条件、资源禀赋、种植传统等因素集中农业资源，重点发展优势产业、特色产业、主导产业，形成具有规模效应和市场竞争优势的产业带。其次，合理划分产业带内农户的生产分工，形成产前、产中、产后各个环节相衔接，生产、加工、运输、营销一体的产业体系，使各农户之间既在产业体系上有协同化又在产业分工上有差别。最后，打造为产业集群发展服务的农业科技公司、市场信息服务公司、品牌营造和市场销售公司、产业文化推广公司等服务型中介组织，为产业集群发展服务。产业集群的发展，离不开政府的农业规划、政策支持和农户的主动作为，是政府引导和市场主导共同作用的产物。产业集群可以实现中小农户在产业发展上的协同化和差异化，形成和而不同的产业生态，促使中小农户一起走向现代农业之路。

（九）向链条化方向发展

　　农业是一个具有很长产业链条的部门。简单来看，它包括产前、产中、产后三个相互衔接的阶段。具体来看，从育种、整理土地到生产、管理、收获、销售，再到加工、做成食物摆上餐桌，都属于农业产业链条。在传统农业社会，因为家庭经营规模小、市场需求弱小，这一链条并不发达，链条中的环节也不清晰。但在社会专业化分工越来越精细、社会化农业大生产越来越发达的城镇化时代，农业产业链条变得粗壮发达，环节越来越清晰密集，从而为每一环节都做大做强、成为具有相对独立性的分部门提供了可能性。例如从农业育种环节诞生了育种企业，从农资产销环节产生了农资企业，从农业作业环节产生了不同生产企业，从农产品运输销售环节孕育了运销企业，从农产品加工环节产生了加工企业，由此从农业产业链条当中分化出育种商、生产商、服务商、运输商、供应商、批发商、零售商、加工商、配送商等农业经营市场主体。

　　在市场经济和城镇化时代，农业产业链条当中的每一个环节都具有相对独立性，都蕴藏着商机和做大做强的可能性。人类经济发展史表明，专业化分工是提高效率的重要手段和途径，分工越精细、专业化程度越强，则劳动生产率越高，单位商品的价值越低，市场竞争力越大。在传统农业社会，由于农业的家庭性及弱市场性，农业的专业化分工极其不发达，很多农户是全产业链式的，从种到收、从产到销都是全包自为，这使得每一个环节都极为弱小，整个农业产业链条也不完整粗壮。这时的农业劳动生产率是极低的。而在市场经济和工业化、城镇化时代，农业迎来专业化分工的机遇。对于传统农户来讲，抓住农业专业化分工的历史机遇，在农业产业链条不断延伸强壮进程中，找准和立足这一链条当中的某一环节做大做强，在促进农产品增值中实现利润追求，由此完成从传统到现代的转化，是农户家庭决策的一个重要选项。

（十）向衔接化方向发展

　　2016年，我国有20743万农业经营户，其中规模农业经营户仅有398万（第三次全国农业普查主要数据公报，2017），99%属于传统小农户。即使将来城镇化水平达到80%以上，规模农户达到5000万户，也很难吸纳剩余的1.5亿小农户进城就业安居。受全国耕地总规模限制，把这2亿多小农户全部改造为规模农户也是不可能的。因此，无论工业化和城镇化发展到何种程度，农村中总会存在一些纯农小农户和兼业小农户。在相当长的一段时间，小农户还会占农业经营主体的大多数，目前我国2.3亿农村家庭承包户中，仍在耕种自家承包地的大约占74%[①]。这74%左右的自耕户是我国整个农业生产的基本面，也是保障国家粮食安全和农产品有效供给的基础。

在这种特殊国情之下，缺少城镇化、非农化和发展现代农业能力与机遇的小农户如何决策呢？现实的选择就是主动与现代农业发展有机衔接，积极参与农业现代化的进程，最大限度地克服小生产与大市场的矛盾，以此分享农业现代化的成果。诸多学者认为，"小农经济"对接现代农业是中国农业现代化道路的基石（隋福民，2019；贺雪峰，2015；黄宗智，2010）。小农户是农业现代化进程中的弱势群体，实现小农户与现代农业发展的有效衔接，首先取决于政府的帮助与支持。新型农业经营主体是现代农业的主要承担者，政府在培育和增强新型农业经营主体的经济实力、发展活力的同时，还要增强其带动能力，推动家庭经营与集体经营、合作经营、企业经营共同发展。也就是说，政府要建设新型农业经营主体与小农户的利益联结机制和"搭便车"机制。通过双方的利益共享、风险共担以及政府对新型农业经营主体的补贴，由新型农业经营主体带动、扶持小农户发展。政府要将新型农业经营主体对小农户的带动能力作为政府扶持政策的重要衡量指标。其次，小农户也要积极主动，争取搭上农业现代化的便车。小农户要主动参加政府举办的各类职业培训项目，努力提升自身素质和自我发展能力；要积极参与和发展专业合作，通过土地入股、股份合作、组织农业协会、参与农业产业化经营等，构建大园区 + 小庭院、农业企业 + 农户、合作社 + 农户、订单农业、外包农业等模式，实现风险共担、利益共享。再次，通过服务规模化实现与现代农业和现代市场的有效衔接。在农户短期难以减少和农地短期难以规模化即小农经济暂时难以改变的前提下，以社会服务规模化来保持小农户与现代大市场的有效衔接也是一种次优选择。钟真等（2020）研究认为，"服务带动型适度规模经营可以成为土地流转型规模经营之外推进农业现代化的'第二条道路'"。我国农户多、规模小的状况虽然会给农业社会化服务增加一定成本，但这又是农业社会化服务发展的必要条件。通过耕、种、管、浇、收等环节的社会化服务，可以一定程度上克服小农经济的弊端，甚至可以绕开"土地流转瓶颈"制约，通过社会化服务将众多小农户联成一体实现规模效应。

---

① 隋福民．"小农经济"对接现代农业是中国农业现代化道路的基石 [J]. 宁夏党校学报，2019（01）：21（01）：94–102.

附　录

问卷说明：本张问卷是对农户家庭决策及其影响因素的调查。所谓"农户家庭决策"是指在工业化和城镇化快速推进和城乡融合发展背景下，农户为实现家庭收入最大化和家庭效用最大化通过对家庭资源的市场配置而对家庭生产方式（务农或非农就业）和生活方式（村居生活或城镇生活）的自主选择和具体安排。本次问卷注重农户的信息保密，研究活动只采用调研数据，不会透露农户任何具体信息。

一、农户基本户情

1. 农户基本情况
（1）家庭户籍：
（2）户主姓名：
（3）家庭人口数量：
（4）家庭劳动人口：
（5）家庭就业结构：
（6）家庭平均文化程度：
2. 农户生产生活类型（选择）
（1）村居类：村居纯农　　　村居非农　　　村居兼业
（2）兼居类：兼居纯农　　　兼居非农　　　兼居兼业
（3）城居类：城居纯农　　　城居非农　　　城居兼业

二、农户家庭决策选择

1. 在工业化、城镇化快速推进和城乡融合发展的经济社会背景下，您愿不愿意调整优化传统的村居小农家庭模式，即是否愿意做出新的家庭决策？

（选择）

　　（1）愿意，因为：

　　（2）不愿意，因为：

　　（3）无意识。

　　2. 在工业化、城镇化快速推进和城乡融合发展的经济社会背景下，您有没有调整优化传统的村居小农家庭模式？（选择与回答）

　　（1）有。

　　1）是非农化、城镇化，还是兼业化、兼居化？

　　2）因为：

　　（2）没有，继续维持小农家庭模式。

　　因为：

　　3. 在工业化、城镇化快速推进和城乡融合发展的经济社会背景下，影响您家做出新的家庭决策或调整优化家庭决策的因素是（多选）

　　（1）宏观因素

　　1）工业化和城镇化发展是否提供了足够多的非农就业机会和城镇化机会

　　2）非农就业收入怎样

　　3）城镇生活方式怎样

　　4）农业经营状况怎样（农业挣不挣钱，能否发家致富）

　　5）国家"三农"政策（是否有支持补贴政策，力度如何）

　　6）国家城镇化政策

　　7）城镇化成本怎样

　　8）非农就业风险怎样

　　9）基本公共服务是否均等

　　10）国家农业现代化政策

　　11）家庭所在区域经济发展水平（就近非农就业和城镇化机会）

　　12）其他因素

　　（2）微观因素

　　1）家庭劳动力数量（家庭劳动力有无剩余、或不足）

　　2）家庭劳动力质量（教育水平、非农技能）

　　3）家庭土地规模和经营状况（土地数量，经营好坏）

　　4）家庭适应能力（是否适应城镇生活和非农就业工作）

　　5）家庭模式偏好（在城乡工农之间更偏好哪个）

　　6）农业规模化成本（农地流转成本和规模经营成本）

7）发展现代农业的成本与收益（现代农业投资大、风险高）

8）家庭财力状况（家庭富有、贫穷或中等）

9）家庭比较优势（更擅长非农还是务农）

10）家庭社会关系（有无非农就业和城镇化的亲朋好友）

11）其他因素

4. 您家目前的家庭决策类型是什么（单选），主要决策依据是什么（回答，1—3条）？

（1）留村务农决策　　　主要决策依据：

（2）留村兼业决策　　　主要决策依据：

（3）留村非农决策　　　主要决策依据：

（4）兼居非农决策　　　主要决策依据：

（5）兼居兼业决策　　　主要决策依据：

（6）兼居纯农决策　　　主要决策依据：

（7）城居纯农决策　　　主要决策依据：

（8）城居兼业决策　　　主要决策依据：

（9）城居非农决策　　　主要决策依据：

5. 您家是如何做出家庭决策的，即家庭决策机制是什么？（单选）

（1）户主一人决定

（2）父母协商决定

（3）家庭成员民主协商决定

（4）父母和成年子女各自决定

（5）外部带动

6. 您不选择城居非农家庭模式的主要原因是（多选）

（1）喜欢但家庭财力不允许：城镇化成本高，家庭财力不足

（2）喜欢但缺少非农就业技能、机会和渠道

（3）喜欢但害怕：非农就业不稳定、风险高、压力大、没有社会保障

（4）不喜欢跨地域流动

（5）不喜欢城居生活和非农工作

（6）无所谓，目前家庭模式挺好

（7）其他

7. 对非农户和城居户而言，您不愿意退出农村土地的主要原因是（多选）

（1）城镇生活和非农就业不稳定，以农村土地作为最后的生活保障

（2）城乡公共服务不均等，缺少城镇社会保障

（3）农村土地越来越值钱，存在增值机会

（4）城镇生活成本高、压力大，以土地增加家庭收入

（5）故土难离，恋乡情结

（6）国家对农业有补贴

（7）国家和集体对退地没有适度补偿

三、补充提问（单选）

1. 工业化和城镇化发展是否提供了足够多的非农就业机会和城镇化机会？

　　A. 是　　　　　　B. 否

2. 您认为政府在推进城镇化和非农化中是否存在（年龄、学历、户籍）选择性和歧视性？

　　A. 存在　　　　　B. 不存在

3. 您对现在的国家"三农"政策是否满意？

　　A. 满意　　　　　B. 较为满意　　　　C. 不满意，还有不足之处

4. 您了解目前的国家城镇化政策吗？

　　A. 了解　　　　　B. 相对了解　　　　C. 不了解

5. 您认为兼业好还是纯粹非农化好？

　　A. 兼业好　　　　B. 非农好　　　　　C. 各有利弊

6. 您认为农地流转困难吗？

　　A. 难　　　　　　B. 不难　　　　　　C. 说不准

7. 您了解现代农业吗？

　　A. 了解　　　　　B. 相对了解　　　　C. 不了解

8. 您认为阻碍农业现代化发展的主要障碍是什么？

　　A. 地少　　　　　B. 缺劳动力　　　　C. 缺技术　　　　　D. 缺资金

9. 就目前的农业收入来看，您家是否愿意扩大土地规模？

　　A. 愿意　　　　　B. 不愿意

10. 您家是否存在青壮劳动力进入城市导致土地存在闲置、搁荒的现象？

　　A. 存在　　　　　B. 不存在

11. 您家是否能迅速适应城镇化生活，完成城乡之间、农业和非农业之间的转换？

　　A. 能　　　　　　B. 不能

12. 举家实现城镇化后，您愿意无偿退地吗？

A. 不愿意　　　B. 愿意

13. 面对发展现代农业可能获得的收益，您是否敢于承担成本？

A. 能　　　　　B. 不能　　　　　C. 犹豫

14. 以当前家庭财力状况，能否承受城镇化成本和风险？

A. 能　　　　　B. 不能

15. 从事现代农业和非农产业您更倾向于哪个？

A. 现代农业　　B. 非农产业

参考文献

一、年鉴与报告类

1. 国家统计局 . 中国农村统计年鉴 2019[M]. 北京：中国统计出版社，2020.

2. 国家统计局 . 中国统计年鉴 2019[M]. 北京：中国统计出版社，2019.

3. 国家统计局 .2019 中国住户调查年鉴 [M]. 北京：中国统计出版社，2019.

4. 国家统计局 . 中国城市统计年鉴 2019[M]. 北京：中国统计出版社，2020.

5. 中国农业科学院农业经济与发展研究所 . 中国农业产业发展报告2020[R]. 北京：中国农业科学技术出版社 .

6. 农业农村部市场预警专家委员会 . 中国农业展望报告 2018——2027[R]. 北京：中国农业科学技术出版社，2018.

7. 张占斌 . 中国新型城镇化健康发展报告 [R]. 北京：社会科学文献出版社，2014.

二、著作类

1.[美] 加里·贝克尔 . 家庭论 [M]. 王献生，王宇，译 . 北京：商务印书馆，1998.

2.[法]H. 孟德拉斯 . 农民的终结 [M]. 北京：社会科学文献出版社，2005.

3.[美] 威廉·阿瑟·刘易斯 . 无限劳动供给下的经济发展 [C] // 郭保熙 . 发展经济学经典论著选 . 北京：中国经济出版社，1998.

4.[美] 西奥多·W. 舒尔茨 . 改造传统农业 [M]. 梁小民，译 . 北京：商务印书馆，1987.

5.[美] 西奥多·W. 舒尔茨. 人力资本投资——教育和研究的作用 [M]. 蒋斌，张蘅，译. 北京：商务印书馆，1990.

6. 黄宗智. 华北的小农经济与社会变迁 [M]. 上海：中华书局，2000.

7. 黄宗智. 长江三角洲小农家庭与乡村发展 [M]. 上海：中华书局，2000.

8. 韩长赋. 新中国农业发展 70 年·政策成就卷 [M]. 北京：中国农业出版社，2019.

9. 蔡昉，都阳，杨开忠. 新中国城镇化发展 70 年 [M]. 北京：人民出版社，2019.

10. 钱文荣. 人口迁移影响下的中国农民家庭 [M]. 北京：中国社会科学出版社，2016.

11. 李录堂. 农户分类管理研究 [M]. 西安：陕西人民出版社，2001.

12. 孟繁琪. 现代化农业的模式选择 [M]. 北京：中国农业出版社，1991.

13. 马鸿运，等. 中国农户经济行为研究 [M]. 上海：上海人民出版社，1993.

14. 韩长赋. 中国农民工的发展与终结 [M]. 北京：中国人民大学出版社，2007.

15. 辜胜阻. 非农化与城镇化研究 [M]. 杭州：浙江人民出版社，1991.

16. 王章辉，黄柯可. 欧美农村劳动力的转移与城市化 [M]. 北京：社会科学出版社，1999.

17. 刘志扬. 美国农业新经济 [M]. 青岛：青岛出版社，2003.

18. 人民日报国际部. 中国记者眼中的外国农村建设 [M]. 北京：中共中央党校出版社，2006.

19. 李培林. 农民工——中国进城农民工的经济社会分析 [M]. 北京：社会科学文献出版社，2003.

20. 张正河. 农业国的城市化：中国乡村城市化研究 [M]. 北京：北京出版社，2000.

21. 朱道华. 农村工业化问题探索 [M]. 北京：中国农业出版社，1995.

22. 冯尚春. 中国农村城镇化动力研究 [M]. 北京：经济科学出版社，2004.

23. 李通屏，等. 人口经济学 [M]. 北京：清华大学出版社，2014.

24. 江泽林. 农业机械化经济运行分析 [M]. 北京：中国社会科学出版社，2015.

25. 景普秋. 中国工业化与城镇化互发展研究 [M]. 北京：经济科学出版社，

2003.

26. 高佩义 . 中外城市化比较研究 [M]. 天津：南开大学出版社，2004.

27. 丁长清 . 中国农业现代化之路 [M]. 北京：商务印书馆，2000.

三、期刊文章类

1. 韩俊 . 中国城乡关系演变60年：回顾与展望 [J]. 改革，2009（11）.

2. 李伟 . 新中国70年中国特色城镇化道路的演进与发展 [J]. 中国党政干部论坛，2019（06）.

3. 余英 . 中国城镇化70年：进程与展望 [J]. 徐州工程学院学报（社会科学版），2019，34（06）.

4. 史育龙 . 从城乡融合视角来看小城镇的未来 [EB/OL].https：//www.thepaper.cn/newsDetail_forward_5295281.

5. 唐忠 . 改革开放以来我国农村基本经营制度的变迁 [J]. 中国人民大学学报，2018（05）.

6. 杨善华 . 改革以来中国农村家庭三十年 ——一个社会学的视角 [J]. 江苏社会科学，2009（02）.

7. 简新华 . 中国工业化和城镇化的特殊性分析 [J]. 经济纵横，2011（07）.

8. 苗洁，吴海峰 . 国内外工业化、城镇化与农业现代化协调发展的经验及其当代启示 [J]. 毛泽东邓小平理论研究，2012（11）.

9. 潘驰宇，等 . 中国分地区农业现代化发展程度评价——基于各省份农业统计数据 [J]. 农业技术经济，2018（03）.

10. 解安，朱慧勇 . 中国城镇化：农民自主选择与社会秩序的统一 [J]. 马克思主义与现实，2015（01）.

11. 叶超，高洋 . 新中国70年乡村发展与城镇化的政策演变及其态势 [J]. 经济地理，2019（10）.

12. 罗玉辉 ."三权分置"下中国农村土地流转的现状、问题与对策研究 [J]. 兰州学刊，2019（02）.

13. 隋福民 ."小农经济"对接现代农业是中国农业现代化道路的基石 [J]. 宁夏党校学报，2019，21（01）.

14. 贺雪峰，印子 ."小农经济"与农业现代化的路径选择 [J]. 政治经济学评论，2015，6（02）.

15. 韩鹏云 . 农业现代化治理的实践逻辑及其反思 [J]. 宁夏社会科学，

2020（04）.

16. 许天成，瞿商. 中国农地地权变迁的历史考察与当前"新集中"趋势的分析 [J]. 中国经济史研究，2018（05）.

17. 吴光芸，万洋. 中国农村土地流转政策变迁的制度逻辑——基于历史制度主义的分析 [J]. 青海社会科学，2019（01）.

18. 刘奇. 中国农业现代化进程中的十大困境 [J]. 行政管理改革，2015（03）.

19. 吕军书，张硕. 农户城乡"两栖占地"形成因素、退地制度障碍与政策建议——基于"百村调查"样本分析 [J]. 经济体制改革，2020（02）.

20. 罗必良. 小农经营、功能转换与策略选择兼论小农户与现代农业融合发展的"第三条道路" [J]. 中国农业经济问题，2020（01）.

21. 梅方权. 中国农业现代化的发展阶段和战略选择 [J]. 调查研究，1999（11）.

22. 任路. 中华人民共和国成立以来工农城乡关系的变迁 [J]. 西北农林科技大学学报（社会科学版），2019（06）.

23. 赵保海. 农户城乡"两栖占地"的制度障碍及其破解 [J]. 农业经济，2020（03）.

24. 郑杭生，汪雁. 农户经济理论再议 [J]. 学海，2005（03）.

25. 钟真，胡珺祎，曹世祥. 土地流转与社会化服务："路线竞争"还是"相得益彰"？——基于山东临沂12个村的案例分析 [J]. 中国农村经济，2020（10）.

26. 任玉岭. 推进城镇化的六大举措 [J]. 中国经济周刊，2013（34）.

27. 胡豹，卫新，王美青. 影响农户农业结构调整决策行为的因素分析 [J]. 中国农业大学学报（社会科学版），2005（02）.

28. 涂圣伟. 中国农业迈向现代化的70年 [J]，智慧中国，2019（08）.

29. 胡博成，朱忆天. 从空间生产到空间共享：新中国70年城镇化发展道路的嬗变逻辑 [J]. 西北农林科技大学学报（社会科学版），2019（07）.

30. 杜宇能，潘驰宇，宋淑芳. 中国分地区农业现代化发展程度评价——基于各省份农业统计数据 [J]. 农业技术经济，2018（03）.

31. 孔德继. 新中国70年政府战略对城镇化的影响 [J]. 科学社会主义，2019（05）.

32. 严正. 小城镇还是大城市——论中国城市化战略的选择 [J]. 东南学术，2004（01）.

33. 陈友华. 理性化、城市化与城市病 [J]. 北京大学学报（哲学社会科学版），2016（06）.

34. 傅晨，毛益勇．兼业化：日本农业的困境与启示 [J]. 世界农业，1998（08）．

35. 高强．国外农户兼业化研究述评 [J]. 世界农业，1998（11）．

36. 李苏．论农户兼业化向专业化的过渡 [J]. 社会科学家，2000（12）．

37. 祁峰．日本农户兼业化的几个问题 [J]. 大连海事大学学报（社会科学版），2003（12）．

38. 胡浩，王图展．农户兼业化进程及其对农业生产影响的分析——以江苏省北部农村为例 [J]. 江海学刊，2003（12）．

39. 陆一香．论兼业化的历史命运 [J]. 中国农村经济，1988（03）．

40. 李百汉．从兼业化走向专业化：我国农业现代化的特殊选择 [J]. 山东社会科学，1990（06）．

41. 高强，赵贞．我国农户兼业化八大特征 [J]. 世界农业，2000（04）．

42. 孙中和．中国城市化基本内涵与动力机制研究 [J]. 财经问题研究，2001（11）．

43. 梅建明．工业化进程中的农户兼业经营问题的实证分析 [J]. 中国农村经济，2003（06）．

44. 高德步．英国工业化过程中的农业劳动力转移 [J]. 中国人民大学学报，1995（05）．

45. 孔祥智．英国在工业化、城市化进程中是怎样处理工农关系的 [J]. 前线，1999（04）．

46. 杜恒波．英国农村劳动力转移的启示 [J]. 农村经济，2004（03）．

47. 韦伟，赵光瑞．日本城市化进程及支持系统研究 [J]. 经济纵横，2005（03）．

48. 陈忠暖，王力新．高速经济增长时期日本政府的农业和农村政策 [J]. 世界地理研究，2000（06）．

49. 隋忠诚，日本经济高速增长时期的农业剩余劳动力转移 [J]. 东北亚论坛，2005（11）．

50. 刘景章．"三农"问题：日本的化解与中国的借鉴 [J]. 暨南学报（哲学社会科学），2003（09）．

51. 陆学艺，张厚义．重新认识农民问题——十年来中国农民的变化 [J]. 社会学研究，1989（12）．

52. 陈星博．结构挤压与角色错位——社会转型期我国城市青年农民工群体中"问题化"倾向研究 [J]. 改革，2003（08）．

53. 刘传江，徐建玲 . 第二代农民工及其市民化研究 [J]. 中国人口资源与环境，2007（01）.

54. 于秋芳，衣保中 . 战后日本农户结构的变化及其影响 [J]. 现代日本经济，2009（03）.

55. 杨龙 . 去县城买房 [J] 中国新闻周刊，2007（43）.

56. 黎霆，赵阳，辛贤 . 当前农地流转的基本特征及影响因素分析 [J]. 中国农村经济，2009（10）.

57. 马桂花 . 英国农业，从传统到现代的突破之路 [J]. 农村 . 农业 . 农民（A版），2007（03）.

58. 严翅君 . 警惕：新生代农民工成"职业枯竭"早发群体 [J]. 江苏社会科学，2010（01）.

59. 刘学华 . 新生代农民工与新兴城的和谐发展——来自长三角的一个调查 [J]. 南方经济，2009（02）.

60. 包宗顺 . 农村劳动力转移的国际借鉴研究 [J]. 江海学刊，2004（06）.

61. 李仙娥，王春艳 . 国外农村剩余劳动力转移模式的比较 [J]. 中国农村经济，2004（05）.

62. 卢福营，徐勇 . 论中国农村居民的分化 [J]. 上海社会科学院学术季刊，1995（08）.

63. 高强，郭香莲 . 中国农户兼业化的演变趋势 [J]. 江西农业经济，1997（06）.

64. 辜胜阻 . 解决我国农村剩余劳动力问题的思路与对策 [J]. 中国社会科学，1994（09）.

65. 浙江大学农业现代化与农村发展研究中心，浙江省农业厅 . 农村土地流转：新情况、新思考——浙江农村土地流转制度的调查 [J]. 中国农村经济，2001（10）.

66. 刘成良 . 农业补贴内卷化：规模经营与地租困境 [J]. 中共福建省委党校学报，2019（05）.

67. 刘传江 . 中国城市化发展：一个新制度经济学的分析框架 [J]. 市场与人口分析，2002（05）.

68. 聂伟，风笑天 . 城镇化：概念、目标、挑战与路径 [J]. 学术界，2014（09）.

69. 杨艳 . 中国农业现代化发展水平的测度及路径研究 [D]. 沈阳：辽宁大学，2019.